原水禁署名運動の誕生

——東京・杉並の住民パワーと水脈——

丸浜江里子

【新装版】

有志舎

目次●

原水禁署名運動の誕生

東京・杉並の住民パワーと水脈

第四章 占領政策の変化と杉並の市民活動

終　章　私たちが将来へ受け継ぐこと

序　章　研究の視座——まえがきにかえて

一、「原水禁運動発祥の地・杉並」とのめぐり合い

●杉並の教科書問題に関わって

「安井先生のお宅の資料整理が小林文人《ふみと》先生中心に始まるそうですよ」

「草の実会」[1]の代表を長く務めた、杉並の市民運動の大先輩から二〇〇五年一月に電話で伺ったこのひと言が、筆者が杉並の原水爆禁止署名運動[2]の研究を始めたきっかけだった。

「安井先生」とは杉並区立公民館の初代館長で、杉並の原水爆禁止署名運動を立ち上げ、原水爆禁止日本協議会[3]（日本原水協）の初代理事長となった安井郁《やすいかおる》[4]（一九〇七～八〇年）である。その話に惹きつけられ、思い切って小林文人東京学芸大学名誉教授[5]に「参加させてください」とお願いの電話をかけた。その日はちょうど小林教授が安井家に下見に行かれる日で、後日いただいた「どうぞ」という言葉に心から感謝した。

その時から五年ほどさかのぼる二〇〇〇年秋、杉並区では教科書問題が持ち上がった。当時の山田宏区長[6]が突如、首長が教育委員の区議会への推薦権を持つことを利用し、大門哲《だいもんてつ》・元豊多摩高校校長など区民の信頼を集める教育委員を区議会に推薦せず、辞めさせたことから始まった。やがて、「新しい歴史教科書をつくる会」が編纂した教科書（以下、扶桑社版教科書）を支持する山田区長が、二〇〇一年の教育委員会によ

る区立中学校教科書採択で扶桑社版教科書が採択されるよう動き出していることがわかり、それに反対する区民運動が始まった。その年、教員生活を終え、時間ができた筆者は初めて市民運動に加わった。

区民の関心が高まる中、二〇〇一年七月、五人の教育委員（教育長と四人の委員で構成）が採択を決める教育委員会の席上、與川幸男《よかわゆきお》教育長は沖縄戦に触れ、扶桑社版教科書への不支持を表明、二人の委員も反対票を投じ、扶桑社版教科書は退けられた。それに怒った山田区長は與川氏を推薦せず、腹心の部下を教育委員として区議会に提案した。賛成多数で承認されたため、二〇〇五年八月に開かれた教育委員会で票決は逆転し、杉並区で扶桑社版教科書が採択された。[7] 強引きわまりないやり方だった。

この時、「なぜ杉並で扶桑社版教科書を選ぶのか」「〝原水爆禁止運動発祥の地・杉並〟で、なぜそんなことがおこるのか」「リベラル杉並というのに区民はどうしたのか」などの声を一斉に聞いた。市民運動がさかんな杉並で「まさか」と受け止められた。幅広い運動の広がりの大切さと、それを実現する難しさを感じた体験だった。

教科書問題に関わる中で、当時六〇代後半から八〇代の、知的でリベラルな女性たちのネットワークを知った。普段は「大気汚染を記録する会」「草の実会」「消費者の会」などの自主サークルで活動しながら、問題がおこると連絡を取り合い、区に対しても意見をいう元気な女性たちだった。二〇〇一年の教科書採択で扶桑社版教科書を退けられたのは、この人々に新しい区民が加わり、力を合わせたためかもしれない。杉並に公民館があった頃のつながりだろうかと思いながら、〝リベラル杉並〟の水脈を見た思いがした。

その一方で区議会のありさまに驚いた。保守系議員が多数を占め、村社会の雰囲気が色濃く漂い、扶桑社版教科書を支持する山田区長が三選された下地といえる、もう一つの杉並の姿がそこにあった。豊かな市民運動の水脈と村社会とのギャップを感じ、杉並ってどういう町なのだろうかと考え始め、寝床でしかなかった「杉並区」に興味が湧いてきた。

二〇〇四年、筆者は明治大学大学院に入った。サンフランシスコ講和条約・日米安全保障条約が調印された一九五一年に生まれた筆者は、七〇年安保、沖縄返還運動の中で大学時代を過ごし、戦後日本社会における米国の影響力について強い関心を抱いてきた。退職し、時間に余裕ができたこともあり、戦後日本社会を方向づけ、筆者が生まれてこのかた、その体制から離れたことがないサンフランシスコ体制＝日米安保体制を調べてみようと考えたためだった。

三〇年ぶりの大学は驚くほど変わっていた。唯物史観をグランド・セオリーとして政治史中心だった歴史学は思想史、女性史、地域史、オーラル・ヒストリー、海外の研究者との交流など新しい分野が広がり、そのギャップにとまどった。ある日、ゼミナールで討論しながら、ふと、自分が一九四五年の敗戦を境に、「古くさく軍国的で暗い戦前」と「民主主義の明るい戦後」という色分けをしていることに気がついた。その思い込みは、戦後教育がもたらしたものか、占領期の名残か、それとも自分の思い込みか、今まで全く意識していないことだった。

それに気がついてから、大上段に構えた政治史より、自分が取り組んできた教育問題、杉並地域、戦後の市民運動などに関連するテーマに取り組む中で、認識の点検をしたいと考えるようになった。そこで、杉並の市民運動の大先輩から杉並の市民運動の話を聞いてみようと思い立って電話をかけたところ、冒頭の資料整理の話をお聞きすることができた。偶然の出来事だが、筆者には願ってもないことだった。

●「原水禁運動発祥の地・杉並」への疑問符と筆者の問題意識

杉並区内外問わず、七〇代以上の人から杉並は「原水禁署名運動発祥の地」や「原水禁運動発祥の地」という言葉がよく聞かれる。しかし、「杉並」を枕詞のごとく形容するその言葉を使った当人にその内容を尋ねると、「よくわからない」という返事が返ってくることも多い。

筆者はその言葉を聞くと、「広島や長崎の被爆者・表現者が声を上げ、または表現してきた作品や、第五福竜丸帰港後、杉並より先に始まった署名運動があるのに、なぜ杉並が『原水禁運動発祥の地』、または『原水爆禁止署名運動発祥の地』なのか」「なぜ、その言葉は広がっているのか」という二つの「なぜ」がふつふつと浮かぶが、その答えは簡単には見つからなかった。

一九五四年に杉並でおこった原水爆禁止署名運動の実情を詳しく知る人はもうそれほど多くはない。また、杉並区として全区的な記録収集事業を進めてこなかったために杉並区にまとまった記録はない。(8) 実態が不明なまま、「発祥の地」という言葉を一人歩きさせたり、祭り上げることは、他の地域の運動とのつながりや、運動の成果や問題点を見えにくくするのではないか。

杉並の原水爆禁止署名運動そのものを取り上げた研究は、宇吹暁《うぶきさとる》「日本における原水爆禁止運動の出発――一九五四年の署名運動を中心にして」『広島平和科学』五号（広島大学平和科学研究センター、一九八二年）(9)、藤原修『原水爆禁止運動の成立――戦後日本平和運動の原像　一九五四―一九五五』（明治学院国際平和研究所、一九九一年）がある。杉並区女性史編纂の会『区民が語り、区民が綴る杉並の女性史――明日への水脈』（ぎょうせい、二〇〇二年）は、原水爆禁止署名運動に参加した女性など体験者への丁寧な聞き取りがまとめられている。

藤原修東京経済大学教授の前掲書は、杉並区と広島市をフィールドに体験者の話と資料を組み合わせて分析した、杉並の署名運動に関する最も詳しい研究である。藤原氏は原水爆禁止署名運動は、「それ以前の平和運動に比べて、運動の担い手、方法、思想などが著しく異な」り、「一九五〇年代初めまでに日本の平和運動が直面していた隘路は、ビキニ事件をきっかけとした原水爆禁止運動のなかで突破」（同書、四頁）されたと指摘し、杉並の署名運動は「成功した原水禁運動の一つの典型例」（二三頁）と評価した。

ではなぜ被爆地でなく、第五福竜丸の母港でもない杉並で、広範な署名運動がおこり成功したのだろうか。

その疑問は、教科書運動の中で感じた〝杉並ってどういう町なのか〟という疑問とつながり、ふくらんでいき、それは本研究を貫く問題意識となった。

そこから研究のねらいを、①杉並の原水爆禁止署名運動とはどのような運動なのか（署名運動の実態の究明）、②なぜ、被爆地でも第五福竜丸の母港でもない杉並で、全区的な署名運動がおこりえたのか（成因の歴史的考察）に絞った。「杉並の主婦が始めた」といわれる杉並の原水爆禁止署名運動[10]を、杉並の一主婦の視点で調べて見たいと考え、まず区民の話を聞きたいと思い、市民運動で培った人脈を頼りに、ノートとテープレコーダーを自転車のカゴに入れてペダルをこぎ出した。

二、出会いに恵まれて

署名運動の中心人物が残した資料に触れることができたこと、また、多くの方々から貴重なお話を聞くことができたことは本当に幸せだった。数々の貴重な出会いなくしてこの研究はあり得なかった。

●二つの研究会

本研究の発端は、前述の小林教授が主宰した「原水禁（安井家）資料研究会[11]」である。二〇〇五年三月に始まった同研究会は約六〇回に及んだ。同研究会で筆者は、安井郁・田鶴子夫妻が愛着をもって丁寧に保存した資料を見る機会を得た。その資料を見ながら、ふと、杉並の教科書問題で会った女性たちの顔が浮かび、あのゆるやかなつながりはこの運動につながるのか、この運動を戦後の市民運動や杉並という地域からたどってみたらどうか、と考えるようになった。

本研究のきっかけとなった原水禁（安井家）資料研究会と小林文人教授に心より感謝申し上げたい。

もう一つの研究会は、ピープルズ・プラン研究所の共同代表として活躍している武藤一羊《いちよう》氏[12]が呼びかけ、二〇〇七年六月から始まった「初期原水爆禁止運動記録プロジェクト」[13]である。原水爆禁止運動の初期に日本平和委員会[14]、原水爆禁止署名運動全国協議会[15]、原水爆禁止世界大会の通訳、原水爆禁止日本協議会などで活躍した方々の体験を聞き、記録する企画であった。元群馬大学学長畑《はた》敏雄[16]から原水爆禁止署名運動全国協議会のことを伺ったことをはじめ、一二人の方々から貴重な話を伺った。

武藤氏とともに吉田嘉清《よしきよ》氏[17]、吉川《よしかわ》勇一氏[18]、山村茂雄氏[19]、滝沢海南子《かなこ》氏[20]は語り手と同時に聞き手として参加した。同時代を生きた複数の人々が一緒に話を聞くことで、一個人の話にとどまらず重層的な聞き取りとなり、また、より若い世代や研究者など多様な人々が一緒に聞くことで、多様な側面から初期の原水爆禁止運動について知ることができた。「語り手と聞き手の協同作業」[21]を実感しながら、全国の原水爆禁止運動を知ることができたのは、筆者にとって得難い経験で、深く感謝している。

●『杉並区中心の原水爆禁止運動メモ』との出合い

原水禁（安井家）資料研究会とともに多くの示唆と情報を与えてくれた資料に、橋本良一《りょういち》著『杉並区中心の原水爆禁止運動メモ』（未公刊）がある。橋本哲哉《てつや》金沢大学名誉教授のご好意でお借りした手記である。この手記は橋本教授の父、橋本良一[22]が一九五八年から書きためたものである。戦前、ジャーナリストとして活躍した橋本良一は、杉並地域とは縁が薄かった安井郁に声をかけ地域活動にいざない、原水爆禁止署名運動とその後の杉並地域の原水爆禁止運動でも奮闘した、戦後の杉並の市民運動のキー・パーソンの一人である。

橋本良一は一九七〇年に亡くなったが、多くの方の助力を得て[23]、二〇〇八年九月、金沢で橋本教授にお目にかかることができた。その日、教授は筆者に、貴重な『杉並区中心の原水爆禁止運動メモ』を貸してくださった。広辞苑二冊分もある克明な手記には、細やかな数字も精緻に記録され、水爆禁止署名運動のポスター、お知らせのチラシ等も挟まれていた。練達な筆致で書かれた手記には、杉並の運動が詳細に活写され、当事者でなければわからない運動の機微が生き生きと描かれ、今までの資料ではどうしてもわからなかったことが書かれていた。

優れたジャーナリストの見識に裏打ちされた手記を読み終えた時、署名運動のミッシング・リングがつながったように思った。手記を書き出されてからちょうど五〇年の時を経て、運動の当事者から貴重な話をじっくりと聞いたような気がした。本書には『杉並区中心の原水爆禁止運動メモ』(以下、「橋本手記」)からの引用が多数ある。「橋本手記」なくして本書を書きあげることはできなかった。

●川村千秋との出会い

阿佐谷に古びた小さな古本屋「川村書店」があった。お店の奥には仙人のようなご主人がちょっといかめしい顔つきで座っていた。

岩崎健一氏(24)から「阿佐谷の古本屋の川村さんは原水禁運動のことを良く知っていますよ」と聞き、訪ねたところ、主人の川村千秋《ちあき》(25)はまるで昨日のことのように、楽しそうに詳細に語ってくれた。一九四八年から四九年に最高潮を迎えた重税反対運動のこと、五四年に区議として「水爆実験禁止決議」に奮闘したこと、魚商組合の活動に協力したことなど――。当時の話を聞きに、何度も自転車を走らせた。川村は九一歳という高齢にもかかわらず記憶が鮮明で、次々と繰り出す質問にもイヤな顔一つせず丁寧に答えてくれた。気がつくと三時間も経っていて慌てたこともあった。インタビューのテープをおこし、まとめた記録を持参すると、記録は丁寧にチェックされて戻ってきた。正確を期す姿勢は見事だった。

六〇年続いた川村書店は二〇〇九年に店をたたんだ。川村が二〇〇九年六月に亡くなったからだ。往時の運動を情熱をもって語る川村の姿は筆者の目に焼きついている。

三、原水禁運動とオーラル・ヒストリー

運動を中心になって担ったのは、一九〇〇年代から一九一〇年代生まれの人々である。大正から昭和初期に青春期を迎え、アジア太平洋戦争期は結婚・出産・育児の時期にあたり、子どもを国民学校に通わせ、学童疎開に送り出した世代で、現在、九〇歳以上の人々である。この人々の体験をどう聞き取り、まとめるかに頭を悩ませた。

指導教授の山田朗《あきら》教授(26)のゼミナールや、明治大学で戦後思想史を担当する安田常雄元国立歴史民族博物館歴史研究系教授(27)のゼミナールなどで学びながら、研究の視点を、①戦前からの連続性、②人のつながり・ネットワーク、③一九〇〇〜一九一〇年代生まれの人々のライフ・サイクルに注目することに定め、体験者からの聞き取り（オーラル・ヒストリー）と資料の読み込みを中心に研究を進めることにした。

聞き取りを始めると、区内の八〇代、九〇代の人々は原水禁運動のこと、杉の子会のことなど、昨日のことのように生き生きと、懐かしそうに語った。当時の体験が大切な思い出として心の中で光っていることを知った。一人の話を聞くと、次々と証言者を紹介され、地元での研究のありがたさをしみじみと感じた。残念なことに、その後、何人かが鬼籍に入られた。時間との勝負だが、伺った貴重な話を本書にまとめることでみなさまの協力に報いたい。

杉並の原水爆禁止署名運動のテーマに取り組んでから、取材に用いた録音テープ、資料はいつの間にか山となった。資料の山と格闘しながら、杉並の歴史や原水禁運動の研究にこれからも取り組んでいきたい。

四、本書の構成

杉並の原水禁署名運動の成り立ちと特徴を明らかにするために、署名運動の前史を重視した。第一章から第五章はその前史にあたり、第六章から第八章は一九五四年の出来事を中心に記述した。

第一章――杉並の都市化が進んだ一九二〇年代にさかのぼり、特に戦前の人々のつながりをたどった。特に町内会と杉並区高円寺にあった城西《じょうさい》消費組合、一九〇〇～一九一〇年代に生まれた人々の戦時体験（町内会・国民学校・学童疎開）に注目して検討する。

第二章――戦後の杉並の住民運動の出発点となった地域生活協同組合、杉並の女性（主婦）たちの活動、魚商・古書商らによる重税反対運動などを中心に検討する。

第三章――戦後最初の公選区長・新居格《にいいたる》の主張と、文部省の社会教育政策、および社会教育に力を入れた高木敏雄区政について考察する。

第四章――原水爆禁止署名運動につながる一九五〇年代初期の杉並の市民活動を、平和運動、女性の活動、知識人の活動を中心に検討する。

第五章――安井郁は教職追放の試練を経て杉並の地域活動に参加し、杉並区立公民館長となった。安井郁と妻田鶴子の歩みをふり返るとともに、安井郁が主導した杉の子会、結成を働きかけた杉並婦人団体協議会について検討する。

第六章――ビキニ水爆実験にいたる米国の核政策と第五福竜丸の被ばくと帰港、さらに当時の報道状況について検討する。

第七章――ビキニ事件に対する漁業関係者（市場組合、漁民、魚商）の活動を検討し、自治体・国会決議、さらに最初期の署名運動について検討する。

第八章——全区的・統一的な杉並の原水爆禁止署名運動がどのように進められたのか、杉並の署名運動の実態を当時の資料とオーラル・ヒストリーをもとに検証する。

終　章——なぜ、杉並で全区的・統一的な原水爆禁止署名運動がおこったのか、また、この運動の意義について、一～五章で述べてきた歴史をふまえて考察したい。

本書は二〇〇八年度明治大学大学院文学研究科史学専攻修士論文「杉並区における水爆禁止署名運動の成立——戦前・戦後の人びとの結びつきに注目して——」をもとに書き下ろした。署名運動の前史を語る第一章から第五章を経糸《たていと》に、一九五四年の動きを記した第六章、第七章を横糸にして記述を進め、第八章と終章でまとめ上げたつもりだが、はたしてどんな模様に織り上がったか。まだまだ十分ではないが、至らぬところは読者のみなさんのご教示をいただいて、さらに研究を重ねていくつもりである。

［凡例］

●敬称は一部を除いて、省略した。

●本文中の「筆者」は「丸浜江里子」である。

●引用文中、および筆者インタビュー文中の〔　〕は筆者の補記・注記である。

●引用文中の語句の読み仮名（ルビ）には、筆者・編集部が付けたものもある。旧仮名遣いや旧漢字を、新仮名遣い・新漢字に改めた箇所もある。

●広島・長崎への原爆投下による被害は「被爆」と表記し、核実験による被害は「被ばく」とした。

●登場人物の肩書は当時のそれである。

●安井夫妻が残した資料は現在、公開されていない。当該資料の引用責任は全て筆者にある。それに関するご質問は、文書（手紙）で編集部にお送りください。筆者に回付します。

第一章　戦前・戦中の杉並区

第一節　杉並区の誕生と町内会

一、鉄道の開設と大震災

「あんな竹やぶや杉山ばかりのキツネやタヌキのすんでいるところに駅を作るなんて無理な話だ。いくら文明開化の世の中でもキツネやタヌキは汽車には乗らないよ」(1)

一九一九年頃、中央線の新駅を誘致しようと、鉄道省に陳情に行った地元有志に役人が語った言葉である。

現在、人口五五万人を擁する杉並区も、当時は東京府下豊多摩郡の杉並村・和田堀内《わだほりのうち》(一九二六年に和田堀と改名)村・井荻《いおぎ》村・高井戸《たかいど》村という四つの村に分かれ、米・大麦・大根の生産や、養蚕・養鶏、さらに高井戸村では杉丸太の出荷がさかんという純農村地帯だった。一九二〇年の農業従事者の割合は、荻窪《おぎくぼ》・阿佐谷《あさがや》のある杉並村が五三%、井荻村が六七%、和田堀内村が五四%、高井戸村が七三%で、「竹やぶ、杉山ばかり……」(2)は誇張ではなかった。この純農村地域が変貌するきっかけは鉄道の敷設と駅の開設だった。

◆杉並における鉄道敷設の流れ(3)

一八八九年（明治二二）四月に、新宿―立川間に甲武鉄道株式会社経営の汽車が開通。八月に、立川―八王子間が開通したため、新宿―八王子間が開通。

一八九三年　荻窪駅が開設される。

一九〇三年　八王子―甲府間の開通により、新宿―甲府間が開通。

一九〇六年　甲武鉄道が買収され、国営の中央線となる。

一九一一年　甲府―塩尻間の開通で中央西線と結ばれ、新宿―名古屋間が開通。

一九一三年　笹塚―調布間に京王線が開通。

一九二一年　淀橋（新宿）―荻窪間に西武軌道会社の路面電車が開通。

一九二二年　高円寺、阿佐谷、西荻窪の三駅が開設される。

一九三三年　帝都電鉄（現・京王井の頭線）が開通。

甲武鉄道（後の中央線）が開通した一八八九年当時の駅は新宿・中野・武蔵境・国分寺・立川・八王子の六駅で、鉄道反対運動がさかんだった杉並地域には駅がなかった。駅ができたのは一八九三年の荻窪駅が最初で、その後、冒頭の陳情運動が繰り広げられ、一九二二年に高円寺・阿佐谷・西荻窪の三駅が設置された。合わせて四駅が開設された結果、杉並の人口は増加した。

そのテンポを一挙に速めたのは関東大震災だった。家屋の倒壊はあったものの火事はなく、死者・行方不明者もなかった杉並地域に、震災後、多くの人々が移り住んできた。また、山梨や長野から杉並へ働き口を求める人々も集まってきた。かつて杉並には「甲州屋」という屋号の店が多かったが、本書第八章で登場する高円寺の魚商「甲州屋」の主人・橘田《きった》繁夫《しげお》も山梨の高等小学校を卒業後上京し、一九二四年に従兄弟が経

営する「甲州屋」に勤め、やがて店を任された人物であった。(4)

杉並地域の人口は、一九二〇年に一万八〇〇〇人だったが、二五年には六万六〇〇〇人（三・五倍）になり、三〇年には一三万五〇〇〇人（七・五倍）となった。震災後七年を経た三〇年の国勢調査によると、総人口のうち杉並地域で生まれた人（旧住民）は一八％（二万四七七〇人）で、残りの八二％（一〇万九七五九人）は他地域から移り住んだ人々（新住民）だった。(5)

東京府の男子人口の増加も著しく、一九二〇年の一九五万人から三五年には三三三万人へと増加し、その伸び率は七〇％(6)にも及んだ。鉄道の敷設・延長と関東大震災は、東京全体の人口を急増させ、東京市は三二年一〇月一日、府下五郡八二町村を合併した。この時、東京府下豊多摩郡杉並町・和田堀町・井荻町・高井戸町の四町（杉並村は一九二四年に、他は二六年に町制を敷いた）が合併し、杉並区が誕生した。

二、新住民と旧住民

大震災後に移ってきたのはどのような人々だったのか。『新修杉並区史』下巻によると、震災後移住してきた所帯主の職業（一九三一年調査）は、専門的被雇用者＝五〇・一％、農業以外の自営業＝四二・七％、筋肉・単純労働被雇用者＝三・六％、農業者＝〇・四％、その他＝二・一％だった。

約半数の専門的被雇用者の具体的な職種は、会社員＝四〇・二％、官吏＝二七・八％、軍人＝九・五％、教員＝九・四％、公吏＝六・三％、銀行員＝四・五％、新聞記者＝二・七％となっており、新住民の主体は教育程度の高いサラリーマン（給与生活者）だった。米国の日本史学者であるアンドルー・ゴードンは都市サラリーマンの典型的な家族を、「東京のはずれに新しく開発された『田園都市』の家から、都心と郊外を結ぶ通勤用の電車に乗って……ときおり日曜日には、家族全員で都心に買いものに出かけて、ウィンドーショッピングを楽しみ……三越百貨店で最新スタイルの既製服を買ったりする」(7)と記したが、そのような人々が杉並に移ってきたと考えられる。

女性像は、『区民が語り区民が綴る杉並の女性史――明日への水脈』にある「荻窪あたりの勤め人の家庭には、……十代半ばの娘をお手伝いに置くことが多く、日常の買い物などはたいてい彼女たちの仕事であった。だから、明治生まれの主婦が店先で会話したり、道ばたで立ち話をすることはほとんどなく、……子ども同士の出入りはあっても、母親同士の交流は少なく、一家の主婦が町内会の集まりに出る機会などもなかった。……そんな主婦達のたまの外出は、省線やバスに乗って出かける新宿などで、ちょっと贅沢な買い物をし、中村屋に寄ってカレーライスを食べた」(8)という記述があてはまるだろう。

杉並は、給与生活者である新住民男性にとっては「寝床」で、妻たちも買い物はご用聞きや「お手伝い」が行っていたので、地元住民との接点は少なかった。新住民の関心と主要な活動場所は旧東京市域にあり、そこで繰り広げられる大正・昭和初期のモダニズムの受容者・消費者であった。

一九三二年に行われた第一次杉並区会議員選挙での選出議員の職業構成をみると「農業七、商業一二、工業二、交通業一、公務・自由業五、無業九、合計三六人」だった(『新修杉並区史』下巻、六一九頁)。農業・商業・無業者(隠居生活者と考えた)を在地住民と見ると合計二八名で、全体の七八%となり、圧倒的に旧住民が占めていた。先祖代々その地に暮らす農民や、地元に根づいた自営業者が地元政治を担う一方、人口で多数を占める新住民は地元に無関心だった。

三、杉並の町内会

戦前の人々のつながりを町内会から見てみよう。東京市役所が一九三四年に著した『東京市町内会の調査』(9)によると、杉並など新市域の町内会の八六・五%は大震災以降に誕生した。震災後、防災の必要が説かれ、大震災の時につくられた自警団をもとに町内会は結成された。

杉並の自警団に関して調査すると、次の記録があった。

「三日くらいたって横浜、品川の方から、朝鮮人暴動のデマが伝わってきて、阿佐谷地区でも日本刀やとび口をもった自警団が出来た。世の中が騒然としてきたので戒厳令が敷かれ、軍隊が出動して警護にあたった。家を失い食料もなくなった市内の人たちは山梨や長野の郷里を訪ねて帰るため、中央線の線路伝いを西へ西へと歩いていく列が続いた。駅の要所要所に自警団の人が立っていちいち尋問をし、言葉のなまりがおかしいと朝鮮人だと言って乱暴をした」(10)（『杉並第七小学校五十年史』）

杉並に住んでいた井伏鱒二《いぶせますじ》は、「関東大震災直後――豊多摩郡井荻村」に「高円寺の夜警には、私は（友人の）光成信男に連れられて駅南側の自警団に入って立ち番をした。女子どもは別として、仮にも男は、それぞれ自警団の仲間入りをしなくてはいけないのである。暴漢騒ぎでみんな気が立ってゐた」(11)と記している。

杉並でも、朝鮮人への乱暴の事実が記録に残っていた。

自警団をもとに結成された町内会の役員は地付きの男性が選ばれたが、中には、朝鮮人へ乱暴・虐殺を行った加害者もいたのではないか。加害の責任が曖昧なまま町内会へと移行したとすれば、排他性（他民族と女性の排除）と暴力性が町内会に持ち込まれたといえる。

関東大震災をきっかけに広がった町内会で、地域の祭り・防災・消防・親睦を主体とする活動は始まった。そこでイニシアティブを握ったのは、昼間地元にいる農民や自営業者など地付きの男性であった。選挙の集票活動に利用されることもあり、ボス支配の温床ともなったが、大正・昭和初期までの町内会は地域の自治・親睦の組織であり、行政の下部組織ではなかった。

第二節　アジア太平洋戦争と町内会・国民学校

一、戦中期の町内会・隣組

地域の自治・親睦という町内会の性格が変わったのはいつからか。東京市市民局長前田賢次《けんじ》が「事変（「日華事変」＝日中戦争）勃発以来、町会は銃後後援事業に国民精神総動員運動に、物資の配給にその他国策協力機関としての職責も重加せられ強力なる国民組織としての町会の必要はひとり東京市のみならず全国的課題となるに至ったのである」(1)と書いているが、日中全面戦争開始がそのきっかけであった。

一九三七～四〇年までの戦争と町内会・民衆動員の流れを表1にまとめてみた(2)。日中戦争の拡大と並行して町内会への要求が強まっていくことがわかる。

一九三八年五月告示の「東京市町会規約準則」(3)は行政が定めた町内会規約の規準で、冒頭に「本町会規約準則には全町会共通の重要事項のみを列記せりその細目に至りては一例を示せるに過ぎず之に準拠し規約の設定、改正を行ふ場合はよろしくその精神をくみ実情に即して、これを取捨按配し尚必要の条項を加えて、その完璧を期せしむる事をのぞむ」とあった。町内会の目的に「公益の増進に寄与し」を加え、その事業に「官公書との連絡」という言葉を滑り込ませて、自主的団体である町内会を、行政の協力機関、補助機関へ改組する意図が込められていた。冒頭の「一例を示せるに過ぎず」という言葉を文字通りには受け取ることはできない。『新修杉並区史』下巻は、全く同じ規約に替えた杉並区和泉町会の例を記している(4)。

一九三八年は、東京市が全国に先駆けて隣組を発足させた年で、翌年には一〇万三四八九組の隣組がつくられた。一九四〇年六月に国民歌謡「隣組」（岡本一平作詞、飯田信夫作曲）がラジオ放送され、九月には内務省訓令で全国に隣組がつくられた。「トン、トン、トンカラリト隣組。格子をあければ、顔馴染み、回してちょうだい回覧板、知らせられたり、知らせたり」という牧歌的で楽しげな歌は、戦後生まれの筆者の耳にもなぜか残っている。しかし、その役割は牧歌的ではなく、出征兵士の見送り、遺族・留守家族の救援活動・防空・防火・登録、生活物資の配給・資源回収・貯蓄推進・消費抑制・防諜など行政の下請けと戦争協力の仕事が多く、やがて生活の細部まで規制する力を持つようになった[5]。

次の資料は、一九三九年三月二七日に開かれた東京市町会大会で満場一致で可決された、「東京市町会大会申し合わせ」[6]（一部引用。片カナ表記をひらがなにした）である。

朝夕に、宮城を仰ぎ奉るわれ等東京市民は、この際、大いに町会を強化し、全市一家の実を挙げ、益々ご奉公の誠を致しませう。

〈町会と隣組の活動〉

町会はわれ等の家庭の延長で、老若男女、出身地は勿論、身分や職業を超越して、一家族の様に和合するところに町会精神が発揮されるのであります。わけても、隣組の健全な活動によって、旺《さか》んな帝都の市民生活は生み出されるのであります。お互いに親交を厚くして、町の為、市の為、国の為に尽くしませう。

表1　日中戦争の進展と民衆動員

年	民衆動員（町会・隣組他）	戦争の拡大
1937	内閣が国民精神総動員運動実施要項を決定。国民精神総動員運動を展開。	日中戦争勃発。 日本軍南京占領・南京事件。
1938	東京市町会規準・東京市町会規約準則制定。国家総動員法公布、東京で隣組が始まる。	徐州・広東・武漢などを占領。
1939	東京市町会大会を申し合わせ。国民徴用令。東京市が隣組に回覧板を配布。	ノモンハンで日本軍敗北。
1940	内務省訓令第17号「部落会町内会等整備要領」を発令。町会は「市町村の補助的下部組織」とされる。町内会、部落会の長は市町村長が選任。	北部仏印進駐。 日独伊三国同盟が成立。

〈町会と国策の遂行〉

我ら全市の町会は挙《こぞ》ってわが家、わが町の戦時生活の陣容を確立し、「何程の戦費でも喜んで負担する」覚悟で盛んに働き、うんと貯蓄して国策に順応致しませう。

「何程の戦費でも喜んで負担する覚悟」「国策に順応致しませう」など、町内会を通した滅私奉公が日常的に強制されはじめた。

町内会長・部落会長は一九四〇年から市町村長が選任することになり、自治的な性格はさらに失われていった。同年、隣組は全国に広げられ、同年末には全国の町内会・部落会の数は約二〇万、隣保班（隣組）の数は一一三万余りに達した。(7)

杉並の町内会はどのような特徴があるのだろうか。町内会の結成状況、町会長の職業について、人口がほぼ同じで、新市域で比較的似た地域である品川区と、旧市域で下町にある深川区（現在の江東区西部）と比較してみたい(8)（表2参照）。

◆町内会の結成状況

杉並は八一町会を六五町会に統合したため、一町会当たりの会員数は多い。町会員の数は、三区の人口に比例しており、三区とも全員加入が徹底していたようだ。隣組の数は杉並が図抜けて多く、一隣組当たりの会員数（世帯主）は杉並一一人、品川一四人、深川一五人である。一つの隣組の平均人数は杉並は四九人で品川、深川よりも少ない。住宅地域で所帯持ちが多いためかもしれないが、稠密《ちょうみつ》に網の目のように町内会・隣組が組織されている。

表2　東京都35区の町会・隣保組織（1942年4月現在）

区	人　口	町会数	隣組数	町会員（世帯主）	1町会当たりの隣組数	1町会当たりの会員数	1隣組当たりの会員数	1隣組の平均人数
	（人）	（町会）	（組）	（人）	（組）	（人）	（人）	（人）
杉並区	245, 435	65	5, 056	57, 216	78	880	11	49
品川区	231, 302	84	3, 776	51, 399	45	612	14	61
深川区	223, 754	76	3, 245	48, 563	43	639	15	70

次の一覧は、『東京市町会現状調査蒐録』[9]（一九四二年発行）から、杉並区、深川区、品川区と東京全体の町会長の職業を示している。

◆町会長の職業（①〜⑩は順位を示し、数字は各区は人数、東京は割合で示した）

〈杉並〉①農業—一四、②無業—一二、③会社員—一〇、④商業—七、⑤地主—三、⑥〜⑨軍人、神職・僧侶、医師、貸地・貸家—各二、⑩官公吏、弁護士、学校教職員—各一、その他—八

〈品川〉①商業—二五、②会社員—二〇、③工業—一二、④無業—七、⑤⑥医師、貸地・貸家—各三、⑦〜⑨神職・僧侶、医師、地主—各二、⑩官公吏—一、その他—九

〈深川〉①商業—二九、②工業—一一、③会社員—八、④⑤医師、地主—各三、⑥〜⑧神職・僧侶、弁護士、貸地・貸家—各二、その他—一六

《東京の合計》①商業—三一％、②会社員—一一％、③工業—一〇％、④無業—九％、⑤農業—七％、⑥⑦医師、貸地・貸家—五％、⑧地主—四％、⑨⑩神職・僧侶、弁護士—二％

杉並は農業が一位で、他地域では商業が一位である。品川区、深川区では農業従事者はいない。杉並で二番目に多い無業は代を譲った地主か自営業者と考えられる。杉並で旧住民と思われる農業、無業、商業、地主、貸地・貸家を合計すると三八人となる。五六人中三八人が旧住民と考えられることから、農業地域であった杉並では農民的・地主的性格を持つ旧住民が町会長となり、町内会のイニシアティブを握っていたことがわかる。近代日本政治史研究者の今井清一は「隣組長また、その上の町内会長、部落会長は配給その他の実権を握ることで、有形無形の圧迫を人々に加えることが出来た。こうした小指導者を巧みに張り切らせることで、政府は人々を否応なしに国策へ協力させた」[10]と記している。

町内会が総力戦の一機関となり、食料配布など住民のライフラインを握ると、それまで地域と無縁に暮らしていた杉並区の新住民も地域と関わらざるを得なくなり、地付きの旧住民が主導する町内会・隣組に参加

するようになり、旧住民と新住民の交流が始まった。

二、女性と戦争

●隣組活動

日中戦争以前の町内会は、地付き男性の親睦会という性格が強く、女性の出番は補助的なものにとどまったが、日中戦争後、町内会が国策協力機関とされて隣組がつくられると、地域活動への女性の参加や協力は不可欠なものとなった。

住民は、町内会や隣組の活動に参加しないと、食料や生活物資の配給を受けられなくなり、様々な訓練も課せられた。戦局が深まると警防団のもとでの防空対策として、夜間の灯火管制、バケツリレーや火たたきによる消火活動が行われるようになり、[11]さらに在郷軍人の指揮の下、竹槍を手にした訓練も始まった。隣組は監視機関ともなり、訓練を拒否したり、戦争への疑問や批判を口にすることはできなくなっていった。

中野で群長をしていた楠本元子（一九一六年生まれ）は、「隣組が幾つか固まって群となるんですが、私のところは四つの隣組でした。群長の仕事は『きょうは配給がありますよ』とか、『配給のお当番、誰々さんやって下さい』というのが日常の仕事でした。国債の割り当てもやりました。私のところはわりあい素直に買っていただけました。……回覧板はまず町会から群長のところにきて、それを隣組に伝達するのです。群長をしているとき一番つらかったのはやはり配給物が少なかったことです」と証言した。[12]仕事の苦労を語りながら、群長を務めた誇り、社会的活動への自信を得たことが伝わってくる。隣組活動は国防婦人会の活動と同じように、家族制度の下で抑圧されていた「嫁」が堂々と家を空けることができる機会でもあった。

鹿野政直《まさなお》（近代思想史）・堀場清子《ほりばきよこ》（詩人、女性史）は、『祖母・母・娘の時代』の中で、「隣組で、実際に活躍したひとの大部分は、女性ことに主婦でした。男たちはたいてい、戦場か、そうでなくても職場へ出ていたので、そのあとを埋めるのは、女性しかいなかったのです。隣組の活動をつうじて、女性は戦争にいやおうなく動員されてゆきました。その反面でこの官制的な近隣組織は、同時に、女性に、社会活動で男たちに代わっているとの自信をもあたえました」[13]と述べた。戦前の女性にとって、「家」の重圧は大きく、婦人会や隣組の活動は「家」から解放される時間でもあり、社会的訓練の機会ともなった。

防空壕をつくる隣組の人々(東京・中野区で)〔『写真週報』136号、1940年10月2日より。提供:アジア歴史資料センター〕。

●総力戦と女性

正しく純《きよ》く健やかに
我が子を育て国のため
献《ささ》ぐる母の誠実《まこと》こそ
世にも尊き使命《つとめ》なれ

国防婦人会が四〇年に制定した統一会歌(14)の一節である。会歌としてみんなで歌う時の一体感は曲者《くせもの》で、お国のためにわが子を差し出す、国家にとって望ましい母像を女性の心に刷り込ませる狙いが込められていた。女性を抑圧しながら「母」を賛美する二重構造の下、女性を心情的に動員する手法だった。心情的な動員とともに、日常の戦争協力とインテリ女性を動員するための方法や施策も用意された。東京市社会教育課所属の平林廣人の『大東京の町会・隣組』に次の記述があった（一部抄出）。

「今まで一家内の家事と、ほんの親しい間の交渉にだけ関係を持ってゐた婦人達が、町会の仕事に、また精動の運動にたづさわる機会が多くなり、公の働きに対して、大切な地位を占めるようになってまいりました。

……婦人の力に待つところのものは、……まず第一に個々別々な私経済本位の家庭生活から、公経済本位の国民生活への発展過程を推進させる力、第二に一家の生活資材から軍需物資と輸出可能品を取り除くことであり、第三国からの輸入品を買い入れないことであります。言い換えれば生活の合理化、科学化に努めること、第三に一家の計理を短い時間でてきぱき片付けてその上に外の奉仕の時間をたっぷりと生み出すことであります。第四に病人を出さない保健上の工夫、第五に次の時代を見通して子女の教養に当たることであります。

……かくて町会強化の事業と、各般の国民運動も共に地に着き、足は大地にしっかりと踏みしめられて、隣組常会における婦人の地位は確立されていくのであります」(15)

いわゆる銃後での女性の活躍を持ち上げ、「生活の合理化、科学化」に努め戦争協力することが女性の地位向上につながるという、巧みな戦争協力の呼びかけである。この巧みさはどこから生まれたのだろうか。市川房枝《いちかわふさえ》は一九四〇年発行の東京市『隣組常会』に「隣組における婦人の地位」を書いたが、そのポイントは以下の四点にまとめられる(16)。

一、第三国からの輸入品を買い入れないこと。

二、四六時中の時間利用法を巧みに工夫して、一家の経理を短い時間で、てきぱき片付けて、その上に公の奉仕時間を上手に生み出すこと。

三、自分の家は勿論、同じ隣組から病人を出さないように保健上の工夫をすること。

四、次の時代を見透かして、子女の教養を高めること。

市川の提案が平林の『大東京の町会・隣組』に活かされていることは明らかである。市川は日中戦争勃発直後に「然し、ここ迄来てしまった以上、最早行くところまで行くより外あるまい。（中略）悲しみ、苦しみを噛みしめて婦人の護るべき部署に就かう」と述べた(17)。一九三七年一〇月には東京市の精神動員実行委員会委員となり、「内務省の上からの婦人支配政策に対抗して、大衆婦人に最も身近な隣組、隣組常会を主婦の生活防衛の拠点、主婦の世論づくりの場にすべく、大衆婦人の啓蒙に必死」(18)に取り組んだ。満州事変後、婦人参政権獲得運動が阻まれていく中で、市川は第三の道を模索し、体制に参画した。町内会や隣組を利用した女性の啓蒙もその一つで、回覧板や隣組の会議などを通じて、女性たちに科学的な家庭運営、合理的な発想、さらに男女平等の理念を伝えようとした。

『市川房枝と婦人参政権獲得運動』を著した、政治学者の菅原和子は市川の行動を、戦争協力活動であり、「その啓発、指導は、戦争の深化とともに大衆婦人を『協力』に縛りつけ、その負担を強めるものであった」と述べながら、その両義性、二重性を指摘している。[19]

「市川房枝　普選へと貫く意志」を書いた鹿野政直は「せばまれていく可能性の中で最大限の成果を得ようとする姿勢を持続し、……抵抗しつつ後退し、後退しつつ抵抗するという、いわば後ずさりする姿勢をくずさなかった『転向』である」「女性の置かれていた被抑圧者的境位の蔽いがたい反映があった」[20]と述べた。

市川の行動はまぎれもなく戦争協力であった。しかし、教育程度が低く[21]、家族制度の因習・しきたりに縛られる「大衆婦人」に「最も身近な隣組」を通じて働きかけ、その覚醒を促した効果は否定できない。その状況でできることを追及する市川の粘り強さ、いい換えれば、泥くささであった。

総力戦は多くの犠牲を女性に強いた抑圧的な体制だったが、家庭という小世界に生き、社会に触れる機会を持たなかった都市中間層の女性たちに、地域の人々と触れ合って活動する機会と社会的訓練と自信、そして舅・姑の束縛から解放される時間を与えた面もあった。

浪費と破壊そのものである戦争を進めるための「合理化、科学化」は論理矛盾だが、隣組を通じて家事の合理化、合理的な考え方や、主婦の活躍の重要性が一般家庭に伝えられたことは、「家」の中でただ嫁として暮らしていた女性にとって学習効果があった。敗戦後、筆者の母親世代の女性たちが家族の生活を支える大黒柱として力を発揮した背景に、「生活の合理化、科学化」という考えの広まりとその学習効果もあったと筆者は考えている。為政者が意図しなかった総力戦の副産物であった。

戦争の拡大で男性が戦場に動員されると、かわりに女性が責任ある仕事を担うようになった。しかし、戦争が終わると、その獲得した地位や職業は再び男性に戻った。しかし、社会的な仕事の経験や、階層を超えた地域での交流は女性たちの視野を広げていった。女性を抑圧する家制度と、女性を戦力として最大限活用しようという総力戦の矛盾の中で、庶民女性たちが力をつけていったことも事実だった。

三、杉並の国民学校と学童疎開

●国民学校と軍国教育

一九〇〇～一〇年代生まれの世代は、総力戦の時期に子どもを国民学校に通わせ、集団疎開に送り出した人々が多い。その頃の教育について、教育学者の久保義三《よしぞう》は、『新版　昭和教育史』で次のように述べた。(22)

日中戦争の開始は、日本を全面戦争に向かわせる重大な局面となった。近衛内閣は「事変不拡大」を唱えつつも、国民精神総動員による国民教化政策を一段と強めたのである。そしてその一〇月には早くも『小学国史　教師用下巻』の二に、「支那事変」がとりあげられ、……「挙国一致、精神総動員で奉公の至誠に燃えた堅固持久の覚悟」をもつべきことが強調されたのである。このような傾向は教育に対して軍国主義化をはかりながら、他方で軍需生産に対応する生産力拡充要求となり、また兵器の近代化にともなう兵員の能力向上の要請となって現れてきた。同時に、軍部の学校教育への改革要求が一段と高まってきたのである。

小学校は一九四一年四月に国民学校と改称され、「皇国ノ道ニ則リ」「皇国民ノ基礎的錬成」という目的を達成させる場となった。「教育」という言葉に代えて、あえて金偏《かねへん》の「錬」をあて「錬成」にした背景には、少国民を皇国民に錬磨育成する狙いがあった。儀式や学校行事を重んじ、従来の「教授学校」から「国民錬成の道場」へと変えていった。(23)

杉並でその変化を体験した二人の話を紹介したい。一人は杉並区立桃井第二小学校に通った角館喜信《かくだてよしのぶ》（一九二四年杉並生まれ）への筆者のインタビュー[24]、もう一人は、杉並区立第五国民学校に通った、黒羽清隆《くろはきよたか》（一九三四年生まれ、日本史学）である。

「私〔角館〕は、一九三一年に杉並区立桃井第二尋常小学校に入りました。三年生頃に奉安殿が鉄筋で瓦屋根で実に立派なものが建ちました。普段は封印しているんですが、実際に使う日の前日に、教頭が恭《うやうや》しく、マスクをして体育館の奉安殿に移すということがありました。また、月に一回必ず白山神社に全校生徒でお参りに行くんですが、奉安殿が出来てから行くようになったと思います。

あの頃、視学官がいるんです。その先生が来る時は時間割通りの授業をするんです。視学官が来た時、普段聞かないベルがなるんです。そうすると、算数をしまって音楽を出すんです。練習までしたくらいスマートにやるんです。六年になると受験向けに、図工や音楽なんかはやらないんです。受け持ちの先生は特に熱心で、勉強したい者は白山神社の社務所に集まれといわれて、一～二時間、算数、国語、地理なんかをやったんです。校長は黙認していたんです。桃二は進学率がよいといわれました。一中、四中、六中などへ入っていく率が高いということでしょう。桃一より桃二の方が進学率がよいといわれていたようです」

杉並の多くの小学校は受験教育が盛んだったが、しだいに軍国教育が始まったことがわかる。

黒羽の通った杉並区立第五国民学校について、『天沼《あまぬま》・杉五《すぎご》物がたり』は次のように記す[25]。

「一九三四（昭和九）年十月末、稲葉晴一氏が杉五小校長として赴任した。……稲葉校長の信念にもとづいて、杉五小教育改革は直ちに着手されていった。……放課後に行われる補習授業は暗くなるまで続けられ、後には高学年の教室に電灯がつくよう配線工事を施して、八時を超えることもあった。午後四時以降の学校視察の時は非常ベルの合図ですぐ授業を中止して子どもを下校させることになっていた」

「毎月一日が興亜奉公日に定められると、……杉五小では校庭で分団訓練が行われ……校長の前を行進して閲兵を受けた。少年ラッパ手の吹奏によってするすると揚がっていく日章旗を仰ぐとき、子どもたちは前線の将兵を偲んで、〝がんばり抜く〟ことを誓った。全校生徒による三社巡りや宮城遙拝の後、戦地の兵隊さんに慰問文を書いたり、〝ぜいたくは敵だ〟の標語のもと、一汁一菜の励行や節約勤倹などの決意が新たにされた」

極端な受験教育から軍国教育への移行がわかるが、一九四一年に校長が替わると、軍国教育に拍車がかかった。黒羽はその時の生徒で、その体験を後年『太平洋戦争の歴史』[26]に次のように記した。

◆軍国教育の「メッカ」

私の母校は東京でも珍しい「戦う少国民」の養成校となっていった。前年の秋に着任した野瀬寛顕校長は東京市視学官であった「大物校長」であり、国民学校・修身教科書の編纂に参画していたから「杉五」を国民学校教育の「理想型」にするべく、強い信念を持ってやってきた。緒戦の勝利と共に、木造二階建ての校舎の二階に届くような『大東亜地図』が校庭正面に……にたてられ、日本軍の占領した都市には日の丸マークがつき、占領地域は次々と塗り替えられていった。

(中略)

一九四二年夏に始まる「戦闘訓練」……はいわば学校ぐるみ・町ぐるみの「模擬戦争」であり「戦争ごっこ」であった。この「戦闘訓練」は七月七日から七月

杉並区立第五国民学校で、攻撃軍と守備軍に分かれて双方が陣取って、男子は兵隊に、女子は看護婦に見立てて行われた模擬の「戦闘訓練」〔1942年7月8日撮影。提供：中村威氏〕。

八日にかけ行われ、子どもたちだけでなく、父母達をも巻き込む「杉五」のビッグ・イベントとなった。そして、そうした訓練は「これぞ、戦う少国民」ということで評判となり、日本映画社により撮影され、翌一九四三年、文化映画（『興亜の少年達』）として全国で上映された。

……夏の太陽が昇りきって、暑い光が校庭に照りつける頃、……「戦闘」は終わり、ちいさな「兵士」たちは……サーベルを指揮刀とする先生に率いられ、分列行進をする。……その日の夕方、……火が燃やされ、子どもたちは踊り、歌う、叫び、クライマックスには中央にあるルーズベルト、チャーチル、蒋介石の張りぼてをめちゃくちゃに壊す。

火の周りで歌い、踊り、張りぼてを突き刺すシーンは、ナチスドイツの焚書行動を想起させる。「戦闘訓練」は全国に公開され、延べ千数百人が参観した。父母、婦人会、在郷軍人会、町内会を巻き込んだ地域ぐるみの取り組みでもあった。

杉並第五小学校とともに戦中の詳しい記録を残しているのは、杉並区立第七小学校である。『アサヒグラフ』[27]（一九四三年一一月一七日号）と、『杉並第七小学校五十年史』[28]で当時の様子を示したい。

『アサヒグラフ』は二頁全面、大判写真八枚を使って杉並第七国民学校（現・杉並第七小学校）の軍事訓練を掲載した。見出しは「戦技訓練の優秀校」「国民学校も軍の予備校へ！」、写真のキャプションには「全校児童の分列行進。団長を中心とする団結精神の中に軍隊同様の閲団、分列などが行われる」「自転車隊の行進。号令にしたがって隊形を整え、手近な自転車によって機械化部隊の訓練をする」「戦技訓練の基礎『木銃』の操作。突撃して気合いと共に突き出す銃先に強い敢闘精神」だった。

保護者だった人は、「当時阿佐谷の町会長はほとんどが退役軍人で、少将、中将、師団長までやった人もいた」と語り[29]、元教員は「阿佐谷は将官級の軍人が多く住み、杉七にはその子弟も多く、時代の風潮と地域の特性が合致していた」と語った。

杉並第七小学校と第五小学校のPTA誌は受験教育でも軍国教育でもモデル校となった歴史を後世に伝える。敵（相手）を想定し、子どもたちを競い合わせ、教師がそれをあおる点で、受験教育と軍国教育は共通している。両校で受験教育が極端な軍国主義教育へ容易に移行したことは、それを物語っている。

一九四四年になると、本土空襲が始まり、同年六月、「学童疎開促進要項」が閣議決定され、杉並区も八月から学童集団疎開が始まった。黒羽清隆はやがて疎開し、そこで厳しい飢えを体験した。

●杉並の学童集団疎開

一九四四年の頃の様子を、当時、杉並区高円寺に住んでいた小沢清子《きよこ》は次のように語った。(30)

「夫が昭和一九年八月一日付で呉海兵団に召集され、私は高円寺で、六歳、四歳、一歳の子どもを抱えて留守番していました。昭和一九年頃から東京空襲が始まると、夜中でも空襲警報のため、寝ている子どもを何度もおこし、防空壕で待避する日が続きました。親子四人が肩を寄せ合って警報解除を待った時の惨めさ、心細さ。子どもたちも寒さと怖さでふるえていました。がまんできなくなって、昭和一九年一二月、愛媛にいる姉を頼って疎開したんです」

空襲が頻発するようになり、杉並区は建物疎開と学童疎開を実行した。四四年六月三〇日、試験疎開として千葉県の富津《ふっつ》の施設に戦時疎開学園を開いた。(31) しかし、東京湾を臨む富津は要塞地帯であり、空襲や米軍上陸の恐れもあるため疎開は中止され、学童はそれぞれの学校の集団疎開先へ再疎開した。

一九四四年七月一六日、東京都は全都の国民学校長を集め、学童の集団疎開を指示した。教師はつとめて縁故疎開を奨励したが、農村に縁故のない場合は集団疎開に参加することを勧められた。強制ではないとはいえ、拒否するのは難しかった。「疎開をすると学校給食と同じおいしいご飯や味噌汁が三度三度食べられる」と教師にいわれ、その言葉につられて疎開したと回想する人もいる。

杉並第五国民学校の受け入れ先が決まったのは出発のわずか二〇日前だった。三年生から六年生までの疎開学童は、八月二三日の夜に荻窪駅で汽車に乗り、上野発二三時二三分発の疎開列車で信越線上田駅に向かった。縁故疎開以外、三年生から六年生のほとんどの児童が親元を離れた。杉並区内の参加児童数は次の通りである。(32)

◆一九四四（昭和一九）年——長野＝三八五二名、宮城＝三二〇五名　合計＝七〇五七名
◆一九四五（昭和二〇）年——長野＝四九四六名　宮城＝三八三五名　合計＝八七八一名

長野の疎開先は豊富な温泉に恵まれた別所《べっしょ》温泉であった。引率教師は次の記録を残した。

「初めのうちは周囲の珍しさに目を見張って喜んでいたが、二、三か月も過ぎるとだんだん暗い表情に変わっていった。食糧不足と集団につきまとう栄養障害、皮膚病、精神的な不安定など、当時いずれの疎開地でも共通な傾向であった。外で遊べと言えば、ひだまりの石や草に腰を下ろして、川の流れをじっと見つめている。入浴を嫌って逃げようとする。食事の一時間も前から、箸を持って、食堂の入り口でしょんぼり待っている。よほどおもしろいことでないと笑わない（長野県の疎開地で敗戦を迎えた鷹野歌子先生の記録）」(33)

高学年の生徒の中には、脱走を企てる子どもも出た。また、疎開先が温泉であったために女子児童に淋病がうつるという深刻な事態もおこり、子どもの心に深い傷を残した例もあった。(34)親は次の文を記した。


子どもが疎開から帰ってきた日のことですが、私はどの子が我が子かわからなかったんですよ。学校の校庭に迎えに行って、子どもが一人帰り、二人帰りして減ってきて、やっと我が子がわかったんです。あまりにもやせ衰えていたんですね。悲惨でしたね。子どもたちは今も当時のことを語りたがりません。次男は今でも学童疎開に出したことで親を恨んでいますよ。でも当時は母親も必死だったんですよ（平

山政子[35]。

「太郎は父のふるさとへ　花子は母のふるさと……」桃二〔杉並区立桃井第二小学校〕の頃を思い出す時、この古い感傷的な歌がまず心に浮かんでくる。私たちが荻窪に越してきて、長女が桃二でお世話になるようになったのは満州、支那事変から太平洋戦争へと進んだ頃であった。はじめは遠いところのことのように思っていた戦争が日一日と激しさを加え、荻窪も空襲を受けるようになるにつれて、桃二でも長野県への学童疎開が始まった。そしてこの歌のように、家族が別れ別れに暮らさなければならなくなったのであった。そのときは夢中でよく考える余裕もなかったけれども、戦争の非人間性は私たちの心の底にはっきりとやきついた。どんなことがあっても、二度と悲惨な戦争を繰り返すまいというのが、子供を持つもののすべてのかたい誓いであった（安井田鶴子[36]）。

親にもわからないほどやせ衰え、今も親を恨んでいるという話は、疎開体験が子どもにとっていかに苛酷であったかを示している。軍国教育と疎開を経験した黒羽清隆は前記した『太平洋戦争の歴史』に痛切な体験を書き残した。忘れようにも忘れられない、戦争に翻弄された子ども時代だった。

一九〇〇～一〇年代生まれの男性は兵士として従軍した人も多く、女性は空襲下で子育てをし、子どもを国民学校に通わせ学童疎開に出した体験を持つ人が多い。「戦争はもうこりごり」「再び繰りかえしたくない」という思いを強く心に刻んだ世代であった。

第三節　城西消費組合

一、無産インテリの消費組合

●組合長・新居格

時代は二〇年ほど前にさかのぼる。

第一次世界大戦による好況は都市の労働者を増大させ、サラリーマン・教員・官吏・弁護士・医師・文芸家など中間層も拡大した。ロシア革命の影響や大戦後の民主主義的傾向の高まりは、米騒動・労働運動・農民運動などの民衆運動・社会運動を活発化させ、いわゆる大正デモクラシーという、明治時代より自由で民主的な文化が広がった。

そんな時に関東大震災がおこった（一九二三（大正一二）年）。大戦不況に震災不況が重なり、都市住民、特に定収入のない人々の生活を直撃した。そんな中で、生活自衛のための相互扶助組織である消費組合が普及した。消費組合とは現在の生活協同組合の前身で、日本では一八七九年の共立商社が始まりとされる[1]。一九二〇年代の社会運動の発展と歩調を合わせて急速に広がっていった。その背景には、民衆運動の広がりや社会主義への憧れ、さらに〝台所の問題〟が正面から取り上げられるぐらい、都市生活者（消費者）が増え、女性の力も強まってきたことがある。

関東大震災の傷痕がやや癒えてきた一九二六年、中央線沿線の中野で西郊《せいこう》共働社《きょうどうしゃ》という小さな消費組合が誕生した。行政の応援を受けた町内会とは異なり、民衆から生まれた相互扶助のネットワークだった。一九二九年に事務所を杉並区高円寺に移し、一時、落合（新宿）・武蔵野・和田堀（杉並）に店舗を広げたが、一九三二年に統合し、城西《じょうさい》消費組合となった。城西消費組合については河田禎之《かわだよしゆき》『城西消費組合——生協運動の源流をつくった人びと』（労働旬報社、一九九四年）が詳しい。(2) 河田の研究に学びながら、城西消費組合について紹介する。

西郊共働社（後の城西消費組合）誕生のいきさつを、創立メンバーの新居格《にいいたる》は次のように語った。(3)

「早いものです。もう一昔前のことになりました。ある日、岡本利吉君（関消連委員長）が来られ、関消連（関東消費組合連盟）(4) は労働者の消費組合が主体だが、その特殊な例外として無産インテリの消費組合を試みとしてはじめたら如何か……との話であった。僕はそんなものが出来たら喜んで組合員にしてもらふ位でゐたのに、いつとはなしに事の初めから当事者の一人にされてしまった。……最初のメンバーは二〇人をさう大して過ぎてはゐなかった」

新居格は一八八八年徳島生まれの文芸評論家でアナーキストである。キリスト教社会運動家で、すでに神戸で消費組合活動を始めていた賀川豊彦《かがわとよひこ》(5) とはいとこ同士である。横山春一『賀川豊彦伝』（新約書房、一九五〇年）に二人の関わりを示す記述があった。新居が徳島中学に通っていた頃のことである。

「徳島の新町橋際に、黒崎書店という変わった本屋があった。主人の黒崎正三は在京中、木下尚江《なおえ》その他社会主義者と交渉があった。その関係で幸徳秋水、堺枯川《こせん》〔堺利彦の号〕達によって発刊された『平民新聞』や加藤時次郎の『直言』等の定期刊行物もくるし、その他社会主義の文献も扱っていた。新居格や森完蔵は毎月、この書店からおびただしい書物を買った。新居は社会主義関係の物を多く買い、森はトルストイの翻訳物が出ると必ず買った。貧乏な豊彦はこの二人の買ったものを次々に借りて読んだ」

新居は中学時代から社会主義など新しい思想に興味を持つ、知的に早熟な少年だった。言葉への優れた感覚は少年時代から育まれ、文学を志すが、医者である父の反対で東大法学部政治学科に進んだ。卒業後、満鉄（南満州鉄道会社）、読売新聞社、朝日新聞社などに入社したがいずれも短期でやめた。(6) 関東大震災後、市ヶ谷から杉並に住まいを移し、それを機に文芸評論家として文筆生活に入った。「モガ・モボ」「左傾思想」は新居の造語である。

当時の気風を新居は、「ロシア風のイデオロギーを考えながら、アメリカ風の趣味性をもつものが少なくはなく、よし又アメリカ風の生活様式に生活しつつある所謂モダン・ボーイにしても社会主義には決して無関心ではないのである」と書いている。(7) 米国文化を受け入れながら、社会主義・無政府主義にシンパシーを感じていた大正デモクラットの一人だった。こせこせしない大人の風格、ウィットとサービス精神旺盛な性格は人を惹きつけ、中央線沿線地域の文士、知識人の兄貴分的な存在だったようだ。

●アイデアマンの橋浦泰雄

新居格と並んで西郊共働社の発足に力を尽くした人物に橋浦泰雄《はしうらやすお》がいる。(8) 橋浦は、「一九二四年六月、北海道の旅から八ヶ月ぶりに帰京して……新居格君の居宅を訪ねると……ロシア語講習会の話をしていた。中野……に大島共働社の生みの親の岡本利吉さんが居住して、そこで講習会をやろうというのだった。人の集まりがよいなら消費組合を作ってもよいしとも言われた。私は外語などてんでわからず興味もなかったが、消費組織は皆の日常生活と切り離せぬ大事なことで、自分の生活にも直接関係があるのだから、私は大賛成だった。」と述べた。(9)

橋浦は一八八八年鳥取県で生まれた。全日本無産者芸術連盟（通称ナップ）の中央委員長を務めたこともある画家で、各地を旅しながら民俗学にひかれ、柳田国男の門下となった。青年期に読んだクロポトキン『相互扶助論』に「決定的影響を受け」(10)、アナーキズムとコミュニズムに近づいたと述べているが、画家と民俗学者と社会活動家という多彩な顔を持つ人物だった。ちなみに、弟の橋浦時雄《ときお》（一八九一～一九六九年）は日本共産党の創立メンバーの一人である。

橋浦を研究する早稲田大学教授の鶴見太郎は、橋浦が「自らの経験・見聞によって対象を把握する姿勢」(11)を持っていたと指摘している。他人の理論を借りて上から説くのでなく、体験に裏づけられた話と懐の広い人柄が多くの人々の心をひきつけたのかもしれない。生前の橋浦を知る多くの人々は、不思議にみな、橋浦の話のおもしろさと、困った時に親身になって力になってくれた思い出を筆者に語った。(12)

新居や橋浦らは中央線沿線に住む知識人・文化人に積極的に声をかけ、二〇人ほどのメンバーで一九二六年五月二六日、西郊共働社（以下、城西消費組合）を設立した。

二、多彩な組合員

最盛時は二〇〇〇人という組合員を擁した城西消費組合にはどのような人々が参加したのだろうか。一九三三年の組合員（組合員数八八七名）の職業別の構成(13)を見ると、銀行・会社員＝三七％、自由職業者＝二〇％、官公吏・教員＝六％、商工業者＝七％、労働者＝四％、その他＝二六％であった。自由職業者（文筆家・芸術家・弁護士など）と銀行・会社員・官公吏・教員と合わせると六三％にのぼり、インテリ層が大半を占めた。三七年発行の『〈城西消費組合創立十周年記念出版〉輝かしき今日を築くまで――組合略史』(14)にある名簿を見ると、以下のように、文学者、学者、芸術家、ジャーナリスト、社会運動家など多彩なメンバーが参加していた。

井伏鱒二、吉川英治、山本有三、与謝野晶子、中條〔宮本〕百合子、林芙美子、壺井繁治、江口喚《きよし》、大宅壮一、野口雨情《うじょう》、亀井勝一郎、小林多喜二、若杉鳥子《とりこ》、平林たい子、窪川〔佐多〕稲子《いねこ》、松田解子《ときこ》、中野重治、井上剣花坊《けんかぼう》・井上信子《のぶこ》、戸坂潤、長谷川如是閑《にょぜかん》、大山郁夫《いくお》、上原専禄《せんろく》、大塚金之助、蠟山政道、三木清、下中弥三郎《しもなかやさぶろう》、鹿地亘《かぢわたる》、高島善哉《ぜんや》、守屋典郎《ふみお》、三好十郎《じゅうろう》、橋浦時雄、近藤康男《やすお》、野上巌《いわお》（新《にい》

島《じま》繁）、細田民樹《たみき》、藤森成吉《せいきち》、奥むめお、神近市子《かみちかいちこ》、勝目《かつめ》てる子（勝目テル）、丸岡重堯《しげたか》・丸岡秀子、鈴木茂三郎《もさぶろう》、恩地孝四郎《おんちこうしろう》、戸沢仁三郎《とざわにさぶろう》、笠原千鶴、金井満《みつる》、村山重忠《しげただ》……

自由主義者、無政府主義者、社会主義者、社会運動家を含め、大正デモクラシー期の文化人列伝のようだ。戦後、杉並で活躍した山田キヨ(15)（結婚後、岡林キヨ）、今井政吉《せいきち》(16)、大谷省三《おおたにせいぞう》(17)の名前もあった。橋浦泰雄は、「中央線沿線のインテリといってよい人は殆どといってよいほど入っていた」と述べたが、幅広い知識人が城西消費組合を支え、生活を支えあった。名簿には、朴、金、張という朝鮮人や中国人と思われる組合員一六人の名も記載されていた。組合長の新居は当時の雰囲気を、「夕方になると僕らはみな組合へ遊びに行ったものだ。全く楽しい組合であった。クラブのような組合であった。和気藹々《あいあい》としたものだった。その原型は我々の組合の特徴であり、伝統となって残っている。我々の組合の強みはそこにあるといえるのである。それぞれの友人、知人を熱心に勧誘したものである。……日本における最初の無産インテリ消費組合としての原型を作ったものと誇ってよいと思うのである」と語った(18)。

自由な論議と楽しい雰囲気、巨体をゆらす新居と、痩せた橋浦泰雄の姿が目に浮かぶ。城西消費組合で活躍した、勝目テルと久富徳松《ひさとみとくまつ》は「対談　城西消費組合の思い出を語る」(19)で次のように述べた。

久富「城西の特殊性といえば何だろうかなあと私、考えるけど、一つは統一戦線の観点ということを城西の活動の中で学びました。もう喧嘩、理論的にはがくがくやりながらもやっぱり基本姿勢は守ってやった。城西のいい点じゃなかったでしょうか」

勝目「そんなに対立しながら、分裂しないでまとまってきたものね。関消連の理論的方面の指導者としての役割は城西は大きかったよね」

左翼的な団体や人々は戦前、論争と分裂抗争で力をそぐことが多かったが、久富が指摘する、「統一戦線の観点」を持ち多様・多彩なメンバーで夜中まで論議をしても分裂には至らなかった城西消費組合の活動は特筆できる。自由主義者の新居格の度量、橋浦の柔軟性などメンバーの個性が何度か危機を救ったかもしれない。大正デモクラシー期の自由な雰囲気から生まれた中央線沿線の知識人の貴重なつながりがここに見られる。

三、班会と家庭会

大正デモクラシー期から日中戦争期という時代の転換期に杉並で活動した城西消費組合の活躍ぶりを記してみよう。消費組合の配達事務は若い常務者に支えられていた。その一人であった高谷太郎は次のように述べていた。

「午前はご用聞き、午後配達をした。取り扱うものは、米、味噌、醤油、酒、炭、石炭、その他ありとあらゆるもの……、一台の自転車に米を四斗（六十キロ）位、その上の配達篭には、酒、味噌、醤油、油、砂糖とぎっしり詰め込み、卵は百匁《もんめ》ずつ包んで、一貫匁くらいをハンドルにぶら下げて、配達にでた」(20)

砂利道、どろんこ道など整備されていない道を自転車で配達しながらひっくり返り、泣きの涙ということもあった。しかし、その苦労より、「掛け売り」で代金が未収となることのほうが悩みで、有名人に書いてもらった色紙・短冊を販売して運営資金を補塡したり、「現金買い制度」を導入して苦境を乗り切った。

班会は橋浦の提案で一九二九年に始まった。当時書かれた「班会の持ち方」(21)から引用しよう。

◆班会は未組織の人にもおもしろく親しみがあり、てきぱきと気持ちよく（時間を守れ）、為になるようにする。余興、子ども会、講話、遊戯等をやる。

◆季節品、新取扱品を持ち込み、即売し、値段を決めたり、売る方法を相談したりする。
◆町会費、衛生費、吉凶……いろいろの手近な問題を話題とする。
◆不平、希望を言いやすくし、失業者、未収者にも内職の世話をしあうようにする。

今でも通用するアイデアに富んでいる。班会は、財政が苦しい時や、治安維持法違反で常務者が検束され活動が困難をきたした時に組合を支える柱となった。

消費組合の女性の活動について、『現代日本生協運動史』は、「婦人に参政権が認められず、婦人の社会参加の場が少なく、組合員は『戸主』が普通であった当時の購買組合の状況では生協の婦人部・家庭会活動は組合員家族の婦人にとってたいへん有意義であった。台所に閉じこめられていた当時の家庭婦人が生協の力で社会に出てきたことを意味し、一方で、婦人の参加は生協の生協らしい運営の保証にもなった」[22]と記すが、消費組合は女性の活躍の場でもあった。中でも城西消費組合は女性が活躍した。前述の名簿の一二四六名の組合員のうち一三〇名が女性名（姓だけが書かれていたり、女性名か男性名かわからない者は省いた）であることはその特徴を伝えている。

プロレタリア作家・若杉鳥子は組合誕生から一年未満の一九二七年三月に楽しい夢を記した（「消費組合員となって」）[23]。

「将来は機関誌を出して、互いの意見や要求を述べ、同志の連絡を取り合いたい。

それから、手近なことでは、講習会のようなものも設けられて欲しく思う。経済、科学、文芸、語学、組合員の中から講師に出ていただくのもいいし、他から講師を呼ぶこともいい、組合員でない人も規定の会費を払いさえすれば聴講生となりうることにしたい。

それからもう一つは、組合員中の不要の書類、道具の市場を開いて、お互いの不要品を利用しあうことも便利だと思う」

物資を得るだけでなく、講習会や学習会を開こうという意見は、選挙権がなく、大学進学の道も断たれていた当時の女性の、学ぶ要求や城西消費組合への期待の高さを物語る。同文末尾には「世界中のどこにもない個性と形態とをもって、成長し発展していくことを輝かしい気持ちで私は期待したい」と書かれていた。

若杉は小林多喜二《たきじ》と家が近く、多喜二とも母親とも交流があり、多喜二が一九三三年二月に虐殺され、阿佐谷の自宅に戻った晩の通夜に出席したため、「義援金募集の暗躍をした」として治安維持法違反で検挙された。(24) その四年後に杉並区阿佐谷で四六歳で亡くなった。

当時、産業組合中央会に勤めていた丸岡秀子は全国の消費組合で活動する婦人会（家庭会）に関するレポートを『産業組合』に連載していたが、城西消費組合の家庭会の活動を次のように記した。(25)

「西郊消費組合婦人部」（『産業組合』産業組合中央会、一九三一年五月号より）

○家庭夏期大学　消費組合講座（講師：橋浦泰雄ほか）
家庭医学（一般家庭医学、産児制限、育児法）
○講演（秋田雨雀《うじゃく》「婦人と消費組合」）と不要品即売会
○ピクニックの催し（参加人員六四名）
○講演（秋田、新居、岡本らによる経済、政治、文芸の諸問題）と劇と音楽の会
○即売会と産児制限器具の展覧会　……産児制限器具の展覧は必要に迫られている一般人の入場者多く非常に好評を得た。
○家庭会員の慰安会（参加者七九名）
組合の宣伝を専ら婦人大衆にするために、茶話会をかねて懇談会をもった。

この報告は、若杉が「消費組合員となって」で書いた夢が家庭会活動の中でほぼ全て実現したことを示す。丸岡は一九七六年、城西消費組合家庭会について次のように語っていた。[26]

「──当時の家庭会はどんな活動をしていましたか。

未加入の婦人たちに組合をどう認識させるかということが活動の重点でしたが、一つ一つの仕事としては、編み物、料理、つけものの講習会や、社会、経済の勉強会、そして不要品の交換会、古着、古本の買い入れ、などいろいろやっていましたね。子ども中心のピクニックや夏期家庭大学なども開いていました。会費一円で、消費組合講座、商品のからくり、家庭医学、家庭衛生、産児制限、育児法、経済栄養、めしの炊き方等々の講座内容をもっていました。

『家庭会ニュース』も月一回出していましたし、助産婦を三人置いて、派出婦の派遣、内職の紹介とかなり多面的な活動をしていました」

城西消費組合の創立メンバーである奥むめおは次のように書いている。[27]

「新居さんはつぎつぎと組合運動の書物を貸してくださり、勉強させてくださった。わたしはこの運動に熱中し、自分の情熱をわきたたせた。毎日、新規の組合員を二名作ろうと心に決め、近隣をたずね歩いた。……子ども会、ピクニック、講演会、映画や演劇までやったから、組合に参加したお母さん達は楽しくて仕方がない。毎日必要な品々の共同購入、振りわけ、品質吟味などの組合本来の仕事も生き生きと活発にして、消費組合発展の原動力となった」

町内会・隣組の活動とは異なる、自主的・主体的な活動の場で、参加した人々は、奥・丸岡・若杉・与謝野晶子・勝目テルら、先進的な女性だけでなく庶民の参加も多く、家庭会の慰安会には七九名、ピクニックには六四名の男女が参加した。三五年の創立一〇周年の集会には千数百人の男女が集まり、日本青年館は一杯になった。[28]

一九三六年、高円寺の青梅街道沿いに城西消費組合の組合の家＝店舗兼事務所が建てられた。ヨイトマケの親綱を握ったのは六年間、城西消費組合婦人部長を務めた井上信子であった。[29] 信子は、杉並区高円寺に住む川柳作家で、この時のことを「女から涙をとってヨイトマケ」とカラリと詠んだ。その井上信子を「親綱をとる井上信子まだ老いず」と詠んだのは反戦川柳作家・鶴彬《つるあきら》であった。[30] 信子と夫である井上剣花坊に師事した鶴は「手と足をもいだ丸太にしてかえし」「万歳とあげて行った手を大陸に置いてきた」などの反戦川柳を井上信子が主宰する柳誌『川柳人』に載せた。鶴は、三七年一二月に逮捕され、獄中で赤痢に感染し、三八年九月、二九歳で世を去った。[31] 三三年に小林多喜二が虐殺されてから五年、川柳を詠む自由もない時代となってきていた。

一九三一年の満州事変以降、日本は軍拡・侵略の道に舵を切り、三二年三月の「日本無産者消費連盟」の結成や同年の「米よこせ運動」の展開以降、消費組合に対する監視・弾圧が強まり、[32] 主要な担い手は次々と逮捕されるようになった。さらに、隣組制度が始まり、四一年四月から米が大人一人二合三勺の配給となるなど、米の統制と配給機構が一元化されてくると、消費組合の活動はいっそう困難となった。

無産インテリの消費組合としてユニークな活動をした城西消費組合は活動の継続を望み、組合員からも望まれながら、一九四一年一〇月

城西消費組合事務所の建設現場で親綱を握る、婦人部長の井上信子（左から３人目、黒服の女性）。女性たちが先頭にたって活躍しているのがこの写真でわかる〔河田禎之『城西消費組合』より〕。

二五日に家庭購買組合に吸収合併という形で解散した。河田禎之は、「消費組合は、米穀商と同じ扱いにされ、配給機構の一端に細々と残されましたが、組合として特質や機能は完全に奪われました。このため、全国で多くの消費組合が消えて行かざるを得ませんでした」と記している。(33)

城西消費組合を吸収した家庭購買組合の専務理事・藤田逸男《いつお》は、「職員の九五%を失い、トラックも召し上げられ、何百台という自転車・リヤカーも失われた」と語り、家庭購買組合も活動を停止させられたと述懐した。(34)治安維持法が猛威を揮《ふる》い、「お国のため」という目的以外で人々が集うことや、自由にものをいうことが禁じられ、穏健な消費組合も活動を停止させられた。

城西消費組合が活動した一九二六年から四一年までは、大正デモクラシー期から太平洋戦争開戦の時期にあたる。相互扶助の精神の下、自由な論争を厭わない多様な人々が、クラブのような楽しさでつながり、女性たちが主体的に活躍した城西消費組合の店舗兼事務所が一九四一年一〇月まで杉並区高円寺にあった意味は大きい。

第二章　敗戦と杉並の市民活動

第一節　敗戦直後の暮らしと生活協同組合

一、敗戦後の経済状況

一九四五年八月、長かった戦争が終わりを告げた。下町と比べれば被害が少なかったとはいえ、杉並区北部にあった中島飛行機（現・富士重工業）の工場をめがけた空襲が合計一八回あり、死者一八一人、負傷者六一一名、罹災者四万三〇五九名、家屋の全焼一万一八四〇棟の被害をもたらした(1)。

杉並区天沼に住む小池よしは、「戦争がおわり本当にほっとしました。負けて悔しいなんて気持ちはなかったですよ」と、空襲や灯火管制による暗い生活から解放された喜びを語った(2)。しかし、流通ルートは混乱し、物資はさらに欠乏し、栄養失調と飢え、焼け出され住む家がない人も多かった。「敗戦の焼けただれた都市を襲った食糧不足とインフレーションは、ひとびとの生活を重く覆い、戦後の都民を待ち受けていたのは、戦時中におとらぬきびしい日々だったのである。すでに戦争末期、深刻化していた食糧不足は、空襲による流通の悪化によってさらに拍車がかけられ」たと、『新修杉並区史』下巻は記している。

家が焼けなかったので、焼け出された家族に部屋を提供したという荻窪に住む女性は、一人が持ち込んだシラミが全員に広がり、頭からDDTを散布されたこと、荻窪駅前に闇市が広がっていた記憶を語った。雑草を野菜に、空き地を畑に、着物を芋やカボチャに変え、人々は生き延びた。当時、小学生だったT氏は、カボチャをいまだに口にできない。当時の暮らしを思い出して胸が詰まってくるのだという。

一九四五年の工業生産高は戦前(一九三四〜三六年平均)の一割に低下した。空襲で破壊された上に敗戦で全ての軍需工場が閉鎖され、一般の工場も生産活動が停滞したためである。当時は、「軍事中心の生産ですら、敗戦の時点では最も多かったときの五分の一になっていた。消費財生産にいたっては、綿糸は一九三五〜三七年頃の三十分の一、紙も四分の一、電球などは百分の一の生産」[3]しかなく、工場の休・廃業によって半年間に四〇〇万人を超す労働者が失業した。その上、米の収穫高は一九〇五年以来の最低で、国民の必要量の半分程度だった。そこへ海外から軍人・軍属、在外居留民が引き揚げてきて、失業者が町にあふれた。物価は当然のように高騰し、一九四五年八月から年末までの五カ月足らずのうちに、小売り・卸売物価(公定価格)は二倍を超えた。ヤミ物価(四五年秋)ともなれば、小売りが公定価格の二九倍、卸売りが七倍、四九年までに小売物価は七九倍、卸売物価は六〇倍となった[4]。

極端なインフレーションは物不足も主な原因の一つだが、つくられたインフレーションでもあった。生産は極端に停滞しているにもかかわらず、通貨が市中にどんどん流されたのである。当時七〇〇万人を超えていた軍人・軍属への退職金、また戦時中の未納代金や操業中止の損失補償金として軍需産業に支払われた金額は、敗戦後の四カ月間で二六六億円に達した。この金は軍事産業と軍人(位により支給金額が違う)につかみ金のような放漫なやり方で支払われ、「戦争しているときの軍事費より高くついた」といわれる。敗戦を受け入れない空気が残っていた軍隊を、一挙に〝解散〟させる政治的狙いもあった[5]。

軍が保管していた大量の物資は主に高級軍人や大企業へ横流しされ、隠匿された。物不足で多くの人々が飢えている一方で、莫大な物資を一部の人間が取得し、闇市には何でもあるという二重構造が出来上がっていた。解明されていない戦後史の一面である。

当時の通貨発行高は一九四五年八月一五日に三〇二億円、二週間後に四二三億円、年末に五五四億円、四六年一二月末には九三三億円に達した。(6)超インフレは戦中、隣組などを通じて半強制的に協力させられた国債や貯金の価値を急落させた。都会の消費者は衣類などを食料と替える竹の子生活（竹の子の皮をはぐように衣類がなくなること）、タマネギ生活（品物を渡すたびに涙が出ること）、または闇市で高額な食料を手に入れるしかなかった。杉並区に住んでいた橋浦泰雄は四七年に次のように記した。

「戦争中……みんながまんにがまんを重ねていた。それが、ひとたび敗戦と決まると、軍、官、会社などの責任者たちが、ほとんど無政府状態に陥った混乱の中から多くの物資をかすめとり、うばいとって、しまいこみ、隠したりして全く政治の統制力を失ったので人民は頼る所がなく、自らもまた自分の生活をまもり、ふせぐために、やみ買い、やみ売りの競争に陥り、正直なものほど暮らしは極度にひどくなってしまって、強盗や人殺しが流行するようになったのであった」(7)

この無政府状態を杉並の人々はどう生き抜いたのだろうか。

二、生活協同組合の誕生と広がり

●息を吹き返す消費組合

生協運動家の山本秋《おさむ》は『日本生活協同組合運動史』(8)に、当時の状況を「大げさに言えば、その日から、町内ごと、丁目ごとに『自然発生的に』組合が生まれはじめた。あの飢餓、あの食糧難、あの物資不足、あの窮乏のどん底にあえいでいた国民生活の必要がそうさせないではおかなかったのである。……もし消費組合に何がしかの経験をもち、協同組合の何たるかについて何がしかの知識をもつ者があったとすれば、それはまことに頼りになる力であったにちがいない」と書いたが、戦後の配給体制の混乱は消費組合発展の追い風だった。戦争を生き延びた勝目テル、橋浦泰雄、笠原千鶴《ちづる》、石井仁三郎《じんざぶろう》、金井満、久富徳松、さらに蟄居していた伊豆から上京してきた新居格ら、城西消費組合のメンバーは水を得た魚のように活動を再開した。関東大震災後に消費組合が広がったように、人々は敗戦後、消費組合を求めた。

橋浦は、「戦争中、私はこの戦争が終了したら、単なる消費組合だけでなく、理髪や風呂屋とかいったものを含め、生活全般を協同組合化しなければ駄目だと考え、生活協同組合を作ろうと考えました。戦後、早速、再建運動にかかり、町会と話をしてまず地元に産業組合法による購買利用組合を作りました。それから中央線一帯を組織して、東京〔都〕西部生活協同組合連合会を結成し……今度は全都を組織し、全都生活協同組合連合会をつくり、私が初代理事長になりました」[9]と述べた。

また、自分が住んでいる久我山の町内会と話し合い、「久我山生活協同組合」[10]（生活協同組合という呼び方はこの時から始まったといわれる）をつくった。町会と生活協同組合を結びつけた、たいへん早い例である。久我山生協の組合長は町会長・大作俊太郎《おおさくしゅんたろう》が引き受けた。後の杉並の原水爆禁止署名運動の時に、区議会議員として協力した人物だ。

東京都西部生活協同組合連合会は、会長・新居格、組織部長・橋浦泰雄、教宣部長・金井満の布陣で発足し、西荻窪に店舗兼事務所が置かれた。結成に参加した大沼渉《わたる》は、「杉並区高円寺の氷川神社の集会室で創立集会をあげたのです。……その日会するもの一同、戦争を生き抜いた喜びを噛みしめたことです。……組織としては創立当時関係組合十六をもって出発したが、わずか四カ月余で約三倍の四十一組合を連結し、組合員六千五百世帯より一躍四万千三百世帯に増えた」[11]と述べた。

賀川豊彦中心の家庭購買会のグループと山本秋ら労働者消費組合のグループは、一九四五年一〇月一五日に東京神田基督教団で両派統一懇談会を開き、一一月一八日、日本協同組合同盟（会長・賀川豊彦）を結成した。敗戦による物流の停滞や食糧不足が切迫している時に、統一的な中央組織ができた意味は大きい。消費組合（生活協同組合）はまたたく間に広がっていった。戦後の生活協同組合運動は、未曾有の食糧難に迫られ自然発生的に盛り上がった要素と、戦前からの協同組合運動者の意識的な働きかけと指導で方向づけられたと山本秋は述べるが(12)、橋浦ら杉並の生協活動家は、二つの要素を見事に生かし、杉並で地域生協を広げながら、センターづくりにも奔走した。

●敗戦と町内会

内務省は敗戦後、連合国軍が上陸する前に、「隣組は増産・配給等を基とした隣保組織であるので今後一層緊密に、かつ強化する方針である」と指示した(13)。東京都も同時期、「単なる行政の下部組織として扱うばかりでなく、民族団結の中核体として育成せしめ……隣組に一段と強力な筋金を入れ、国体護持の最後の一線を守るべく体制を整える」(14)という指示を出した。戦中、町内会・隣組を伝達・動員・統制機関として徹底的に利用した内務省や東京都は、敗戦後も町内会・隣組の継続を望んでいた。

しかし、敗戦後の状況はそれを許さなかった。配給体制は崩れ、町内会役員は敗戦のショックで動けず、連合国軍総司令部（GHQ）は、「隣組によって日本国民の個人的性格、活動、さらに思想さえも一握りの中央政府の官吏によって有効、かつ完全に支配されてしまった。……表面上は、この組織は自発的結合に基づいているが、非国民と呼ばれる事によって……選択の自由は存在しなかった」(15)という認識を持ち、町内会・隣組の廃止を考えていたのだ。

それでも内務省は一九四五年一二月二二日、内務次官通牒(16)を出し、町内会の存続をもくろんだが、四七年一月二二日、町内会、隣組、部落会、並びに部落会・町内会の連合会という四機関は四月一日までに解散させられることになった。時期の遅れは内務省の抵抗の強さを物語る。

国民は町内会・隣組についてどう考えていたのか。一九四五年一二月二三日付『毎日新聞』に「隣組存続に賛成か、廃止に賛成か、新制度を望むか」の三項目をたずねた世論調査があった（表3参照）。全国では「存続賛成」が過半数を占めるが、東京では「廃止」が「存続賛成」の三倍以上となり、評判の悪さが際だった。東京都もそれを認識していたのか、四五年九月一五日に「町会運営委員会」をつくり検討を開始した[17]。メンバーには市川房枝や久我山生協の大作俊太郎が選ばれた。

討議の一端を示す資料が東京都市政専門図書館にあった。「町会運営委員会」で行われる討議のために東京都が準備したと思われる『町会部落会制度廃止後の措置案』（制作年は不明）である。そこには、「任意団体としての将来の町会は、生活共同体としての性格に必然的に移行するものと考えられるのである。……今後の任意団体としての町会は地域的消費組合組織を主体として発展するものと考えられるのである。現在消費組合の事業内容は概ね統制品外物資の購入販売、共同浴場、共同医療施設、製粉製パン工場、靴修理、衣料更生、クリーニング等である。町会地域の消費組合の加入世帯の割合は四・七割に当たり、その持ち口数は世帯あたり一・七口になっている」とあった。橋浦が描いた消費組合のイメージと似ている。町内会・隣組が不人気だった一方で、「任意団体としての町会は地域的消費組合組織を主体として発展する」[18]という構想が練られたのは、急速に広がる消費組合（生活協同組合）運動への対応とも考えられる。

表3　隣組についての世論調査

	存続賛成	廃　止	新制度
全国	57.10%	31.80%	11.10%
東京	20.90%	68.70%	10.40%

〔1945年12月23日付『毎日新聞』より〕

●広がる地域生協

戦中、町内会・隣組の配給体制が消費組合に打撃を与えたが、敗戦による配給体制の混乱は生活協同組合活動を発展させた。都市の人々が食料を入手するには何らかの組織が必要であり、一九四五年一一月に結成された日本協同組合同盟が「町会単位の生協」という巧妙で柔軟な方針を打ち出したため、町内会ぐるみの生協加入が始まった。中野で生協活動をしていた橋浦時雄（橋浦泰雄の弟）は、「自分の住んでいる町に消費組合の設立を提唱した。はじめ有志によびかけ、のち町会で取り上げたので……町民の大多数が組合に加入するにいたった」[19]と述べた。

杉並区でも、西部生活協同組合連合会として、橋浦泰雄や東畑精一《とうはたせいいち》（東大教授）などが講師となって、町会長に向けて生活協同組合講座を開き生協加入を呼びかけた。[20]戦中、町内会の配給システムが消費組合を衰退させたが、戦後は町内会自体が地域生協（地域を基盤に組織された生協）拡大の基盤になるという皮肉な現象が生まれた。

協同組合を研究する相馬健次《そうまけんじ》は「戦後初期の生協運動における市民生協」[21]の中で、戦後初期の生協運動では、「地域生協がいわば多数派であったと見るのが妥当」であるとし、「地域生協においては、一九四六年半ばの八〇〇組合から一年後の四七年半ばの一八〇〇組合強のところでピークとなり、五〇年一二月末には半減以下になる」と述べ、地域生協の急激な発展と衰退を指摘した。

一九四八年の東京二三区の単位生協数を多い順に並べてみると、葛飾＝二六、杉並＝二三、目黒・世田谷＝各一八、中野・江戸川＝各一三、新宿・港＝各一二、大田＝一〇、品川・豊島＝各九、板橋・中央＝各七、江東・千代田＝各六、台東・足立・渋谷＝各五、文京＝四、墨田・北＝各三、荒川＝二、練馬＝一、となる。[22]単位生協が最も多い葛飾区は職場を単位とする職域生協が多いが、杉並区は地域生協が多く、それは『杉並区政概要一九五〇年版』（杉並区発行）所収の区内の生協一覧から読みとれる。区内三四の生協のうち、会社名がついている二つ以外は全て地名・地域名がついており、杉並区の生協はほとんど地域をもとにつくられていると考えられ、[23]その数は他地域と比べるとかなり多い。

相馬は前掲論文で、「東京都下においては、敗戦直後の一九四五年九月頃から関消連傘下の城西消費組合関係者が中央沿線各地に生協を組織し……生協設立の勢いは翌年早々、『急激なる速度を以て全階層へ拡充されつつある』状況に達していた。……これに対して行政当局としては、一種の危機感をもって、『消費組合本来の理想と正常性とを把握せしめ、新しき経済への方向を可能ならしむべくその自主的なる組織に指導協力するものとす』と一定の秩序の下に指導することを表明」し、四六年三月、「東京都消費組合設立指導要綱」(24)をつくったと述べている。城西消費組合関係者が活躍し、行政当局が危機感を抱くほど生協の数が拡大しており、特に杉並は地域生協がめざましい広がりを見せていた。

町内会を母体に地域生協が広がる中で、旧住民と新住民の交流が進んだ。敗戦後、新居、橋浦、勝目、笠原、金井ら、城西消費組合以来の知識人や活動家などの新住民が町内会に積極的に働きかけ、地域生協の数の拡大をめざしたためであった。彼らは、戦後の変革の気運の中で、生協活動だけでなく民主主義や憲法などについても話したにちがいない。

地域生協の広がりに並行して、「〜主婦の会」「〜生活会」という名のより小さな共同購入組織も区内に広がっていった。

町内会・隣組という戦中の動員組織が、戦後の食糧危機を契機に生活協同組合運動と結びつき、杉並で幅広く地域生協が誕生したのは、戦前の城西消費組合の経験とノウハウを持つ人々が町内会の役員はじめ旧住民に積極的に呼びかけた結果であった。新旧住民の交流は、杉並区に思いもかけない変化をもたらした。一九四七年の第一回公選区長選挙で新居格が区長に当選したのだ。新居区政については第三章で述べることとする。

第二節　立ち上がる杉並の女性たち

一、女から涙をとってヨイトマケ

城西消費組合の婦人部長であった井上信子が詠んだ川柳（五五頁参照）には、涙で耐えるのでなく、力を合わせはね返す強さが漲っているが、この川柳を思わせる出来事が杉並区高円寺でおこった。一九四五年一〇月三日付『朝日新聞』に「私たちの消費組合、婦人参政の『高円寺六東町会』民主の魁け、生活の設計」として、女性たちが主導して町内会の役員の改選を実現し、町内会で消費組合を結成したという記事が載っていた。[1] 大賑わいのバザーの写真には次のキャプションが添えられていた。

「町会隣組の旧殻を打破、現に食糧難解決の一法として町会自身で消費組合を経営している例があり、町会員の盛り上がる総意で見事に町会の民主化と旧役員の総退陣、役員の公選に続く女子役員の進出、更に消費組合の結成と矢つぎ早な革新運動を着々と実現した見事な一例である。それは杉並高円寺六丁目東町会という焼け残りの町会の話」

敗戦直後に旧役員の総退陣を迫り、各班から一名ずつの間接選挙人を出す選挙制を住民の総意で決め、その結果、役員八人中七人は女性が選ばれた。一口二五円の組合費を集め、高六（高円寺六丁目）購買利用組合をつくり、物資の供給、バザーを行い、戦災者に寝具を贈ったことも記されていた。

梶原松子《かじわらまつこ》（一九一五年、甲府生まれ）は同じ高円寺六丁目で、独自に生活協同組合（高六生協）をつくった。梶原は「昭和二〇年ころ、みんな物がないから、家庭購買会で共同購入を手掛けたんですね。私も大河原《おおがわら》〔房次郎《ふさじろう》〕さんという地主さんが土地を提供してくださったんで、そこにバラックを建てました。……一〇円牛乳を持ち歩いて、『安いですから』というところから始まって、最初は築地に行ったり、御徒町《おかち》に行ったりして安い、いい物を仕入れてくるとその日のうちに売れちゃって。給料もお金が目当てでなかったんで、役員も職員も一緒でした」(2)と語った。「高六生協」に勤めていた波田野孝次《はたのこうじ》は、「梶原さんはクリスチャンで、賀川豊彦の家庭購買会に関わっていました。杉並の大地主で町内会長を務めた大河原房次郎さんに土地を借り、店舗を持った地域生協をつくったんです。私が勤めていた時に天沼の岡林キヨさんの所にも配達しました」(3)と語った。梶原は城西消費組合員ではなかったが、利用者には元組合員がいた。「高六生協」は久我山、三鷹にも組合員が広がり、幅広く活動したが、その後、利用者の減少で七〇年代に活動を終えた。(4)

女性たちの「米よこせデモ」について記そう。一九四六年五月一一日に、杉並でおこった「米よこせ事件」(5)に続き、同年夏に、乳飲み子を抱えた女性を含め一五〇〇人が区役所に押しかけた「米よこせデモ」がおこった。その中心人物は城西消費組合で活躍した勝目テルであった。徹夜でデモを準備した勝目は次のように書いている。(6)

「区役所に米をもらいに行こう。米袋とハンコを持って、高円寺の長仙寺境内に集まろう—というビラを高円寺を中心にまいたところ、千五百人が集まった。そこで、一キロあまりの道をデモ行進して杉並区役所に押しかけ交渉したが埒があかないので、近くの食料営団出張所に向かった。そこで倉庫から米を取り出そうとしたら、MPがやってきて、解散命令を出したが、それを聞かずにみんな座り込んでしまった。……この日、ついに最後まで粘った五十〜六十人の婦人達が区役所に泊まり込んでしまったので、区役所側は雑炊と乾パンをだした。……結局翌朝、乾パン一袋ずつもらって引き揚げることになった」

MP(米国陸軍の憲兵)が来てもひるまない強さは、戦前来の活動家で、何回もの検挙に耐えた勝目の意地と、女性の必死の思いを示している。勝目が上梓した『未来にかけた日々』に後日談があった。

「杉並の米よこせデモに集まった人たちの間から、消費組合を作ろうという話が出た。これが読売新聞だったかに掲載されたので、埼玉県成増の農民組合からすぐ問いあわせがあった。野菜なら出しますよといってくれたのでこちらは大よろこび。すぐに準備にとりかかって、高円寺駅前で野菜の即売をしますからとビラを配って知らせた。……成増農民組合からはトラック一杯のカボチャやジャガイモが届いた。さあ、売りましょうと始めたところへ経済警察が来て、統制品だからと、みんな持っていってしまった」[7]

農民の好意を分かち合う喜びは無惨にも踏みにじられた。成増農民組合とは城西消費組合の時からつながりがあったと思われるが、警察のやり方にどれほど悔しい思いをしたことだろう。

以上の三つの出来事はいずれも杉並区高円寺でおこった。城西消費組合家庭会で培った女たちの力と戦後の息吹が伝わってくるようだ。

二、女性サークルの広がり

●婦人民主クラブ杉並支部の発足

敗戦直後の女性の活動について、永原和子《ながはらかずこ》（近現代女性史）は、「一九四六年頃には区内のあちこちに婦人会が生まれている。婦人民主クラブの支部、岡林キヨが中心で二百人の会員をもつあゆみ会……など大小の会が作られた。みな自然発生的に生まれた会であったが、どこも食料の共同購入、内職の斡旋やお米の遅配、欠配問題などに精力的に取り組みながら官製的な婦人団体がつくられようとする気配には鋭い懸念をもち、ささやかでも自主的な組織を守ろうとする共通の姿勢をもっていた」と書いている。[8]

一九四六年から始まった東京裁判の影響もあっただろうが、食料獲得のために必死に活動しながら、「なぜこんな戦争がおこったのか」「なぜこんな目に遭うのか」と女性たちは考え始めた。当時の気持ちを、小沢清子は、「負けて始めて、侵略戦争であったこと、勝ち目のない戦争であったことを知りました。なぜもっと早く降参しなかったのかと悔しい思いをしました。このようなことが二度とあってはならない、この苦い経験を二度とくり返してはならないと、知らなかったではすまされない、もっと政治にも目を向け、もうだまされないように自分で判断できるようにならねばと考えました」と語った。(9)

戦前、城西消費組合の活動に触れていた小沢清子でも、戦争が終わるまでは「侵略戦争」という明確な意識は持たず、「負けて始めて知った」と語った。疎開先から戻り、「もうだまされない」と決意し、「婦人民主クラブの会員になり、平和運動に参加」したという。

婦人民主クラブ(10)（以下、婦民）は一九四〇年代後半に、最もアクティブな女性団体だった。誕生の陰にGHQのエセル・ウィード中尉(11)がいた。ウィードは、婦人団体が女性の抱える問題を明確化するとともに、民主主義の体験学習の場となると考え、女性を対象とした民主的婦人団体の組織・運営の技術習得の機会を積極的に提供した。また、婦人教育を推進しようと考え、(12)加藤シヅエなどに婦人団体の結成を働きかけた。アシスタントを務めた高橋展子《のぶこ》は、(13)ウィードが「とにかく熱心で脇目もふらず」に取り組んだと語った。(14)ウィードの仕事を内容的に支えたのは、後藤新平の東京市長時代のアドバイザーであったチャールズ・A・ビーアドの妻として、来日経験を持つメアリ・ビーアドであったと、上村千賀子《うえむらちかこ》（生涯学習・ジェンダー研究）が『女性解放をめぐる占領政策』で明らかにした。(15)ウィードはビーアドのアドバイス、加藤シズエや藤田たきらの助力を得、日本女性の解放に大きな足跡を残した。ウィードはGHQの権力・権限を日本女性の人権確立に活用した米国女性であった。

一九四六年三月に婦人民主クラブが結成された。宮本百合子、勝目テル、岡林キヨ、渡辺多恵子《たえこ》など杉並の女性は創立時から積極的に参加していた。(16)

杉並在住の角圭子《すみけいこ》（ロシア文学者）が一九四七年一二月一一日付『婦人民主新聞』に当時の杉並支部の活動について書いていた。(17)

この頃、政府は経済生活の悪化に備えて、政策を浸透させるような天下り的な婦人団体を各所におこそうとしていました。杉並区では、区の保健課長の名で戦時中の婦人団体の幹部に働きかけるという形で行われました。会員はこの準備会に積極的に参加し、衛生保健のみを目標とした天下り的な婦人団体を主婦の当面する全ての問題を取り上げ、解決するために主婦たちが力を合わせていく自主的な婦人会（杉並婦人会）として滑り出させるよう指導しました。

杉並区……がクラブ〔婦人民主〕の授産的な仕事に注目して「描きさらさ」「足袋」の講習を特に要保護婦人のためにクラブと共同主催で開催したこともありました。……毎週火曜、内職の斡旋を兼ねながら編み物の講習を行っていますが、この時と場所を利用して付近の文化人を招き時事解説や世界情勢などのいいお話をしてもらいます。こんな事も忙しい主婦のための親切な啓蒙の方法ではないでしょうか。

婦民杉並支部は天下り的な婦人会復活を図る行政の動きを警戒しながら、授産的な仕事を区と一緒に取り組んだり、いろいろなアイデアで主婦の仕事をつくり、柔軟な活動を進めた。「内職がしたい一心で、電柱の婦民のビラをたよりに支部を訪ねた」という女性も参加し、四八年には会員二七六名を擁する、婦民最大の支部となった。(18)

●広がるサークル

杉並区永福町に住んでいた婦民の会員は、「一九四六〜四七年頃には区内のあちこちに女性のグループが出来ていました」と語る。当時の記録はないが、五〇年に再刊された『杉並区政概要』(19)に、区の呼びかけをうけ自己申告した婦人団体が掲載されている。それによると、五〇〜五五年の婦人団体数は、五〇年版＝二四団体、五一年版＝二二団体、五二年版＝一四団体、五三年版＝二二団体、五四年版＝二二団体、五五年版

＝三三団体、であった。

この頃の女性団体の広がりについて、文部省社会教育局にいた横山宏《ひろし》は次のように書いていた。(20)

「男たちは敗戦でフニャフニャになっていましたが、一家の大黒柱である主婦たちは、たとえ国体が変わろうと、どうだろうと、食料を確保しなければならない。だから、物々交換とか買い出しとかたくましく動き出したわけです。それには団体を使って物々交換や中古品売買をやった方が有利なわけで、そうなると、解散状態にあった婦人団体がものをいってくるわけです。……生活を防衛するという観点から、団体がだんだんできてきた。……食べるために自分たちで生活を護るという観点から団体をつくっていく、そういう形で団体ができていったんだと思います」

食べていくために女性たちは、町内会や婦人会を活用し、共同購入で食料を確保し糊口をしのいだという横山の言葉は、本章第一節の地域生協の広がりと符合する。

さらに杉並の特性として、前述のように地域の生活協同組合や共同購入組織が数多く結成されたこと、婦人民主クラブ員が多く、共同購入や授産的な活動と学習を組み合わせて積極的にサークル活動を展開したために女性団体が広がったことも指摘したい。

『婦人民主新聞』の編集長だった水沢耶奈《やな》は、「戦後の婦人運動の基盤は……戦時中に男にかわって女性が労働戦線にかりだされたこと、そのうえ家庭の主婦は家族を食べさせるのに必死だった。生活の基盤はお金でなくて食糧でしたからね。女が生活をささえたというところにあったと思います。それが女を鍛えて強くしたと思います」「戦前の運動が……一部のエリートや指導的な立場の人たちの動きであったのにたいして、戦後におこった運動は、それまでは自分たちの要求あるいは不平や不満があってもだまって我慢していた女たちが戦後の状況のなかで、わあっと叫びだした。しかも、かなり組織的だった。それは戦前の運動とは、まったくちがうかたちのものですよね。戦争に負けて、まるっきり世の中がかわってしまったことによって、今までの状況の中に逼塞していたエネルギーが、爆発したんですね。……そういうような初期の生活擁護運動があるていど満たされてくると、こんどは平和運動に向かうわけです」[21]と語った。

戦後の女性の起ち上がりの背景に、総力戦の経験と家族を食べさせなくてはならないという、のっぴきならない事情があり、占領下で女性解放政策が推進される中、女性たちのエネルギーが爆発し、生活の要求がある程度満たされると平和運動へ向かうという水沢の意見は納得できる。

一九四〇年代後半は、戦中まで「半国民」として抑圧されていた女性たちが、主権者として一歩を踏み出した時期である。杉並の女性たちは、生活はたいへんでも、はればれとたくましく、相互扶助の精神でネットワークを広げていった。敗戦直後に生まれた地域のつながりは、その後の杉並の女性活動の基盤となっていった。

第三節　税金旋風と重税反対運動

一、占領下の徴税

多くの生活協同組合が誕生した時期、商工業者、とりわけ零細商工業者は重税問題に直面していた。中野区で古書商を営んでいた河野貞三郎《こうのていざぶろう》は、「はじめての税金が舞いこんできた昭和二二年四、五月頃、徴税令書を見て肝をつぶしたのである。当時は政府（お上）にさからうことは非国民という考えの持ち主ばかりだったから、高い税金をみて、恐れ驚き、発狂者や自殺者が相ついで出たのである」と述べた。[1]

一九四七年から、自営業者に対する増税政策が始まった。当局には、インフレの収束を図ろうという意図もあったと思われる。具体的には所得税法による徴税だけでなく、四六年分所得について増加所得税が時限

表4　所得税の大衆課税化

年　次	納税人員（千人）	税額（百万円）
1933 ～ 1935	949	111
1938（昭 13）	1, 880	441
1944（昭 19）	12, 431	3, 395
1947（昭 22）	19, 782	111, 000
1949（昭 24）	21, 397	293, 600
1951（昭 26）	12, 683	256, 800

〔注〕井上一郎『戦後租税行政史考』(7 頁）から引用

表6　滞納発生状況

年度	滞納金額	増加割合
1947(昭 22)	550 億円	100
1948	1695 億円	300
1949	2496 億円	450
1950	1500 億円	200

〔注〕井上一郎『戦後行政史考』(41 頁）から引用。

表5　国民所得と租税負担と名目および実質国民所得累年比較表

年　度	分配国民所得総額（百万円）	名目国民所得指数	実質国民所得指数	租税 国税（百万円）	租税 地方税（百万円）	租税 合計（百万円）	租税負担率
1930 ～ 34 平均	11, 100	100	100	1, 030	569	1, 599	14. 40%
1937（昭 12）	17, 000	152	126	1, 821	659	2, 480	14. 60%
1940（昭 15）	27, 500	248	128	4, 219	784	5, 003	18. 20%
1941（昭 16）	31, 700	285	126	4, 931	899	5, 830	18. 40%
1942（昭 17）	36, 300	226	111	7, 529	934	8, 463	23. 30%
1943（昭 18）	43, 700	393	114	9, 960	813	10, 773	24. 70%
1944（昭 19）	54, 800	493	114	12, 863	861	13, 724	25. 00%
1945（昭 20）	−	−	−	11, 545	892	12, 447	−
1946（昭 21）	586, 900	3, 478	47	32, 438	3, 756	41, 194	10. 60%
1947（昭 22）	1, 126, 700	10, 130	53	189, 601	19, 621	209, 222	18. 60%
1948（昭 23）	2, 461, 100	22, 226	70	412, 306	83, 645	493, 951	20. 20%
1949（昭 24）	2, 974, 200	26, 739	79	635, 637	150, 000	785, 637	26. 40%

①国税は 1947 年までは決算額、1948, 49 年度は予算額、地方税は 1946 年度までは決算額、1947 年度以降は地方財政委員会の見込額である。
②国税中には印紙収入および専売益金（燃料局益金）を含む。
③実質国民所得は、名目国民所得を日銀小売り実効価格指数（昭和 5 ～ 9 年＝ 100）で除して算出している。
④名目および、実質国民所得指数は 1930 ～ 34 年の平均を 100 としている。
〔注〕井上一郎『戦後租税行政史考』(27 頁と 28 頁）から複数の資料を組み合わせ、国民所得、名目および、実質国民所得指数、租税と租税負担率を対置し作成した。

立法として上積み的に適用され、続いて「税制の民主化の遂行」という名目で、申告納税方式を採用した恒久的所得税法、および法人税法、並びに相続税法が実施された。

増加所得税とは何か。『毎日年鑑　昭和二二年版』は、「所得税課税を充実するとともに、国民負担の公正を期し……あわせて今後予想される巨額の財政支出の財源に充てるため」で、「第一種、第二種、第三種に分けられ、第一種は不動産所得、甲種、乙種、事業所得、第二種は山林所得、第三種は譲渡所得である」と解説しているが、「国民負担の公正を期し」とは、大衆課税の開始を意味した。労働運動が高まる中、労働者への課税は控え、事業者、土地所有者に課税したのである。

芦田均内閣はさらに「取引高税」という新税を創設し、一九四八年九月から実施する方針を打ち出した（その後、反対運動が高まり一九四九年一二月に廃止）。増税と生活苦のために、四八年に、東京で一日平均三・六人の自殺者が出たという記録がある。(2)

所得税の納税人員と税額を示したのが表4である。戦前の戦争と徴税の関連もわかるが、四七年と四九年の二年間は税額が三倍近く増え、この頃の徴税の厳しさが想像できる。東京商工団体連合会編『東商連五十年のあゆみ』によれば、当時、商工業者は一九四七年三月末までに四五年分所得税（滞納分）に加え、四六年分所得に対する追加納税、つづいて四月一日以降の改正所得税法による予定申告・予定納税を強要されることになった。(3)

次に「国民所得と租税負担と名目および実質国民所得累年比較表」を見ていただきたい(4)（表5参照）。

戦中、「贅沢は敵だ」として国民は耐乏生活が強いられたというが、表5で見る限り、実質国民所得指数が、一九三七～四四年は、三〇～三四年と比べて減ってはいないどころか、増えている。それに比べ、敗戦後の四六～四九年は実質国民所得が極端に低下している。その上、大衆課税が実施され、四七年の租税負担率は一八・六％となった。四九年は二六・四％で、所得の四分の一以上が税として徴収されたのである。当然、納付できない人が増えた。前頁の表6は当時の滞納状況で、四九年はとりわけ増加している。この年に最も激しい重税反対運動がおこったのは当然といえば当然であった。

●重税とGHQ

一九四八年一二月一八日、GHQは経済安定九原則を発表した。その中の第二項に「収税計画を促進強化し、脱税者に対しては迅速、かつ広範囲にわたって、徹底的刑事訴追措置をとること」とある。米国政府の対日占領予算縮小の意を受け、徴税を強化する方向が打ち出された。ダグラス・マッカーサーは「これ（経済安定九原則――編者注）は日本人の生活のあらゆる面においてより以上の耐乏を求め、自由な社会に与えられている特権と自由の一部の、一時的放棄をも求めるものである」[5]と述べたが、マッカーサー自らが表明するほど苛烈な徴税だった。

GHQは徴税にどのように関わったのか。四八年当時、GHQ民政局の主席経済分析官だったトマス・ビッソンは四八年初頭から数ヵ月間にわたった大規模な徴税について、「占領当局にせっつかれて、日本政府は事業税滞納者にたいする強力な取締りを開始した。……一月末に、米国第八軍は、徴税推進運動を強化するために、占領軍を全国に派遣した。……これらの措置の有効性が立証された。この会計年度の最後の四半期（一九四八年の一月一日から三月三一日）の徴税額は、四月に支払われる延納額を考慮に入れると、それ以前の九か月間に徴税した四六五億円のほぼ二倍であった」[6]と述べている。

政府と占領軍一体の苛烈な徴税の結果、一九四九年の財政規模は歳入七〇四九億三四〇〇万円（四八年予算の一・七倍）となった。四九年二月にジョセフ・ドッジが来日し、三月七日にはドッジ・ラインが示された。ドッジ・ラインは「九原則の具体化」とされるが、ドッジの来日はさらなる苛烈な徴税のゴングでもあった。集められた税金は主に何に使われたのか。四八年度予算で四〇億円以上の項目を列挙してみると次の通りである（『毎日年鑑　昭和二二年版』より作成。表7参照）。終戦処理費が国家予算の四分の一近くを占める。終戦処理費とは、連合国軍に提供する労務者に支給する給与、連合国軍の宿舎、兵舎、およびその他の営繕管理費、物件購入費、および借り入れ費、国鉄、通信施設、道路その他の経費で、連合軍の駐留費の支払いである。占領軍と一体となった徴税の意味がわかる。

当時の徴税状況の一端を示す例として、島恭彦《やすひこ》『大蔵大臣』（岩波新書）から二つの体験談を紹介する。(7) まずは、内職で細々と生活する京都在住の老人の言葉である。

「今年、七三歳になる老人です。息子達の家族に加えられていますが、息子の月給では私までも養うことが出来ませんので、暇に任せて近所の人の洋傘を修繕してやりましたところ、驚くなかれ、私に六万円ほどの更正決定がまいりました。こんな大金はとても出るはずもなく、毎日のように子どもに叱られますので、首でもつろうと思うのですが……」

もう一つ、第一線の徴税官吏の弁はこうである。

「荻窪の北側にマーケットがありますが、そのマーケットの北側に相当な滞納者がいたわけです。ところがそこを今度トラック〔差押さえ物件の運搬トラック〕が通ったわけです。そうするとマーケットの人たちは、そーらトラックが差押さえに来た。いよいよこりゃ

表7　1948（昭和23）年度予算で、40億円以上を支出する項目

歳出項目	予算（円）	%	歳出項目	予算（円）	%
終戦処理費	926億	22.4	国債費	75億2,000万	1.8
価格調整費	515億	12.4	生活保護費	75億	1.8
公共事業費	435億2,000万	10.4	物資および物価調整事務取扱費	69億	1.6
政府事業再建費	397億8,000万	9.6	賠償施設処理費	64億	1.5
地方配付税配付金	392億	9.4	同胞引き揚げ費	52億4,000万	1.2
政府出資金	185億7,000万	4.4	新制中学実施費	44億5,000万	1
小学校教員給与国庫負担金	87億	1.9	農地改革費	42億3,000万	1

＊総合計（40億円以下も含む）4,144億6,213万5,000円（%は4,145億円で計算した）。

持っていかれるぞということでたいへん心配していたわけです。……そして意外にも今まで全然出さなかった所から非常に取立が出来たわけです。……三十何万円か取って、役所に悠々戻ってきたんです。……トラックの横腹にあんな風に大きな字を書いて、これが家の前に止まると、たいていその家の者は震え上がってしまいますよ」

占領軍と結託した徴税方法は、差し押さえトラックを走らせて滞納者の家に横付けし、全額納税しない場合はその場で差し押さえて、物件引き上げをやるという強権的なものだった。納税者はどう対応したか、東京商工団体協議会「税制改革意見書」（四九年七月二九日）に次の記録があった。(8)

「参加団体の調査によると、昭和二三年度所得税を一〇〇名の業者の中、二七名がともかく納めたが、その中で自分の金で納税した者はわずか四名にしか過ぎない。他のものは高利でも借金したのを含めて借金で納税している状態である。このため一般業者の実質的資本は漸次縮小し、おびただしい廃業者と自殺者が出ている。台東区に於いては浅草で一～五月迄に五六八名、下谷《したや》で二三年一〇月～二四年五月に二九五名も廃業者が出ている」

払わないわけにはいかない、しかし、払えない業者が続出し、一九五〇年の差し押さえ件数は一三六万件におよんだ。(9)零細業者の営業をつぶす重税が襲う中で、自殺者、廃業者が続出し、それまで「政府（お上）に逆らうことは非国民という考えの持ち主ばかり」であった商工業者も、「生きていけない」「どうしたらよいのか」を話し合う中で、四七年から重税反対運動が始まった。国税庁調査によれば、反対運動の件数・参加人員のピークである一九四九年の件数は一八〇二件、参加人員は五二万七〇三八人だった。そのうち、東京は六〇二件、三〇万二二五〇人が参加した。(10)杉並区ではどのような運動が行われたのだろうか。

二、杉並の重税反対運動

●古書商・川村千秋の活動

一九四七年に杉並区阿佐谷で古書商を始めた川村千秋は、重税反対運動について昨日のことのように語った。[11]

「店を始めて一年も経たないうちに、本を差し押さえられまして。こんなの払えるかということで運動を始めました。ものすごいインフレを食い止めるためにも税金をうんと取って税金で国家財政や地方財政をまかなえるようにしろということで、アメリカと日本の独占企業の要請だったんでしょう。零細企業に重税がかかってきたんですよ。戦争中に戦争体制に協力する体制、組織が出来ていましたが、それを利用して課税してきたんですよ。

申告をしたんですが、それは一切考慮に入れないで頭っから、お前のところはいくらと割り当ててきたんですよ。業界の幹部の意見を聞いて課税したので、幹部の税金が安くてヒラの会員の税金が比較的高い、小さい店ほど税金が高いという現象が、全部とはいわないけれど相当ありまして、毎日税務署に行きました」

川村は中野の古書商・河野貞三郎の世話で阿佐谷で古書店を始めたところ、ほどなく重税がかかり、河野と相談して重税反対運動を立ち上げた。杉並では、古書店主たちで「税金について考える会」を開いたのが始まりで、運動の経験が全くない人たちと、手書きのポスターを電信柱一本一本に貼って宣伝したという。

川村は一九五九年二月一五日に杉並公会堂で行われた杉並民主商工会の創立十周年記念大会の記念講演で、重税反対運動について語った。その一部を引用する。[12]

「昭和二十三年の十月には杉並税務署から仮更正という形で目の玉の飛び出るような重税が課せられて……同年暮れには高円寺、阿佐谷、荻窪、西荻窪に関連を持ちながら夫々《それぞれ》の民主商工会が誕生し、合計百五

十名位を有する杉並民主商工会連盟が発足し、連盟の会長に月坂格氏、事務局長に私が就任しました。（中略）

昭和二十五年を迎えて……、会員も五百名を突破し、各地に班（現在の支部）が確立し、組織も和田堀、甲州街道から永福、浜田山、高井戸と殆ど区内全地域に伸び……、いたるところで会員や事務局員と税務吏員との激突があり、武装警官に守られた税務官の進入をスクラムを組んで追い返したという例が相次いで起こったのであります。事業税にたいして、特に杉並、高井戸、荻窪の各魚商組合〔杉並区内に三つの魚商組合があった〕が事業税減免のために激烈な闘争を展開したことを高く評価しなければならないと思います。この成果が会員に大きな確信を与え、事業税反対闘争が広汎に展開される契機にもなりました」

●魚商の菅原健一・トミ子夫妻の活動

杉並で重税反対運動を中心的に担ったのは、川村のいた古書商組合と、次に述べる菅原夫妻がいた魚商組合だった。菅原健一《すがわらけんいち》(13)は一九〇五（明治三八）年に生まれ、弁護士になるつもりで、福島から上京し、森永製菓に勤めた。夜は夜学に行くつもりだったが、労働組合をつくろうという声が大きくなり、東京製菓工組合の創立に関わった。野坂参三、野呂栄太郎を講師とする日本労働総同盟の労働学校に通学したこともあった。芝浦製作所はじめ様々な労働組合の組織活動・デモ・ビラまきなどに参加し、何度も検束・拘留された。ビラまき―無産者新聞―集金―デモ参加―検束・拘留、救援会―差し入れ――の繰り返しだったという(14)。

妻の菅原トミ子は一九〇七年生まれで、一九歳で市バスの車掌となった。平凡な勤め人の娘だったが、先輩の感化で非合法の日本交通労組の婦人部に属した。婦人部は生理休暇と外套よこせ（当時のバスはドアがなく、吹きっさらしで寒かった）の要求を出した。トミ子は、有楽町の交通局の労働課や市長室に押しかけ闘い、逮捕され四九日間拘留され、竹刀と革ベルトで拷問されたこともあった。外套要求は通ったが、次のストライキでやめさせられたトミ子は、五つの車庫を担当するレポーターとして活躍した。[15] 労働組合の活動家同士で結婚し、一九三二年に杉並区和田本町に移り、三三年一月二五日、魚屋を開業した。開業の時のエピソードが振るっている。[16]

「魚屋を開業したのが昭和八年の一月二十五日。夫〔健二〕が履歴書を何枚もふところにして職さがしに出ている。……妻〔トミ子〕が三銭のイワシを買おうとしたが、金がないので夫の帰りを待っていた。夫が帰宅したので魚屋へとんで行ったら、さっきまで店いっぱいだったイワシが品切れになっている。『魚とはこんなに売れるものか』と一考。長男誕生の祝いにもらった晴着とズボンを質入れして、二円七十五銭。そのうち二円をもって魚河岸はどこかと探して行き、メザシその他一円五十銭を仕入れてきた。お屋敷の門前では売り声が出ないので、長屋まわりして七、八十銭もうかったのが商売のはじめ」

菅原夫妻は戦時中、魚屋を一時中断し、戦後に再び始めた。そこへ一大事件が持ち上がった。

「せっかく貯めた百円サツの三万円を、すっぽり持って行かれてぼんやりしてからは、『戦争では赤紙一枚で命をとられ、戦後は令状一枚で財産をとられて、たまるか』と抵抗を開始した。税金を苦にして自殺した商人の骨ツボを税務署へもちこみ、『もとの身体にもどしてみろ』とおどかし、家財を没収にきたトラックのまえには寝そべって、動かない。友人宅のタンスを持ち去ろうとする人夫と大げんか、蹴っとばされたりした」

体を張っての抵抗は、戦前来の活動で培われた強さだろう。魚商の世話役であった夫妻は重税反対運動の中心を担った。娘の竹内ひで子は次のように語った。[17]

「どんどん子どもが生まれ、食べさせるために晴れ着やズボンを質に入れたりしたこともありました。魚屋の組合の親睦旅行などに子ども連れでよく行きました。

魚屋を始めてそこそこ食べていたら、税金の取り立てが厳しくなって、差し押さえのことなどを見るなかで一人では駄目であるという考えを持ったんだと思います。労働組合の経験もあったので、魚屋も組合が必要と魚商組合をつくったりして、親睦会を計画したり、とにかく面倒見のよい人でした。同業者で積み立てをして旅行に行きましたね。また、民商の組合員中心に毎日、相談に来ていました。桶屋、魚屋、乾物屋など入れ替わり立ち替わり集まってきていました」

菅原は、魚屋を息子に任せ、「店そっちのけ」（竹内ひで子の話）で川村千秋らと重税反対運動に取り組んだ。東京商工団体連合会発行『東商連五十年のあゆみ』（二〇〇四年）は次のように記している。

「〔昭和〕二十六年はじめに杉並の古書籍商、魚商の組合などが、その〔事業税〕軽減に成功したのにつづいて、五月には東京花緒《はなお》工組合が『手間職人に対する事業税の取り消し』を東京都に認めさせました。東京商工団体協議会はこの経験に学んで、ただちに事業税減免運動を全都的におこすことをきめ、……署名運動を開始しました」

杉並区の古書商・魚商の運動が重税反対運動を先導し、全都的な運動が始まったことがわかる。『浅草民商の半世紀』（浅草民主商工会発行、一九九七年）に、台東区浅草の魚商たちが杉並魚商の呼びかけに応え、一九五〇年に魚商税金の会浅草支部を結成し、「杉並は河岸でビラをまいた。俺たちも負けずにやろう」と話し合ったことが書かれていた。彼らが属する東京都魚商組合はその後、東京都に税の減免を請願するなど先進的な活動を行った（『東商連五十年のあゆみ』）。

●地域から都議会、国会へ

杉並・台東など各地域での重税反対運動はやがて東京都への請願運動、国会に向けての運動へと発展していった。一九四八年一二月二二日、東京大手町の燃料会館で区単位の商工会など二二団体が集まって東京商工団体協議会が結成された。東京商工団体協議会は五二年七月七日、東京都議会に対し事業税撤廃運動の一環として次の三項目の請願を行った⒅。
①勤労所得分に対する課税の廃止。
②職人などの労務者に準ずる者の課税の廃止。
③二〇万円以下の所得者への課税の廃止。
その後、行政訴訟もおこしたが都が譲歩したので、五三年四月、訴訟を取り下げた。さらに、五四年五月六日、参議院で事業税改正案が零細企業に対する減免を盛り込んだ付帯決議をつけて可決された。これにより、個人事業税の基礎控除がこれまでの五万円から一〇万円、税率も一二％から八％に引き下げられ、この年の減税額は一六〇億円で、事業税がこれまでの三分の一以下になるという大幅減税の成果を上げ、最終的に勝利をおさめた。この勝利は商店主、とりわけ古書商、魚商の人々に暮らしを守る運動の重要性と貴重な体験と自信を与えた。

重税反対運動を通じて、自営業者たちは地域での運動、都議会（地方議会）への請願、国会への働きかけ、全国運動という新しい運動形態を編み出した。また、運動を通じて、民主商工会という団体がつくられ、都内の業者同士のつながりが生まれ、特に杉並区と台東区の魚商が区を越えてつながりを強めた。東京の商工業者に広がった重税反対運動の取り組みを通じて生まれた運動形態、運動経験、商工業者、特に魚商の区を越えた結びつきは、後年、重要な意味を持つことになった。

第三章　戦後杉並区政と社会教育

第一節　革新区長・新居格の誕生

一、変わり種の区長

一九四七年四月五日の区長選挙で二三区で初の革新系区長が杉並で誕生した。この選挙は第一回都道府県知事・市区町村長の選挙であった。東京二三区も特別区として首長を選ぶこととなり、新居格《にいいたる》(1)が杉並区長に当選した。東京で唯一の革新系首長だった。

「わずか一週間の、それも地盤も資金もなく、応援の人と二人で弁当を持って出かけ、街頭や学校で話すだけ」(2)という選挙運動で、新居は自由党推薦候補を約一万五〇〇〇票、共産党候補を約三万四〇〇〇票引き離し当選した。得票率四九・五%、投票率（五八・四%）だったことを考えると、区内の有権者の三割の支持を得るという、堂々たる当選だった(3)。

だが新居は、わずか一年で辞任した。新居と長く交流した大宅壮一は、新居を青果の「ハシリ」にたとえ、「文芸、風俗、社会運動その他各方面でハシリとして珍重され、ジャーナリズムの食卓に新鮮な味覚を提供してきた」と述べたが[4]、新居に一体何があったのか。辞任後に著した『区長日記』[5]を手がかりに、なぜ区長となり、なぜ早々と辞任したのか、その歩みをたどってみたい。

新居格は徳島県大津村（現在の鳴門市大津町）に生まれた。東大法学部政治学科卒業後、満鉄に入社したが一日でやめ、大学に戻ったり、読売新聞社に就職した後、吉野作造の紹介で大阪朝日新聞社に転じ、文芸評論を主に担当した。関東大震災後、文筆生活に入り、その傍ら城西消費組合活動に従事し、戦後は生活協同組合活動を行ったことは前述した。

圧倒的な得票は、文芸評論家としての知名度もさることながら、地域生協の広がりを背景に新住民と女性票が集まった結果であろう。男性にだけ選挙権があり、旧住民がイニシアティブをとっていた戦前には考えられない、杉並の戦後の始まりだった。

●新居格がめざしたもの

健康上の不安を持ちながらも立候補した理由を、新居は『区長日記』で次のように述べている（〔 〕内は『区長日記』の中で新居がつけているタイトルで、「 」はその引用）。

「天下国家をいうまえに、わたしはまずわたしの住む町を、民主的で文化的な、楽しく住み心地の良い場所につくり上げたい。日本の民主化はまず小地域から、というのがわたしの平生からの主張なのである。美しくりっぱな言葉をならべて、いかに憲法だけは民主的に形作っても、日本人の一人々々の頭の中が相変わらず空っぽであり、依存主義であり、封建的であるのでは、なんにもならない。わたしは、日本中のあちこちの村に大臣以上に立派な村長ができたり、代議士以上に信用のできる村会議員がぞくぞく出てくるようでなくては本当の民主主義国家の姿ではないと思っている。農村文化の問題についても、わたしはまず小地域から積みあげてゆくことを望む」〔大臣以上の村長さんを〕

「民主化はまず小地域から」は新居が繰り返し語った言葉である。「民主主義の基本は、なんといっても各個人が民主化することにある。そしてそれには個性の確立が前提条件である。いいかえると、個性の確立、個人の民主主義的自覚なくしては民主化の実体はありえない」〔民主化は小地域からという私の持論〕とも書いた。

新居は杉並区に次のような夢を描いていた。

「わたしは一人のユートピアンである。……杉並区を新しい文化地区にしたいこと、それが私の夢である。……よき図書館、上品なダンスホール、高級な上演目録をもつ劇場、音楽堂、文化会館、画廊などがあってほしい。……子供たちにとっても、町全体がアンデルセンやグリムやハウフの童話そのままでありたいと思う。……駅頭がひろ場であってほしいのは、そこを人民討論場であらしめたいからだ。人々は集まって機知と理性の討論会たらしめ、選挙のときなどは意見発表の場所とも出来るからである。どうしても広場と大通りがいるのだ」〔世界の杉並区——私の文化設計〕

ヨーロッパの小都市のイメージだろうか。バラックが建ち並ぶ杉並の町で聞く新居の夢は文化人・インテリ層には美しい夢に思えただろう。しかし、地主や昔ながらの商店主にとってはバタ臭い理想論と聞こえたかもしれない。

●理想と現実

新憲法施行の日の祝賀準備のために助役が新居に相談に来た。助役は、区長交際費から清酒を買い集め、「区議の方々や、小学校の校長その他有力者達にあつまってもらって清酒の杯をあげて万歳を、新憲法成立万歳を叫ぶわけです」といった。新居は、「区民達の幸福と利益のために使うべき区長交際費を、少数者の有力者達だけの、清酒の乾杯に使うのは面白くありません」と切り返し、祝賀会に蠟山政道《ろうやままさみち》、堀《ほり》真琴《まこと》を呼び、講演会を開いた。〔助役さんドン・キホーテに面喰うこと〕

「ある日、……Uという議員が座り込んで、彼は議員一同の代弁者のような顔をして、われわれをご馳走すべく催促するのであった。……『区長！　水清ければ魚住まずというぜ。……一席設けて胸襟を開いて懇談することは政治の要諦だよ』……割勘ならいつでも出かけるつもりでいたが、交際費―市民のために有益に使う筈の交際費を区議の饗宴のために使うことはわたしの良心が許さなかったのに過ぎない」〔「交際費」の減額が提言されたこと〕

ユートピアンと杉並区の現実とのきしみ、新居の理想と杉並区の慣習・常識とのずれが表れてきた。「私用のためには役所のインク一滴、ペン先一本も使わない」〔公私をどこまでも分明に〕、「みんなの目と耳との前で協議しようではないか。ふききったガラスを透して物の動きを見るようにしようではないか」〔ガラス箱の区会〕等の新居の提案は、杉並区議や区職員には聞いたことのない、耳障りの悪い言葉だったようだ。板挟みとなった助役は「神経衰弱になってしまいました」と訴え出し、やがて、新居が自分の考えを実行に移そうとすると、区議会議員や区役所幹部職員とぶつかるようになった。

また新居は区内の文化人・知識人に、「小地域の民主化が達成しない限り、民主日本の実体は盛り上がる術もないのだ。……私は日本の知識人に求訴したい。それは彼らが小地域民主化に挺身してほしいことである」〔民主化は小地域からという私の持論〕と呼びかけた。しかし、関心は低く、「杉並区にはインテリ即ち文化人が実に多く、なるほど大学ができても先生にちっとも困らない。しかし……この区の文化人は、小地域の民主化には全然関心がない。そして下手な将棋指しみたいなプチポリティシアン（小政治家）が飛び回っているのである」〔自分のことなのに〕と嘆いた。

自由な知識人である新居と、戦前からの地主や商店主出身の区議が多い区議会、さらに幹部職員との関係がぎくしゃくし、文化人の協力も思うようには得られず、新居は次第に孤立していった。もう少し体力と粘り強さがあれば区長職は続いたかもしれないが、縛られるのが嫌いな性格で、その上、病気も悪化してきた。

新居は一九四八年一月、辞意を表明し、同年四月、杉並区長の座を去った。

二、杉並区長・新居格が残したもの

新居の区長体験について、評論家の青地晨《しん》は「彼は戦後、杉並区長になったり、話題を投げたがこれは自分がプレーヤーになるというより、区長に立候補したことがそもそも野次馬的なものだった」(6)と記す。

大宅壮一は、「彼は実際政治への憧れをもち、しかもそれを実践にうつす熱意をもっていた。……彼の夢は、現実化したとたんに敗れ去ったとはいえ、それによってえた体験は、この国の知識人のために貴重な実験となった。日本には〝批判〟の名において政治的に棄権し、サボタージュしている人が多すぎる」(7)と記した。

新居区長は杉並に何を残したのか。新居区長当時の区議会（戦後第一期）の様子を知る人に、筆者は会えなかったが、重税反対運動（第二章参照）で活躍し、戦後二期目の区議会で区議（共産党）を務めた川村千秋は、筆者のインタビュー(8)で新居について、次のように語った。

川村――当時の議会というのはやっぱり田舎の議会、町議会みたいなもんで地域の顔役みたいな人が大勢当選していたので、特に政策をもってとか難しい話でなくて、その時の官僚の判断で区長に賛成したり反対したのではないですか。特に新居さんは革新的な立場をとろうとしていたわけですから、いろんな議員との間の衝突があったんではないでしょうか。そんな中でこんな連中と一緒にやれねえやという気持ちになられたんではないでしょうか。そういう話のようです。

質問――新居さんの「ガラス箱の区会」という言葉に、田中康夫さん〔元長野県知事〕がいった「ガラス張りの知事室」という言葉を連想しますが……。

川村――田中さんとは大部違いますが、そういうところは似てますね。杉並ってのは土俗的というか、当時はまだまだ農村地帯ですからね。阿佐ヶ谷のこのへんの裏側も畑が広がり、戦後すぐの頃は空き地も多くていろんな畑や田んぼなんかもありました。当時、議員は自分の地区を「村」と呼んでいました。

質問――そんな田舎の杉並でよく新居さんが当選しましたね。

川村――やっぱり何となく杉並は文化区という雰囲気が出来てきたんではないですか。都心なり周辺の住民の人たちでサラリーマンが増えてきて、そういう人たちが杉並に住居を求められた。そういう層が新居さんを支持したといえるのではないでしょうか。

一九四七年五月に施行された地方自治法によって東京二三区は「特別区」となり、区長公選が始まった。しかし、特別区の自治は「東京都の都市的一体性と矛盾しない範囲に限る」という制限があり、区長の権限は限られていた。(9) 新居の立候補は突然であり、革新区政を支える区民のまとまりに支えられていたわけではなかった。行政の経験も政党・支持者のバックもない新居は、旧来の村社会を母体に選出された区議を相手に孤立していった。根っからの自由人であることもあって、しだいに疲れ、病いを重くし、辞任後三年、五一年一一月、脳溢血で亡くなった。

「新居区長は杉並に何を残したのでしょうか？」という筆者の質問に、川村千秋は「やっぱり、杉並に一つの雰囲気というか、伝統というほどではないけれど、雰囲気を新居さんはつくられたと思いますよ。革新的なものを」と答えた。その当時は反発しかしなかった区議や職員も、新居の辞職後、『中央公論』『週刊朝日』などに載った新居の言葉を読み、その理想や意図を考えたかもしれない。在任期間がわずか一年足らずだったので新居の、区長としての成果を具体的に挙げるのは難しいが、彼の存在が区議や区民に与えた影響は少なくないと思う。

新居は、自らを「ドン・キホーテ」と呼び、「ドン・キホーテのやってのけたさまざまな冒険は滑稽な失敗をしたが、彼の理想は永遠のものである。私の振りかざした条理主義による施策はしばしば問題を起こしたかもしれない。しかし、私の考え方はいつかは実現すると信じている」〔区長落第記〕と述べた。新居がやめてから六〇余年、今では新居の名前も、新居が杉並区長であったことを知らない人がほとんどだが、新居のいう「小地域民主化」という課題は今も光を失っていないと筆者は思っている。

第二節　戦後改革と社会教育

一、戦後社会教育の始まり

●戦後改革の中で

新居格が一年で去った後、第二代公選区長として高木敏雄《としお》が就任した。高木は在任期間中、社会教育に力を入れ、その時期に原水爆禁止署名運動がおこった。社会教育と原水爆禁止署名運動に関連はあるのだろうか。本節では戦後の文部省の社会教育政策をふり返り、次節で杉並の社会教育について検討したい。

一九四五年八月二七日付の『朝日新聞』に次の投書が載った。

「まずわれわれはしっかりした国体護持という筋金をもった教育計画を樹立せねばならぬ。……七〇余年前の学制頒布の雄大な考え方を以て進むのである。目に見える学校教育に対してはアメリカは相当の干渉を加えることは明らかであるから、我が国の今後の方針は学校教育と平行させて、社会教育を発達させねばならない」

マッカーサーら連合国軍が上陸する直前に載った匿名の投書で、投稿者はかつて興亜院にあって大陸で活躍し、当時、文部省の要職にいた人物ということである。「国体護持」を強調し、戦前来の臣民教化のための社会教育観を示しているが、そうした社会教育観は戦後、変化したのだろうか。占領期の諸改革と社会教育の流れを次頁の**表8**にまとめた。(1)

表8から、社会教育局の設置の基本施策は、日本国憲法など民主的な政策がGHQ民政局主導で推進された時期につくられたことがわかる（社会教育法(2)は四九年制定だが、社会教育の柱は教育基本法第七条「社会教育」(3)で定められた）。戦後社会教育を立案した文部省社会教育局、およびGHQ担当官の活動を見ておきたい。

●初代社会教育局長・関口泰

文部省社会教育局は幣原《しではら》内閣の時に設けられた。この内閣の文相は、内務官僚から後藤新平市長の下、東京市助役となり、その後、『朝日新聞』論説委員を務めた前田多聞《たもん》で、(4)前田は社会教育局長に『朝日新聞』で旧知の仲だった関口泰《たい》を抜擢した。

関口泰は一八八七年に静岡県に生まれ、東京帝大卒業後、台湾総督府に勤め、その後、大阪朝日新聞社に入社した。一九二三年に東京朝日新聞社に移り、三九年に退社して客員となった。戦後、朝日新聞社論説委員を経て、文部省社会教育局長（兼任で国立教育研修所長）となった。(5)

関口はもともと教育への関心が強かった。一九三〇年発行の『公民教育の話』で社会教育について、「社会の最終目的は全ての社会成員の完全な平等だといふことは、すべての個人に於いて能力が同様に発展するやう社会に於いても、凡ての人は平等な社会的教育を受けることを要求する。教育と知識とは正当に分配されなければならぬ。教育上の富豪が民衆的社会によって危険なることは過度の物質上の富に劣らない」と述べている。(6)平等な社会を目指し、全ての個人の能力が発展するために社会教育が必要だという考えは、関口の社会教育論の柱といえる。戦後の社会教育局長時代の文章は以下の通りである。

表8　戦後改革と社会教育の流れ

年	社会教育関連事項	占領期の改革
1945	文部省に社会教育局が復活設置（10月）。GHQ「日本教育制度の管理」を発表（10月）。 寺中作雄（公民教育課長）が公民館構想を提案。	ポツダム宣言を受諾（8月）。 新聞検閲の開始（9月）。 GHQ、5大改革の要求と軍国教育禁止の指令（10月）。
1946	アメリカ教育使節団が来日し報告書を提出（3月）。 ＣＩＥ教育課にＪ・Ｍ・ネルソンが着任（4月）。 ＣＩＥ教育課に公民館構想を提出（5月）。 社会教育局とＣＩＥが毎週、会合を開始（6月）。 文部次官通牒「公民館の設置運営について」（7月）発表。	GHQ、公職追放を指令（1月）。 東京裁判が開廷（5月）。 教育刷新委員会の設置（9月）。 教育勅語奉読の廃止（10月）。 日本国憲法公布（11月）。
1947	公民館の建設に関する文相答弁（3月）。 教育基本法、学校教育法の制定（3月）。	町内会・隣組の廃止（4月）。参院初選挙・総選挙（4月）。 日本国憲法施行（5月）。 家制度・内務省の廃止（12月）。
1948	国会で教育勅語等失効を決議（6月）。 教育委員会法の制定（7月）。 文部大臣による第1回優良公民館の表彰（11月）。	逆コースの流れ。東京裁判が閉廷。東条英機ら処刑（12月）。
1949	社会教育法の制定（6月）。 学術会議が反レッド・パージ宣言（10月）。	ドッジラインの策定（3月）。 下山・三鷹・松川事件の発生（7～8月）。
1950	図書館法の公布（4月）。 全国公民館職員講習会が開催（10月）。 文部省が祝日に国旗・君が代を進める通達（10月）。	レッド・パージの開始（6月）。朝鮮戦争が開戦（6月）。 警察予備隊の設置（7月）。
1951	文部省が社会教育主事講習等の規定を公布（6月）。 全国公民館連絡協議会の結成（11）。 博物館法の公布・施行（12）。	マッカーサー、罷免される（4月）。 サンフランシスコ講和条約と日米安保条約の調印（9月）。

「国民は治められる者であり、治める者である。絶対服従を人民の性格とする考へ方を捨て、治める者としての責任の自覚の上に、民主政治も立憲政治も建っている。自分が自分で規律し服従するのである。治め易いやうに民を愚にする代りに、国民の明智《めいち》良能《りょうのう》を必要とし、国民全体を引上げるための教育、個人の立身出世の為ではない、相互扶助共存共栄のための教育を必要とする。……国民の納得する国民による政治を打建てるためには、国民の立憲的教養、民主的訓練からはじめなければならない。選挙の基礎としての公民教育、公民啓発運動の必要もこの辺にあるのである」(7)

民主社会をつくるには民衆の主体形成が重要であり、民を愚にするのでなく、個人の立身出世でなく相互扶助・共存共栄のための教育を構想した。日本近現代史研究者の遠山茂樹《とおやましげき》（横浜市立大学名誉教授）は最終講義のテーマに、同大の初代学長・関口泰の教育論を選んだ（筆者は幸いにも、その講義を聴くことができた）。遠山は関口が教育基本法の制定に関わったことに触れ、「関口は、第一に国民の教育権、第二に教育の機会均等という考え方を打ち出しています。この二つの考え方は、戦後教育の基本的理念であるわけで、国民の教育権については日本国憲法の二六条に規定されており、教育の機会均等については教育基本法第三条に規定されているわけです。こういう考え方を、既に一九三〇年出版の書物の中にいち早く提起している」(8)と指摘し、その先覚者的な役割を強調した。

また、「戦後教育改革は『公民教育の話』の中にでてまいります諸原則がほぼ一様に実現されたということと、彼のめざした教育理念、あるいは彼がめざしたというより彼を代表とします大正デモクラシー運動のめざした教育理念と言った方が良いかもしれませんが、それが実現していったと考えて良いだろうと思います」とも語った。関口の先覚者的な役割と、それが大正デモクラシー運動の教育理念であったという指摘に筆者は強い印象を受けた。

社会教育局の雰囲気について、後年入局した横山宏は、「社会教育局は、戦時中、教化局から教学局に変わり、思想統制をやっていたので、そこの幹部達は公職追放されたり、遠ざけられていたのです。戦後の社会教育局には、それまでに息のかかっていない人たちが、どっと入ってきたわけです。文部大臣は前田多聞でしたが、社会教育局長は元朝日新聞の関口泰で、他に諸井《もろい》三郎、今日出海《こんひでみ》、宮原誠一などの文化人が入ってきた。だから……『官僚』とはひと味違った比較的リベラルな人たち……戦時中、陽の当たらなかった成人教育―映画の審査をやっていたような人が生き残った。そういう文部省の組織上の問題もあって、社会教育局には、民主的な雰囲気があったのだと思います」と語った。(9) 関口の下、戦中の軍国主義的な思想統制に苦しんだリベラルな人々が集まり、戦後の社会教育が構想された。

戦後最初の社会教育局長が関口泰で、そこに集まった人々とともに、臣民教化のためではなく、大正デモクラシーを反映した社会教育を構想したといえよう。

では、GHQの担当者はどのような人物がどう取り組んだのか。

●J・M・ネルソン

社会教育はGHQ／SCAP／CIE（連合国軍最高司令官総司令部民間情報教育局）の教育課が担当し、直接の担当官は、米国で教育学を学び、ジョン・デューイ（教育学者）の影響を受けていたJ・M・ネルソンだった。ネルソンは成人教育の担当官として一九四六年四月から五〇年八月まで成人教育計画の調整に責任を負うとともに、文部省社会教育局との連絡にあたった。帰米後、大学院で日本での経験を学位論文にまとめた。その学位論文であるJ・M・ネルソン『占領期日本の社会教育改革』（新海英行監訳、大空社、一九九〇年）をもとに、彼の仕事をふり返ってみたい。

同書でネルソンは文部省社会教育局職員との会合について、次のような印象を記した。

「一九四六年六月五日から社会教育局における毎週の会合を開始し、そこでアメリカ教育使節団の報告を討議するとともに民主的成人教育哲学の探究を行った。……会議は……むしろ、独創的で実験的な性質のものであった。基本的な問題は、『あたらしい平和的、民主的日本』の建設に寄与するには、いかなる成人教育施策が展開され得るのかに関するものであった」

ネルソンは、次のようにも書いている。

「日本の将来は一握りの指導者たちよりもむしろ国民の肩にかかり始めていた。教育された一般市民がいかに重要であるかは、メールマンによって次のように強調されている。……『経済的、政治的、社会的営みが地域と国の両場面で効果的に作用するためには、反省的思考ができ、圧力団体の宣伝から比較的免れている、よく教育された社会的に有能な市民が不可欠である』」

ネルソンの言葉で思い浮かぶのは、前述（九一頁）に引用した関口泰の文章である。教育学者の久保義三は大正自由教育におけるジョン・デューイの影響を指摘する（『新版　日本教育史』「第一章、大正デモクラシーと教育の再編成」[10]）が、ネルソンと関口の共通点にジョン・デューイの影響があると思われる。久保義三は前掲書で前田多聞文相が対談で米国教育使節団のメンバー[11]にデューイを望んでいたことも紹介している[12]。高齢のため、デューイの来日はかなわなかったが、前田多聞がデューイ招請の願いを持ち、対談相手も同意していた。そのエピソードは、前田ら大正デモクラシーを経験した人々へのデューイの影響力の大きさを物語るが、戦後社会教育に影響力を持つ、前田多聞文相、関口泰社会教育、担当官ネルソンに、国境と時を超え、デューイの影響力があったことは興味深い。

ネルソンは前掲書で米国教育使節団は日本の社会教育を高く評価したと記した。この使節団の意見をマッカーサー連合国軍最高司令官は尊重したため、戦後、社会教育政策は全体的にスムーズに進んだ。

二、公民館の誕生

戦後、社会教育施設の拠点と考えられたのは公民館だった。関口泰の招きで文部省社会教育局に入った寺《てら》中作雄《なかさくお》の構想（寺中構想）にもとづいて、一九四六年三月六日、高橋誠一郎文相が国会で公民館の建設推進を言明し[13]、同年七月五日、各地方長官宛の文部次官通牒が出され、建設が始まった。各地方長官宛文部次官通牒に書かれた公民館設置の趣旨は次の通りである[14]（抄出）。

「公民館は全国の各町村に設置せられ、常時に町村民が打ち集まって談論し、読書し、生活上、産業上の指導を受け、交友を深める場所で、いわば、郷土における公民学校、図書館、博物館、公会堂、町村集会所、産業指導所等の機能を兼ねた文化教養の機関である。また、青年団、婦人会などの町村における文化団体の本部ともなり、町村振興の底力を生み出す場所でもある」

〝万屋《よろずや》〟の如く様々な機能が盛り込まれた公民館設置の趣旨には、古さと新しさが混在していた。

次の数字は一九四七～五〇年にかけての公民館数である[15]（括弧内の数字は市町村総数の中に占める公民館のある割合を示す）。

◆四七年八月＝二〇一六（一九％）、四八年八月＝三四七五（三三％）、四九年四月＝四一七九（四〇％）、五〇年四月＝五七〇〇（五〇％）

右の数字でわかる通り、公民館はたいへん急ピッチで建設された。あまりに急いでつくられたため、問題も生まれた。一九四八年に開かれた社会教育研究大会に文部省が用意した公民館討論資料には、「かなりの地方では、国民は公民館にほとんど情熱をもっていないようである。……全体として、公民館委員会の活動は満足できる状況ではない。市町村では、日本中ほとんどの公民館の委員会は『村のボス』の中から、有名無実に選ばれてきている。その結果、活動はおざなりで形式的になりがちである。満足できる結果は期待できない」[16]という文章があった。

各地域の民衆の主体的要求を確かめることなく、トップダウンでハコモノをつくった結果だろう。一九四九年に公布された「社会教育法」に公民館に関する事項が驚くほど多いのは、文部省社会教育局の意欲とともに初期の反省をふまえてのことだろう。

戦後社会教育は、デューイの影響を受けた日米の知識人が戦中の教化としての社会教育を否定しようという意思を共有し、模索しつくり上げたものだと、筆者は考える。この構想は地方自治体の場でどう実践されたのか、以下、杉並区における社会教育事業を見ていきたい。

第三節　高木区長と杉並の社会教育

一、高木区政の発足

新居格は一九四八年一月に区議会で辞任を発表し、四月に辞職した。後任を決める第二回区長選挙は同年五月二三日に行われた。立候補者は高木敏雄（無所属）、金井満（中立）、斉藤てい（無所属）、坂本哲一（無所属）、西野直蔵（社会党）、木島忠夫（無所属）であった。

杉並区選挙管理委員会は「区長選挙だけの単独選挙であることと、国政選挙のほうが投票率が高い傾向がある」と説明したが、前回の区長選の投票率（五八・四％）と比べ、今回のそれは二一・二％に激減した。[1]金井満は城西消費組合以来の役員で、当初、社共統一の動きもあったがまとまらず、社会党は別に候補者をたてた。[2]東京都の前水道局長という肩書きの重みもあったのだろう、[3]結果は、無所属・新人の高木が得票率四三％を得て初当選を果たした。高木はその後、九年半区政を担い、その間に原水爆禁止署名運動がおこった。高木敏雄とはどんな人物だったのだろうか。

●東京市水道局長から区長へ

春光の屋根に屋根屋が憩いおり／夾竹桃《きょうちくとう》とんとん屋根屋よく稼ぐ[4]

高木は俳句に親しみ、「高木丁二」の名で区民の俳句の選者として『杉並区広報』に俳句コーナーを持ち、右の二首を載せていた。ともに屋根屋を詠んでいるのは工学系の人らしい。

高木敏雄[5]は一八九〇年に生まれ、一九一五年、九州帝国大学土木工学科を卒業し、福岡市役所に就職した。その後、関東大震災の年に東京市役所に就職し、一九四六年三月に退職し、四八年、杉並区長となった。杉並区資料、市政専門図書館資料などによると、立候補までの歩みは以下の通りである。

①土木技術者として関東大震災を体験

高木が東京市役所に勤めた一九二三年の九月に関東大震災がおこった。震災復興の指揮を執ったのは、同年一月まで東京市長を務めていた後藤新平[6]だった。後藤は山本権兵衛《ごんべえ》内閣の内相兼任で帝都復興院総裁となり、米国の歴史学者であり、都市問題に詳しいチャールズ・A・ビーアド[7]を通し欧米の都市建設の知恵を学びながら、都市計画に基づいた大土木事業として復興を進めていった。後藤は「現場主義」を旨とし、現場によく足を運んだという[8]が、若き土木技師高木と会っているかもしれない。復興の陣頭指揮を執る後藤の姿は高木の脳裏に深く刻まれたことだろう。

②戦時中に東京都水道局長を務める

一九三九年から一九四六年の定年退職まで東京都水道局長を務めた。一時、部署を離れたが、四三年に戻り、しだいに空襲が激化する中、水道局長を務めた。

参考までに、戦時中の東京の上下水道、道路、橋の被害額を調べてみた[9]。道路＝五〇六五万九〇〇〇円、橋梁＝一〇二〇万二〇〇〇円、上水道＝五八九〇万一〇〇〇円、下水道＝二六四万一〇〇〇円であった。ちなみに、道路と橋梁の合計は六〇八六万一〇〇〇円、上下水道の被害額は、道路と橋梁の被害額合計を上回っていた。その復旧の責任者を最後まで務めたのは、高木が有能な水道局長であった証といえる。

③杉並区長に立候補

居住する杉並区の様子に関東大震災後の東京が重なって見えたのかもしれない。新居格の辞職を機に、震災復興での後藤新平を思い出し、立候補を決意したのではないかと、筆者は想像している。

●高木の区政構想

一九四八年六月一六日の所信表明演説の速記録は残っていないため、四八年一二月一日に発刊された『杉並区政ニュース』(10)の「発刊の辞」を、高木の区政構想として紹介する。

杉並区は昭和七(一九三二)年に区政が敷かれましたが、間違った事変や戦争が国の指導者によって先年まで引き続いて行われていたために、三五〇〇町歩に及ぶ膨大な地域内にこれという都市施設は設けられてありませぬが、この一七年間になされた仕事は田や畑をどんどんとつぶして家屋を建て連ね、耕作路をそのままに曲がった狭い道路とし、用悪水路をそのままに下水道として、万にも及ぶ区民を押し込んだだけであります。

この杉並区をこれから明るい、住みよい、秩序正しい、住宅地域としなければならない、……千代田、中央、港、台東、新宿等の区は杉並区が出来る前に、即ち事変に次ぐ戦争というやな時代の前に或る程度の文化都市として仕上げられていました。これらの区に対して、その住宅地域杉並区を造り上げなければなりませぬ。凡《およ》その目標をそこにおいて杉並区政を推し進めていく。それが我々の任務であります。

道路、橋梁、下水、水道等の土木事業、電車、バス等の交通施設においても、区民館、保育園、託児所その他社会事業方面においても、又諸種の病院、診療所等の保健衛生事業においても文化東京の住居地域にふさわしい住宅の構築方面においても、数え上げれば際限のないことであるが、何一つとして整ったものはありませぬ。

今日の緊急なことは六・三制実施にともなう校舎の問題、一戸あたり平均二・六世帯という払底せる住宅の問題や、食料品の配給、その他破壊せる橋梁や道路の急遽修理、下水の応急回収等々いずれも一日もゆるがせに出来ない問題が山積しています。これらの適当なる処理には大いに区民の皆様の了解と援助とを得なければならない部面が往々にあります。これらについての連絡の用にもこのニュースを当てたいと思います。……

「発刊の辞」から、高木区政の特徴を見つけてみたい。

①「間違った事変」や「いやな時代」という表現でアジア太平洋戦争を厳しく批判した。

②都市計画の視点で杉並を分析し、方向性を打ち出した。

③区の事業を分類し、計画的に取り組もうとしている。「区民館、保育園、託児所その他社会事業方面」という表現は東京市の社会事業活動(11)との関連と、弱者への視線を感じさせる。

④学校建設と戦災復興を最重要課題に位置付けた。

⑤区民に区の情報を進んで伝え、協力を求める姿勢が見え、震災後に「愛市心をもった市民を大震災後の東京の担い手として据えていこう」と語った後藤新平との共通性を感じさせる。

『杉並区政ニュース』（五一年から『杉並区広報』）は丁寧な言葉づかいと読みやすさ、および民主主義の啓蒙、区民の教養向上、区の行事への積極的な参加の呼びかけという特徴を持っていた。

二、復興と公教育の重視

●戦災復興・学校建設

一九五五年九月議会で高木は、「……昭和三〇年度の目標は民政事業、四〇万区民の福祉、厚生をもくろもう。こういう事にいたしました。当区には要保護世帯が三千も四千世帯もある。ニコヨンの方が千名以上いる。又、戦災のための遺家族、未帰還者もたくさんの家族がございます。こうした方々が四万おられるけれども、その方々の生活の福祉を引き上げて、そうして一般の我々同様のレベルにおいて区政をとりたい。そうなれば、ここで本当に住みよい杉並区ということもある程度達すると存じます。……あくまでも、住みよい、立派な住宅地域の完成という方向に進みたいと考えます」（「杉並区議会速記録」五五年九月）と述べた。

敗戦後一〇年過ぎてもなお、戦災復興は重大かつ緊急の課題だった。「生活の福祉を引き上げて、……我々同様のレベルにおいて区政をとりたい」という言葉には階層格差是正の視点が見え、戦災被災者の救済、生業資金の貸し付け、ニコヨン労働者の生活向上をめざす施策は、杉並の民生安定と住み良さにつながっていった。

空襲の被害は他区より少なかったとはいえ、二六校の国民学校のうち、全焼八校、半焼三校、軍施設への転用による損傷など学校の被害は大きかった。その上、新制中学発足、海外からの引き揚げ、疎開先からの帰京により人口が増加し、学

表９　杉並区一般会計予算に占める教育予算の割合

1946 年	34. 50%	1950 年	37. 20%*	1954 年	43. 30%*
1947 年	52. 50%	1951 年	42. 40%*	1955 年	41. 60%*
1948 年	51. 10%	1952 年	50. 60%*	1957 年	33. 70%*
1949 年	52. 40%*	1953 年	45. 00%*	1958 年	31. 90%

*は高木敏雄が区長として立案にたずさわった年（1949 ～ 1957 年）を示す。

校建設は急務だった。表9（前頁）は、杉並区一般会計予算に占める教育予算の割合を示している（『新修杉並区史』下巻から作成）。教育予算が大部を占める予算編成は、公教育に対する、高木の並々ならぬ意欲を伝えている。

●公教育を重視して

一九五〇年に校舎建設が一段落すると、高木は新たな取り組みを開始した。[12] その一つが一九五〇年の夏休みから区の主催で開催された「緑蔭子ども会」であった。一九四六年の夏休みに、前出の橋本良一らが荻窪の地主から林を借りて開いた「森の子ども会」[13] を参考にしたと思われるが、それまで映画会などで済ませていた緑蔭子ども会を各小中学校PTA、婦人団体、文化団体の協力で大規模に実施した。

一九五〇年七月一〇日付『杉並区広報』に、「楽しいぼくらの『緑蔭子ども会』——盛り沢山な行事で七月二一日から幕開き……楽しかるべき夏休みが不幸な夏休みにならぬようにと、本区では『緑陰子ども会』を開催し、楽しい共同生活を通して、健康でしかも知性豊かな社会人として役立つように育成しようと、七月二一日から八月三一日まで各小中学校PTA、各種団体等との協力で実施いたします」とあった。延べ五万人の子どもが参加した。[14] 区民や区内団体の協力を引き出す柔軟性は、任せて引き出す高木のやり方だが、これらの活動を通して地域住民のつながりが広がっていった。

また、教育内容の向上に努め、五一年には区立済美《せいび》研究所を建設するとともに教育広報誌を発行した。区立済美研究所の前身は教育者の今井恒郎が創設した済美学校（その後、済美学園と改名）にさかのぼる。今井の息子の今井政吉の寄付[15]（済美学園の広大な土地を教育に利用してほしいという申し出）をもとに、五一年三月、区立教育研究所として、公教育の向上、「特殊学校」[16] の研究・充実などを目的に発足した。後藤新平が安田善次郎の寄付で「東京市政調査会」を創立したことを想起させる。当時、他区にない試みだった。

同年に発行された『昭和二六年度版　杉並の教育――子どもたちのしあわせのために』[17]は、表紙にジャングルジムに乗った笑顔あふれる子どもたちの写真を載せ、中には各学校の子どもの姿や教師の教育活動がわかりやすく紹介され、行政からの「〜すべき」という要求でなく杉並の教育水準を向上させようという意欲が伝わってくる。前述した一九五五年九月議会の発言に見られるように、格差是正という理念を持っていた高木は公教育の条件整備に力を尽くした。

三、杉並区の社会教育

●図書館建設

社会教育施設として高木が最初に取り組んだのは図書館の建設だった。当時、区市町村立図書館はなく、都立図書館の分館が区内阿佐谷中学校敷地内にあるだけだった。都立図書館は通常、一七時に閉館したが、杉並は二交代制で二〇時まで開館[18]するという工夫を行い、区民の便宜を図っていた。

高木は一九四九年一二月に図書館設置を表明し、五〇年四月に図書館法が公布されると早速、杉並区図書館条例をつくり、一一月に荻窪駅に近い西田町に九五〇坪の土地を約一三七万円で購入し建設に着手し、五二年五月に区立図書館を完成させた。図書館法もない時に表明からわずか三年で完成する早業だった。

図書館長には川西文夫教育委員長の推薦[19]で、安井郁を起用した。「文化人の活動舞台を準備するのは理事者の役割」[20]と考えていた高木は安井に白羽の矢をあてた。当初は、収蔵する本が不足し、区民から寄贈[21]してもらったり、購入にも区民の協力があった。リヤカーを引いて神保町に本を買いに行ったという橋本良一の話もある[22]。本の流通システムも整っていない時代のこと、行政と区民が一緒につくりあげた図書館だった。

『杉並区広報』などで宣伝に努め、都立図書館当時は一日当たり一二〇〜一三〇名（一九五〇年、議会答弁）だった利用者が、約三倍の三四一名（一九五四年の平均利用者数）に増えた[23]。杉並区立図書館は「文化区杉並」

をめざす高木の意欲の結晶であり、杉並の社会教育の最初の施設だった。

●公民館建設

図書館が開館してから一年半後、図書館に併設する公民館が建設された。下記は一九五二年四月一六日に区議会で行われた公民館建設に関する高木区長の答弁（『杉並区議会定例会速記録』より）である。

「公民館の建設についてのご質問でございましたが、丁度これはよい機会でございまして、一応私の意見を少し申し述べさせていただきたいと思います。……

元来私が提案いたしました公民館と皆様方のご要求の公民館とは全然性質の違うものなんでございます。それではどう違うかと申しますと、私の提案いたしました公民館は図書館に付属した公民館であって、そうしてあの図書館は杉並区の文化活動のセンターとして大いに活用したい。センターとして図書館を活用するにおいてはそれに付属するホール、まあ、ホールなんかは何百人、何千人集まることは《ママ》ホールではなくて、ここで言葉を変えますと、図書は目を通しての社会教育である。それからまた、それ以外に耳を通しての社会教育もあれば、あるいは舞踊の如き情操の方面をみる教育もある。そうしたものをそれぞれ一ヵ所にまとめるには図書館だけではいけない。ホールがほしい、こういう意味でありまして、千人、二千人を収容する必要は認めない。静かに舞踊を鑑賞して、そこに情操教育、静かに映画を鑑賞して視覚教育、こうしたような具合のものにもっていきたいという考えであったのであります」

通常、助役の菊地喜一郎に答弁させていたが、この時は高木区長自ら答弁し、図書館と公民館をセットにした社会教育施設という構想を述べた。「公会堂を先に」という区議の声もあったが、断固として公民館を優先し、図書館とL字型でつながるユニークな公民館構想を述べた。すでに公民館建設が盛んだった時期は過ぎ、公民館は二三区では練馬区と北区にしかなかったが、高木の意志が揺らぐことはなく、建築費一五三二万円、設備費二七〇万円かけて建設した。(24)

一九五三年一一月、クリーム色の図書館に併設された、バラ色の公民館が完成した。第三回杉並区総合文化祭の一環で開かれた開館記念行事の演物《だしもの》は、「軽音楽、歌謡曲、混声合唱、腹話術、舞踊、指笛、漫才、演劇、漫談、独唱、日本舞踊、吟詠、能、浪曲」という庶民的なものだった。文化祭では、区議会議場も開放し、区内在住の画家、書道家、華道家、茶道家による絵画展、書道展、華道展、点茶会などが開かれた。『杉並区広報』(五三年一一月一〇日号)は、「けんらんたる美の祭典――杉並区総合文化祭終わる」という見出しで、美しく着飾った着物姿の女性たちが参観する写真を載せた。敗戦後八年目のシーンとはとても思えない、はなやかな写真だった。

杉並の公民館は、貸し室、貸しホールではなく、「本来的には公民館自体が事業をやる。だから事業がないときには一般の人に貸せるけれども、そうでない時は貸せない」(25)というスタンスで運営された。一九五四年の年間利用回数は、講堂=三一〇回、会議室=二一四回、講座室=二一四回、和室=一八〇回、合計=九一八回で、たいへん活用されていた。図書館と公民館の併設という独特の形態は「両々相俟って文化区杉並の中核」(26)となった。

公民館の運営は公民館運営審議会で決められた。審議会について、区職員の田中進が次のように書いている(27)。

「公民館運営審議会は昭和二八年頃、開館とほぼ同時に発足し、安井館長の諮問機関として機能していました。毎月教

1953年11月に開館した杉並区立公民館〔撮影時期は不明。提供：杉並区〕。

養講座のあと一時間行われていました。ここには次回の教養講座の講師、テーマの設定などや青年学級、その他の講座の案が出され、短時間に有効に進められました。メンバーは学識経験者等一五名ですが、なかには『杉の子読書会』の植村フミ、高木区長らの顔も見えます。公運審メンバーは教養講座に自らも参加するというきわめて実践的な会であったようです」

公民館運営審議会は、学識経験者と区民が参加し、公民館が廃館するまで存続した。ちなみに、高木敏雄は区長を退いた後、六一年度、六二年度に公民館運営審議会委員を務めた。(28)

高木の考えた「それほど大きくないホール」と、安井の考えた「中小の集会室」が合わさって、開館一年目から、生活感のある文化活動のセンターとして活用された。公民館というハコモノは出来たが活動は不活発、というのではなく、区の働きかけと区民の自主活動があいまって運営された。行政の積極的な働きかけの結果であり、都市民衆の文化的成熟の表れでもあった。

この他、高木は、『杉並区史』(一九五五年版)の発行(29)や、杉並公会堂の建設を行った(一九五七年)。杉並公会堂は三億円という破格の費用をかけ、当時としては珍しい全館冷暖房完備の施設だった。東洋一の音響効果があるといわれた一〇〇〇人収容のホールは多くの演奏家が演奏を希望し、レコード会社がレコードの録音に利用したという。

高木のリーダーシップで図書館と、それに併設する下駄履きスタイルでも行ける庶民的な公民館と、一流の公会堂が完成し、杉並の社会教育施設は着々と整ってきた。

四、高木敏雄――大正期が育てたリベラリスト

一九五二年五月に第三回区長選挙が行われた。(30)同年九月施行の地方自治法の改変で区長選がなくなったため、選挙による高木区政の審判はこの時が最後であった。(31)高木は無所属で立候補した。(32)対立候補は杉並で初

めての社会党・共産党の統一候補・新島繁《にいじましげる》（一九〇〇～五七年。山口県生まれ。本名は野上厳）であった。

高木と新島の一騎打ちで、結果は、高木が七一％の得票率を得て当選した。投票率は極端に低い、二七・二九％であった。[33]

二期目となった高木は、『杉並区広報』（一九五五年一月一〇日号）の「年頭の言葉」に、「終局の目的は四〇万の区民がみんな同じ生活水準で、明るく、安らかに、豊かに暮らせるようにすることで、いずれの年の仕事も明るい、住みよい、住宅地区杉並の建設に集約されなければならない」と記した。この言葉は「社会の最終目的は全ての社会成員の完全な平等だ」[34]という関口泰の言葉を想起させる。二人はほぼ同世代（関口は一八八七年、高木は一八九〇年生まれ）で、関口は東京帝大、高木は九州帝大に学んだ。遠山茂樹（日本近現代史）が「戦後教育改革は……大正デモクラシー運動のめざした教育理念……が実現していったと考えてよい」[35]と述べたが、関口泰、新居格、高木敏雄ら戦後改革の担い手たちの共通点であった。

一九五五年から四〇年間、区議会議員を務め、高木をよく知る真々田邦義《ままだくによし》は高木の人柄を、「何代かの区長とつきあいましたけど、高木さんは抜きんでていたんじゃないかな。人物としては非常に度量の広い人で、実務的には、抜擢された菊地助役が指揮っていました。細かいことは部下（担当）に任せて、自分が政治責任をとるから自由にやれというように見受けました」と語った。[36]

『杉並区史』（一九五五年版）を編纂した萩原《はぎわら》弘道[37]も高木のユニークな個性を筆者に語った。萩原は国学院大学で考古学を学んでいた一九歳の時に、区立泉南中学校建設現場が弥生～古墳時代の大集落跡であることを発見し、高木区長に直談判し、発掘調査と区史編纂を働きかけた。萩原は当時（一九五〇年）のことを自著に記していた。[38]

〔区議に口添えをお願いし〕区長室に乗り込んだ。高木敏雄区長は「うん、うん」と話を聞いて、〔課長を呼んで」協力するように指示、発掘費は費目がないからと区長交際費から一万五千円が出された。……調査が完了して私はまた区長室で「文化区を標榜する杉並区が『区史』をもっていないのはおかしい。これを機会に区史編纂委員会をつくりましょう」と勧めた。……区長をはじめ、総務、広報、教育委員会などの関係部課は乗り気になって、昭和二七年より三ヵ年計画の区史編纂事業が立案された。副委員長は大場磐雄《いわお》博士、私は古代史を担当しながら〝官房〟の役目をすることになった。高木区長は大物区長だったからこの若僧がという感懐はこれっぽっちもなく、よし、やってみろと、いつも「若先生」と言って立ててくれた。

文化事業への高木の理解と意欲、年齢や立場にとらわれず、人物を見て任せる高木の度量を感じさせることのエピソードは、戦後初期の杉並区の清新な雰囲気を伝えている。

真々田と萩原の言葉で思い浮かぶのは後藤新平である。以下は、『我らの知れる後藤新平伯』（三井邦太郎編、東洋協会、一九二九年）に見られる後藤評である。

「……後藤伯という人はまず人を用うればその人に全幅の信をおき、その人をある地位に据えたならばその人に全部を委してあるだけの力を伸ばさす、そうして大綱以外下らぬ指図は少しもしない人であった。しかも部下が失敗した場合、外部に対して全部自分だけで全責任を負った……」（後藤が満鉄社長時代に部下だった松岡洋右の評）

担当者を決めると、その人物を信頼し仕事を任せる度量があり、結果的に多くの事績を生んだ点は、後藤と高木の共通点であった。

次に、『すぎなみ区民の新聞』[39]第七号（一九五六年一月二〇日号）紙上で行われた、高木と子どもを守る会会長・清水慶子（杉並区在住）の対談を紹介したい。区政に対する高木の姿勢が表れている。

「区長さんはマメにお出かけになりますね。この間も『子どもを守る会』で温かいメッセージを頂いて、お母さん方、身に沁みて嬉しかったらしく、区長さんすっかりお母さん方の人気者におなりのようでしたよ。あっちこっちから区長さんにおいで願いたいと希望が参っております」（清水慶子）

「私は都の水道局長を長くやっていて、水道の実権を握っていると自負していたが、当時そんなこと誰も知らない。公選の区長になってみると、どこへ行っても区民から声をかけられる。これは直接公選のおかげ

—1—　昭和29年12月25日　杉並区広報　（土曜日）（第83號）

杉並区広報

No. 83　杉並区役所

編集印刷發行人 平塚源一
電話荻窪（三九）二二一一—九
發行所 杉並區役所
毎月十日二十五日發行

サンタクロース　保育園へ

子供たちにとってクリスマスほど楽しい夢と数多い思い出を與えるものはありません。區では今年もクリスマスの訪れとともに恵まれない區内十四保育園の園兒に少しでも楽しい夢を贈りたいと去る二十二・二十四の兩日サンタおじさんに扮した高木區長がプレゼントのお菓子を背負つて杉並、觀音、頌榮、聖心、井荻親明、上水、堀ノ内、方南むさしの、交成、平和、馬橋、阿佐ヶ谷保育園の順で次々に訪れ「昨年皆さんとお約束したように、皆さんが元氣でよい子だつたから今年もサンタクロースが參りました、來年もみんな丈夫でよい子になつて下さい」とサンタおじさんの區長さんからお話があつて、可愛らしい子供たちの遊戯や唱歌の歓迎をあとに二日間のサンタ訪問を終えた。（寫眞はサンタクロースに扮した區長さん）

サンタクロースに扮して保育園を訪ねる高木敏雄区長〔『杉並区広報』83号（1954年12月25日）より〕。

だ。これがもし間接選挙で、知事の承認、任命ということになると、〞アレが区長だそうだ〞ということになり、区民と区長の親密さは出てこない」（高木敏雄区長）

クリスマスの時期になると毎年、高木は、サンタクロースに扮して保育園を訪問し（前頁・写真参照）、園児たちにお菓子を渡した。(40) 今では「クリスマスにサンタクロースになってお菓子を配る」のは見慣れた光景だが、一九五〇年代には珍しかったのではないか。区民との交流を楽しんだ高木の一面を伝えるエピソードである。こんな高木の姿勢に多くの区民が安心感を感じ信頼を寄せた。高木のスタイルに、大正期における都市中間層の時代的感性、大正モダニズムの影響を見るのはあながち的外れではないだろう。

五、新しさと古さ

高木区政の様々な施策の財政的裏付けは何だったのか。当時、課税課で働いていた元杉並区職員(41)は、「当時、二三区内で杉並区は最裕福区でした。その理由は、あげて、区民の所得水準が高いということです。ほとんどサラリーマンです。サラリーマンが一番過酷な税金を取られていますが、杉並は住んでいる人の所得水準が高い。比較の上でですけど、おおざっぱにいえば七対三でサラリーマンが多い。また非サラリーマンで比較的多かったのは医者とか弁護士だった」と語った。

サラリーマンへの課税率が高いために、杉並の税収は二三区で最も多かった。しかし、それ故の悩みもあった。当時、財政の豊かな区は都へ税を上納する「都区財政調整」という仕組みがあり、杉並区は五六年には三億円以上納めることになっていた。この金額を減らすため杉並区には二重帳簿が存在していた。それを東京都が知るところとなり、高木は責任をとって任期中の一九五七年一〇月に辞職した。(42)

なぜ、突然の辞職となったのか。筆者はその背景に区長交際費の問題、区内自民党との問題があったのではないかと思う。新居格前区長は区長交際費について、「区民の生活をよくするためにならば使うべきだが、議員たちと酒食を共にすべきではない……交際費だから議員たちとの供応に使わねばならぬというのは間違った既成観念である」として、供応を求める議員を拒絶した。[43] しかし、高木は、「区議会の最終日に議員を料理屋に招待し呑ませ」[44]ていた。以前から行われていたであろう区議操縦法を否定しなかったのである。

　しかし、そうした妥協は高木の墓穴を掘ったのではないだろうか。五六年一〇月一日付『すぎなみ区民の新聞』に「空出張で区長が四～五万円受け取っている」「公益質屋の利益を区長以下三役が受け取っている」という記事が載った。この頃から区議会で自民党区議中心に高木への批判が始まり、区民からも批判されるようになった。高橋義雄区議（共産党）は、「この問題は自民党と官僚支配とが結びついて生じたものだ。区長の責任を追及するとともに、区政を壟断《ろうだん》してきた内田秀五郎《ひでごろう》を先頭とする自民党勢力を一掃しなければならぬ。区長の管外旅費の半分は区会議員が飲み食いしたものだ」と述べた（『すぎなみ区民の新聞』第三一号、一九五六年一二月一五日号）。

　想像をたくましくすれば、高木は新居とは違って、保守が七割を占める区議会で合意を得るために区議を供応したのだろう。しかし、自民党とは一定の距離をおいており、そんな高木に杉並自民党の不満がつのり、高木追い落としのために東京都に二重帳簿を告発したのではなかろうか。戦前から東京都の幹部職員であった高木と東京都の関係において、突然の発覚・告発は不自然であり、杉並自民党の思惑があるように思われる。高木区長の助役であった菊地喜一郎は、高木のあと一期おいて自民党から区長に立候補し、当選した。その当時、幹部職員として区政に携わってきた人物は、「住んでいる人は文化人が多かったけれど、議会の体質は当時は古かったですね。……実際の住民の考え方と比べると議会が古いという印象です。特定の代表になっている感じがするんですね」と語った。[45]

　区民に支持された高木だったが、議員への供応、そのための資金調達という「古さ」を温存し、それまでは区民の信頼と人気を集めていたが、五六年におこった公設質屋問題をきっかけに区民から厳しい批判を受けた。新しさと古さの両面が高木区政に見えるが、古くて新しい問題だともいえる。

大正デモクラシー期に青年期を送り、東京市の若手技術者として上下水道畑を歩き、後藤新平と出会い、下水課長として欧州を視察し、水道局長として戦時を過ごした高木敏雄は、リベラルで、他区の一歩先を行く区政を展開し、区民の支持を得た。高い理想を持って区政に挑み、杉並区議・区幹部職員と相容れず挫折した新居と違い、理想を追うだけでなく、現実的に対応しながら、明るく住みよい住宅地区・文化区杉並の建設に向けて邁進した政治姿勢は、保守から革新、旧住民から新住民までの支持を受けた。

もし高木が区長でなかったら、図書館・公民館を建設しなかったら、安井郁を館長に招聘しなかったら、杉並の署名運動はおこっていただろうか。高木敏雄区長の存在は、杉並で超党派的・全区的な原水爆禁止署名運動を可能にした条件の一つであったと、筆者は考えている。

第四章　占領政策の変化と杉並の市民活動

第一節　対日占領政策の変化と平和運動

一、対日占領政策の変化

敗戦直後の日本を「窮乏、怒り、そして希望の時期」(1)（『歴史としての戦後日本』上、みすず書房）と表現したのは米国の日本史学者、アンドルー・ゴードンだが、敗戦直後の空気に〝たれ込めていた雲が消えたような明るさ〟を感じた人は少なくなかった。杉並でも、旧勢力が退潮し、町内会・隣組の縛りは弱まり、生活協同組合、女性運動など、自主性が自由に発揮できる活動が展開した。

しかし、〝たれ込めていた雲が消えたような明るさ〟が続いたのはわずかな期間だった。一九五〇年の八月一五日を前に哲学者の矢内原伊作《やないはらいさく》は、「五年後の今日、我々は何を祝うことができるであろう。我々があれほど憧れ、そして喜んだ自由と平和はどこに行ったのか、まるで最初の八月十五日が存在しなかったかのように、この五年間の我々の自由が全然空しいものであり、解放とか中立とか平和とか民主化という言葉が、単なる言葉に過ぎず、お人好しの錯覚に過ぎなかったかのように……」と書いた。(2)その変化を三宅明正《あきまさ》（日本現代史）は「暗転する戦後」[3]、また中村政則（日本近現代史）は「一九四九年という年は、日本占領にとって決定的な曲がり角であった」[4]と述べた。彼らの言葉に代表されるように、一九五〇年前後を境に、日本は大きな方向転換を迎えた。

本章では、一九四八年から顕著となる占領政策の変化に触れながら、その中で杉並の人々がどう生きたのか、どんな運動がおこったのか、原水爆禁止署名運動の前史としての一九五〇年代初頭の日本の流れ、杉並の動きを探った（一一五頁・表10「一九四八〜五三年に見る戦後改革の変化」参照）。

一九四八年一月六日、米陸軍長官のケネス・ロイヤル（一八九四〜一九七一年）はダグラス・マッカーサーが率いるGHQの占領政策を批判し、経済復興を優先すべきであるという演説を行った。そして、この演説の最後を「我々は〔日本が〕強力にして安定し、かつ今後極東に生ずるかもしれない外国による全体主義の脅威の防止に役立つ自足的民主主義を建設する確固たる目的を持っている」[5]と結んだ。いわゆる占領政策の転換（逆コース）を公にした演説で、この年から、対日占領政策は徐々に、やがて急速に変化していった。一九四八年には公務員のスト権剝奪、絞首刑に処された七人以外のA級戦犯容疑者の釈放、四九年には団体等規正令、労働者の大量首切り、五〇年にはレッド・パージ、警察予備隊創設と続き、下山・三鷹・松川事件がおこり朝鮮戦争が勃発したのもこの時期だった。

アンドルー・ゴードンは前掲『歴史としての戦後日本』で、「五〇年代はじめの時点までに、反対派勢力に代わって、守旧派エリートのうちの残党たち、とりわけ官僚たちが、政治経済の支配権を握るようになった」と述べたが、その経緯について中村政則は、「吉田は、アメリカ政府の政策転換が彼本来の保守主義の立場と合致すると判断し、これを積極的に利用することにより、講和までの政治の主導権を握ったのである。こうしてワシントンにおける対日占領政策の転換が起動力となり、これと結びついた日本保守勢力の巻き返しが重なったとき、つまり日米『合作』となったとき『転換』は『逆コース』となったのである」[6]と、政策転換（逆コース）の日本側の中心に吉田茂がいたことを指摘した。

では、米国側の政策転換立案者は誰か。古関彰一《こせきしょういち》（憲法史）は、元駐日大使ジョセフ・グルー、ジェームス・カウフマン、ハリー・カーン、コンプトン・パケナムらによって結成されたアメリカ対日協議会（ACJ）がGHQ民政局の廃止、追放の緩和、経済の自立化、外資導入などを主張して政府に働きかけたことを指摘した。(7) グルーは戦前の駐日大使時代から、吉田茂・天皇側近グループ・財界など親英米派と親しく、(8) ハリー・カーン（米誌『ニューズウィーク』の編集局長）、コンプトン・パケナム（『ニューズウィーク』の東京支局長）、GHQ参謀部のチャールズ・ウイロビー（情報参謀。米陸軍少将）と同じく、反共主義者であった。つまり、一九五〇年初頭から米国で吹き荒れたマッカーシズムを追い風に、豊富な資金を使い、米国政府に対日占領政策の変更を働きかけ、吉田茂ら日本の親英米派の権力復活を策し、ポツダム宣言の非軍事化、民主化という占領政策の柱を崩し、親英米派と守旧派エリートの復権を図る大転換がこの時期に行われた。

この転換をスムーズに遂行するためには抵抗勢力の排除が必要だった。

二、レッド・パージ——逆向きとなった公職追放

吉田内閣は一九四九年五月、行政機関職員定員法公布で、公務員・公共企業体職員二八万五〇〇〇人の「整理」を発表し、七月の閣議で、「行政整理」を機会に共産党員を解雇することを決定した。九月、全国教育長会議で「赤い」（共産党員とその支持者）教員の追放が決議され、各都道府県教育委員会が設けた基準の下に五〇年春にかけて小・中・高校の教職員が解雇された。全国の解雇者は一七〇〇人にのぼると推定されている。(9)

浜林正夫《はまばやしまさお》（西洋史）は、「戦後の思想弾圧で最も大規模だったのは四九年から五〇年にかけてのレッド・パージ」(10)だったと述べた。教育界のパージに続いて言論機関のパージも激化し、NHK職員一一九人、朝日

1951	米特使ダレスが来日、講和条約について会談（1月）。 共産党が武装闘争方針を採択（51年綱領）（2月）。 マッカーサーが解任され、リッジウエイが着任する（4月）。 吉田首相「政令諮問委員会」を設置（5月）。 第1次の追放解除（政財界人 2,958名）（6月）。 第2次の追放解除（旧軍人を含む 26,000名）（8月）。 サンフランシスコ条約・日米安保条約調印（9月）。	朝鮮戦争が激化する。 世界平和協議会が5大国による平和協定締結を求めベルリンアピールを発表（2月）。 サンフランシスコ講和会議の開催（9月）。
1952	米軍駐留条件を定めた日米行政協定調印（2月）。 破壊活動防止法案の上程（4月）に反対運動が広がる。サンフランシスコ講和条約・日米安保条約発効（4月）。 メーデー事件発生（5月）。 『アサヒグラフ』原爆特集が発売される（8月）。 自衛隊を保安隊とする（10月）。	英軍によるスエズ運河の封鎖。韓国政府、李ラインを設置（1月）。 英、原爆実験を行う（10月）。 米、水爆実験を行う（11月）。
1953	総選挙（自由 199、改進 76、左右社 138）（4月）。 軍人恩給の復活（9月）。 町村合併促進法の成立（10月）。 池田・ロバートソン会談（11月）。 ニクソン副大統領、「9条は米の誤り」と発言（12月）。	アイゼンハワーが米大統領に就任する（1月）。 スターリン死去（3月）。 朝鮮休戦協定が調印される（7月）。 ソ連、水爆実験を行う（8月）。 アイゼンハワー米大統領、国連で核問題を演説（12月）。

表10　1948～53年に見る戦後改革の変化

年	日本関連の動き	世界の動き
1948	ロイヤル米陸軍長官「日本を反共の防壁に」と発言（1月）。	
	芦田内閣成立（3月）。	
	東宝争議発生（4～10月）。	ソ連がベルリンを封鎖（6月～49年5月）
	ドレーパー使節団報告（賠償大幅緩和）（5月）。	イスラエルの建国。パレスチナ戦争がおこる。
	国会で教育勅語失効を決議（6月）。	
	政令201（公務員のスト権・団体交渉権否認）の発布（7月）。	大韓民国成立（8月）。
	NSC13-2＝米占領政策転換を文書で明言（10月）。	朝鮮民主主義人民共和国成立（9月）。
	東京裁判の判決が下る（11月）。	中国共産軍の攻勢。
	東条らの処刑（絞首刑）、岸信介らA級戦犯容疑者の釈放	
1949	総選挙で吉田民自党が大勝（264議席）（1月）。	コメコン設置（1月）。
	ドッジラインの施行開始（3月）。	
	団体等規正令の成立（4月）。	NATO成立（4月）。
	行政機関職員定員法の公布（285000人「整理」）（5月）。	
	下山事件・三鷹事件の発生（7月）。	西ドイツ成立（9月）。
	松川事件発生（8月）。税制の根本的改編（シャウプ勧告）を発表（8月）。	中華人民共和国成立（10月）。
	在日朝鮮人連盟など4団体に解散命令（9月）。	国民党、台湾へ逃避（12月）。
1950	マッカーサー「憲法は自己防衛権否定せず」と発言（1月）。コミンフォルムの批判を受け日本共産党で「50年問題」がおこる。	マッカーシズム（米）の勃発。
	マッカーサーが共産党中央委員の追放を指令（6月）。	ストックホルム・アピールの発表・署名運動始まる（3月）。
	マッカーサーが警察予備隊の創設を指令（7月）。GHQがレッド・パージを指示（7月）。	朝鮮戦争勃発（6月）。
	GHQ承認の下、1万90人の公職追放が解除される（10月）。	米大統領「朝鮮戦争で原爆使用あり得る」と発言（11月）。
	地方公務員法の公布（地方公務員・教員の政治活動禁止）（12月）。	

新聞社の記者ら一〇四人を筆頭に、全国で総計五〇社、七〇四人が対象となった。[11] その中には、戦中、朝日新聞社モスクワ支局長として活躍した畑中政春《はたなかまさはる》も含まれていた。国民の目と耳をふさぐことに等しい言論弾圧であり、その影響は計りしれない。

レッド・パージで実際に職場を追われた人の数は、控えめにいっても一九五〇年だけで民間企業が一万一八九三人、政府機関関係が一一七七人、合計一万三〇七〇人だった。[12] 総勢二六万人に及ぶ四九年の「行政整理」[13]も入れると、相当数の共産党員や労働運動の活動家が職場を追われた。

行政整理が行われた一九四九年の夏、下山事件・三鷹事件・松川事件という怪事件が立て続けにおこり、いずれも共産党員が関わっているとされた。一九五〇年六月、マッカーサーは日本共産党中央委員全員追放を指示した。マスコミの論調は急激に変化し、一九五〇年の『読売新聞』を読むと、「日共」「極左」「火焔瓶」「交番襲撃」などの見出しがどぎつい。当時、日本共産党は革命路線をめぐる混乱[14]がおこり、「逆コース」、レッド・パージに対する幅広い反対運動をつくることができなかった。敗戦後、伸張した共産党への支持は急速にしぼみ、革新勢力全体が弱体化していった。[15]

レッド・パージは、日本の支配勢力、アメリカ対日協議会（ACJ）と米国政府、さらに前出のGHQ・GⅡ（諜報・保安を担当する参謀第二部）部長のウイロビーら、日米反共ネットワークが進めた日本版マッカーシズムであった。

アジア太平洋戦争の推進者に対する公職追放・教職追放が一九五〇年一〇月から解除されていった一方、共産党員や労働運動の活動家の追放が始まり、GHQの追放の矛先は戦争犯罪人から反戦勢力へと完全に逆向きとなった。戦争責任が曖昧にされ、報道統制が進み、職場・学校・地域で自由に政治を語り意見を交わした戦後初期の自由闊達な雰囲気は変貌した。戦前来の反共意識・気分が頭をもたげ、平和運動は「アカ」（共産主義者）がやることだという宣伝が広がり、「アカ」という言葉が様々な場面で人々に影響を与えることとなった。同時に、「軍艦マーチ」「暁に祈る」などの軍歌がレコードになって発売され、観菊会や勲章授与の復活、靖国神社・伊勢神宮の参拝等、文化・社会・風俗面での「逆コース」現象が表面化し[16]、保守的で反共的な気分が広がっていった。

一九四九年八月一五日付『読売新聞』に載った戦争に関する世論調査に当時の国民意識が表れている。

◆近い将来世界戦争が起こると思いますか？――①起こると思う＝三六・六％、②起きないと思う＝二八・一％、③わからない＝三五・三％

◆もし世界戦争が起きたとしたら、日本はそれに巻き込まれると思いますか？――①巻き込まれる＝五二・九％、②巻き込まれない＝一八・六％、③わからない＝二八・五％

◆あなたは戦争に巻き込まれることを望みますか？――①望まない＝八八・三％、②望む＝四・九％、③わからない＝六・八％

占領政策・社会の変化に、民衆は戦争の気配を感じていたのだろう。四割近い人々が、近い将来戦争がおこると答え、五割は日本が巻き込まれると答えた。白々しい転向、風向きの変化……、評論家の中野好夫は『展望』（一九五〇年八月号）にこう記した[17]。

「なにを言ってもよいとなった時のあの天が開けたような気持、……だが、実はそこに問題があったんだと思うな。つまりその自由はね、僕ら自身が生命と血を賭けて獲たものじゃなかった。早くいえば、……与えられた自由だった。しかもさらにいけないことはね、日本人自身がこの与えられたという事実を身をもって切実に感じなかった。たゞ、ウカウカと『月光の中に踊っていた』感じだったたな。……僕の言いたいのはね、同じ新聞がさ、あの終戦後一、二年間の左翼への媚態《こび》ぶりと、今日この頃の反共ぶりとの白々しさはどうだね、と言うんだよ」

三、平和運動の始まり

●知識人の平和運動とストックホルム・アピール

敗戦後、多くの人々が感じた明るい光は徐々に暗くなっていった。「逆コース」現象に希望を見出せない人々に政治に対する鬱屈した気分が広がり、核軍拡の進行で世界戦争の恐れも高まった。そんな時、フランスから「平和擁護世界大会」の呼びかけが届いた。フランスの原子物理学者ジュリオ・キューリーらが平和擁護世界大会への参加を日本の知識人にも呼びかけたのである。一九四九年四月二〇日から二五日までパリとプラハで開かれた第一回平和擁護世界大会は、ストックホルム・アピール署名運動と「世界平和評議会」[18]（世評）の発足につながる大会だった。翌五〇年一一月、ワルシャワで開かれた第二回平和擁護世界大会で世界平和評議会（会長ジュリオ・キューリー）の設置が正式に決定した。世界平和評議会は国際平和の実現と擁護を目的とする国際組織で、戦争反対，原水爆禁止運動などで足跡を残した。

米占領下にあったため、世界大会に日本から参加することは難しかったが、それにあわせ日本でも同様の大会を開こうと有志が呼びかけた結果、四月二五・二六日に東京家政学院で「平和擁護日本大会」が実現した。一二〇〇人以上が参加し、安倍能成《よししげ》、中野好夫、青野季吉《すえきち》、大山郁夫、大内兵衛《ひょうえ》ら三〇〇人が一〇分から一五分間の持ち時間をリレーしながら平和をテーマに発言した。[19]新島繁もこの時、杉並での民生委員活動と統一戦線について述べた。

この「平和擁護日本大会」の成功から「平和を守る会」準備会がつくられた。大会から一年弱後の一九五〇年二月二七日に「平和を守る会」（会長・大山郁夫）が発足した。[20]平和を守る会はその後、「日本平和委員会」に発展的に改組され、平和運動の全国センターとして機能した。こうした動きと相まって、一九四九年から五〇年にかけて、安倍能成・末川博《すえかわひろし》・清水幾太郎《いくたろう》ら五二名の知識人が「戦争と平和に関する日本の科学者の声明」、中野好夫・戒能通孝《かいのうみちたか》・中島健蔵ら「知識人の会」が「平和と自由に関する宣言」、丸山眞男・吉野源三郎ら「平和問題談話会」[21]が「講和問題についての声明」と「三たび平和について」を発表した。

また、教育界へのレッド・パージに対し、大学生が大学教員へのレッド・パージ反対運動を全国的に繰り広げた。反対運動の広がりで、当局は大学教員へのレッド・パージを強行することはできなかった[22]。

一九五〇年前後の知識人の政治参加・平和運動について、遠山茂樹（日本近現代史）は、敗戦直後に見られた「時勢の流れと占領軍の権威に乗じた」ものとは異なり、占領軍と政府の反動化に抗して主体的に情勢を切り開こうとする性格があり、「知識人の主体の問題としてみれば、戦後民主主義は朝鮮戦争の時から出発したということもできる」[23]と述べた。逆コースと戦争の危険に対する、知識人の異議申し立てと世論への呼びかけだった。

インドシナ戦争の拡大や朝鮮での戦争勃発の危険性、ソ連の核保有発表とハリー・トルーマン米大統領の水爆開発着手――こうした核軍拡と世界大戦の危険性が高まる中で一九五〇年三月、平和擁護世界大会常任委員会第三回総会でストックホルム・アピールが発表された。「原子兵器の絶対禁止」を求める国際的署名運動の呼びかけだった[24]。アピールの内容は以下の通り。

一、私たちは人類に対する威嚇と大量殺戮の武器である原子兵器の絶対禁止を要求します。
二、私たちはこの禁止を保障する厳重な国際管理の確立を要求します。
三、私たちはどんな国であっても最初に原子兵器を使用する政府は、人類に対して犯罪行為を犯すものであり、その政府は戦争犯罪人として取り扱います。
四、私たちは全世界の全ての良心ある人々に対し、このアピールに署名するよう訴えます。
一九五〇年三月一九日　ストックホルムにて

日本は当初、ストックホルム・アピール署名への取り組みが遅れたが、再度の要請に応じて、革新系の人々、特に戦争の危険を切実に感じる在日朝鮮人、若者・学生・女性たちが署名運動に熱心に取り組んだ。前述の平和を守る会が全国センターとなり、各地域、職場、学校に平和を守る会（会の名称は「平和を守る会」だけではなく様々だった）がつくられ、戸別訪問、街頭署名、職場、学校で署名は集められた。しかし、当時、「平和運動は『アカ』の運動とされ、反動勢力から凶悪な徒党の運動のように言われ」[25]ていた上に、朝鮮戦争の勃発も影響し、警察の取り締まりが厳しくなった。「渋谷のハチ公前で署名を集めた東大生が警官に追いかけられた」[26]「駅で署名を集めたら警官に追いかけられた」[27]という話が多数伝えられている。

ストックホルム・アピール署名は、共産党員、在日朝鮮人、革新的な人々、若者らに支えられた、半ば英雄的な運動だったが、一九五〇年三月から一一月までの八カ月間に六四五万筆が集められた。全世界では五億筆に達し、朝鮮戦争で原爆を使おうとした米国の計画をストップさせた、貴重な国際的取り組みだった。[28]

●杉並のストックホルム・アピール署名運動

「高円寺平和を守る会」をつくった真々田《ままだ》邦義[29]（元共産党杉並区議）、区内の西荻診療所の看護婦であった峯《みね》尾《お》フクジ[30]に当時の話を聞いた。一九二八年生まれの真々田は東京の林野局に勤めていたが、四九年に「行政整理」でパージされ、四九年八月から杉並区高円寺に暮らし、五〇年頃は職場復帰の運動をしながら、高円寺で平和活動、青年運動を進めていた。当時二二歳だった真々田は、昨日のことのように鮮明に語ってくれた。

「ストックホルム・アピール署名の運動は、朝鮮戦争で核使用の危険性が高まっていた頃、始まったんです。仲間と話し合って、平和の組織を各地域、職場につくろうということになり、それも、全国的・全都的・全区的にやろうとね。当時は不幸なことに〔共産〕党中央が分裂していたから、平和運動に潜ったわけではないけれど、我々は地域の平和運動を大衆と一緒にやっていこうとしたんです。一時期、火炎ビン〔闘争〕とかいうことが共産党の方針にありましたけど、地域地域で自発的に運動をやっていけばいいとなって、だから会の名称もいろいろでした」

朝鮮戦争で原爆が投下されるかもしれないという間近に迫った危険を前に、「党中央が分裂」していても「地域で平和運動」を「自発的に」進めるという賢明な判断であった。

さらに真々田邦義は高円寺での活動を次のように語った。

「『高円寺平和を守る会』は若い人が参加していて、平和への関心が強かった。メンバーはあわせて二〇〜三〇人くらい、いたと思う。母体は結局、共産党の若い人たち、あの頃、共産党は若かったからね。二〇代、三〇代の若者ですね。地域の青年だけでなく、蚕糸《さんし》試験場の若い人、沖縄民政府が派遣した沖縄からの派遣留学生、大田昌秀《まさひで》〔後の沖縄県知事〕さんもいました。その他、北海道から上京し東京で学んでいた学生、台湾から来た学生、熊本から来ていた学生、同胞援護会の保母さんもいました。ストックホルム・アピールの署名用紙をつくろうと、B4判を四つに切って、ピカソの鳩の絵をつけた署名用紙を一万枚つくりました。ガリ版でなく、活版でつくろうということで、資金を集めるために、青年たちでリヤカーを引いて、古鉄、鉄材を集めて区内の仕切り場に持っていったり、カンパを集めて資金をつくりました。当時は平和運動をやればアカ』で、地域に入る時はかなりきびしかった。一軒一軒署名を集めていくと杉並署の公安が後ろからついてきてね。後で、署名を取り消してくれという方もいた」

当時一緒に署名活動をした、パートナーの真々田ミツエに話を聞くと、戦争中、ルソン島で死んだ兄への哀惜の気持ちを語り、「戦争は絶対にいやだの一念」だったと署名運動への参加の動機を語った。

未だ癒えていない父や兄の戦死の記憶、戦争がおこれば戦場に動員される恐怖が若者たちを平和運動に向かわせた。署名活動をする中で、地域のつながりが生まれてきたと、真々田は語った。

「私は主として高円寺、阿佐ヶ谷、和田堀《わだぼり》で活動しました。各地に『平和を守る会』がつくられ、高円寺平和を守る会、阿佐谷平和懇談会、和田堀にも出来ました。永福・浜田山では早川埈蔵さんたちの濁話会《だくわかい》というのがあったり、方南和泉にも出来ました。阿佐谷には渡辺多恵子さん〔志賀義雄のパートナー〕中心に阿佐谷平和懇談会が出来、西武沿線では東工大の田中実さんを中心につくられました。

高円寺には気象研、蚕糸試験場があり、放射能問題には敏感ですごくいい働きをしました。井荻《いおぎ》には通産省の機械技術研究所があり、区内にあった三つの国立研究所の人たちは戦後の杉並の民主的な運動の中で、かなり有力な役割を果たしました。蚕糸試験場には中央合唱団の指導を受けた人もいて五〇年頃から歌声運動が始まりました。杉並で三つの国立の研究機関が果たした役割は大きいと思います」

署名運動の中で区内各所にいくつかの集約センターがつくられ、地域の活動家同士のつながりも生まれた。戦後、中国の大連から引き揚げ、西荻診療所（民医連）の看護婦となった峯尾フクジは、「往診や集団検診は、器具を抱えて肥田先生のこぐ自転車の後ろに乗って行きました。ストックホルム・アピール署名は肥田先生の話を聞いていましたから、『どこの国であっても原爆を落とさせてはいけない』と思って、昼休みや夕方に地域を回って集めました」と語った。肥田先生とは、広島で被爆した医師として、九〇歳を超えた今も著作・講演で活躍する肥田舜太郎《ひだしゅんたろう》[31]である。ストックホルム・アピール署名運動は広島・長崎の被爆体験者との結びつきは少ないといわれるが、杉並の西荻地域では肥田から直接、広島の話を聞き、切実な思いで地域に出かけ署名を集めた人々が少なからずいたようだ。

「署名という最も簡単な手段」は「多くの人々を運動に参加させ、平和を守るための自発的意志と連帯の意識を、具体的行動に一歩一歩高めていく可能性をもっていた」[32]と、熊倉啓安《くまくらひろやす》（日本平和委員会で活躍）が述べているが、杉並のストックホルム・アピール署名運動の取り組みは、平和運動を地域に広げ、区内の平和問題に関心を持つ人々を結ぶ役割を果たした。四年後の原水爆禁止署名運動につながる貴重な助走だった。

第二節　一九五〇年代初めの杉並女性たち

一、当時の杉並区

「食べるのに必死だった一九四〇年代と比べ、五〇年代は少しゆとりが生まれた」――当時を知る人々の多くは、敗戦後五、六年経ったあとの生活実感をこう語った。井上清（日本近現代史）は、「婦人服の生地類は五一年頃から値段はまだ相当高かったが、出回り始めた。五二年には幾つかのスタイルブックが出版され、婦人雑誌にも流行のスタイルがさかんに載せられ、洋裁学校が大繁盛し始めた。……食料もよくなった。……肉・卵・乳類の国民一人あたりの消費量は、一九五〇年はいっせいに四九年の一・五倍ほどになり……国民の消費水準は……都市でも五四年にはほぼ戦前水準に達した」と述べた。(1) 生活向上には朝鮮戦争の特需が大きく影響しており、手放しで喜べないが、杉並でも、バラック建ての家は減り、青梅街道には都電が走り、沿線には喫茶店が建ち、お茶を飲む人の姿も見られるようになった。(2)

杉並は再び人口急増の時を迎え、一九四七年には戦前のピークを上回る二七万人に達し、一九五五年には四一万人となった。一九四七年から一四万人増え、増加率は五一・八％に達した。人口増加の背景には、アジア太平洋戦争後、西武線（区内北部の私鉄）と井の頭線（区内南部の私鉄）沿線の農地が急速に宅地化された事情があった。どのような人々が移ってきたのだろうか。

一九五五年の区民の職業別就業者比率（次頁の表11参照）を見ると、専門的技術的職業・管理的職業・事務の合計は四八％で、二三区全体より高く、給与生活者が多いことがわかる。一九六五年の統計(3)だが、給与所得者一人当たりの平均給与所得をみると、東京二三区の平均所得を一〇〇とすると杉並は一二三・五で、二

表11　杉並区民の職業別就業者比率

分類	杉並区	区部
専門的技術的職業	12.90%	7.40%
管理的職業	8.30%	5.80%
事務	26.80%	17.00%
販売	17.00%	17.20%
農林・漁業	1.60%	1.60%
運輸通信	2.20%	3.00%
技能工・生産工程・単純労働	21.10%	36.10%
サービス業	10.10%	11.90%

〔『新修杉並区史』下巻より〕

三区内で最高だった（『新修杉並区史』）。所得が一挙に激増するわけはないので、五〇年代当時も所得収入はそれなりに高いと思われ、収入の多い給与生活者、いわゆるホワイト・カラーが多かった。一九五五年当時の杉並区の持ち家の所有率をみると、持ち家＝五三％、借家＝二四・三％、給与住宅＝九・八％、間借り＝一二・九％で、半数以上が持ち家に住んでいた（『新修杉並区史』下巻）。

以上のことから、関東大震災後、中央線沿線でおこったような現象がおこったことがわかる。つまり、夫は旧制中学・旧制高校卒以上のサラリーマン、妻は女学校卒業以上の学歴を持つ専業主婦という、教育程度が高い夫婦が、区内の私鉄沿線に持ち家を求め、住み始めた。都政調査会調報告書は、一九五〇年代後半の杉並区民について、サラリーマンの占める割合が高く、「区内の各家庭生活のにない手がほとんど区外に生活基盤を持ち、昼は杉並区にいない」「一日中杉並にいて地域社会と結びついているのは、第一に通勤者の主婦を中心にした家族、地元の商業従事者、わずかながら農民・地主ということになる」と記している。[4]

夫はサラリーマン、妻は専業主婦という生活形態は全国的には一九六〇年代の高度成長期に増えた。しかし、杉並区は関東大震災後と敗戦後に給与生活者（サラリーマン）を中心とする中間層が大挙して移住してきたために、一足早く、そのような生活形態が広がった。食べさせることに必死だった戦争直後から、ややゆとりが出てきた一九五〇年代を杉並の主婦たちは、どのように暮らしたのだろうか。

二、暮らしと政治に目を向けて

●「隣組復活はもうイヤです」

ここからは杉並の主婦を中心とする女性たちの活動を中心に見ていこう。

『婦人民主新聞』（一九五一年一〇月二一日号。『婦人民主新聞縮刷版』第一巻所収）に「復活の機運濃い　隣組・町内会」という記事が掲載された。

「杉並区井荻一、二丁目では前都議内田秀五郎氏（追放解除）が中心となり、前国防婦人会副会長、地主など三八名を発起人として『井荻自治会』をつくり（九月一五日）結成式を二三日にあげようとしました。入会のすすめは半強制的に（入らないのはお宅だけだ。会費も安いのにインテリは分からず屋で困ると……）説得的に軒並みにされています。発起人の内田秀五郎氏は井荻一、二丁目一の自由党の大ボス」

この記事は、公職追放が解除された内田秀五郎が中心となって町内会・隣組を復活させようという動きがあったことを伝えるが、戦前回帰のような上からの動きに対して、杉並の女性たちが声を上げた。一九五二年五月三〇日付『朝日新聞』に「隣組復活に主婦達が反対――不必要な組織、杉並で『明るい生活会』が申し入れ」(5)という記事があった。

〃隣組復活〃が問題になっているとき、「旧町内会、隣組式で引っ張り回されるのはもうイヤです…」と、はじめて主婦の側から反対の火の手が上った。……〃旧町内会類似〃の「親和会」が生まれそうだというので、主婦たちのグループ「明るい生活会」が結成を中止してほしいと申し入れた。……申入書の反対理由には「戦争を防ぎたい。子どもたちの貴重な血を、二度と無益な戦争のために流させたくないと念願する私たちは、個々の町民の意思が無視され、権力に利用され、左右され易い隣組体制をつくることに反対します」とある。……

「明るい生活会」の会長仲佐さんの意見はこうだ――……町内のこといっさいを含んだ仕事を、いわゆる〝土地の人〟――旧町会役員その他に利用されたのでは、結局政治にも利用されるおそれがあります。隣組に逆もどりという感じです。みんなで町内で〝反対署名運動〟もしようと決めました。

「明るい生活会」は一九五一年六月に結成され、生活改善運動の中で町内のゴミ処理の問題などに積極的に関わった区民グループだった。会長の仲佐初枝《なかさはつえ》は一八九四年に鳥取県の資産家の家庭に生まれ、神戸の女学校から女子美術学校に学び、卒業後、出版社で働いた。結婚後、一九三一年から荻窪に住んだ。(6) 保守にも革新にも顔が利く、地域の世話役の一人で、この時、地域で一五〇〇筆の署名を集め、隣組復活の動きをストップさせた。

「草の実会」の初期の中心人物、関根敏子も町会加入に異議を申し立てた一人だった。関根の友人、高橋清子は、「西荻窪に住んでいた関根さんはご夫婦で『町内会』への加入を断ったんです。私はご近所の手前を考え入りましたけど、関根さんご夫婦は断られた。その勇気に感心しました」と、筆者に語った。(7) 逆コースに乗って保守化する地域の動きや政治に目を光らせ、投書をしたり、地域で声を上げる主婦たちが杉並のそこここに生まれてきた。

三、ひまわり主婦の会――共存共栄・相互扶助

「ひまわり主婦の会」は杉並区や女性史の文献には採り上げられておらず、筆者は杉並在住の角圭子（ロシア文学者）に小池よしを紹介され、このサークルの話を聞くことができた。杉並の天沼地域で一九四〇年代後半から約三〇年間活動した女性サークルである。小池よしは筆者のインタビューに次のように語った。(8)

「近所の人から誘われて、岡林さんの話を聞きに行ったのが最初で、今の平和の時代と違って悩みを出し合ったり、生活の問題を何とかしなくてはということで助け合いました。仕事が無い時代で内職の相談もしましたね。和服が縫える、編み物ができる、お掃除、縫い物など、自分ができることを出して、それが仕事になるようつなげていくこともしました。無尽[9]もやって喜ばれました」

「岡林さん」とは岡林キヨ[10]（旧姓山田キヨ）である。反戦の意識を強く持ち、戦前は反帝同盟[11]で反戦活動をするかたわら、城西消費組合の常務者を務めた。戦後、婦人民主クラブ杉並支部を仲間とともに創立したが、一九五〇年頃から婦民の活動から距離をおいたように思われる。小池が友人と岡林を訪ねてから集まりを持つようになり、一九五八年に機関誌『さざなみ』を発行し、六二年に機関誌名を『ひまわり』と改称した。『ひまわり』の名簿には、杉並の天沼地域で七二名、武蔵野市の会員を含むと一〇〇名が収載されている。

「ひまわり主婦の会」は次の活動も行った。

「事業部をつくって、小さいけれど事務所を借りてお店にして、布団の展示会や、衣類や靴の展示、即売をしたり、新巻鮭も扱いました。事務所にみんなが集まって話したり、憩いの場所になったんですね。各自の積み立てに事業部の収益もいれて年に二回、旅行もしました。運動会や読書会もしました。戦争が無意味で、残虐なこと、戦争の愚を知り抜いて、勉強したいと思って集まりました。平和を考えて勉強したり、〔詩人の〕深尾《ふかお》須磨子さんや、市川房枝さん、〔歴史学者の〕黒羽清隆さんなど、先生を呼んできて、話を聞いたりしました。戦争中、女の人は苦しかったから、その分、遊びも勉強も一生懸命でした」

共同購入の収益を積み立て、子どもと一緒の運動会や年に一度か二度の旅行会を楽しみ、時には読書会（「無尽には集まったけど、読書会というと人数は減った」と小池は語った）をした。ＰＴＡ活動で、給食費が払えない家庭への援助を働きかけるために劇をつくって上演したり、学校に意見を出したり、選挙では投票を呼びかけあう活動もした。

小池は六〇年の第六回原水爆禁止世界大会の杉並代表団の一員となり、内灘《うちなだ》の「一坪運動」にも加わり、焼津の三・一ビキニデーにも仲間と一緒に参加した。

地域住民と生活に密着した気取らない付き合いをしながら政治・社会にも目を向けて行動していた「ひまわり主婦の会」の話を聞きながら、筆者は、関口泰がいった「立身出世のためでない、相互扶助・共存共栄の教育」と城西消費組合の家庭会を思い浮かべていた。

小池が見せてくれたアルバムは、運動会でのユーモラスな仮装行列や旅行先の写真など「ひまわり主婦の会」の写真でいっぱいだった。小池は岡林と一緒に写っている写真を見せながら、「岡林さんは弁護士夫人というえばった雰囲気はなく、割烹着を着け、髪の毛もかまわない人だった。人の悪口や噂話で盛り上がることはやめようと、はっきりいっていましたね。私は岡林さんと会わなかったら、ずっと凡々とした頭でいたと思いますよ」としみじみと語った。小池と並ぶ岡林の写真からは、戦前、治安維持法による厳しい弾圧を経験し、一九四五年八月一五日は獄中で迎え、一〇月まで捕らわれていた彼女の苦闘を想像することはできない。温かさと包容力としっとりとした気品を感じさせる。

百里基地の拡張に反対する集会に参加した「ひまわり主婦の会」。中央の眼鏡の女性が岡林キヨ、その右隣が小池よし〔小池よし氏提供〕。

一九一〇年生まれの小池は今も毎朝、新聞を読む。「杉並九条の会」主催で開かれたノンフィクション作家の澤地久枝の講演会に出かけたと語り、杉並区で扶桑社版歴史教科書が採択されたことに怒りを顕していた。

小池の話を聞いて筆者は、戦争体験の重さと、それを繰り返さないために共存共栄・相互扶助の精神で地域で結び合った主婦の知恵を知った。気取らない主婦のサークルに羨ましさも感じながら小池家を後にした。

四、高良とみ帰国歓迎講演会

平和運動家の高良《こうら》とみは戦後、参議院議員の時にソ連、中国を訪問した。その時、見聞きしたことを報告した講演会は、各地でたいへん話題を呼んだ。杉並でも一九五二年九月一三日、婦人民主クラブ杉並支部ほか複数の女性団体主催で、荻窪の映画館を借り、高良とみの講演会が開かれた。講演会場を手配したのは、婦人民主クラブ杉並支部で一番若かった小沢清子《きよこ》だった。カンパを集め、参加を呼びかけるなど大活躍した小沢は、「高良とみさんが初めて鉄のカーテンの向こうのソ連を訪問してこられた。その報告会でいろんな団体に行ってカンパを集めてね。超満員の盛況で、社会主義の国に興味を持っている人がとても多いと思いましたね」(12)と語った。『女性と地域の活動――杉並母親運動の資料から』(13)には次のように書かれている。

「婦人民主クラブ高円寺班の小沢清子らが力をつくし、平日午前中の荻窪映画館を借り切って行われた高良とみの帰国歓迎会は二〇〇余りの席に立ち見の女性もでる超満員となった。集まったのは幼い子を持つ三〇代の母親たち、戦争を主婦として体験した記憶も生々しい四〇代の人たちに加え、二〇代の若い女性たちもいた。(中略)主催者の一人である小沢清子は、自分の子どもや主婦たちが連れてきた大勢の子どもの保育に追われて自分は講演が聞けなかったことを悔やみながら、『この講演会で女性団体の人が知り合い、その後の活動の人がつながった』と言う」

高良とみの帰国歓迎会に二〇〇人も集まったことに驚くが、この講演会は予期せぬ副産物を生んだ。高良とみの講演料が思いのほか高かったため、赤字を出さないよう「絶対成功させなくては」と、主催者が多くの女性や団体に呼びかけた結果、女性団体同士の横のつながりが生まれた(14)。二年後、原水爆禁止署名運動で活躍する小沢綾子《あやこ》と大塚利曽子《りそこ》もこの時に出会っている。

会場の壁には、その年の八月六日に発売された『アサヒグラフ』(15)の原爆特集からとった被爆写真が貼られ、「朝日の原爆特集ニュース映画の上映も行われ」たと、後述する新島繁発行の『杉並ニュース』第一号に記されていた。ビキニ事件の一年半前に杉並で開かれた高良とみの講演会は区内女性の横のつながりを広げ、その後の杉並婦人団体協議会の結成や、原水爆禁止署名運動へとつながるステップとなった。

戦後女性の活動を分析した千野陽一《ちのよういち》（社会教育）は、一九五〇年代初頭を「『逆コース』がもたらす困難さにもかかわらず、再軍備反対、子どもの幸せの実現、女性の地位向上などを求めながら、世界の女性の動向にも目を見ひらく形で、かえって女性の連帯の輪が着実に広がっていく時期」であり、その動きが「原水禁運動・母親運動・子どもを守る運動などの素地を幅広く準備するものであった」(16)と記す。杉並の女性の活動はまさにその通りであった。一九四〇年代後半の生きるため、食べさせるための活動は、五〇年代初頭になると、政治的権利を自覚し、社会に目を向けた、主体的な活動へと変わっていった。その基盤に戦後広がった生活協同組合や共同購入の会のつながりがあり、それが横に広がり、ネットワークが生まれた。それが五〇年代初頭に杉並で活動した女性の特色だった。

第三節　「逆コース」と杉並の知識人

一、気象研究所

●戦後の出発と行政整理

かつて杉並には蚕糸試験場（高円寺）、気象研究所（高円寺）、通産省機械技術研究所（井草《いぐさ》）という三つの国立研究所があった。その中で、地域とのつながりを持ち、原水爆禁止運動で最も活躍した気象研究所について触れてみたい。

現在の名称「気象庁」になったのは敗戦後の一九五六年で、前身は、一八八七（明治二〇）年発足した中央気象台である。気象情報は一九四一年の太平洋戦争開戦と同時に軍事機密扱いされ、公開が禁じられた。今でこそ当たり前だが、農民・漁民をはじめ多くの人々が天気予報の恩恵に浴することができるようになったのは、戦後になってからである。

では本項の主役、気象研究所はどういうところかというと、その前身は一九四二年、中央気象台に設置された研究課だった。戦後の一九四六年に陸軍気象部の兵舎の払い下げを受けて中央気象台研究部として再発足後、翌四七年に中央気象台気象研究所と改称され、五六年に中央気象台が気象庁に昇格したのにともなって気象庁気象研究所となった。現在はつくば市に移転（一九八〇年）し杉並にはなく、高円寺氷川《ひかわ》神社内にある気象神社にその面影が残るだけである。現在の気象神社は、陸軍気象部内に一九四四年造られた神社を四八年に移転したものである。

五〇年代初頭の気象研究所について、当時、若手の研究者であった増田善信[1]と藤田敏夫[2]にインタビューした。二人の証言は、当時の様子が目に浮かぶほど生き生きとして魅力的だった。彼らの証言と『気象百年史』[3]をもとに研究所の活動と杉並の関わりを探った。増田は戦争中の気象の仕事から語った。

「戦争中、たくさんの軍人が気象の仕事をしていました。飛行場や港をつくるにしてもまず気象兵が風の様子などを調べるため、一番最初に行き、撤退する場合には、他の兵隊を全部送り出してから撤退するので、気象関係者は戦中、人員が増え、また戦死者も多いのです」

一九四七年に公職追放されるまで中央気象台長を務めた藤原咲平[4]は豪胆な人物で、六五〇〇人から七〇〇〇人に増えた気象関係者を戦後、全て中央気象台で引き受けた。さらに「日本を復興するのは農業と漁業だ」として、全国で一四ヵ所の農業気象研究所と六隻の海防艦の払い下げを受けて海洋気象台をつくった。その事業は気象関係者の仕事先の拡大であったが、その背景には、気象に対する国民の要求と期待の高まりがあった。

一九四六年に中央気象台職員組合が、六月一日には全国気象職員組合が結成され、組合活動が活発となった。四七年四月、和達清夫《わだちきよお》第(5)六代気象台長の下で組合との団体協約が締結され、八月に気象経営協議会がつくられた。気象経営協議会は官側・組合側それぞれ六名のメンバーで構成され、気象業務に関し、労使の話し合いで運営していく機関だった。

しかし、こうした運営方法に政府が干渉した。すなわち「組合が行政に関する計画の樹立等によって行政に関与することは認めない」という閣議決定が下されたことで、労使交渉が重ねられた。そして、一九四八年にはGHQから、「気象台関係の予算が多すぎる、人員を削減せよ」という指示が出された。一時、七一一二人いた職員を三五〇〇人を超えない人数に削減せよという大幅削減の命令だった。GHQとの交渉で、気象経営協議会は五二〇五人の人員確保を認めさせた。自主退職などを除き、「実際は一四〇〇人程度」の人員整理だったが、この数字は官庁における戦後の人員整理としては最大規模だった。その間の事情を増田は次のように語った。

「米占領軍は『これは多すぎる、三〇〇〇人でできる』といって三割の人員削減を要求してきたんです。フィリー・ノートといいますが、フィリーという中佐が気象台に駐在し、気象台長と肩を並べていた。占領軍は結局、一九四九年に活動家を含めて三割の人員を削減しました。そして翌一九五〇年、わずかに残っていた組合員をレッド・パージで追放したんです」

藤田も次のように語った。

「一九四九年、ドッジ・ラインの頃、進駐軍から『定員を三割減らせ』という行政整理の命令がきたので、それに対する反対運動をしました。駅頭で『気象の教室』（パンフレット）等を配ったり、資金稼ぎで野菜を売ったりしました。行政整理の嵐のあと、レッド・パージもありました。役所からの締め付けが厳しく、一九五〇年からレッド・パージが始まり、全気象労働組合は解散してしまうんですが、その中で気象研究所は組合を解散しなかったんです」

戦後まもなく「気象経営協議会」をつくったほど強かった全気象労働組合がなぜ、解散に追い込まれたのか——その背景を増田は次のように語った。

「一九四九年には下山・三鷹・松川事件[6]という不可解な事件が一ヵ月ごとに起こるんですね。共産党がやったんだとでっち上げて、それを大宣伝した。気象台は官公労[7]の委員長を出すほど組合が強かったんですが、国鉄（国鉄労働組合）と全逓と全気象など組合が強いところをねらい打ちしたんですね。いわゆる共産党の五〇年問題[8]といわれる非常に困難な状態も影響したと思います。人員整理の後、組合の役員も順番制になりました」

『気象百年史』（二四三頁）には次のように書かれている。

「昭和二四年一月には衆議院の改選が行われ、社会党の議席が半減した。二月二六日には、第三次吉田内閣が誕生し、吉田内閣はアメリカの対日政策の変化に沿って国内経済改革を強行することになった。すなわち、二月にGHQ最高経済顧問ジョセフ・ドッジから赤字を許さぬ超均衡予算（ドッジ・ライン）が強く勧告され、これと平行して四月には団体等規正令[9]、五月には官公庁の人員整理を目的とした定員法[10]成立、更に労働組合法、諸都市における公安条件（ママ）が次々に公布されていった」

この頃の『読売新聞』を見ると、下山・三鷹・松川事件などの怪事件や、労働組合の弾圧・人員整理に関する記事が繰り返し掲載され、「共産党」という文字が頻出していた。国労や共産党が人命に関わる犯罪行為をしているように読め、「アカはこわい」という意識を国内に広げていった。こうした世情も全気象労働組合の解散に影響していたはずだ。

　増田はさらに語った。

「当時、団体等規正令に従い、共産党員の名前を登録すべきという共産党の方針があったんですが、気象研究所の組合員の多くはそういう方針に従ってはまずいといって、三人だけを登録してそれ以外は登録をやめたんです。その結果、みんな生き延びたというか、助かったんです。労働組合が存続したところは、全気象労組の支部では気象研究所、それと関西と九州の支部、あとは二カ所〔北海道の浦河と埼玉県の熊谷〕の測候所分会だけでした。その他の支部・分会は全滅でした。全国組織を持つ官公労で解散したのは全気象労組一つだけで、あとは一応残りました。全気象労働組合は全官公労の議長を出していたほど強かったから、徹底的に弾圧されたんだと思います」

　気象経営協議会の下、経営にも参加していた全気象労働組合が解散するという予測を超えた事態に、増田たちはどう対応したのか。

「どうやって組合を守ればよいかと考えていた時、五〇年のストックホルム・アピールが出たんです。その時の労組委員長は順番で選出された委員長でしたが、彼が『核兵器廃絶ということは悪いことではない、みんなでやろう』ということを決めて、昼休みにみんなで署名を取りに回ったんです。なかなか集まらなかったんですが、なんとか五八筆くらい集めた時のことでした。私は見てませんが、総務課長がその委員長を自分のところに呼びつけて、『そんなことはアカのやることだ』といって、委員長の目の前で署名簿を燃やしたそうです。それを聞いてはらわたが煮えくりかえる思いをしたことを今でも覚えています。当時はそのくらい反共攻撃が強かったんです」

　そんな苦しい状況の中から組合再建の運動が始まった。

●組合再建の運動

せっかく集めた署名を燃やされた悔しさがバネとなって、増田善信や藤田敏夫たちの運動は始まった。壊された組合を自力で再建する取り組みである。朝鮮戦争下での組合運動、とりわけ平和運動は「反米運動」とされ、占領軍や警察から厳しく弾圧された。その頃の活動を藤田はこう語った。

「組合活動への締め付けが厳しかったので、一九五〇年頃はお花、合唱、演劇、読書会などのサークル活動をさかんに進め、文化祭もしました。高円寺駅を通る中央線の高架下に高円寺会館があったんですが、演劇サークルがそこに町の人を招待したりしました。読書会や講演会も開きました。誰を講師にするかということは読書会に任されていて、美濃部亮吉《みのべりょうきち》さん〔経済学者、元東京都知事〕、木村禧八郎《きはちろう》さん〔日本社会党参議院議員〕、石田一松《いちまつ》さん〔演歌歌手、作詞家、作曲家〕、土方与志《ひじかたよし》さん〔演出家〕たちを呼びました。組合と気象学会の両方を活性化させることを運動の柱にして、沈滞した、いわゆる日本の政治情勢を変えていこうとやり始めたんです」

「資金稼ぎに野菜を売ったり」、演劇サークルの公演に町の人を招待するなどの活動を通じて、地域住民との結びつきが生まれた。同時に、署名簿を焼いた課長を交代させたり、職場の民主化、さらに気象学会の民主化に取り組んだと増田は語った。

「一九五三年一二月に開かれた日本気象学会の臨時総会は北方定点継続を気象台に要求する決議を可決しました。総会議長を務めていた和達清夫台長は『私は気象台長として北方定点の廃止を決めているので、その存続を要求するこの決議を実行することは出来ないので、会長を辞任したい』と発言して辞任した。そこで急遽、会長選挙が行われ、畠山久尚《はたけやまひさなお》東管台長〔東京管区気象台長〕に交替しました。これがまた学会民主化のきっかけになったのです。

また、新しい理事長を選んで、もっと学会を活性化させようとしました。今度は民主的な理事を選ぼうとね。我々若手は研究グループ懇談会というサークルをつくっていたんですが、理事長選挙の立候補者を推薦することに必要な定員をこの懇談会で確保できたんで、懇談会として推薦者を出しました。官側は二人推薦してきたんで三人が推薦されたんですが、結局、我々の推薦者が勝ったんです。理事選があったのは五四年五月でした」

家父長的な体制が続いていた日本気象学会を民主化するために、二人は一歩一歩取り組んでいった。当時、増田善信は二六歳、藤田敏夫は二四歳。少し年上の人々と一緒に「RS（アールエス）」というサークルをつくり、メンバーと相談しながら組合再建を進めたと増田は語った。

「気象研究所の中にRSというサークルがありまして、そこでどのようにして本台〔中央気象台〕に組合をつくるかを話し合い、本台の人に働きかけて組合を再建したんです。一九五三年のはじめ頃だった思いますが、当時レジスタンスという言葉が流行していたんで、RSといってマル秘のサークルを始めたんです。最初はストックホルム・アピール署名簿を燃やした総務課長を交代させろということから運動を始めました。さらに、アメリカが北方定点を廃止することに対して、学会で声明を出して反対しようと署名運動に取り組みました。本台の労働組合は完全につぶれていたので、署名運動みたいな形でしか職場の活性化はできなかった。そういう事情もあって、北方定点の継続を要求する署名を集めたんです」

サークルRSは最初は六、七人の規模だったが、どんどん増えて四〇人から五〇人になり、当局に要求を出して、非民主的な職場運営をただしていったという。「職場民主化の動きと原水禁の動きが同じような時期にあったということですか」と尋ねると、増田は次のように答えた。

「そうなんです。若い人たちが意見をいえるようになってきたんですね。中心になった若手の人たちが原水禁の運動に参加するようになったんです。本台の方では原水禁署名運動はなかなか進まなかったようですが、風の影響によってどこまで放射能の塵が降るかということを学問的な立場で研究していたのは本台の人たちでした。

やっぱりぽっと五四年に運動が始まるんじゃないんですよ。気象研の場合も労働組合をなんとか立て直そうと職場民主化の運動をしている中で、ビキニ水爆事件がおこって、わっと立ち上がったんじゃないでしょうか。それまでの鬱積していたものがはじけたというか、一九五〇年の弾圧で運動が停滞する中で何とかしようという気運もあって運動がおこってきたと思うんです」

演劇などの文化サークルを通じて運動を広げる一方で、仲間たちで作戦を練り職場の民主化を進めていくという二正面作戦が功を奏した。署名簿を焼かれた怒りにかき立てられて始まった運動だったが、戦争が終わり、軍御用達の仕事から解放され、短い間とはいえ民主化された職場の経験・記憶が組合再建や職場民主化の力となったにちがいない。軍隊式の上意下達ではなく、〝もう一つの世界〟を経験したこと、すなわち戦中の経験と異なる戦後民主化の経験が、一九四九年から五〇年をおおった「暗転」をはね返す力となった。

前述したように、気象研究所のサークル活動は、地元杉並の人々との結びつきを生み、その後の交流の下地となった。やや先走るが、一九五四年のビキニ水爆実験を気象観測を通じていち早く知った気象研究所の研究者は、降雨や大気の研究を進めたり、俊鶻丸《しゅんこつまる》(11)に乗ってビキニ島周辺を含む太平洋の観測にも出かけた。核実験の危険性を伝える貴重な活動であった。世界的な研究を進めながら運動にも取り組むという両面を追求して活躍した気象研究所が杉並区にあった。

二、新島繁と杉並文化人懇談会

気象研究所で、中央気象台の民主化と職場の民主化を進める運動が粘り強く行われている時、杉並の地域でも変化がおこっていた。日本が独立する直前の一九五二年四月、吉田内閣は破壊活動防止法(12)(破防法)を上程した。それに対してこの法律は戦前に猛威を揮った治安維持法の復活であるとして、全国で広範な反対運動が広がったが、杉並でも新しい動きがおこった。橋本良一が、新島繁[13]の追悼集『近代――新島繁追悼特集号』[14]（一九五八年）にそのことを書いている。

昭和二七年（一九五二）は日本の民主主義を守る戦の中で忘れることの出来ない主要な年である。春の国会で吉田政府は悪名高い治安維持法の戦後版とも云うべき「破壊活動防止法案」を提げて労働組合、民主団体の弾圧に乗り出してきた。労働者はむろんのこと、知識人も婦人も学生も一斉に立ち上がって悪法反対の狼火をあげた。

杉並区では新島君、堀真琴《ほりまこと》君[15]、荒正人《あらまさひと》君[16]、高津正道《せいどう》君[17]等八十名の杉並在住文化人で「杉並文化人懇談会」を結成して破防法粉砕の戦を展開した。破防法は残念ながら国会を通ったが、このとき結成した杉並文化人懇談会は後に新居格記念会世話人会と合流して、現在も杉並区の文化運動、平和運動の一つの柱となっている。

注目したいのは、破防法の上程をきっかけに、堀真琴（労農党）、高津正道（社会党）と共産党系の人々など杉並在住の革新系の知識人が八〇名集まり、超党派で「杉並文化人懇談会」を結成したという記述である。

杉並は、治安維持法で捕らえられ虐殺された小林多喜二[18]（一九〇三年生まれ）、獄死した三木清[19]（一八九七年生まれ）や戸坂潤[20]（一九〇〇生まれ）が住んでおり、橋本良一（一九〇〇年生まれ）、新島繁（一九〇〇年まれ）は彼らと同世代だった。加えてこの町には、無産インテリの消費組合といわれた城西消費組合があり、治安維持法で弾圧された経験を持つ知識人や労働者が少なくなく、互いの交流も盛んであった。そうしたこともあって、悪法の復活にはきわめて敏感で、破防法の上程を阻止しようと、新島繁を中心に杉並文化人懇談会を結成し、反対運動を展開した。

さらに、一九五二年五月の区長選に社会党・共産党統一候補として新島繁が立候補した。その基点は杉並文化人懇談会の結成である。選挙は敗れ、破防法も成立したが、同懇談会のまとまりを消さないよう、新島は尽力した。杉並文化人懇談会を拡大し、同年八月一三日、「杉並懇談会」を立ち上げた。発足時の様子が、杉並懇談会の機関紙『杉並ニュース』（発行責任者・新島繁）第一号「杉並懇談会の成り立ち」に書かれていた（部分引用）。

「〔一九五二年〕八月十三日、原爆の七周忌を機会に阿佐ケ谷の天祖神社で区内の各団体の懇談会が開かれた。岩通労組、電産労組、杉教組、文化人懇談会、国際医師会議、気研〔気象研究所〕労組、婦民等二十三団体、二十六名の代表者によってこれを機として杉並区の平和運動推進のセンターを作る決議が行われ、八月二十日、三光工業事務〔所〕での第二回会合により、杉並懇談会が正式に発足したのである。

従来の平和運動がともすれば不活発になりがちな原因は具体的行動に欠けていた点、構成メンバーが片寄った点にあった。杉並ではこの欠点を改めて、事、平和に関する限り、右も左もなく労働者も資本家もない、唯平和を念願するという一点で団結すべきである（中略）。平和という共通目的の下に労組と文化人団体、婦人団体が横の連絡を図り、強い行動性を持つこと、これが杉並民主化の第一歩である」[21]

杉並懇談会は、杉並区の平和運動推進のセンターと位置づけられた。そこには、平和運動を仲間内だけでなく杉並区民全体に広げようという願いが込められていた。『杉並ニュース』には前述した高良とみ帰国歓迎講演会に「全面的協力を申し合わせた」と記されていた。また、「原爆七周忌」の意味を込めて原爆展を開くことも決め、同年八月六日に発行された『アサヒグラフ』原爆特集の写真を使って、九月に一週間かけ、高円寺、阿佐谷、荻窪、西荻窪駅頭で原爆展を開催した。

一連の活動の中心人物は、ドイツ文学者で天沼地域の民生委員も務めていた（四八年から五〇年まで杉並区民生委員）新島繁（本名・野上巌）だった。山田洋次監督・吉永小百合主演『母べえ』は新島繁一家がモデルで、主人公の夫は新島をモデルとしている。[22]新島は戦前、唯物論研究会[23]の創立に関わり、文化運動の統一戦線を形成することに尽力したが、一九四〇年、治安維持法違反で逮捕され、心ならずも転向した体験を持つ。それだけに、再びあの時代に戻してはいけないと願い、自由懇話会、[24]日本民主主義科学者協会、[25]日本民主主義文化連盟[26]などの創立に関わるとともに、杉並でも革新勢力をまとめる努力を惜しまなかった。

前述した一九四九年の「平和擁護日本大会」で、自らの民生委員としての活動にも触れ、「生活の実情を知れば、実に涙無くして語れない状態の人が多いのであります。……無知な大衆という人たちは、全く石のような沈黙を余儀なくされてきた人たちであると思うのです。しかし、次第に石みずからも叫ぶでありましょう。……この大衆の声を本当に生かしたなら、それは既に大きな統一戦線が生まれつつあると考えるのであります」と述べた。[27]

本人の専門分野は別として、その生涯を跡づけてみると、様々な団体、多様な個人の連繋を図る仕事に多くの時間を割いていたことがわかる。戦前、唯物論研究会で活動し、弾圧を経験した新島はフランスの人民戦線を念頭に置いていたように思われ、人権を守り戦争をふせぐ活動における人民戦線（新島の言葉では「統一戦線」）を広げることに力をつくした。易しい言葉で多くの人に語る仕事を厭わず、様々な団体、多様な個人の連繋を説く新島の活動を支えたのは、戦時体験であり、それを繰り返してはならないという決意だったと筆者は思う。

新島は五五年三月、ビキニ水爆実験の一年後、署名運動を見届け、神戸大学に職を得、五七年に神戸で五六歳で亡くなった。

三、井の頭線沿線の「土曜会」——暗さの中に灯を

井の頭線（渋谷—吉祥寺間の私鉄）沿線の開発が進むと、あたかも大震災後の中央線沿線のように、若いサ

ラリーマン層や知識人たちが移り住んできた。麦畑が広がりヒバリが鳴く田園地帯に住宅が建ち始めた。映画監督の山本薩夫《さつお》一家が兄の一家と一緒に世田谷から杉並区和泉町に移ってきたのはその頃だった。

一九五〇年頃、井の頭線の永福町─浜田山区間の地域に「濁話会」「土曜会」「あざみ会」という三つの会が生まれた。「濁話会《だくわかい》」[28]は山本薩夫[29]（映画監督）、淡《だん》徳三郎[30]（評論家）、早川埈蔵[31]（工芸家）、早川の友人で荻窪在住の橋本良一（元ジャーナリスト）らがつくった会だった。

「土曜会」[32]と「あざみ会」[33]は一九五二年に生まれた。「あざみ会」は高良とみの講演会で出会った大塚利曽子、小沢綾子、淡延子《だんのぶこ》、風早《かざはや》嘉子、山本芳枝たちがつくったサークルで、「土曜会」は山本薩夫監督の話を聞く会をきっかけに生まれた。「土曜会」と「あざみ会」に関わった大塚利曽子はそのいきさつを機関誌『土曜日』に「文化人の集まり土曜会」と題して次のように書いた。

> 地域に診療所をつくる運動をして浜田山診療所ができ、昭和二七年夏の終わり頃、和泉町に住んでいた映画監督の山本薩夫さんを呼んで、映画『女ひとり大地を行く』を素材に話し合いをもった時……このまま解散してしまうのは惜しい、何かの形でこうした集まりを続けていきたいと十数人が立ち去りがたく残っていました。私は「うちにいらっしゃいよ。ピアノがあるから歌いましょうよ」というと、突飛な提案が素直に受け入れられ、次の土曜日の夜七時三〇分からみんなでロシア民謡を歌う集まりが続きました。
>
> 機関紙『土曜日』を発行するなど会も整って、杉並うたごえ祭典を実現することが出来ました。また、駅前のそば屋の二階を借りて経済、歴史、哲学のお話を聞きました。土曜会や高良とみさんの歓迎集会で知り合った小沢綾子さん、風早嘉子さん、淡延子さんたちとあざみ会というグループが誕生しました。

「土曜会」は機関誌『土曜日』を五三年一月から発行した（創刊号は五三年一月二日発行）。その活動は『土曜日』から知ることができる。創刊号に掲載された前年五二年の活動内容をピックアップすると次の通りである。

◆八月三〇日――山本薩夫監督を招いて映画の話を聞く。そこで「土曜会」の発足を決定。
◆九月六日――会員、会費、会の目的などに就いて討論。
◆九月一三日――映画『女一人大地をゆく』のシナリオ討論会。
◆九月二〇日――コーラス部発足。
◆一〇月四日――井上頼豊《よりとよ》氏〔チェロ奏者〕を囲んでロシア民謡の話とレコードを聞く集い。
◆一一月八日――淡徳三郎氏を囲んで今日の問題について討論する集い。
◆一二月二八日――忘年会。

「土曜会」は若者が中心となり、コーラス、映画・レコード鑑賞と現代政治・世界情勢の話を聞く、コーラスと学習の会で、淡徳三郎と山本薩夫が顧問となった。学習会の参加者を含め、会員は約一〇〇人にのぼった。

自由に書けるようにという配慮だろうか、『土曜日』はペン・ネームで書かれていた。「土曜会」の中心的存在であった国分武（本名は早川東三《とうぞう》、ドイツ文学者）、松林茂（編集責任者、浜田山診療所の医師・古川健三）と、「土曜会」顧問の淡徳三郎の文章（一部）を紹介する。

○国分武「ドヨーカイの歩み」

「暗い部屋から出て、新鮮な空気と光とを◯〔判読不能〕な楽しめるようになったのはついこの間のことだと思ふのですが、今再びこうした自由のひとつひとつが失われていくのを感じます。或いは暗い谷間とも呼べるでしょう。或いは生命の危機とも呼べるでしょう。この暗さの中にともしびをともし、お互いに慰め励まし合うことの必要が、ある日真剣な問題として取上げられたのです」

○松林茂「人間になること——土曜会によせて」

《人間の目的は人間になることである》とロマン・ロランが言っています。今の日本は人間が人間らしく生きることの出来ない社会です。……軍艦マーチを伴奏に、陸には将軍、海には船舶、トンコ節を聞きながら、富くじ、パチンコ、ストリップ、信心深きはインチキ宗教、これでは困ったものです。人間が人間どころか、反射的、除脳蛙になってしまいます。……人間が人間らしく生きるために、腕を組んで進もうではありませんか。そしてはじめて人間と人間の平和が、日本と世界の平和が勝ち取られるでしょう。

○淡徳三郎「『土曜日』発刊によせて」

みんなが自分たちの不平や感想や意見や詩をのせ、お互いに批判している間に、心のつながりが出来てきます。それは小さい力ですが、そういう小さい力が全国のどの町村にも、学校にも生まれはじめていることを忘れないでください。それは地下水のようなものです。眼には見えませんが、それからせせらぎが生まれ、小川となり、ついには大河を形成する源となるのです。

これらの文章から、時代の雰囲気が垣間見える。

大沢真一郎「サークルの戦後史」(34)に、一九五〇～五二年頃のサークル活動は、「人員整理による首切りや配置転換、レッド・パージによる職場からの追放、朝鮮戦争の進行と再軍備の公然化など、現実の暗さや生きにくさへの不安と反発、さまざまな圧迫や抑圧に対する抗議や抵抗、戦争の進行に対する危機感や平和への願いから、この時期、地域に、学校に、やがて再び職場に、新しいサークルが次々と生まれた。それは、話し合いや生活記録のサークル、うたごえ運動[35]、学習サークルなど多様な形態をとった」とある。経済的に向上の兆しが見えてきたものの右旋回する世の中、革新側を混乱させる「暗い谷間」の出現――こういう認識の下、自分たちは一体どう生きていったらいいのかをまじめに問う若者や女性、知識人たちがサークルを立ち上げた。「土曜会」もそのようなサークルの一つであった。

淡徳三郎は戦中、フランスに亡命し、レジスタンス運動を間近に見て、ベルリン、中国、二年半におよぶソ連抑留を経て、四八年に帰国した。五〇年に『抵抗（レジスタンス）』[36]を発刊、当時のベストセラーとなった。井の頭線沿線の若者たちは、淡を通してフランスのレジスタンスを学ぼうとしていたようだ。

杉並における一九五〇年代の住民運動は、敗戦直後の民主化運動が原水爆禁止署名運動へ一直線でつながったのではない。原水爆禁止署名運動の前史に、戦前の重苦しい体験、戦争直後の解放感と民主化の経験、占領政策の転換がもたらした「戦前」復活（逆コース）への怒りと抵抗があった。「逆コース」の経験は杉並の革新的な人々に、より慎重に、より周到に運動を進めなければならないという知恵を醸成した。同時に対立しあうのではなく力を合わせること――新島繁の言葉を借りれば統一戦線、淡徳三郎の言葉でいえば抵抗（レジスタンス）――の重要性を、杉並の革新的な人々が学んだといえる。一九五〇年代の杉並の住民運動は戦前・戦中・戦後直後・「逆コース」の歴史を引き継いで展開されていった。

第五章　安井郁・田鶴子夫妻と杉並の主婦たち

第一節　安井郁の大正・昭和

一、安井郁と東京帝国大学

●オール優の優等生

安井郁は(1)一九〇七年四月、大阪市北河内郡大和田村（現・門真市）に生まれた。仏教の信仰が厚い家庭であったといわれる。作曲家の服部《はっとり》良一が書いた、小学校時代のほほえましい思い出がある。(2)

「転校してきた安井郁君……病気がちらしく顔色も悪いので『青びょうたん』というあだ名を進呈した。ところが、この青びょうたんが実によくできる秀才で、すべての学科の成績がよく、ことに図画、習字はいつも教室の壁に張り出される。……この安井君の登場で、三学期の級長選挙ではついに僕が敗れ、彼が級長、僕が副級長になった。……彼と僕はライバルというより大の仲良しになった。……学芸会には決まって一緒に対話劇に出演し、宮本武蔵と塚原卜伝《ぼくでん》を共演して拍手かっさいを浴びたこともあった」

小学校卒業後、安井少年は大阪府立高津中学校に進み、それから四年後の一九二三年に大阪高等学校に進学した。一九二〇年代の大阪は、アメリカニズムとモダニズム、消費文化とデモクラシーの気風がみなぎり、二五年頃には人口でも文化発信力でも東京を上回る先進地となっていた。[3]

米国人のジェーン・アダムズ[4]が来阪したのは一九二三年六月、安井が高校生の時だった。アダムズはシカゴのセツルメント(ハル・ハウス)を創設し、非暴力主義を主張した。その後、パリ不戦条約の制定に影響を与え、三一年にはノーベル平和賞を受賞した。来日当時は、婦人国際平和自由連盟(WILPF)国際会長で「平和の母」と呼ばれていた。ヨーロッパからの帰国に際して、アジアを回る帰路を選び、中東から東南アジアを経て、日本に立ち寄った。

『大阪朝日新聞』は写真入りの七段抜きで「平和の母、アダムズ来る」と報じ、大阪の講演会には数千名の男女が集まり、講演記録はルビつきの文章で三日間連続掲載された。神戸でも神戸女学院などで講演を行った。一九三二年に大阪で国防婦人会が誕生する九年前のことだった。WILPFは原水禁運動と縁が深く、一九五五年の第一回原水爆禁止世界大会で米国代表として挨拶して以来、世界大会に毎回参加した。[5]後年の安井郁の活動につながる水脈とはいえないまでも、不思議な縁を感じてならない。

大阪高校(大高)は大正デモクラシーの気風が満ちた一九二一年に創設された新設校で、安井は三回生に当たる。中国文学の竹内好《よしみ》、ジャーナリスト(朝日新聞論説主幹)の森恭三《きょうぞう》、民法学者の川島武宜《たけよし》[6]、東京帝大を出て漫才作家となった秋田実《みのる》(本名・林廣次)、東大新人会[7]で活躍した実業家・松本広治《ひろじ》など個性的な人物が同校から巣立った。安井は同校の自由な雰囲気の中で高校生活を過ごし、一九二六年、東京帝大法学部政治学科に進学した。

高校ではマルクス主義にも関心を持ったが、大学では東大新人会や松本広治が主催した大高出身者の読書会には参加せず、一線を画したようだ。[8]高校・大学で一年後輩の川島武宜は、安井が「[大高出身者による]新入生の歓迎会で……一人が『……勉強の仕方を教えて下さい』と言ったところ、安井さんが『そんな心配をするな』と言って、皆を一寸安心させた。ところが、その次がいけない。『大学の試験なんて楽なもんだ。優をとるだけなら簡単なもんだ』とおっしゃったんです。……安井さんはオール優を取っておられたのですが、当時オール優を取るものは一年に一人いるか……、安井さんはその稀な一人であったのであります。……普通は……言わないものですが、……思ったことをずばりと言ってしまう」(9)と述べ、安井の独特の個性を伝えた。

●研究生活の出発

一九三〇年、卒業と同時に国際法の立作太郎《たちさくたろう》教授(10)の助手となった。立は小村寿太郎（政治家、一八五五～一九一一年）の知遇を得て、大学卒業とともに外務省に関係し、公式には非常勤の嘱託だったが、実質的には国際法顧問として重要な役割を果たした（一又正雄『日本の国際法を築いた人々』日本国際問題研究所、一九七三年）。

安井郁氏（左）と安井田鶴子さん〔1957年撮影。提供：吉田嘉清氏〕。

立の門下に横田喜三郎《きさぶろう》(11)がいた。横田は二四年に東京帝大法学部助教授となり、ドイツ留学を経て、安井が助手となった三〇年に教授に就任し、同年、若槻礼次郎の補佐としてロンドン軍縮会議に同行した。伊香俊哉《いこうとしや》『満州事変から日中全面戦争へ』には、満州事変に対する立と横田の見解の違いが紹介されている。満州事変を境に立は「満州事変での日本の行動を正当化する論陣」を張るが、横田は「満州事変における日本軍の行動を自衛権で正当化することは出来ないとの論理を展開」し、「国際紛争の平和的解決という問題に一貫して関心を抱いた」[12]とある。二人の国際法の教授が意見を異にする中で、安井は一九三〇年に助手となった。

安井が東京帝大で研究生活を送った時期（一九三〇年四月～四八年三月）は、協調外交の下で国際会議の随員として国際政治に直接触れた立や横田の時代とは異なり、アジア太平洋戦争の時期に重なっていた。満州事変を境に軍国主義が強まると、東京帝大は受難の時を迎えた。三五年に美濃部達吉の天皇機関説事件、三七年に矢内原忠雄《やないはらただお》の東大追放、三八年に大内兵衛・有沢廣巳《ありさわひろみ》らの第二次人民戦線事件、三九年に平賀肅学《ひらがしゅくがく》（河合栄治郎《かわいえいじろう》と土方成美《ひじかたせいび》両教授を休職させた）がおこった。軍国主義者が教授らの学説を攻撃し、社会主義者だけでなく、自由主義者にも迫害が及んだ。

安井は当時の気持ちを『民衆と平和』（大月書店、一九五五年）の中で、「日本の東亜政策は悲劇的な二重性をもっている。その一面では、帝国主義国として東亜を侵略する。しかし他の面では、永くしいたげられていた東亜を西欧の帝国主義から解放する。……日本の東亜政策をその悲劇的な二重性から脱却せしめ、日本をして真の東亜解放者たらしめなければならない」と考え、「当時の良心的インテリゲンツィアの多くは、東亜侵略に対する無言の抗議として沈黙を守りましたが、私はむしろ東亜解放のために積極的に努力しようと決心しました」と書いている。

安井は、一九四二年に『欧州広域国際法の基礎理念』（有斐閣、一九四二年）を上梓した。安井によると、その著書は「他の地域における広域国際法の研究の一つで、それを専らシュミットの理論について研究した」（序文）もので、シュミットとはナチスのイデオローグともいわれたカール・シュミットである。シュミットの理論を紹介した序文の中で、国際法思想を比較し次のように書いた（「 」内は原文。引用は上記の有斐閣版による）。

①自由主義国際法思想について

「ケルゼンの純粋法学派の国際法理論」について「第一次世界戦争後の政治動向・特に国際連盟の運動と結合して、国際主義的乃至世界主義的国際法理論として展開されていった。国際法優位理論はその象徴である。そのような自由主義国際法思想の地盤はやがて世界情勢の変化とともに崩壊し始め、その国際法理論はいよいよ現実から遊離したものとなったのである」と解説。それはケルゼンの理論に依拠していた横田喜三郎に対する批判でもあった[13]。

②ドイツの民族社会主義国際法について

シュミットの理論は、「本質的に民族主義的な立場」で書かれているが、「そこにこの国際法思想の意義があり、同時に限界がある」。「民族社会主義国際法思想においても国際法学と政治との密接な結合が強調される」が、「そのうちに素朴な政治的国際法学を超えて、厳密な現実的国際法学にいたろうとする努力」が見られ、「それは国際法の具体的且《かつ》動態的な把握を目指すものである」と述べ、現実的国際法学という意味で評価した。

③大東亜共栄圏について

「欧州的世界より解放された新秩序において大東亜は我が国を中心とする独立の共栄圏として存在する。……この大東亜国際法は共栄圏の指導国であり保障国である我が国の固有の理念によって支配されるとともに、大東亜及びそれをめぐる世界の現実によって制約される。……国際法学もまた、大東亜国際法の世界史的意義の究明を通じて、世界史の理念の探求に参与するのである」

立作太郎の後継者という自負もあったのか、横田喜三郎の見解との相違を明確にしていた。

●教授昇格問題

一九三四年、立作太郎は定年で東京帝大を去った。東京帝大法学部教授の矢部貞治《やべていじ》が書いた『矢部貞治日記　銀杏の巻』には、同大での人間模様が詳述されているが、一九四二年頃からの日記文には、安井に関する記述がしばしば登場していた(14)。

◆一九四二年二月一九日

石井良助《りょうすけ》君を教授に推薦することは異議なく行はれたが、安井君の件はまだごたくしてゐると見えて推薦にいたらず。あと南原《なんばら》〔繁〕先生の部屋でこれらの問題を話したが、学部長問題でも安井問題でも先生のご意見は僕と全く同じであったので、意を強うした。

◆一九四三年二月五日

大学に行って講義の下見をしてゐたら、横田〔喜三郎〕さんが話しに来たので昨日の教授会のことを話し、話しが結局本題に触れて僕もこの際安井の教授問題につき横田さんの心意を知りたいと思ったので、その事を端的に話したが、横田さんの安井に対する態度は公けの道理といふよりも安井の横田さんに対する仕打に対する私的な憤慨が非常に強く見られた。

◆一九四三年九月二三日

横田氏が進退問題を公言して、各人の公正な判断を妨げないといふ約束をしたにも拘らず……議決の前になって、菊井、末延、鈴木、田中〔二郎〕などゝいふ連中を廻り、辞職の決意堅き旨を述べ、田中耕〔太郎〕先生も同じやうな活動をされてゐると聞き、遺憾にたへぬ。他人の信義を問題にしながら、かゝる態度こそまさに「信義」の問題であらう。……小田、立両先生の苦心も無視し、先輩、同僚の誠意も毫《ごう》も汲むところなく、自己の主張を固執し、而《しか》もそれを極めて戦略的に取扱ふ横田氏らの態度は、凡《およ》そ共同生活体を不可能ならしめる。

安井に対する横田喜三郎の態度に同調した同法学部教授・田中耕太郎は後年、「戦争の中頃、私は法学部内のある人事問題〔安井郁の教授昇進問題〕に関し、多数の同僚と意見を異にし、同じ考えの横田喜三郎君と一緒に辞意を表明し、この問題について責任のない全助教授の熱意に動かされて辞職を思いとどまったことがある」(15)と記し、矢部の記述を裏書きした。

南原繁は回顧録(16)で、「事柄自体は……ごく普通の人事問題だけれど、推薦の時期がきたにもかかわらず、主任教授の横田教授が教授昇進を提案しない。それでしびれをきらした末弘学部長が主任教授をさしおいて直接、教授会に提案した。そのために、この取扱いをめぐって反対していた田中〔耕〕・横田両教授が辞表を出し、教授会が真二つに割れてしまった」(17)と述べ、昇進問題が教授会内の末弘厳太郎《すえひろいずたろう》と田中耕太郎の対立に結びつき、複雑化していったことを示した。最終的に法学部教授会が推薦を決め、四三年九月、安井は教授に昇進した。以下は、その頃、出征を前に安井の研究室を訪ねた学生が伝えたエピソードである(18)。

「彼〔安井郁〕は自分のひとつの科学的な転換、学問的な転換を経験しつつあった時期に、学生である初対面の私に対して〔レーニン〕『唯物論と経験批判論』という膨大な哲学の本を読むことを勧めたのです。これは当時の彼にとっては非常に勇気のいることでした。はじめて会う若者の学生に、何者かもわからない人に、国禁の書を勧めるのですから。（彼の書棚に翻訳が一冊あって）これを読み給えということを熱心に勧めました。……私は研究室の閲覧室で……その本を読み通しました」

この学生は後に人権弁護士となった上田誠吉《せいきち》である。上田の父は警視庁特高課長を務めた(19)警察官僚であり、上田は安井の言葉に強い印象を抱いた。若き学生に禁書を勧めたこのエピソードから、正しいと思うことをストレートに伝える率直さと一九四三年頃の安井の思想の変化を見ることができる。

二、敗戦・占領と教職適格審査

ポツダム宣言を受け入れ、無条件降伏した日本は連合国軍に占領された。「日本を再び軍国主義にしない」という目的で連合国軍総司令部（ＧＨＱ）は教育改革にも着手した。幣原喜重郎内閣（文部大臣は前田多聞）の時に、教育に関する四大指令[20]が出され、学校教育、社会教育、教師の再教育が開始された。

教職適格審査はＧＨＱのＣＩＥ[21]（民間情報教育局）が担当し、一九四五年一〇月二二日にＧＨＱから教育に関する第一の指令（「日本教育制度ニ対スル管理政策」）が、一〇月三〇日には第二の指令（「教員及教育関係官ノ調査、除外、認可ニ関スル件」）が出された。二つの指令は教育界に激震をもたらし、自ら教員をやめる人が一万五七七八人にものぼった[22]。

安井郁および東京帝国大学教員の教職適格審査について、山本礼子『占領下における教職追放――ＧＨＱ・ＳＣＡＰ文書による研究』（明星大学出版部、一九九四年）、同『米国対日占領下における「教職追放」と教職適格審査』（学術出版会、二〇〇七年）、阿部彰『戦後地方教育制度成立過程の研究』（風間書房、一九八三年）などの詳細な研究に学びながら明らかにしたい。

東京帝大法学部教授・田中耕太郎は一九四五年一〇月一五日から、前田多聞文相の抜擢によって教授兼務で新設の学校教育局長に就任した。就任にあたり、田中は弟子の相良《さがら》惟一《いいち》を局長付事務官とした。

ＧＨＱの第二の指令で文部省に教職適格審査機構が設置されると、前田文相は教職適格審査機構を学校教育局に置き、田中に全力をあげて教職審査を完遂するよう指示した。そこで田中は「局長の特命事項」として相良事務官を文部省官房適格審査室主事とし、その任にあたらせた[23]。相良は少年時代から田中の指導を受け、大学も田中の下で学び、「その命による適格審査室主事という職責の重大な任務を忠実に果たした」[24]人物だった。田中は、子飼いの相良を腹心の部下として教職審査を立案・実行した。

田中が立案[25]した教職適格審査基準と審査方法をもとに文部省とCIEが交渉を重ね、一九四六年五月七日に勅令二六三号「教職員ノ除去就職禁止及復職等ノ件」は発布された。そこに定められた大学教員の適格審査の審査機関は、各大学、学部に設置する大学教員適格審査委員会で、委員は各大学・学部の教授・助教授の実人員の三分の一を、教授五、助教授二の割合で互選で選出した。さらに再審査の請求があれば、第二審の中央教職員適格審査委員会で審査した。[26] 大学教員で教職不適格者として指定を受ける範囲は、「講義、講演、著述、論文等言論、その他の行動」において次のいずれかに当たる者とされた。[27]

一、侵略主義、あるいは好戦的国家主義を鼓吹し、またはその宣伝に積極的に協力した者、または学説をもって大亜細亜政策、東亜新秩序、その他これに類似した政策や満州事変、支那事変または今次の戦争に理念的基礎を与えた者。

二、独裁主義、またはナチ的ファシスト的全体主義を鼓吹した者。

三、人種的理由によって他人を迫害し、または排斥した者。

四、民族的優越性を鼓吹する目的で神道思想を宣伝した者。

五、自由主義、反軍国主義等の思想をもった者またはいずれかの宗教を信ずる者をその思想、または宗教を理由として迫害または排斥した者。

六、右のいずれにも当たらないが軍国主義、あるいは極端な国家主義を鼓吹した者、またはそのような傾向に迎合して教育者としての節操を欠くにいたった者。

不適格者の範囲とされた六項目のうち、六は田中耕太郎の強い主張で加えられた。

第二審の中央教職員適格審査委員会は教員代表六名、各界代表六名、教育職員代表四名、および学識経験者五名の二一名で構成された。教員代表には慶応大学総長代理・高橋誠一郎、武蔵高等学校長・宮本和吉《わきち》、教育職員代表には文部大臣・田中耕太郎、文部次官・山崎匡輔《きょうすけ》、学識経験者には東京大学名誉教授・桑木《くわき》厳翼《げんよく》、帝国学士院会員・牧野英一らが選ばれた。東京帝国大学総長・南原繁や東京帝大教授・横田喜三郎も参加していた。

南原繁は一九四六年七月一〇日に開かれた第一回会合で、「この会が控訴院に当たるのに、山崎〔匡輔〕委員がおられ……さらに……〔文部〕大臣も入っておられるのは不都合ではないか」と発言した。それに対して、山崎文部次官は「司令部の方で全責任を文部省で持てといふことであったので大臣、次官が入ったのである。なるべく自分たちを委員長に選挙しないようにして貰えればよいと思ふ」として退けた。互選で委員長に南原、副委員長に牧野英一が決定したが、南原はその後、審査委員を辞任したので、牧野が委員長となった。(28)

CIEと文部省との関係を、山本礼子『占領下における教職追放』は、「厳格な指導・監督を行った時期においてさえも、CIEは、政治的介入とは反対に地方軍政部の都道府県教員適格審査委員会に対する不当な『介入』に苦慮した文部省に理解を寄せ、地方軍政部の任務を明らかにし、不当な介入をしないよう積極的に地方軍政部を指導した。その後も都道府県教員適格審査委員会に対する文部省の対処を支持した」(29)と記していた。

第二審の中央教職員適格審査委員会に文部大臣、文部次官が入り、南原繁が委員を辞任した上に、CIEが「文部省の対処を支持」していたとすれば、教職適格審査基準の立案者であり、勅令二六三号の発布時は文部大臣となっていた田中耕太郎の権限はたいへん大きかったと思われる。

三、東京帝国大学法学部と教職適格審査

東京帝大法学部の教授たちは政治家・官僚・軍部との接触が多かったが、かれらが教職適格審査をどう受け止めたのか、『矢部貞治日記』で知ることができる（〔　〕内の年月日は日記の日付）。

◆……辞表を書く。……大東亜戦争は或程度の必然性を有し、日本の立場にも少くとも半分は大義名分があったと考え……協力的態度をとった。……連合軍司令部の指令に挙げられる「占領軍の目標及び政策に反対なること明らかなもの」の点で自信がない。〔一九四五年一一月三日〕

◆〔南原先生の家へ行った。南原先生は〕司令部の指令が出てから法学部の若い連中が横田喜三郎の部屋に集って……相談して、安井問題以来の継続で安井が主だが、同時に僕と小野さんも問題になってゐるということだ。……南原先生はこの〔横田喜三郎〕一味とはあくまで戦はねばならぬ。大学と国家を毒することこれらの罪こそ大だということ。……先生の熱意と公正と闘志に敬意を表し、感激を覚え、辞表は預けないで帰った。狭量醜悪の淫売婦的根性が横田を中心として二、三の連中に巣くっている。自ら抗争を刺激して国家を滅ぼさんとする。〔一九四五年一一月四日〕

ＧＨＱの指令が出た後、横田喜三郎のまわりで、安井郁、矢部貞治、小野清一郎《せいいちろう》の三教授が不適格者の対象として名前があがった。その動きに怒りを隠さなかった南原繁に、矢部も共感し闘う気持ちを抱いた。南原はＧＨＱの指令を大学の自治への侵害と受け止めたようだ。ＧＨＱは横田喜三郎を、ロンドン軍縮会議に参加した自由主義的な学者として重用していた。近衛文麿や海軍のブレーンとして政府・軍により深く関わった矢部よりも、審査対象者の筆頭に安井郁が名指しされたことを「安井問題以来の継続」と南原繁は推測していた。矢部貞治、小野清一郎はその後、自ら東京帝大を辞職した。

山本礼子の前掲書で審査対象として記されているのは、末弘厳太郎[30]、安井郁、高柳賢三[31]、神川彦松[32]である。

高柳賢三、神川彦松は、第一審の東大法学部教員適格審査委員会では「侵略主義、好戦的国家主義の鼓吹、独裁主義、またはナチ的ファシスト的全体主義を鼓吹した者」として「不適格」とされ、中央教職員適格者委員会に再審査を申し出て、「適格」と判定された。ＣＩＥ再審査委員会はその判定を批判した(33)。

末弘厳太郎は、高柳、神川と逆で、第一審では「適格」、第二審で「不適格」とされた。山本によると、末弘の追放理由の第一は田中耕太郎の強い主張で加えられた、勅令第二六三号の別表第一項第六号「……軍国主義あるいは極端な国家主義を鼓吹した者、又は、そのような傾向に迎合して、教育者としての思想的節操を欠くに至った者」であった(34)。

適格審査主事の相良惟一は中央教職員適格審査委員会での判定に際し、「もともと、彼（末弘）はリベラリストである。……しかし、日華事変勃発までに徐々に転向、積極的な国家主義者になった。一九三八年、東京帝国大学経済学部の国家主義者が行った追放問題では、超国家主義者土方成美の背後にあって浄化運動に反対した」と所見を述べたことを山本礼子がＧＨＱ文書から明らかにした(35)（傍線は引用者による）。

傍線の部分は平賀粛学をさす。平賀粛学とは、自由主義の立場から『ファシズム批判』を書いた河合栄治郎への処分を求める文部省に対し、一九三九年、東大総長平《ひら》賀《が》譲《ゆずる》が法学部長田中耕太郎とともに、経済学部教授会に諮らず、河合と反対派の土方成美の二人を休職としたことである(36)。この時、末弘は河合を擁護し、平賀粛学と田中のやり方を批判し、他の法学部教授も田中への批判を強めた(37)。田中は平賀粛学以降、東京帝大法学部での居心地が悪くなったと、珍しく弱気な感想を漏らしている(38)。相良の所見、いい換えれば田中の意向を受けた相良所見は平賀粛学の事実を歪めていたことを、山本礼子の研究は明らかにした。

末弘追放の判定には各方面から批判がおこった。一九四六年一一月二四日付『朝日新聞』に「東大安井教授の擁護に立つ／審査如何では強硬に／学生側は〝田中学閥〟を指弾」という見出しで、「末弘博士追放と安井教授の両問題はともに田中文相の学閥争いに基づく陰謀だ」という学生の声を掲載した。その記事は当時から学内に田中への不信の念があったことを示す。

ＧＨＱ内のＥＳＳ（経済科学局）は「彼〔末弘〕の追放は日本民主化にとって大きな損失であり、超国家主義者でなく自由主義者を追放することになる」と抗議をしたが、ＣＩＥはその措置を変えることなく、末弘追放は決定した。(39)

四、安井郁の教職適格審査

●何が問題とされたか

安井郁が教職適格審査の対象となった理由は、以下の著作・論文の内容であった。(40)

①「若い日本の一つの動向」『日本評論』第一三巻一〇号(41)（日本評論社、一九三八年九月）

②『欧州広域国際法の基礎理念』（有斐閣、一九四二年）

③「大東亜戦争と支那事変」（『国際法外交雑誌』一九四二年八月号所収の全六ページの論考）

②については第一節で触れたので、ここでは①と③について解説する。

①の「若い日本の一つの動向」はエッセイで、農家で父親が応召された後に残された家族のこと、寒空で中華民国臨時政府樹立を祝い唇の色を失って行進する北京の小学生などの描写に、弱者への配慮が見られるが、同時に「総ての工作は支那事変の歴史的使命たる東亜共同体の建設とその鞏《きょう》化《か》を最高の指導原理として統一的に遂行されなければならぬ。如何なる工作もこの指導原理から遊離することを許されない」という記述や、「文化日本と武力日本との調和！それは必ず実現されなければならぬ」として、知識人と軍人の交流と相互理解を主張し、「当局が更に広く知識人を動員して強力な文化工作機関——形式的整備よりも実質的充実に重点を置く文化工作機関——を設立すると共に多くの知識人を現地に送ることを切望する」ともあり、審査対象にされた。

③「大東亜戦争と支那事変」では、次の見解を述べた。

「蒋政権を対手にせずとは固よりこれを闘争の対手とせずという意味ではない。蒋政権が大東亜新秩序の建設に抗争する限り、わが国は徹底的にこれを追討せねばならぬ。日華基本条約の締結後にもその点は同じである」「蒋政権の宣戦はわが国との関係においては何らの国際法的効果をも生ずるものではなく、したがって支那事変の法的性格に影響することはない。単なる地方政権は国際法上の宣戦を行う能力を全く認められないのである」

政府の見解と同じ論理で開戦を正当化しているが、当時、上記のような見解を述べる学者が多数であった事実を考えると、他の国際法理論の紹介、エッセイ、六頁の雑誌論文を教職追放の理由とすることが妥当であったかどうか、検討する必要がある。以下、審査過程を追って問題の在処を探る。

●二転三転する判定

東京帝国大学法学部教員適格審査委員会は、委員長に我妻栄《わがつまさかえ》を選出し第一回審査を開始した。(42) 安井に対する審査の中身は次の(一)〜(三)であった。

(一)学説をもって、大東亜政策、東亜新秩序その他これに類似した政策や満州事変、支那事変、または今次戦争に理念的基礎を与えたかどうか。

(二)ナチ的全体主義を鼓吹したかどうか。

(三)軍国主義或いは極端なる国家主義的傾向に迎合して、教育者としての思想的節操を欠いたかどうか。

一九四六年一〇月二四日、(43) 東京帝国大学法学部教員適格審査委員会は論議の結果、八対三で安井を「適格」者と判定した。

山本礼子『米国対日占領下における「教職追放」と教職適格審査』(二〇〇七年)によれば、適格の判定理由は以下の通り[44]。

◆『欧州広域国際法の基礎理念』は国際法に関するカール・シュミットの理論の客観的紹介であり、安井自身の論評は含まれていないので、ナチ的全体主義の宣伝とは考えられない。

◆「大東亜戦争と支那事変」は日本政府の満州国政権承認は国際法上合法的なものであるとしているが、これは法的な解釈を述べたものであり、理念的基礎を与えたものではない。

◆その他は雑誌の評論で、大東亜共栄圏構想を述べているが、全体として断片的なものであり、具体的政策を説いたものではない。したがって、これらにより戦時中の全体主義に理念的基礎を与えたとはいい難い。

◆思想的節操については、安井の興味は純粋法学から、ソビエト国際法、ナチ国際法、極東国際法と変化をしていったが、これは現状の変化と共におこったことでこれを思想的節操を欠くと解釈するのは妥当でない。

しかし、安井に対する適格審査はこれで終わりではなく、中央教職員適格審査委員会の再審査の対象となった。文部省官房適格審査室主事・相良惟一《さがらいいち》が安井に宛てた直筆の手紙を見る機会があった（封書の差出日は一九四六年一一月二九日）。薄茶色の封筒には文部省の印がなく、差出人は相良惟一と手書きで書かれ、私信のようだった。中身は便箋に、中央教職員適格審査委員会小委員会からの要請で、安井の著書・論文を調査するため、できる限りの著書・論文を借用したいと書かれていた[45]。公的な資料請求にもかかわらず、差出人が文部省官房適格審査室長でなく、一審査主事が私信のような手紙でそのような要請ができるのかどうか——この手紙を見た時、違和感を禁じえなかったのを覚えている。

安井に対する判定はその後、二転三転した。山本礼子『占領下における教職追放』（一九九四年）に沿って以下にその推移をまとめた。

〈安井の教職適格審査判定の推移〉[46]

一、一九四六年一〇月二四日、東大法学部教員適格審査委員会において「適格」と判断（相良惟一が一一月二九日付で安井に資料請求の手紙を出す)。
二、文部次官(山崎匡輔)が判定を不当として中央教職員適格審査委員会に再審査を請求。(47)
三、牧野英一中央教職員適格審査委員会委員長のもとで「適格」と判定。
四、四七年四月に改組した中央教職員適格審査委員会で「不適格」と判定(安井は改組された中央教職員適格審査委員会で説明することを求めたが、かなえられなかった)。
五、四七年五月六日　安井は第三審である文部大臣の特別審査を請求した。
六、森戸辰男《もりとたつお》文部大臣審査で「適格」と判定された。(48)
七、四八年三月、CIEが「不適格」と判定。
CIEの判定が最終決定となった。(49)その理由はエッセイ「若い日本の一つの動向」の内容が「彼の大東亜共栄圏での日本の指導的使命強調は一九三八年から一貫し、この使命を遂行するために軍と知識階級の協力の必要性を説いている」ためだとされた。一九四八年四月、安井は東京帝国大学を去った。

●田中耕太郎と教職審査

教職適格審査に大きな力を持った田中耕太郎は教職適格審査にどう向き合ったのか。相良惟一は、田中耕太郎は「司令部にいわれないでもやっぱりこっちからイニシアティブをとるべき」であると考え、GHQ勧告に「非常に積極的」に対処し、教職適格審査に「当初から深い決意」をもって臨み、「教育界、学界の粛正は先生の日頃の信念を実行に移す絶好の機会と考えていた」と記している。(50)

一方、阿部彰は『戦後地方教育制度成立過程の研究』で、「国民として戦争に協力したことは軍国主義でも過激なる国家主義でもない」(四六年二月二五日、地方長官会議における田中学校教育局長訓辞要旨)、「教職員が戦時中傍観的態度をとらず、一国民としてもつべき当然の愛国心の発露からその地位、立場において戦争に協力したことまで指弾する必要はない」（四六年五月、田中文部大臣談）という田中の言葉を引用し、文部省は責任の追及を極力おさえようとしたと述べた。(51) 田中耕太郎は教育勅語を「我が国の醇風《じゅんぷう》美俗と世界人類の道義的な核心に合致するもので、……いわば自然法である」としてその廃止に強く反対していた。(52)

山本礼子は『米国対日占領下における「教職追放」と教職適格審査』で、「田中文部大臣は教職追放を、教育界粛正と、日頃の信念を実行する絶好の機会と考えていた。特に思想的転向には厳しく、右翼から左翼に、全体主義から民主主義にレッテルを貼り替えて恥じない人物の排除、粛正を断行した」と、田中の特性に触れていた。

以上を考えると、田中は極端な軍国主義には反対だったが、戦前の教育制度や忠君愛国教育に反対していたわけではなく、それを守り、文部省を守るために、「こっちからイニシアティブ」をとり、教職適格審査に「非常に積極的」に対処したと考えられる。

田中とはどのような人物だったのか。友人代表として弔辞を読んだ横田喜三郎は田中を偲ぶ座談会の席上、「非常に強い性格であり、非常に信念が強かったということの結果というか、いったんあれはしっかりしているとか、信頼できるとか思われると、とことんまで信頼されるというふうでしたね。と同時に、あいつはだめだと考えられた場合には、もう全然信用されない。そういう面があったように思います」(53)と語った

学生・助手・助教授・教授時代を通して田中と交際した丸山眞男の田中評は以下の通りである。

「田中先生という人はパーソナリズムの権化でね。これはと思って気に入った人は最後までなんだ。その点はちょっとひどい。私は気に入られた方なのだが。……パーソナリズムという意味は、戒能通孝《かいのうみちたか》さん〔昭和期の法学者〕なんかは戦時中、実にしっかりしていたのです。ところが末弘厳太郎先生の系統でしょう。田中さんには全然信用がないんだ。そういう点は本当にひどい。朱に交われば赤くなるでそっちの系統はみんな駄目ということになる」(54)

二人の田中評からうかがえるのは、好悪の感情が激しく、いったんこうと思い込むと自説にこだわる性格の持ち主だったことである。

大学教員適格審査は、学内の人間関係などが反映しやすかったが、とりわけ東京帝大法学部教授・末弘厳太郎、安井郁の教職追放は東京帝大法学部教授間の確執、いい換えれば、教職適格審査において大きな権限を持っていた田中耕太郎の意志が貫かれたためと考えるのが自然だろう。

新制大学としての出発の時期の法学部の二人の教授の教職追放事件に触れ、丸山眞男は、「長い歴史でみますと、法学部がわりあいまともだったから、その意味では戦後の自己批判が足りないのだな。経済学部の戦中は惨憺たるものだから、全く新しい出発です。敗戦でやめた人、復帰した人と大騒ぎがあるでしょう。法学部は追放になった人は二〜三人いるけれども連続性が強い。……僕らは横田喜三郎先生や田中耕太郎先生にはあの時代のイメージが強いから尊敬しているけれど、戦後、非常に保守的になってしまったでしょう。その連続性と関係があるわけです。家永三郎君なんかにとっては非常にイメージが悪いんだな。教科書検定問題で裁判をやっているから余計に」[55]と語った。共に最高裁長官を務め、戦後の司法界で大きな影響力を持った田中、横田に関する丸山の指摘は興味深い。

田中はカトリック教徒で、アジア太平洋戦争中は沈黙していたが、戦後は学校教育局長、文部大臣、最高裁長官（一九五〇〜六〇年）、国際司法裁判所裁判官など、教育界、司法界のトップを歩み、はなばなしく活躍した。戦後、文部省と司法界がとりわけ保守性を残したことと、その長であった田中耕太郎の役割と評価に関わることだと思う。

その田中が二〇〇八年四月、新聞に取り上げられた。米国立公文書館の文書から田中の役割の一端が浮かび上がった。二〇〇八年四月三〇日付『東京新聞』は、「判決破棄へ／米、露骨介入」「駐日大使、最高裁長官らと密談」という見出しで次の内容を報じた。一九五九年三月三〇日の砂川事件の第一審判決（伊達判決）

が跳躍上告され最高裁で破棄された裁判の過程で、駐日米大使が藤山愛一郎外相、田中耕太郎最高裁長官と密談し、米国大使からの示唆で東京地裁から最高裁へ跳躍上告したという記事であった。国際政治研究者の新原昭治《にいはらしょうじ》が米公文書館で発見した資料にもとづく報道であった。戦前との連続性だけでなく、米国への従属という新たな問題、日本の主権の根幹に触れる大問題である。一九三九年の平賀粛学の推進から、沈黙の時を経て敗戦後、はなばなしく活躍した田中耕太郎の戦時と戦後の歩みが問われる。

再び、安井に戻ろう。川島武宜《たけよし》は戦中期の安井について、「安井さんについては人によっていろいろ見方が違います。たとえば、戦争中、安井さんは思想的にもあの戦争に協力したという人もいます。確かに『大東亜共栄圏と国際法』という本も書かれましたけれども、あれは単に時局に便乗して書かれたものではなくて、学者として心からそう思って本気で書かれたのだと思います。決して単なる便乗ではなかった」(56)と語った。東亜解放と東亜侵略の二重性を意識しながら大東亜共栄圏論に傾いていった認識は当時の少なくない知識人のそれで、安井もそうだった。

東京帝国大学で安井から学んだ細谷千博(一橋大学名誉教授)は、安井の国際法学は「現実政治への実践的関心と科学的認識の弁証法的統一を目指したもの」であったとして、「法律書として解釈することではあきたらず、生きている国際法、現実に国際法の果たしている機能を把握することを早くから意図」し、その「立場を〝現実科学としての国際法学〟と呼んでいた」(57)と述べ、安井が現実への強い関心と、現実科学としての国際法学を実証したいという気持ちを持っていたことを伝える。

第二次世界大戦の初期にドイツが電撃的に攻勢に出て、英仏が劣勢となる中で、行動の人、安井郁には、横田の説く「自由主義国際法思想」は実体から遊離した空論と見えたのだろうか。「文化日本と武力日本の調和」「軍人と知識人との交流・協力」という構想に依り、大東亜共栄圏構想がはらむアジアへの侵略性が見えなくなったのだろうか。

その安井にとって、教職審査・教職追放はどのような意味を持ったのか。一九五五年発刊の『民衆と平和』に安井は「満州事変から、太平洋戦争に至るまでの過程において、私は社会科学者としての責任を十分に果たし得なかったことを自覚するがゆえに、その反省の上に立って、今、平和運動と民衆教育に自己の生活と学問を捧げたいと願っているのです」と記した。その転換を可能にしたのは何だったのか——戦後の安井郁の歩みを見ていきたい。

第二節　荻窪教育懇話会と安井郁の社会教育活動

一、地域との出合い

一九四八年、安井郁は四一歳で東京大学を去った。その時から「追放解除」（五〇年一〇月）の後、神奈川大学、法政大学に勤めるまで、自宅に弁護士の看板を掲げた。その時期を安井はどう過ごしたのか。

「私は東京大学を去りました。その前後の数年間は私の生涯における最大の苦難の時期であったことを率直に告白いたします。髪はにわかに白きを加えました。太平洋戦争の影響を、私はこういう形で受けたのでした。しかしいまは当時をかえりみて、そのような試練をあたえられたことを心から感謝しています。それを通して私はかずかずの貴重な教訓を学びとることができました。そしてそれが私の生活および学問の決定的な転機となったのです」(1)

超エリートとして生きてきた安井にとって厳しい試練であった。前向きに受け止められたのは、本人の精神力は当然として、妻の支えや、地域住民との出会いがあったからだった。安井夫妻が住んだ荻窪地域は、戦前からサラリーマン、高級軍人、知識人、在地の地主などの中間層が多い地域だったが、安井が失職したその時期は、それまで羽振りがよかった町会長や軍人が逼塞《ひっそく》する反面、比較的若いサラリーマン、知識人、文化人は解放感にあふれ、相互交流を望む気運がおのずとかもし出されていた時期だった。

時間にゆとりができた安井は、娘（一九三八年生まれ）が通う桃井第二小学校の行事にも参加するようになった。安井と橋本良一(2)の出会いの場は小学校の校庭だった。前述したが、橋本は三人の子の父として教育問題に関心が強く、「森の子ども会」を成功させるなど、荻窪地域の世話役であった。橋本は次のように書いている。

「桃井第二小学校の秋の運動会だったと思う。後援会の役員の安井という人が子供に何か話をした。それを聞いていた私と山田君はピンと感じるものがあった。当時、東大の安井教授がパージの審査に引っかかり、学生が反対運動をやったりして、新聞紙上を賑わしていた。あの東大の安井氏ではないだろうかと私たちは云い合った。……安井氏の話に私たちの考え方と一脈相通じるものがあったので、早速、話にいってみようではないかということになり、私たちは上荻窪の同氏宅を訪問した。

安井氏は非常に気持ちよく迎えてくれて、約二時間くらい話し合ったと思う。学校のこと、後援会（その頃までＰＴＡとは言わなかった）を改革しなければいけないといったこと、地域のことなど話し合ううちに、私たちは完全に意見の一致をみた。安井氏は学校への交渉は私が引き受けるから、地域の運動を頼むとも言った」（「橋本手記」）

安井は橋本を通じて地域との交流を開始した。寝床でしかなかった杉並区に安井が関わりだしたきっかけは橋本との出会いだった。橋本はこの頃から一九六三年までのことを記した詳細な手記（「橋本手記」）を残した(3)。練達なジャーナリストの文章でつづられた「橋本手記」などを手がかりに、当時の荻窪地域の様子を記してみよう。

橋本の三男が桃井第二小学校に入学した一九四七年から橋本と安井は学校後援会の改革に取りかかった。

橋本は「封建性ないしは反動性の強い後援会の改革に着手した。幾回となく会合し……具体案を練った」と手記に書いているが、この改革の動きは文部省によるPTAの呼びかけとは別に始まった。橋本は次のように記している。

「安井氏と幾度か話し合っているうちに、新しい日本の立て直しは小学生から始めなければならない。そして小学生に民主教育をするためには、先ず先生たちを再教育しなければならぬ。この仕事を桃井第二小学校を中心にして、我々で始めてみようということになった。

改革の具体案が出来かけた頃に占領軍がPTA組織を半強制的に押しつけて来た。私は後援会を代表してPTAの説明会、講習会に出席し、ネルソンとかいう担当者の話を聞いたが、私達が已に考えていた後援会の改革案とPTAと大変よく似ていた。一つ一つ具体的なことは忘れたが、私達の案の方が遙かに米国のPTAより優っているという結論になり、改革に自信が出来て実行に移った。

我々は米国の指示によって改革したのではない、ということで名称もPTAとはせず、私が考えた桃井第二小学校桃友会という名称で発足した。私たちのなかの年長者である荻原昇次氏が初代会長に当選し、安井氏は追放の関係もあって特別顧問ということになった」

文部省がPTAの結成と運営の手引き書「父母と先生の会」を作成し、社会教育局長名で地方長官宛に送付したのは四七年三月五日だった。桃井第二小学校は四七年度早々から後援会の改革に乗り出していたので、ほぼ同時期である。「アメリカの制度を直輸入」するのでなく、「日本の土壌に適合した組織にしなければならない」「真に民主的に育て上げる」[4]と考えた橋本と安井は、独自にPTA（桃友会）の規約を練りあげ、「荻窪教育懇話会」のメンバーが積極的に役員に立候補し、PTA（桃友会）を立ち上げた。

安井田鶴子もPTA役員を引き受けた。以下は、田鶴子が桃井第二小学校PTA誌に書いた文章である。[5]

「今度こそ、この平和な生活が続けられるようにと、戦前の教育を反省し、新しいのびのびとした民主教育が始められた。古い後援会は父母と教師の会――PTAに変わるようになった。立派な歴史を持つ桃二でも、新しい時代にふさわしいものが必要になってきた。その頃は未だ生活物資も不自由だったので、冬の夜はめいめい一本ずつの薪《まき》――それも当時としては貴重なものであった――を持ちよって燃やして寒さをしのぎ、一杯の番茶をすすりながら夜の更けるのも忘れて教育について語り合った。学校の設備なども今とは比べられないほどお粗末だったけれども、次代をになう子供たちが、気持ちよく勉強し、正しく幸せにのびるようにと、先生たちも親たちも一生懸命であった」

二、荻窪教育懇話会――薪を一本ずつ持ち寄って

PTAの改革に先立ってつくられたのが「荻窪教育懇話会」だった。同会は一九四六年一一月頃につくられ、会合は二週間に一回、夜七時から桃井第二小学校で開かれ、やがて毎週開かれるようになった（「橋本手記」）。

懇話会について安井は、「荻窪地区の有志が集まりまして、荻窪教育懇話会を結成致しました。この懇話会は文化運動の焦点を教育問題に求め、隔意なき懇談によって教育、特に国民学校教育の振興に寄与しようとしたのであります。桃井第二の先生方もこの懇話会に参加されました。懇話会の会合は一二月より、毎月二回位あて定期的に開催致しました。一～二月の頃には『日本の近代化と教育者の使命』の問題について討議致しましたが、厳冬の夜の、身に沁みるような寒さにもかかわらず、散会は一二時をすぎるのが常であるほど熱心でありました」(6)と述べている。また橋本良一は、「会合は一九四六年一一月頃から始まった。一週間おきに金曜日の夜七時頃から桃井第二小学校の記念講堂、職員室、衛生室等に集まったが、燃料も不足している頃だったので、各自が薪を一本ずつ持ち寄って、ストーブを囲みながら話し合った。先生を再教育する目的の会合であったが、先生たちは一向に関心を示さず、我々の方は話し合っている内に非常に楽し

く、勉強にもなり、次第にふんい気は高まって行った。安井氏はパージになり暇ができるし、私たちも隔週では物足りないというので、毎週一回集まることになった。大谷〔省三《せいぞう》〕君をチューターにしてエンゲルスの『空想より科学へ』の輪読会をやったのもその頃である。実業家の石川、荻原両君が取り組んだのも、今は楽しい思い出の一つである」と手記に記した。

それぞれから、懇話会の楽しい雰囲気が伝わってくる。

名簿も記された荻窪教育懇話会趣意書は、(7) 安井が公民館長となる前の一九四〇年代後半の荻窪地域の動きを伝えている。以下はその抄録である。

我々はともすれば目前の食糧事情や産業・経済事情等に気を奪られ勝ちになり、肝腎の国家再建の礎石とも云う可き国民教育の面に対しては関心、努力ともに至って希薄なる憾があります。国家予算においても、教育関係の予算がわずかにその二%以下という情けない状態を見ても国民の教育関心の如何に低調であるかが知り得られます。

この一事は……文化水準が首都随一と目さるる我が荻窪地区において、先ず第一に反省しなければならぬことと思うのであります。――これではならぬ……何とかしなければ――と憂うるのあまり期せずして相寄り語り合ったのが則ち本会なのであります。

茲《ここ》に同憂の士、相集まり、お互いの知識を交換しながら困難なる民主教育確立の道を切り開いていきたいという希望そのものが則ち本会の趣旨であります。最初に我々は左記二三の実行をすすめてみたいと思うのでありますが……幸いにして多数同士のご参加ご協力を得たらば……と念願するものであります。

一、本会は教育専門家ならびに一般――教育に関心ある方々で組織します。

一、本会は特定の教育機関、或いは国体を背景とせず、ただ教育に熱心な方々の研究、懇談、親睦の集いなのであります。

一、進駐軍当局と密接な連絡を保ち、海外の民主教育に関する十分な知識を求め、且つ、これを普及したいと思います。

一、随時会員、或いは会員外の権威者を招請して、教育に関する事のみならず社会一般の知識を求め、会員相互の向上を図りたいと思います。以上〔続いて記述されている「発起人の名前」「入会金」「会費の月額」は省略〕

名簿からメンバーの職業を列挙すると以下となる――東京化学精錬取締役、会社員、三友産業取締役、彫刻家、医学博士、日本基督教会牧師、国際精工舎取締役、畜産業、舞踊家、版画家（恩地孝四郎《おんちこうしろう》）(8)、東京農工大教授（大谷省三）、東京帝大教授（安井郁）、桃井第二小学校教諭（六名）。荻窪地域に暮らす多様なメンバーが参加し、その多くは桃井第二小学校の保護者であった。名簿には男性名だけが掲載されていたが、女性保護者も参加していた。

メンバーや活動の特徴をまとめるとこうなる。

◆一八九〇年代から一九一〇年代生まれの、教育に関心を持つ人々が参加していた。

◆上記の職業に見られるように、多様な人々が参加し、中にはかつての城西消費組合員（恩地孝四郎、大谷省三）も参加していた。

◆趣意書の「権威者を招請して、教育に関する事のみならず社会一般の知識を求め……」という一文は、その後の公民館の公民教養講座へのつながりを思わせる。

荻窪教育懇話会は学校後援会の改革に限らず、購買組合の結成や、新居格区長の講演会（四七年五月二四日）なども行った。(9) 想像するに、講演会で新居格は「小地域の民主化」や文化人の役割について力説し、参加者を魅了したことだろう。荻窪地域の知識人の自由な会話から生まれた様々なアイデアはその後、PTAや公民館などの社会教育活動で芽を出していった。

教職追放という試練の中、安井は研究と執筆活動にいそしむというより、妻田鶴子とともに二人の子どもを育てながら、足元の荻窪で地域住民と交流する道を選んだ。PTA活動や戦後社会教育が誕生する時期の創造的な取り組みは、行動の人、安井の個性にマッチしたのではないか。辛い時期に地域に温かく迎えられたことは、本人にとっても喜びであり、癒しでもあったことだろう。

三、社会教育活動

●高木敏雄区長との出会い

「上荻《かみおぎ》子ども会」と書かれた案内と報告の用紙を見ると、手書きの報告文の余白に、「見たら判を押して廻すように」と書かれた安井の注意書きがあった。地域の子ども会の世話役として活躍する姿が目に浮かぶ。荻窪教育懇話会を皮切りに、子ども会、PTA活動、杉並区のPTA協議会、PTAの母親たちとの縁で関わった婦人団体にまで、安井の交流と行動範囲は広がっていった。

PTA活動で社会教育に関心を持った安井は、集会場がなくて困っているという住民の悩みを知り、「一般区民の日常生活においてしばしば必要なのは、中小の集会室である。そして社会教育の立場からも、この種の集会室の利用価値はきわめて大きい」と考え始めた。高木敏雄区長と出会ったのは、ちょうどその頃だった。一九四九年に成立した社会教育法には、「国及び地方公共団体は……全ての国民があらゆる機会、あらゆる場所を利用して、自ら実際生活に即する文化的教養を高め得るような環境を醸成するように勉めなければならない」（第三条）と、公民館・図書館・博物館の設置がうたわれていた。高木区長はその主旨に沿って図書館・公民館建立構想を練っていた。そして「文化人の活動舞台を準備するのは理事者の役割」という考えから、図書館長・公民館長にふさわしい人を求めていた。

安井と意気投合した高木は、杉並区立図書館長・公民館長・青年学級長・成人学校長を安井に任せることを決意した。杉並の社会教育の全ステージを委ねる思い切った決断は、〝信用したら任せる〟高木のやり方だった。安井は高木の申し出を、感謝の気持ちをもって受け入れた。[10]「民主社会は一朝にして成るものではない。これを築き上げるには、多年にわたる基礎工事が必要である。それは何ら人目を驚かすことのない、きわめて地味な、そして根気のいる仕事である。社会教育はかかる民主社会の基礎工事として最も大切なものである」[11]という文章（一九五四年）でもわかるが、安井にも高木の構想に共感する素地がすでに出来上がっていた。そこには、新居格の「小地域民主化」[12]の継承もあると思う。新居格の著作も多数出ていたが、「荻窪生活文化懇話会」で開いた新居の講演会の影響もあっただろう。新居の理想は、安井や高木に受け継がれていったと筆者は考えている。

一九五三年一一月三日、荻窪駅からほど近い住宅街に公民館が建てられた。大公会堂でなく小ホールをつくり、区民に様々な催しを提供したいという高木の夢と、「地域社会の民衆教育」という安井の理念と、「集い、学ぶ」意欲を持ち始めた住民の思いが合わさった、都市型公民館の発足だった。木造モルタル二階建て（一部コンクリート）のバラ色の建物には、講堂（定員二六七名）、講座室（定員五〇名）、会議室（定員四〇名）、和室（定員三〇名）、浴室が備えられ、図書館長兼任の公民館長として安井郁が就任した。

●公民教養講座

一九五四年四月から毎月第三土曜日、午後一時から四時まで公民館主催の公民教養講座が始まった。一時から二時までは、安井のコレクションから持参したレコードのコンサート、二時から四時までは講演会だった。講演会はテーマを設け、前半は各界の著名人、後半は「世界の動き」として安井郁が話した。以下は五四年度の内容である[13]（発表月、講演テーマと講師名、安井郁の講演テーマの順。八月は安井の講演はなかった）。

【4月】日本への反省（谷川徹三）／世界の動き（安井郁。以下同）
【5月】原子の話（朝永振一郎）／ジュネーブ会議の意義
【6月】民族の自覚（上原専禄）／チャーチル・仏政変
【7月】新聞の読み方（白石凡《しらいしぼん》）／世界の動き
【8月】夏と秋の気象（荒川秀俊）
【9月】危機に立つ日本経済（大内兵衛）／岐路に立つ世界情勢
【10月】俳句と人生（中村草田男《くさたお》）／中ソ共同宣言と日本
【11月】諸外国に何を学ぶか——世界の旅から帰って（清水幾太郎）／アジアの平和・日本の進路
【12月】新しい中国の姿（平野義太郎《よしたろう》）／一九五四年を顧みて

この年は署名運動が始まった年で、「原子力の話」や「夏と秋の気象」など、原子物理学者や気象研究所で核の大気への影響を研究する研究者を招いていた。そこからもわかるように、単なる教養向上だけではなく、署名運動や社会情勢と関連する学習に力を入れていた。

公民教養講座について、田中進（元杉並区職員）は、「この講座には二百数十席のほとんどが埋まったと言われています。講座の前段にレコードコンサートを約一時間行い、うちとけた雰囲気の中で講演が始まりました。講師は……一流の方ばかりで、学者館長あればこそできたことといえましょう。教養講座にも講師として参加された鶴見和子氏の言葉を借りれば、『科学的で社会創造的』な学習方法がとられたと言っても良いでしょう」[14]と述べた。安井が国際会議で不在の時、代理で講演した細谷千博は、「〔参加者は〕女の人が四人のうち三人くらい、お母さんの方が多かったですね。……ノートを皆さん一所懸命とったことを思い出すし、非常に質問が活発でしたね。やっぱりああいうところにきて世界の問題について知ろうという強い要求をもっている人ですから、たいへん熱心でなかなか良く集まっておりましたね。……杉の子会も良く続きましたし、教養講座も良く続きました」[15]と語った。

講座は土曜日の午後に開かれ、男性の参加もあったが、全体的には女性の参加者が多く、会場は毎月ほぼ一杯になった。戦前、男女別学で、男性より一段低い教育を受けてきた女性たちが時間を取り返すかのように学んでいたのではないだろうか。

『すぎなみ区民の新聞』（一九五六年一月二一日号）の「新春対談」で高木区長と清水慶子（日本子どもを守る会会長）が公民教養講座に触れていた。清水の「今までなさった文化運動の中でこれはと自慢できるものは何か」という質問に、高木は、「自慢できるかどうか、済美《せいび》の教育研究所や公民館を建てたが、安井さんを館長にもってきたことは自慢していいような気がする。あそこの公民教養講座も安井さんの発案でやった」と答えた。

社会科学を中心とする第一級の講師を招いた社会教育の場であった公民教養講座は一九五四年に始まり、六二年まで続いた[16]。

第三節　安井田鶴子——隅のおや石として

「田鶴子さんなくして郁さんの運動はない」——原水爆禁止日本協議会事務局につとめ、安井夫妻と親しかった吉田嘉清の言葉である[1]。それは「郁さんなくして田鶴子さんの運動はない」ということでもあるが、田鶴子は、郁の活動や杉の子会の活動に際して、どのような役割を果たしたのか。

田鶴子に関して書かれた記録は多くない。田鶴子が学んだ神戸女学院関係資料、杉の子会機関誌『杉の子』（一九五五年一二月から六九年六月まで不定期に一二号発行）などをもとに、安井田鶴子像の一端を紹介する。

一、生い立ち

安井田鶴子は一九一四（大正三）年に生まれ、神戸の私立須磨浦《すまのうら》小学校を卒業後、二六年に神戸女学院高等女学校部へ入学し、高等部、大学部[2]へと進学した。三三年、女学院が神戸山本通から西宮の岡田山へ移転したのを機に退学し、自宅で花嫁修業の後、国際法学者・安井郁と結婚した。

田鶴子が入学した神戸女学院の創立は、一八七〇（明治三）年から神戸で活発に活動しはじめたアメリカン・ボード[3]の宣教師たち（「神戸ステーション」と名づけられている）の活動と密接な関係がある。創立当時のことを『神戸女学院百年史各論』[4]は、「神戸女学院の創立者タルカット、ダッドレーの両女史はこの『神戸ステーション』の最初の婦人宣教師であり、明治六年（一八七三）三月来日し……神戸花隈《はなくま》村に『私塾』を開く。そして明治八年（一八七五）十月、また独立の校舎を完成させ、またアメリカン・ボードの正式の承認及び元三田《さんだ》藩主九鬼隆義《くきたかよし》の物心両面の協力を得て神戸諏訪山のふもとに『女学校《ガールズ》・スクール』（通称「神戸ホーム」）を開くのである」と記している。この「女学校・スクール」が神戸女学院の始まりである。

アメリカン・ボード（米国伝道会）、さらに九鬼隆義の援助によって設立された神戸女学院は、学業精神に「キリスト教人格主義」「国際主義」を取り入れ、設立当初、九鬼のつながりで旧三田藩の女子が多数入学した。リベラル・アーツ[5]をめざし一八九一年、カレッジ（高等科）を設け、戦前、女子への高水準の教育をした数少ない学校の一つだった。

田鶴子が神戸女学院に入学したのは開明的な祖父の影響が大きいに違いないが、『学校人脈シリーズ神戸女学院』[6]には、「隆義の孫娘になる安井、深窓育ちのせいか、おとなしいばかりで自己主張することもなく、祖父の縁より親友……と離れたくなかったため、半ば引きずられた格好での入学だった」と書かれているので、田鶴子自身が積極的に入学したわけではなさそうだ。

田鶴子をよく知る杉の子会の岩田阿喜子は「控えめな方」と、吉田嘉清は「気品のある人でした」と、その印象を筆者に語った。自己主張するより、裡におおらかさと強さを秘めた女性であったようだ。

大正期に神戸女学院で学び、東京・杉並で子育てをしながら、夫の社会教育活動や平和運動に伴走した安井田鶴子の歩みを、神戸女学院の教育からふり返ってみたい。

二、神戸女学院に学ぶ

女性宣教師が建てたミッション・スクール――これが当時の神戸女学院の最も大きな特色をよく表していると思う。ミッション・スクールについて、三人の研究者の分析を紹介したい。

◆「女性の近代化に最初に着手したのは、明治初年の外人宣教師たちであった。すなわち低調な明治初期のわが国の女子教育界に清新の気を吹き込み、欧米の進歩的な教育観をとって、眠りつづけてきた女性の知性に覚醒の火を点じたものは米英から派遣された宣教師たちであった。だから彼らは、わが国の女子教育の開拓者であり、その貢献するところはきわめて大きかった」（唐沢富太郎『日本の近代化と教育』第一法規、一九七六年）

◆「ミッションスクールに学んだ女性が……キリスト教主義の教育を通してヨーロッパ近代の人格主義的な教育を受け取っているんですね。つまり一夫一婦制とかピューリタン的な清純な家庭のあり方といったようなものを主として学んでいったわけです」（永原和子「近代日本と女性たち」『歴史公論』雄山閣、一九七九年一二月号）

◆「明治初期の日本において、アメリカがより深い観念として受容されていったのは、キリスト教宣教師や教師の活動を通じてであった。当時、来日した宣教師の多くはアメリカ人で……アメリカのキリスト教は明

治の教育界へ多大な影響を与えていった」（吉見俊哉『親米と反米』岩波新書、二〇〇七年）

儒教的な教育とは異なり、女性を一個の人格として認め、一夫一婦制に基づくピューリタン的な家庭、ヒューマニズム、国際性を尊重することをモットーに、多くの米国人宣教師がミッション・スクールで活躍した。

女性宣教師が建立したことも重要な特色であった。一九世紀の米国では、女性は牧師になれず、それに飽き足らなかったタルカットとダッドレーは勇躍、日本に渡り、女学校の建立を志した。

二人が最も驚いたのは男尊女卑の日本の姿で、女性は家にとどまり家を治めるべきものとして、「家婦」になるためのしつけのみを重んじる女性蔑視の教育は許容しがたいものだった。(7)「背筋をまっすぐにして歩きなさい」「神の前に主体として立ちなさい」と教育した初代校長タルカットの言葉は、封建的な因習や三従の道を強いられ、自分の意志を主張せず、猫背でうつむきがちに歩く日本女性への叱咤と励ましであり、女学生たちに強いインパクトを与えた。(8)（神戸女学院の教育課程の概要は三六九頁の注9に記した）。(9)

タルカットとダッドレーの熱意はブラウン校長(10)（在任一八八三〜九二年）、ソール校長（在任一八九二〜一九一五年）へと引き継がれていった。ブラウンとソールはカレッジの設立を考えた。それに関して、一八八九〇年頃にアメリカン・ボードに働きかけたブラウンの手紙（八九年一月一一日付）が残っている。(11)

「男子のためのキリスト教大学を創るということが、ボードにとって正当であり、賢明であるのと同じように、女子のためのキリスト教大学を創るということは、まさにアメリカのクリスチャンの、〝女性というもの〟に対する高い評価を示すこと以外の何ものでもないと思います」「この帝国全体の中に、女性のための大学は、キリスト教のものと否とを問わず、ただ一つも存在しないのです」「他の学校よりもこの学校をカレッジにするという理由は明白です。この学校は日本におけるアメリカン・ボードの事業と結びつく学校の中で最古のものであり、従って最も進んだ学校でもあるからです」

ブラウンは、自ら女性が学ぶ苦労を体験しており、日本女性の自立と高い教育を願い、大学部の設置を求めて運動した。日本政府は戦前、女子教育のための大学部設置を最後まで認めなかったが[12]、神戸女学院は一八九一年、独自にカレッジ教育を開始し、リベラル・アーツを目指す高度な教育を始めた。幼児教育の先駆者となった甲賀ふじ（第一回卒業生）をはじめ、海外に留学し、教師として活躍した卒業生は少なくないが、高い教育を受けた女性を活かす職業は限られ、卒業後、家庭に入る人が多く、田鶴子もその一人だった。

田鶴子は一九八六年に上梓した自選歌集『白き風船』（不識書院）のあとがきで、神戸女学院の教育に触れ、「父たちの方針で、長い伝統と自由な校風をもつ神戸女学院へ進学しました。宗教的雰囲気のもと、明るく、のびのびと、豊かな女学院生活でした。隣人愛、国際性——美しいものや真実へのあこがれ、平和を願う心など、私の人生観の根本は、父から受けたものと、そしてこの女学院時代に培われたと云えるでしょう。その精神は平和運動に関わるようになって、ささやかな力を注ぐ現在に連なっています」と書いている。隣人愛と国際性は、田鶴子が終生心に刻んだ言葉だった。

三、『杉の子』に見る田鶴子の社会活動

夫の教職追放もきっかけとなり、田鶴子は社会的活動に踏み出した。時間的に余裕ができた夫とともに桃井第二小学校のＰＴＡ（桃友会）活動に参加したのである。

一九五三年、公民館が設立され、郁を指導者に杉の子会が活動を開始すると、田鶴子はＰＴＡの友人たちに声をかけて会への参加を促し、自らも杉の子会の会合に全回参加した。杉の子会に参加した岩田阿喜子は、同会での田鶴子の印象について「杉の子会は先生中心で、お話をなさると奥様は後ろで、いつもいつもメモをおとりになっていました。だまーっておられてきちんと書いておられたんですね。控えめで、出しゃばるということは決してなかったですね」と語った[13]。

田鶴子は機関誌『杉の子』全号に文章を寄せた。一二編⒁のうちから三編を紹介する（抄出）。

◆「心の友とともに」（二号、一九五五年三月）

――この一年の間ずいぶん多くの友を得た。桃二のPTAでの数年来のおつきあいの方々はもとより、杉の子会に集〔ま〕る百人近い方々と毎月一回顔を合わせるのもたのしい。（中略）みんな私の大切な心の友である。それぞれ、形や大きさは違うけれどもみんな真実を求め明るい社会をつくろうと一生けん命に考えている点では同じではないだろうか。一人々々の力は小さくとも、この心の友だちとしっかり手をつなぎ、お互いに助け合って、少しでも世の中を明るくして行きたいものである。――

◆「静かな行進」（五号、一九五八年四月）

――原水爆禁止は全国民の悲願と言われるようになり、正面から反対する人はいない。その声が広く大きくなっただけに、一層の自重と協力が必要である。原水爆に反対することは、言うまでもなく平和につらなっている。平和を愛するものが、やたらに混乱を起こしたり、人に迷惑をかけることはよくないと思う。真に勇気をもって秩序を守り、正々堂々と行動することこそ大切ではないだろうか。……これだけ多くの人が、広い層の人が心を一つにして行動できたことの意義を深く心に刻もう。私は新しい力と明日への望が湧いてくるのを感じながら、この次はもっともっと多くの友を誘おうと心に誓ったのだった。――

◆「WISPの人間性・知性・勇気」（二〇号、一九六三年四月）

――アメリカで平和運動する人は今でも未だ少数である。アカ呼ばわりされることが、どんな意味を持つかはみんな知っている。それなのにWISPの婦人たちは少しも恐れない。「運動から共産党を排除するか」との質問にも、はっきり「否」と答え、「全ての人が協力しなければ平和は達成できません」と云いきっている。自分たちのしていることはアメリカのためであり、何よりも人類だけに対して忠誠を誓う確信に満ちている。「次の世代のために」という素朴な感情に根ざし、生命を守る運動にふさわしい人間らしさを忘れないこともまた私の心を揺り動かすゆえんでもあるが、それでいて只の感情だけに終らず、アメリカの厳しい条件のもとで、しっかりとした歩みを進めていることも、見過ごせないと思う。このような運動の中で、何よりも大切である人間性と知性のすばらしい結合を、私はひしひしと感じるのである。──

「心の友とともに」は、杉並で始まった運動が全国に広がり、署名が二〇〇〇万筆を超え、原水禁世界大会の開催が決定し、その準備が始まった頃のものである。友と手をつなぎ世の中を明るくしたいという、素朴な願いが書かれている。

「静かな行進」は、原水爆禁止運動に関わってから四年後の文章である。原水禁世界大会を三回経験してきた田鶴子は、運動が拡大するにつれて、それまで一緒に活動してきた友人らの離反も目にしてきた。多様な立場の人々が党派やイデオロギーを超えて結束を続ける困難さは、この頃の運動ばかりではなく、現在にも通ずる課題である。運動の将来にいくばくかの懸念を持ちながらも、それを乗り越えようと自らを励ましている。

「WISPの人間性・知性・勇気」が掲載された一九六三年は、素朴な感情から出発し大きく広がった原水禁運動が国内外の政治的対立、核実験停止に関する見解の相違で分裂した年である。意見の相違とともに、鬱屈していた感情がぶつかり合い、それまでなんとか保ってきた統一運動は日本社会党・総評系グループと日本共産党系グループに分裂した。前者が欠席したまま事実上、共産党系を中心としたグループだけで第九回原水爆禁止世界大会は行われた（開催というより実体は流会）。運動内部の意見の対立や混乱は六〇年の安保闘争前後から続いていたので田鶴子も運動の将来に危機感を感じてはいただろうが、分裂の約四カ月前であり、本当に分裂するとは予測していなかったことだろう。ワシントンの一主婦が「平和のために立ち上がろう」と呼びかけたWISP(15)の活動に託して、人間性と知性の結合を呼びかけていることに、当時の田鶴子の祈りにも似た願いが読み取れる。

夫とともにPTA活動・杉の子会・原水禁運動に関わってきた歩みは、田鶴子を一家庭婦人から一人の平和運動家へと育てた。原水禁運動は世界的な運動となり、様々な国、様々な政治勢力とのつながりが生まれ、大きな政治運動となっていったが、国内の政治運動、国際共産主義運動、国際政治の力学にどう対処するかの答えはなかなか見つけられなかった。「広く大きくなっただけに、一層の自重と協力が必要」（五号）、「人間性と知性のすばらしい結合」（二〇号）という言葉は原水禁運動への田鶴子の願いでありメッセージだった。

四、隅のおや石として

安井田鶴子は原水禁運動に関わりながら、杉の子会の読書会に一〇年間、そして杉の子会が毎年催した同窓会(16)（杉の子会が誕生した一一月の催し）に二〇年間以上、世話役として貢献した。世話役の実務は、会員名簿を整理し、会員への連絡事務を行うという、同窓会の幹事のようなものである。会員へのお知らせの葉書、メンバーからの返信葉書、杉の子会名簿などから、会員同士の温かい交流が伝わってくるが、地道で献身的な努力が一〇年間にわたる杉の子会の活動を支えてきたことを物語っていた。

一九五四年秋頃から、広島の人々から「原水爆禁止世界大会を開こう」という声がおこり、五五年一月の原水爆禁止署名運動全国協議会第一回全国会議で世界大会開催が決定した。この年以降、安井夫妻は「原水禁運動の顔」として世界各地の平和活動家と積極的に交流した。また、五七年のイギリスのクリスマス島での水爆実験に対して、杉の子会は「イギリスの母親たちへの訴え――原水爆実験禁止について」という声明をイギリスの母親たちに送った。イギリスの社会事業家の女性から返事があり、それを『杉の子』五号に掲載するなど、杉の子会は当時としては驚くほど軽やかに、国境を越えた平和運動を展開した。

国際的な交流活動を推し進めた力は、神戸女学院でキリスト教的インターナショナリズム、国際性を身につけた田鶴子の個性に潜んでいたものだろう。安井夫妻と親しかった吉田嘉清は「安井先生はまず、田鶴子さんに相談し、聞いてもらっていた」[17]と筆者に語ったが、文字通り、二人三脚で歩んでいた。

一九八〇年三月に安井郁は亡くなった。田鶴子はその後、公民館の廃止を図る区当局の意向[18]に反対し存続を求める運動、公民館や原水爆禁止運動を記録する活動[19]、公民館の廃館が決定した段階で記念碑建立を求める運動[20]に関わり、求められれば出かけて、原水禁運動や公民館活動の必要性を訴えた。その間、運動や郁に関する五冊の書物（杉並公民館を存続させる会編『歴史の大河は流れ続ける（一）』八〇年四月、『歴史の大河は流れ続ける（二）』八一年五月、『歴史の大河は流れ続ける（三）』八二年八月、『道――安井郁　生の軌跡』八三年八月六日、『歴史の大河は流れ続ける（四）』八四年八月）を刊行し、八六年八月六日には自選歌集『白き風船』も出版した。

『神戸女学院百年史各論』の最後に、「神戸女学院の卒業生の中には、誰が聞いてもその名が直ちにわかるほど、全国的に著名な人は余り多くはない。またいわゆる『女史』として、男まさりの活躍をした人もそう多くはないのである。しかしながら……教師として、あるいは教師（学者）夫人、牧師夫人その他として」『隅のおや石』として大きな役割を果たした人びとの活動ぶりを見るならば……『縁の下の力持ち』としての働きであったように思えるのである」[21]とあった。一人のヒ

杉並区立公民館を存続させる会が発行した『歴史の大河は流れ続ける』第2集の表紙。

ューマニスト安井田鶴子は自ら先頭を切るタイプではなかったが、「隅のおや石」として、戦後、杉並の地域活動、原水爆禁止運動に力を尽くした。

二〇〇五年二月一四日、聖バレンタインデーに田鶴子は息を引き取った。その歩みをふり返り、思い浮かぶ言葉は、神戸女学院初代校長タルカットの「神の前に主体として立ちなさい」という檄と、「隣人愛と国際性」という教えである。安井田鶴子は、女性史の面からもその思想と足跡をたどってみたい女性である。

第四節　杉の子会の誕生と杉並婦人団体協議会

一、杉の子会

安井郁は公民教養講座に先駆け、主婦たちの読書会である「杉の子会」を立ち上げ、杉並婦人団体協議会（以下、婦団協）の結成に力を尽くした。ほぼ同じ時期に誕生した杉の子会と婦団協は原水爆禁止署名運動に活躍した団体である。杉の子会の機関誌『杉の子』(1)をもとに、杉の子会の初期の活動をたどってみたい。

安井田鶴子は、杉の子会を回想して次のように綴った。

「杉の子会は本来は婦人の読書会です。あの第二次世界大戦での忌まわしい体験から、何よりも平和を願い、再び戦争など起こることの無いように、社会の動きを、自分で理解し、判断できるようになりたいと、それまで縁の遠いことだと思っていた社会科学の読書を始めた勉強会です。丁度、その頃は高木敏雄区長の時代、新設されたばかりの区立杉並公民館の安井郁初代公民館長のもとで、社会教育の一つのちいさな例として始められたものに過ぎません」(2)

杉の子会はどのように生まれ、どんな女性が参加し、どんな活動をしたのだろうか。

●杉の子会の誕生

「昭和二八年の八月半頃だったと思います。息子にすゝめられ一緒に、当時やかましく論議されていたMSA問題を中心とした先生の講演会に行きました。朝鮮戦争を境として日本の政治動向が大きく変化しつつある不安を、おぼろげ乍《なが》ら感じていた私は論理的な先生の講演にすっかり感激してしまいました」（『杉の子』一〇号）

この文章の筆者は杉並で三人の子を育てた島原スミで、先生とは安井郁のことである。二人は杉の子会の立役者だった。島原は、長い戦争が終わり「もうこれで戦争はない」と安心していたが、それもつかの間、朝鮮戦争がおこり、その後の動きにも不安を感じ、息子とともに安井の講演会に参加した。安井の話にすっかり感激した島原は、「小さな集まりでも喜んで話しに行く」という言葉を信じて、講演会が終了するとすぐに「私の家の応接間で私の友人のために、どうかお話をしてくださいませ」と申し出た。

安井郁は当時、国際法学の立場から衆議院外交委員会でMSA協定（一九五四年三月、東京で署名された「日本国とアメリカ合衆国との間の相互防衛援助協定」）に関する見解を述べ、杉並でも同協定の問題点などを講演会で指摘していた。また、杉並の社会教育を進める立場から、「このきびしい時代に、婦人は社会教育に無関心でいられない。婦人もまた、社会人としての立場から、つねに世界情勢に目をそそぎ、政治や経済の問題をつきつめて考えなければならない」(3)と考えていた。そう考えていたのは安井ばかりではない。当時の紙誌面には女性や女性団体のあり方を問い、奮起を促す発言が多く掲載された(4)。

◆藤田たき（労働省婦人少年局長）——戦後再出発した日本の婦人団体が真に自主的な婦人団体となり、いかなる利害関係によっても左右されることなく……民主的な役割を豊かに果たすことができるよう祈る（『文部時報』一九五二年一月号）。

◆「婦人団体の自覚を望む」――家庭婦人のグループが広い意味の社会教育団体として成長しつつあることは一応認められるが、一方では組織が大きくなるにつれ、会の運営や役員などの点で、既に戦前の婦人会に逆戻りしたもの、あるいはそういう傾向の強い団体が出ている現実を見逃してはならない。……集会にも出ず、出ても自分の意見を述べるでもなく、いわゆる「長いものには巻かれろ」式のいき方で……結局一部の幹部が常に婦人会を牛耳り、その団体は動かすものと、動かされるものとの非民主的な集団になってしまうわけである。……男子より二百万も有権者が多い婦人を対象に政治的な手が伸びてくるのは当然である。……婦人団体の反省と、婦人の自覚を総選挙も近づくこの際、是非とも望みたいのである（五二年七月一六日付『朝日新聞』社説）。

戦争は、男女の有権者数のアンバランスをもたらした。女性が占領中獲得した権利を活用して自立した有権者となるか、受動的・保守的な有権者となるかは、政治を左右する問題として注目され、安井も公民館長として、その問題に無関心ではいられなかった。当時の安井について、最初の頃の読書会に参加した細谷千博はこう語っている(5)。

「安井先生の場合は……学生に教育を与えるという意識が非常に深くありまして、我々にも働きかけをして、それに応じてきたような学生を集めてお宅である意味で塾のようなものをやっていたわけですよ。戦前、戦中、戦後ずっと東大の法学部時代。……若い学生と一緒になって人生のこと、あるいは宗教の問題、いろんな問題を語ったり、次々に古典などを読んでいたんですよ。……若い者を教育するという、お互いが本当に語り合うという気持ちが強かった。そういう気持ちが横溢しているわけですから、今度はそういう対象に地域の方を選ばれたと私は思うんです。……教育者としての情熱の対象がかつては大学生だったものがその層が拡大して地域の奥様方、それと場が地域になった、こういうことだと思うんですよ」

「時たま行く講演でなく、突っ込んだ教育方法として、杉並公民館を会場として思い切って難しい本を勉強する読書会を開こう」[6]と、主婦との読書会「杉の子会」を立ち上げた安井には、社会教育に取り組む公民館長、人間的交流を求める教育者、国際法学者としての鋭い時代感覚が秘められていた。

●社会科学書に挑戦

杉の子会は一九五三年一一月七日、杉並区立公民館の講座室でスタートした。第一回目に安井は、「主婦はとかく社会意識の追求が乏しい。移りゆく社会を正しく認識し、育ちゆく子供達を正しく導くためには、主婦も又、社会科学の勉強が必要である。現象の底にある真実を見きわめる学問が即ち、科学である。……知識をアクセサリーにしてはならない。それはあくまで真実を見きわめるためのものであり、その真実は万人の幸福のために役立てること。又、育ちゆく子供達の良い助言者、理解者になるために、身につけるものでなくてはならない。これを杉の子の根本精神としたい」と話した（島原スミ「十年の回顧」『杉の子』一〇号）。

現代の主婦感覚からするとややずれを感じるが、杉の子会の女性たちは、安井のいう読書会の意義や目的を素直に受けとった。島原が書き留めた上記の言葉から、聞き手に合わせてわかりやすく巧みに話す安井の語り口が伝わってくる。安井は講演等の前に草稿を練り、鏡の前で練習もしたと伝えられるが、几帳面な安井はこの日のためにも丁寧に草稿を練ったことだろう。安井の講義を聞いた島原スミは、「日頃から描き、願ひ、そして祈りつづけてきた夢が、あまりにも突然に実現した喜びに、私はほんとに有

杉並公民館で開かれた杉の子読書会の安井郁先生と生徒たちの授業風景。市民カルチャーセンターの走りと考えられる〔『歴史の大河は流れ続ける』第2集より〕。

頂天になった。そして、又心から感激した」（『杉の子』一号）と記した。

第一回から参加した、三鷹在住の阿部みほ子は次のように綴っていた。

「〝新しい社会安井先生に聞く〟と書いた鉛筆の跡がうっすらにじんでいる。……巻頭に〝広く目を世界に、足はしっかりと祖国の土を踏んで我らは学ばん、真実を求めて。真実はやがて人の幸福の実現へ〟……昨年の夏、第一回の婦人学級が三鷹市で開催され、その時の政治経済ではじめて先生を知り、そのご講演を伺う。それまで各方面の方のご講演を聴く機会の多かった中に先生のご講演ほど強く私の心を打ったものはなかった。……只もく〱と通い続けて正に、先生の人格を通す真剣なご講演と会員の皆様の燃えるような勉強振を感じながらひたすら真実を求めて本と取り組んできた。

第一土曜日は母さんの勉強日として月一回のこの日だけは高校三年のが台所に立ってうどんを煮、時にはおひたしを作ってくれる。有難い協力である」（『杉の子』一号）

テキストは、E・H・カー（清水幾太郎訳）『新しい社会』（岩波新書、一九五三年）だった。時間厳守、座席は前から詰めて座ることが講師と参加者の約束だった。女性たちは月一回の読書会のために、家事をやりくりして、家族の協力も得て、「きびしい勉強の場であると共に、反面、一切の家事の煩雑さから解放された、ある意味でのレクリエーション」（島原スミ「十年の回顧」）の時を過ごした。[7] 二四人で始まった読書会はその後、一〇〇人近くにも膨らんだ。「学ぶ事は楽しかりけりわからぬ事書きとりてまつ次の読書会」「第一土曜に丸き印のつきてゐるこよみに吾子は笑ひてゐたり」（『杉の子』四号）――この、水越かつ子の短歌にも、女性たちの意欲が表れている。

参加者の一人、大塚利曽子《りそこ》（一九一〇年生まれ）によれば、読書会は次のように進められた。[8]

「〔五四年〕一月に入った時に、先生だけのご講義ではいけないから、自由討議の時間を設けようということになり、丁度一月の新聞を賑わしたのは宮城前の事件でございましたが、それについてどう思うかといわ

（1）

新しい坂道を

安井　郁

前号の「杉の子」で、私は「こゝで腰をおろして、本来の地味な読書会の仕事に精進しましょう」と呼びかけました。そして私たちは、「現代日本小史」や「昭和史」をテキストに、歴史の勉強を進めたのでした。が、第二回原水爆禁止世界大会が近づくとともに、ふたたび会員のみなさんに街頭に出ていただくことになりました。

ちょうど七月の暑いさかりで、ほんとうにご苦労でしたが、新宿駅頭の国民募金は、二回で四万円に達しました。それは世界大会の総予算の約二百分の一にあたります。この小さな杉の子会が、そんな大きな力を出して、世界大会をしっかりと支えたのです。

おかげをもって、世界大会はすばらしい成功をおさめました。その成果は長崎宣言と七つの決議となって世界に発表されましたが、そのほかにも、大会をめぐるさまざまの活動や交流のうちに、きわめて多くの貴重なものが含まれています。まさに「汲めども尽きぬ泉」がここにあるといってよいでしょう。

長崎大会における被爆者の悲痛な訴えは、形だけを見ると去年の広島大会のときと同じですが、その内容には非常な前進が見られます。今年の被爆者の訴えは、単なる苦しみや悲しみの告白ではなく、このような惨禍を人類にもたらす暗い勢力と対決しようとする固い決意を示しています。原水爆禁止運動を通じて、被爆者も社会的に開眼したのです。

世界大会のあと、私は外国代表とともに日本母親大会に出席しましたが、超満員の会場からは、去年の母親大会のとき以上に、強い迫力が感じられました。ここにも日本の母親の成長が認められます。

杉の子会も、間もなく満三年の記念日を迎えます。これまで積み重ねてきた努力の上に立って、新しい坂道を登るときです。そのテキストの「平和的共存」が前にあります。このけわしい坂道を、みんなで助け合って登りましょう。（九・一六）

NO. 4

1956 10

杉の子読書会

目次

杉の子会機関誌『杉の子』第4号（1956年10月発行）の冒頭のページ。

れたのです。……その頃、まだ私たちは社会的意識が低く、あの事件の原因は群集心理であるとか、日本人は社会的訓練が出来ていないのだとかいう意見に終わっていたのです。……

四月にはビキニの水爆の問題なのです。これはもう私ども全体にたいへん印象の深い問題でしたし、先生の方から、それの討議について充分用意してくるようにというお話があり、その時には講義の時間をほとんどこの問題について……詳しくお話下さったのです。はじめのひと月の時と四月の時とでは私どもの討論の問題がずーっと違ってきたと思いますし、はっきりとした社会的意識がだんだんと形作られてメキメキと変わってくるその過程を感じたのです」

最初は安井の講義と質疑応答だったが、自由討論の場が設けられ、さらに報告者によるゼミナール形式も取り入れられた。

表 12　杉の子会の読書履歴

（1）E・H・カー、清水幾太郎訳『新しい社会』岩波新書、1953 年。［1953 年 11 月～ 54 年 5 月］
（2）E・H・カー、喜多村浩訳『西欧を衝くソ連』社会思想研究会出版部、1951 年。［1954 年 10 月～ 55 年 6 月］
（3）矢内原忠雄『現代日本小史』みすず書房、1952 年。［1955 年 10 月～ 55 年 12 月］
（4）遠山茂樹・藤原彰・今井清一『昭和史』岩波新書、1955 年。［1956 年 2 月～ 56 年 7 月］
（5）ロスシュタイン著、内山敏訳『平和的共存』岩波新書、1955 年。［1956 年 9 月～ 57 年 5 月］
（6）上原専録『世界の見方』理論社、1957 年。［1957 年 10 月～ 59 年 5 月］
（7）ライト・ミルズ、村上光彦訳『第三次世界大戦の原因』みすず書房、1959 年。［1959 年 6 月～ 61 年 3 月］
（8）ヒューバーマン他、池上幹徳訳『キューバ――一つの革命の解剖』岩波新書、1960 年。［1961 年 4 月～ 62 年 5 月］
（9）ギウゼッペ・ボファ、石川善之助訳『スターリンからフルシチョフへ――イタリー共産党員の見たソ連の内幕』三一新書、1961 年。［1962 年 6 月～ 63 年 6 月］
（10）毛沢東、尾崎庄太郎訳『実践論・矛盾論』国民文庫社、1955。［1963 年 4 月～ 64 年 4 月］

〔注〕［　　］内は当該書の使用期間。

自由討論はニュースに関する意見を発表する場だったが、安井の意見や仲間の意見を聞き、認識を深める機会となった。自由に学べなかった時を取り返し、新しい時代に追いつこうと、みんな真剣に取り組んだ。読書会が行われた約一〇年のあいだに読破された書籍は全部で一〇冊だった（表12参照）。

島原スミ（一九一〇年生まれ）は前掲の『新しい社会』を読んだ感想を、「〝歴史は単に繰り返すのではなく、絶えず前進していくものである〟ということを学んだことはそれまで国家主義的な時代に生き、正しい歴史の見方など学んだことのなかった私たちにとってたいへん勉強になった」と述べた。

市吉明子（一九一五年生まれ）は『杉の子』第三号に、「矢内原〔忠雄〕先生の『現代日本小史』を開いて私は思わず、一気に最後まで読み通した。私自身の敗戦による心の遍歴が思い合わされて、中途でやめることが出来なかった」と書いている。市吉は『矢内原忠雄全集』をそろえて読んだという。特に読書好きではなかった市吉をそこまで駆り立てたものは、戦争への憎しみ、国家にだまされたという怒りだったと思うと、娘の岡田良子は語った。(9)

斉藤鶴子（一九一〇年生まれ）は、初回を除き最後まで杉の子会に参加し、「杉の子会での安井氏とのふれあいは、毎日が目から鱗の落ちる思いの日々だった」、杉の子会がなければ「その後の私はなかったろう」と語った。同時に、「わからないとどこまでも質問し、納得がいかないと簡単に引き下がらなかった」。

斉藤は原水爆禁止運動に関わる中で、「社会主義国の核は平和のための武器」か、「いかなる国の核実験にも反対」かという対立の時に、「きれいな核などはない」と考え、バートランド・ラッセルに手紙を書き、「あなたと同じ考えです」という返事をもらい確信を得た。(10) 杉の子会で署名運動に出合い、「草の実会」（『朝日新聞』の「ひととき」欄へ投稿した女性たちの集まり。一九五五年から活動し、平和・女性の自立などについて発信した）に平和問題研究会を創設し、後年、第五福竜丸平和協会理事としても活躍した斉藤を、友人の岩田阿喜子は「原水爆禁止一筋でした」と語った。

岩田阿喜子（一九一〇年に生まれ。戦前、八年間、小学校教師を務めた）には筆者が直接インタビューして感想を聞いた。[11]

岩田　杉の子会の読書会は難しゅうございましたよ。

――岩田さんでも難しかったんですか。

岩田　ええ、難しゅうございました。でもそれは先生がいらっしゃいましたから解釈してくださいます。読んだご本と世界情勢との連携というのですか、先生はそこのところを筋道立てて説明してくださいますから。知らないことがどんどんわかりましたからね。やっぱりね、杉の子に入れていただいたからあれだけ勉強ができたと思いますよ。

もともと源氏物語とか、平家物語とか、やさしいのは里見八犬伝とか、古文を読むことは好きでしたが、安井先生の杉の子は私が知っていたのとは全然違う、ほんとの世界に関係するご本でしたから……。当時はまだ、日本は日本だという意識がありました。世界のことは知らなかったですからね。一つのことがあると先生が敷衍しておはなしをしてくれますでしょ。ただ漫然と読んでいた本を、深読みすることができるようになりました。

安井先生にお会いしたことは人生で非常にプラスになりました。お亡くなりになって、お宅でご遺体に向き合った時、ありがとうございましたという気持ちで一杯になりました。

岩田は、一九八〇年に亡くなった安井を思い出しながら、美しい日本語でしみじみと語った。富山の一〇万石の大名の娘に生まれた母に育てられた岩田は少女時代、家の中が封建的であることに反発していた。親から結婚するようにいわれた一八歳の時、大急ぎで調べた東京女子師範学校の二部を受験して合格し、自らの意思で教師の道に進んだ。結婚も職場の同僚との恋愛結婚で、封建性を拒否し、自ら人生を切り開いてきた女性である。

『杉の子』は全号、謄写版印刷でつくられた。本の感想文、エッセイ、短歌、詩、時評から、時代と自分に向き合う真剣さが伝わってくる。気の利いたカットに彩られた誌面は新鮮で、とても五〇年も前のものとは思えない。安井は「大学生の講義は一晩準備すればよいが、お母さんたちには三日も前から一生懸命準備しなければ話せない」と語ったというが、その言葉にウソ偽りはなかったにちがいない。

●杉の子会の女性たち

杉の子会メンバーのつながりを調べたのが表13である。全貌はつかめないが、「最初からでなく、たまたまPTAでクラスの運営委員の会があって、奥様〔安井田鶴子〕と知り合ったら家が近く、日曜日の公民館での講演に行っていましたら、こういう会もあるのよっておっしゃって杉の子のことを教えてくださったんです」と語った岩田阿喜子の話などを総合すると、参加メンバーの最大の出身母体は桃井第二小学校PTA（桃友会）だった。そこに、島原スミの子どもが通う明星学園保護者、安井の話を聞いた島原の友人たち、安井の娘が通うお茶の水女子大付属高校の保護

表13　杉の子たちのつながり　（複数の関係資料から筆者作成）

分　類		メンバー
子育て関係	桃井第二小学校PTA（桃友会）関係	市吉明子、岩田阿喜子、植村ふみ、清川千代子、打田多喜子、吉田幹子、中村静香、川浪亀美、安井田鶴子
	明星学園の保護者	島原スミ、大塚利曽子、石谷清子
	お茶大学附属中PTA	安井田鶴子、斉藤鶴子
荻窪地域		上荻窪のグループ（名前は不明）
同窓会		清川千代子→斉藤鶴子（東京女子高等師範学校）
		斉藤鶴子→浜井菊子（浜田高等女学校）
友人		水越かつ子→福岡清子→蓮沼富美恵
		大塚利曽子→小沢綾子
安井郁講演会を聞いて		三鷹から庵谷淑、寒川富子、阿部みほ子

者、安井の講演を聴いた人々（とくに三鷹在住者）が加わり、さらにその友人が加わったと考えられる。(12)

杉の子会参加メンバーが受けてきた教育を調べてみた。出身校は、現在わかっている一四名については、東京女子高等師範学校（現・お茶の水女子大学。以下、女高師）が四名で、東京女子師範学校（現・東京学芸大学）、師範学校（学校名不明）、武蔵野音楽学校、東京女子大、高等女学校、神戸女学院大、実践女子専門学校英文科、日本女子大、松蔭高等女学院（現・神戸松蔭女子学院大学）、京都女子高等専門学校が各一名だった。(13) 一四名というわずかなデータで即断はできないが、高等教育を受けた女性が多かったことは間違いなさそうだ。その理由は、中産階級が住む地域であり、高等教育を受けた女性が多かったこと、社会科学書をテキストとしたため、参加のハードルが高かったこと、などが考えられる。

一四人の就業経験を調べると、就職したことが確認できたのは五人（そのうち教師が四人）、就職しなかった人は五人、不明が四人だった。また、在学中に結婚が決まり花嫁修業のため卒業しなかった人が二人いた。「それなりの家では女性は職業に就かないのがむしろ普通」(14)という時代で、女性の教育と就職の関係は、戦前と戦後では大きく異なっていたといえる。

社会科学書に触れた経験はどの程度あったのだろうか。岩田阿喜子は、出版人だった兄に戦中、『戦旗』(15)を見せてもらったこと、その兄が治安維持法で拘束されたこと、婦人雑誌は嫌いで総合雑誌の『改造』や戦後は『世界』を定期的に購読していたと筆者に語った。大塚利曽子は、一九二九年に入学した女高師で学生がマルクス主義の勉強会をしていて、自分も知りたくて参加したこと、集会に参加した友人が退学させられたことを語った。(16) また、『杉の子』六号から一二号まで毎回執筆した岩下五百枝《いおえ》（一九〇九年生まれ）は女高師を卒業後、エスペラント語の学習会に参加する中でマルクス主義に触れたこと、本棚にマルクス主義の本があっただけで杉並警察署に一週間留置された経験を語った。(17) 岩田阿喜子は、「私自身にも安井先生のお話を受け入れる態勢ができていたと思います」と語りながら、安井が「筋道を立てて説明」してくれたことや、世界についての認識が得られたことにたいへん感謝していると付け加えた。

杉の子会に参加した女性たちが育った大正時代とはどんな時代だったのか。国定教科書の内容の推移から明治、大正、昭和の世代を分析した唐沢富太郎は『日本人の履歴書』(18)の中で、「ハナ・ハト・マメ・マス」の国定教科書で学んだ大正期世代について、次のように述べている。

「大正に生まれ、徴兵検査も昭和六年の満州事変から受けてはいるけれども、育ったのはわりに自由主義的な雰囲気のあった大正時代後期である。だから、この世代人にはいわば文化主義的な考え方が強い。その学生時代にはカフェーが普及し、喫茶店という手軽なたまり場が盛んに利用されたよき時代であった。(中略)この世代が大正デモクラシーに支えられた教育を受けたことによって、これ以前の世代にとっては受け入れるのに容易でなかった戦後のデモクラシーを、容易にかつ早く受け入れ、戦後のデモクラシー教化の指導的地位に立つことが出来たからだといえよう。(中略)この教科書で育てられた世代人にとっては戦後のデモクラシーは、戦時の暗黒時代をへだててふたたびもとにもどったという、心の安らいをもって迎えられている」

唐沢の言葉を裏づけるような文章を『杉の子』で見つけることができる。『杉の子』一号に山田いつえは「〔安井先生が〕真実を求め、真実を見きわめる目を養わなければならないと言うことをお話下さいました時、私は長い間さがしもとめてきた人に巡り会えたような喜びと安らぎを覚えました」と記し、清川千代子は「徒《いたずら》に盲動されていた戦前の日本の姿。恐ろしい戦争に巻き込まれた苦悩の世界。そして現在の原水爆の実験等、無防備に招いた、無知の為にたどった数々の悲劇を思うにつけ、先生の常に仰言っていることが肯定されていく。確固たる意見と真実を見開く目をもって、明日の子供達の事を真剣に考えなければならぬ」と書いた。安井の言葉を安らぎをもって受け止めながら、戦時の暗黒時代を繰り返してはいけないという強い意志を持っていた。

杉の子会発足時のメンバーは、大企業のサラリーマン、官僚、公務員、大学教員などを夫に持つ専業主婦が多く、保守的な立場で体制を補完する都市中間層に属した。そのような階層の四〇～五〇代の女性（主婦）たちが、安井とともに社会科学の本を読むことを通して、社会の構造を知り、それまで所与のもの、変わらないものと思っていた社会が主体的な関わりで変わりうるものであることを学んだ。戦争、敗戦、戦後民主化、安井郁との出会いなくしてありえないことだった。杉の子会で、社会的関心を高めた女性たちは、やがて原水爆禁止署名運動に積極的に参加していった。

二、杉並婦人団体協議会

●杉並婦人団体協議会の結成

杉並の女性団体の横断的なつながりは、一九五二年に、婦人民主クラブ・生協・教職員組合に所属していた女性たちが開催した高良《こうら》とみの講演会に端を発するが、文字通り全区的な、幅広いつながりが生まれたのは公民館の設立がきっかけだった。

公民館ができてひと月あまりたった一九五三年一二月一四日、安井公民館長は「明るい生活会」の仲佐初枝、「西松主婦の会」の藤縄《ふじなわ》とも子、「杉並婦人文化連盟」の村上綾子をはじめとする六つの女性団体の代表を公民館に招いた。(19) 三人とも、実行力とリーダーシップを兼ね備えた女性だった。安井は公民館の利用を勧めるとともに、「婦人の問題は婦人として一緒にできるものは一緒に行動したらどうだろう」と、杉並の女性団体の連合組織の結成を呼びかけた。これまで何度か試みられながら実現できなかったことだった。

一九五四年一月二一日、公民館に三四の女性団体の代表が集まり、杉並婦人団体協議会（婦団協）を結成した。女性団体にとって公民館を利用できるメリットは大きかった。その日、安井は「保守的な人も、革新的な人も婦人として一致できる点で行動しよう。合意できないものはおのおのの団体でやる。足を引っ張らない。お互いの活動を尊重し、みんなが伸びていく」ように励まし[20]、社会教育課を婦団協の連絡所とすることなど、活動の便宜をはかった。

発足会に参加した野間ちよ江、浦口しづ子は「昭和二八年が陣痛の時であり、産婆役は当時杉並公民館長であった安井郁氏であった。区内の婦人団体がその主義主張や活動内容に相違はあっても、日本という国の女性として、母親としての立場には共通のものがあるのは当然である。そこで、各団体独自の性格を尊重し、相互の親睦を図りつつ、共通問題については協議の上、行動化し、解決しようという話し合いから杉並婦人団体協議会は誕生した」と記した[21]（『一六年のあゆみ――婦団協の誕生と歴史』）。

当時、婦人団体のあり方に警鐘が鳴らされたことを記したが、社会教育の立場から、貞閑《さだか》晴子（東京都社会教育課）は「婦人団体の現状――嵐にたえるか婦人団体」という文章を月刊『社会教育』（五三年一一月号）に書いた[22]。

「『婦人団体の地位を揺すぶるもの』としての問題は何も今日始まったことではない。昭和二六年頃は日赤奉仕団が婦人団体にとっては癌《がん》であった。（中略）所によっては防犯協会婦人部への合併という問題もあった。奉仕の精神は人間として忘れることのできない大切なものであり、防犯への協力も市民として当然の事柄ではあるけれど、これが強制され、一部勢力に利用・統合されるに至っては甚だ迷惑である。……目的を明確にし、それ〴〵の特徴を持つこと。同志的結合をその基本とすること。婦人自らの内にひそむ封建的感情から脱却すること。民主主義の技術を軽視しないこと。枝葉末節的なつまらぬ感情にこだわらず、他婦人団体との横の連絡を密にし、共通問題についての団結を忘れぬこと。……これを乗り越えてこそ、婦人団体が社会教育団体として真価を発揮し、婦人の自主性確立の悲願が成就されるのである」

全体は長文で、そこには婦人団体への警鐘と婦人団体がつながり合い社会教育団体として育つように願う貞閑の細かな提案が盛りこまれていた。安井は当然この文章を読み、婦団協結成に向けたアドバイスを行ったのではないだろうか。

杉並婦人団体協議会の発足時、そこに参加した団体名を表14に示した（表14内の略記。婦民＝婦人民主クラブ、生協＝生活協同組合、趣＝趣味の会、ＰＴＡ＝ＰＴＡの現役またはＯＧ、主婦＝共同購入から始まった主婦の会）。生協および「〇〇主婦の会」など共同購入に関わるグループ、ＰＴＡから生まれたグループ、元愛国婦人会、婦人民主クラブなど、右から左まで、幅広い連合団体が結成された。

●呉越同舟を乗り越えて

杉並婦人団体協議会（婦団協）は、多様な団体が結び合い、約二〇年間の長きにわたり活動を続けた。なぜ、それができたのか。活動の特色をあげておきたい。

①運営の知恵

貞閑晴子が前述の文章で「民主主義の技術を軽視しない」よう述べているが、婦団協の運営はその点で絶妙であった。杉並区教育委員会発行の『婦人だより』に掲載された「一六年の歩み」には「一致点を見出すことの出来ない場合の運動には、遠慮無く婦団協の名称を使わず、有志名で行動化する。または婦団協のなかで異なった見解をもつ問題について講演を聴くという折りには、決して一方的な講師を招かずに、その問題に賛成と反対のそれぞれの両講師を招いて聴く」と記されていた。また、会長をおかず、三団体ずつ、二カ月交替で当番として運営した点も独特だった[23]。

②社会教育と住民参加の視点

「一六年のあゆみ」に、「教育委員会より、公民館運営審議委員に婦団協より一名の委員推薦方の申し入れがあったのを皮切りに、社会福祉協議会、青少年問題協議会、蚊とはえ撲滅運動委員会、新生活運動、清掃事業協力会等の委員に、一、二年交替で委員を廻り持ちをしている。そして定例会議に各委員が報告をする。

また、その折りに問題がある場合、発表し、討議し、行動化の是非について話し合い、解決点を見いだして歩んできた」とある。

婦団協は連絡と学習だけの団体ではなく、区行政に関わり意見をいい、行動する団体として発足した。回り持ちで区の委員を経験し報告・討議する経験は杉並の主婦たちに、区政に関する知識と主体的に区政と関わる機会を与えた。それは住民参加の機会であり、まぎれもなく主権者を育てる社会教育であった。

二〇年間、婦団協で活動した小沢綾子、小沢清子は婦団協の活動の特徴を、「一、いろいろ特徴を持った

表14　杉並婦人団体協議会結成時の加盟団体

名称	代表	町名	分類　他
若葉婦人会	国木田治子	馬橋	
若草会	土方幸子	上高井戸	PTA（高井戸小）
婦人生活問題研究会	浦口静子	荻窪	保守系
上荻窪婦人会	飯野かく	上荻窪	
明るい生活会	仲佐初枝	東荻窪	
井荻婦人クラブ	長尾やす子	井荻	
武蔵野婦人会	星野貞子	三谷	趣
西荻窪婦人生活会	堀紀子	西荻	紀子は堀真琴の妻
阿佐谷婦民支部	中島まさ	阿佐谷	婦民
大宮前1･2･3丁目主婦の会	曽我暢子	大宮前	主婦
杉並生協婦人部	小沢綾子	上高井戸	生協
和泉町生協婦人部	江川寿子	和泉	生協
成田婦人部(杉並中央生協)	間島路子	成宗	生協
久我山婦人会	米田翠	久我山	
翠未亡人会	川上達子	松庵北	未亡人会
大宮前4丁目主婦の会	丸山志づ江	大宮前	主婦
青桐会	川西啓子	和田本町	PTA
桜婦人会	北小路治子	高円寺	
西松主婦の会	藤縄とも子	西高井戸	主婦、主婦連と関係
東京友の会荻窪方面会	花崎貞	荻窪	『婦人の友』友の会
杉並婦人文化連盟	村上綾子	堀之内	愛国婦人会の後身
大宮前6丁目主婦の会	八木仲子	大宮前	主婦
西荻婦民支部	土方邦子	沓掛	婦民
日本婦人有権者同盟杉並支部	福川貞		
泉会	植村ふみ	天沼	PTA（桃井第二小）
白鳩婦人会	柳沢田鶴子	馬橋	
主婦教育連盟	柴田貞子		
永福町婦人会	淡しのぶ	永福町	
高円寺寅申文化婦人部	岩瀬たま	高円寺	
杉並婦人会	服部光子		
さくら婦人会	浅井竹子		
杉〇会（〇は判読不能）	星野文枝		
若〇会（同上）	浅田茂子		
杉並婦民支部	小沢清子	馬橋	婦民

〔『杉並新聞』231号、1954年2月7日発行より〕

団体ばかりですのに、二〇年間、時には討論の激しいものもありましたが、手を取り合って今日まで歩み続けたこと。二、活動してきたことの流れが一貫して（原水禁運動、黄変米《おうへんまい》、ゴミの問題等）公害に対する行動や自治権拡充の運動等、高度でヒューマニズムに徹したものであったこと」と述べた。(24)

一九五四年一月に結成された杉並婦人団体協議会は原水爆禁止署名運動で主力の一つとなって活動した。筆者が杉並の教科書運動で出会った六〇代後半から八〇代の知的でリベラルな女性たちは、婦団協や杉並区立公民館で行われた社会教育活動の中で学んだ女性たちであった。杉並婦人団体協議会の活動は社会教育の面からも注目したい団体である。

第六章　ビキニ水爆実験と報道

第一節　米国の核政策

ビキニ原水爆実験、第五福竜丸被ばく、原子炉製造予算の成立、原水爆禁止署名運動、久保山愛吉の死亡など、一九五四年におこったこれらの出来事は、日本の原子力政策や日米関係に重大な影響を与えた。それらに関する歴史的事実や歴史的評価は数多くの書籍や雑誌などに記されているが、本書で追究するテーマ「なぜ杉並で原水爆禁止署名運動がおこったのか」を検証・理解するためには必要な時代背景でもあるので、本章と次章で概観しておきたい。

●原爆から水爆へ

米国の原爆開発は、ナチスドイツの核兵器保有を恐れた亡命科学者が一九三九年、アインシュタイン博士（アルベルト・アインシュタイン。一八七九～一九五五年）の署名を借りて核開発を促す手紙をフランクリン・ルーズベルト米大統領に送ったことをきっかけに始まった。そして一九四二年八月、オッペンハイマー（ジョン・ロバート・オッペンハイマー。一九〇四～六七年）らユダヤ系科学者に米英の科学者が加わり、延べ一二万五〇〇〇人の人員と二〇億ドルの資金が投じられ、原爆製造計画「マンハッタン計画」が発足した。[1] その後、ドイツの敗北が事実上決定すると、科学者の中には原爆の使用に反対し、原子力の国際管理や全世界的な科学協力を主張し、米国政府に原爆投下を中止するよう進言する科学者も現れた。[2] 日本の敗色も色濃くなっていたが、マンハッタン計画は継続された。

一九四五年七月一六日、ニューメキシコ州アラモゴードでプルトニウム爆弾実験が成功した。それから一カ月も経たない八月六日、広島にウラン爆弾が、同月九日、長崎にプルトニウム爆弾が投下された。日本政府が調査を怠ったため正確な被害者数はわからないが、その年の末までに死亡した被爆者数は、広島では一四万±一万人、長崎では七万±一万人といわれている。[3]

西嶋有厚《ありあつ》（西洋史）が「原爆はアメリカの国益に奉仕する戦勝のための強力な攻撃的軍事的手段」で「原爆の対ソ牽制手段としての威力効果を重視する明確な傾向性」[4] があったと指摘するように、大戦後の世界における米国の覇権の確立の手段として、原爆は用いられた。

史上初の原爆の威力に世界は慄然とした。米英ソ三国外相会議の合意を基礎に米・英・ソ・仏・中・カナダが提案し、一九四六年一月二四日の国連総会で国連原子力委員会が創設され、次のことが審議された。[5]

◆平和目的のための原子力に関する科学情報の交換。
◆原子力の平和目的のための国際管理。
◆原子力兵器および大量破壊に応用できる一切の主要兵器を国家の軍備から廃棄すること。
◆取り決めに従う諸国に対する違反等の査察・効果的補償措置を講ずること。

科学者の努力が反映した提案だったが、米ソの対立はこの提案の実現を阻み、国連原子力委員会は一九四九年七月に活動を停止した。

米国の核弾頭の生産数は一九四六年は九発だったが、四七年には一三発、四八年・五〇発、四九年・二五〇発、五〇年・四五〇発、五一年・六五〇発、五二年・二二五〇発と、その数を拡大させていった。[6] 米国の核兵器開発は軍事産業と結びついた巨大なビジネスとなった。

その動きはソ連にとって脅威であり、ヨシフ・スターリン共産党書記長は一九四六年一月、「原子計画を断固前進させることが重要だ」と力説した。同年八月、米国がビキニ環礁で戦後最初の核実験を行うと、軍需大臣と科学者に「できるだけ最短時間で原爆を製造してほしい。諸君も知っての通り、広島は世界を震撼させた。均衡は破れたのである。それが私たちの危険を解消してくれるのだ」という督促の書簡を送った。[7] ソ連はスパイ活動を含む国家的プロジェクトとして核開発に取り組み、[8] 一九四九年八月、ソ連は初の原爆実験を成功させ、米ソの核開発競争が始まった。

ソ連が予想を超える速さで原爆を開発したことに、米国は焦りを募らせた。ハリー・S・トルーマン大統領は一九五〇年一月、水素爆弾ないしスーパー爆弾を含むあらゆる原子兵器の開発を指令した。しかし、マンハッタン計画を推進し「原爆の父」と呼ばれたオッペンハイマーは、水爆の開発には反対を表明し、原子兵器禁止協定の締結を主張した。[9] オッペンハイマーに代わり、水爆開発を主張し、「水爆の父」と呼ばれたのは、エドワード・テラーだった。

テラーは一九五二年一一月、五〇キロトン、重量六五トンの据え置き型水爆「マイク」を完成させた。この時、広島の被爆者である三村剛昂《よしたか》広島大学理論物理研究所所長は「〔水爆の〕完成で人類は言語に絶する悲惨な運命にあうような気がしてならない」[10] と語った。オッペンハイマーと三村という核を熟知する日米二人の科学者が奇しくも、水爆の製造には強く反対していた。

●アイゼンハワーと「平和のための原子力」演説

一九五三年一月、米大統領は民主党のトルーマンから共和党のドワイト・D・アイゼンハワー（第三四代米大統領。在任一九五三～六一年）に替わった。ヨーロッパ戦線の英雄であるアイゼンハワーの人気は高かったが、共和党と民主党の議会勢力は伯仲していた。国務長官にはジョン・フォスター・ダレスが就き、二人は外交政策の柱を、社会主義勢力を〝巻き返し押し戻す〟ことにおき、①米国がどんな要求にでも耐えられる十分な軍事的立場と道義力、経済力を保持すること、②自由諸国との強力な同盟の輪を発展させることの二つを政策目標として掲げた。[11]核政策についてアイゼンハワーは同年一二月八日に国連で、有名な「平和のための原子力」演説（原子力平和利用の国際機関創設に関するアイゼンハワー提案）[12]を行った（以下、抜粋）。

「主要関係国政府は、基本的な用心をするのに許される範囲で、今すぐにその保有する通常ウランおよび核分裂性物質の貯蔵から、共同で国際原子力機関に提供し、今後も提供を続ける。……この原子力機関の最も重要な責任は、核分裂性物質を平和的な目的のために割り当てる工夫をすることであろう。原子力を農業、医療、およびその他の平和的活動に応用するために、専門家が動員されるであろう」

この演説は原子力の平和利用の呼びかけとして西側世界で歓迎された。一九五五年にラッセル・アインシュタイン宣言[13]を出して原水爆の危険性を世界にアピールしたバートランド・ラッセルも一九五四年一月一日付『朝日新聞』に「原子力と世界平和」を寄せ、「原子力の使い方を発見したことは、人類が成し遂げた最も重要な発見の一つである。これまでは主として原子力の戦争における重要性に関心が集中してきたが、その平和的利用の面をなおざりにするのはたいへんな間違いである」と主張した。日本の新聞に「原子力の平和利用」という言葉が登場するのはそれからである。

この演説から一ヵ月後の一九五四年一月九日、『朝日新聞』（夕刊）に次の二つの記事が載った。

①「十二日から米ソ原子力予備会談――参加国、議題など協議、早急な期待は困難か」

（ワシントン八日発）原子力平和利用のための米ソ予備会談は十一日〔米国時間〕からワシントン開かれる運びとなった。

②「米、新原子兵器を実験——近くマーシャル群島で　史上空前の水爆も？」（ワシントン八日発）米原子力委員会は八日「極秘の原子兵器について近く太平洋のマーシャル群島で一連の実験を行うため目下準備中である」と次のように発表した。

……今回の実験では史上空前の水爆の大爆発が行われるものとみられている。また実験場に関係者以外の立ち入りを許さないことからみて、おそらく重要な新型兵器の実験が行われるのではないかとみられる。

①はアイゼンハワーの「平和のための原子力」演説を受けた米ソ会談の記事で、②は史上空前の水爆の大爆発実験をするという記事であった。米ソの話し合いをする一方で、空前の水爆実験をするという協調と対立が並ぶ奇妙さが気になり、一九五三年の出来事を調べてみた。その年の主な出来事をあげてみると、三月—スターリン死去、七月—朝鮮戦争休戦協定調印、八月—ソ連水爆実験、インドシナ戦争で米仏連合軍の苦戦、一二月に前述のアイゼンハワー演説——などがあがる。この年は、スターリン死後、ソ連が平和攻勢を強めるとともに、四〇〇キロトンの威力を持ち、航空機で運べ実戦に使用できる水爆を開発したのに対し、米国は朝鮮戦争に勝利できなかったばかりか、インドシナ戦争でも民族解放運動が進み、米国が支援するフランスは守勢に立ち、米国の絶対優位はゆらぎ出していた。[14]

核問題に詳しい太田昌克（共同通信社）は、この頃の米国の政策について「アイゼンハワー政権は……五三年一〇月、政策文書『NSC一六二／二』をまとめ、『ニュールック』と呼ばれる新たな安保戦略を打ち出した。その神髄は核戦略による『大量報復』という核の威嚇を前面に押し出しながら、ソ連による西側侵攻の抑止を狙った新たな対ソ封じ込め戦略にあった」と述べた。[15]

それらから考えると、アイゼンハワーの国連演説は、ソ連の平和攻勢に対抗し平和利用の装いで世界にアピールしながら、守勢を攻勢に転じるために核配備を進め、[16]西側同盟国に余剰核物資を供給し、[17]同盟を強め影響力（覇権）を確立するためだったと考えられる。②の「史上空前の水爆」はソ連の水爆に対抗し、軍事力を誇示するために行われたことになる。アイゼンハワーの国連演説とビキニ水爆実験は補完しあう一続きの対ソ戦略であった。前記の一月九日付『朝日新聞』は米国の建前と本音の並列だった。

同年三月に、中曽根康弘議員（改進党）が唐突に議員立法で原子炉製造予算を提案し、ほとんど議論がないまま急遽、二億三五〇〇万円が計上された。米国の核戦略にのっとった行動であり、バスに乗り遅れるなという焦りもあったかもしれない。

●ビキニ水爆実験とブラボー・ショット

「史上空前の水爆」実験を行う場所として米国が選んだのは、中部太平洋のマーシャル諸島だった。マーシャル諸島は一九世紀後半、ドイツの保護領とされたが、第一次世界大戦でドイツが敗れると、ベルサイユ条約により国際連盟委任統治領「南洋群島」（南洋委任統治領）となり、一九一九年から四四年まで日本の統治下に入った。第二次世界大戦で日本が敗北し、米国の信託統治領となった。

米国はマーシャル諸島のビキニ環礁とエニウェトク環礁で、一九五四年三月から五月に毎月、原爆と水爆をそれぞれ一回ずつ、計六回の実験をするというたいへんな計画（キャッスル作戦）を立てた。その最大のものが三月一日の水爆実験で、「ブラボー・ショット」と名付けられた水素爆弾は一五メガトン（MT）の3《スリー》F《エフ》爆弾だった。

メガトンとはキロトンの一〇〇〇倍を示し、キロトンは通常爆薬（TNT＝トリ・ニトロ・トルエン火薬換算）の一〇〇〇倍を示す単位である。広島に落とされた原爆は一五キロトンで通常爆薬一万五〇〇〇トン分の爆発力だったが、ブラボー・ショットはその一〇〇〇倍、通常爆薬一五〇〇万トンの爆発力があった。

川崎昭一郎『第五福竜丸』によれば、3F爆弾とは、「最初の引き金で起爆剤の原爆（濃縮ウラン又はプルトニウム）が爆発、核分裂〔Fission〕が生じ、その核分裂で発生する高温で次に水素剤が爆発、水爆の要をなす核融合〔Fusion〕がおこり、その水素爆発が第二の引き金となって、爆弾の外側で押さえ部分となっていた天然ウランまでもが核分裂〔Fission〕し爆発することになった」「二段階の核分裂を通じて、予想を超えたおびただしい量の放射能を地球環境にまき散らした。……核融合反応で生じた超高速中性子が水爆の外殻部分をなす天然ウランのウラン二三八に当たって、中性子一個を叩きだしてウラン二三七がつくられる。その二三七が発見されたことで3F爆弾であることが確認された」[18]ということである。

爆発から七〜八分後、衝撃波はビキニ環礁の全ての島々を襲い、一〇分後、雲の傘の幅は一〇六キロに広がり、三〇分後、珊瑚礁の白い粉が降り始め、放射能は一万七〇〇〇平方キロメートル以上に広がった[19]。爆発の規模に関する当初の予測は二倍半も狂い、設定した「危険区域」をはるかに越えた地域に放射能を含んだ灰が降り、マーシャル諸島住民およびその海域で操業していた第五福竜丸など、多数の漁船・商船は甚大な被害を受けた。

米国は、一九四六年に「クロスロード作戦」を行ったのを始めとして、五八年に核実験を中止するまでマーシャル諸島全体で六七回に及ぶ核実験を行い[20]、大変な核被害を招いた[21]。

第二節　第五福竜丸の被ばくと報道

一、久保山愛吉無線長の英断

ビキニ環礁の東北東一六〇キロメートル、米軍が設定した「危険区域」[1]の東端から三五キロメートル外側で第五福竜丸が操業していた。西の空が急に明るくなるただならぬ光景に無線長の久保山愛吉《くぼやまあいきち》は「ひょっとしたら原爆実験を見たのかもしれない。無線で知らせればアメリカに傍受され、福竜丸の存在を知られてしまう。そうなれば攻撃を受けるかもしれない」と考え、[2]「無線は打たず、船や飛行機が見えたら焼津《やいづ》に無線を打ち、自分たちの位置を知らせる」ことを提案した。この判断が第五福竜丸を帰港させ、ビキニ水爆実験の実態を世界に知らせた。久保山の判断は彼の戦争中の体験にもとづいていた。飯塚利弘『久保山愛吉物語』から引用したい。

「太平洋戦争開戦から三カ月が経過した一九四二年二月から、焼津漁船の特設艦船三一隻のうち一七隻は、大日本帝国海軍連合艦隊第五艦隊第二二戦隊（監視艇隊）に組み込まれた。任務は太平洋の真ん中でアメリカの機動部隊の動きや来襲を監視することであった。無電を発信するのはアメリカの軍艦などを発見したときだけに限られており、船内での急病人が出ても無電を打つことは許されなかった。（中略）『われ敵艦を発見す』の無電発信は日本海軍だけでなく、アメリカ艦隊にもキャッチされ、たちまち艦載機群の攻撃目標にされた。だから敵艦発見の無電発信はその監視船の最後を意味すると言っても過言ではなかった」[3]

久保山は戦中、軍属（雇員電信員）として特設艦船[4]に乗った体験から、無線を軽々しく打ってはならないことを知っていた。しかし、放射能の恐ろしさは誰も知らず、降り続く灰（放射性降下物）をあびながら六時間、延縄《はえなわ》を揚げ続けた。乗組員で当時二〇歳だった大石又七は自著『死の灰を背負って』の中で、「作業中にめまいがしたり、縄を揚げ終わる頃には頭痛や吐き気、夜になると下痢をするものも何人かいた。……灰をかぶって三日目頃から、顔の皮膚が異様に黒ずんできた。いつもの日焼けの黒さと違う墨色で、歯茎からの出血もある。……一週間を過ぎた頃……髪に櫛《くし》を入れていて、ふと、毛の抜けてくるのに気づいた」[5]と記した。

AEC（米原子力委員会）は「ブラボー・ショット」の被害を次のように発表した。[6]

「マーシャル諸島における通常の原爆実験の過程で、二八人のアメリカ人と二三六人の現地住民が予防計画に従って近くのクワジェリン環礁に移された。これらの人々は思いがけなく若干の放射能にさらされた。火傷は受けていない。すべて経過は良好とつたえられている。原爆実験が終了したあと、住民は故郷に帰されることになるだろう」

秘密主義のAECが「思いがけなく若干の放射能にさらされた」と報告せざるを得ないほど、甚大な被害があったと読むべきだろう。仮に第五福竜丸が帰港しなければ、この大事件は闇に葬られたかもしれない。

二、帰港と第一報

第五福竜丸の母港である焼津には戦時中、漁船・漁民が徴用され戦死した人が多かった。[7] 占領中、食糧問題の逼迫もあり漁業は次第に拡大されたが、マッカーサー・ライン[8]とよばれる操業区域の制限があり、母船式のマグロ漁が許可されたのは一九五〇年五月だった。独立後、マッカーサー・ラインは解除され、ミッドウェイ島からハワイ諸島南方、マーシャル諸島から赤道近くまで、およびインドネシア沖での操業が可能となり、五三年にインド洋での操業もできるようになった。焼津は遠洋漁業の基地として活気を取り戻し、いよいよこれからという時期を迎えていた。

一九五四年一月二二日に出航した第五福竜丸が焼津に戻ったのは三月一四日午前五時五〇分、今度の航海は不運続き[9]で待ちこがれた帰港だった。この日の水揚げ時刻には間に合わなかったので、荷下ろしは翌朝になった。放射能で焼かれ黒くなった乗組員の顔を見て驚いた船元（船主）の西川角市《すみいち》は、彼らに焼津協立病院に行くよう指示した。診察した大井俊亮《としあき》医師は原爆症と直感し、三月一五日、傷が一番ひどい二人の乗組員に、紹介状と、持ち帰った「白い灰」を持たせて、東京大学付属病院の清水外科に向かわせた。

翌一六日に第五福竜丸の被ばくが『読売新聞』で報じられた。船主の近くに下宿していた『読売新聞』の焼津通信員・安部光安《みつやす》記者が福竜丸被ばくの情報をキャッチし、他社に悟られないよう第一報を東京本社に送り[10]、東京本社の村尾清一《せいいち》記者が東大病院で乗組員を見つけ、記事を書いた。乗組員も船主も気づかないいま報じられた、『読売新聞』の大スクープだった。

三月一六日付『読売新聞』朝刊の見出しには、「邦人漁夫、ビキニ原爆実験に遭遇」「二三名が原子病　一名は東大で重症と診断」「水爆か」「死の灰つけ遊び回る」「焼けたゞれた顔　グローブのような手」「東大で精密検査、今日、権威が集まって」とあり、『死の灰』をつけ寄港した第五福竜丸（静岡放送）」というキャプションつきの第五福竜丸の写真が大きく掲載された。今読んでも、センセーショナルな記事である。

◆水爆か

この爆発実験はアメリカの公式記録によってもビキニ環礁で行われたもので、日本漁夫の申し立てにも一致しており、しかもこの日の実験では、二八名の米人と二三六名の現地人が〝ある種の放射能〟によって火傷したと報告されているが、今までの原爆実験ではこの種の事故が報告されていないところから見て、あるいは水爆かとも見られ、その強力な放射能を持った〝死の灰〟が国内に持ち込まれて不用意に運ばれているとすれば危険なことである。

◆焼けたゞれた顔　グローブのような手

ひん死の床で増田さん語る……顔といったら、耳の穴と目から膿じゅうのようなものが流れ出ており、そしてかゆいのかグローブのように不格好に指がふくれあがった手で顔中ごそごそとかきながら苦しそうにしゃがれた声で語った。

〝死の灰〟という強烈なネーミング、「原子病」「放射能」「焼けたゞれた顔」という言葉――第五福竜丸と広島・長崎への原爆投下の惨状を重ねたこの記事を見るまで、乗組員も焼津市民も自分たちの大変な状況を知らず、全く寝耳に水であった。『読売新聞』は当時、原子力の平和利用に関する特集記事を掲載していたこともあって核問題に精通した記者がいて、第五福竜丸の帰港は原爆（水爆）問題に一挙に結びつけられて報道されたのである。記事を見た大石又七は次のように書いている。[11]

「三月一六日が明けてビックリ。……『邦人漁夫、ビキニ原爆実験に遭遇』……、俺たちのことではないか。書かれたこっちがびっくり仰天した。……町中がたちまち騒然となった。……（船の中で）計器を向けたとたんそこら中バリバリ音がする。俺たちは何が何だか分らず、あっけにとられながら、あっちによけ、こっちによけしていた」

「漁港、市役所、病院と町中が大騒ぎだ。……三月一七日、東京大学付属病院から放射線科の中泉正徳《なかいずみまさのり》、血液専門の三好和夫、アイソトープ科の筧弘毅《かけいひろたけ》の各博士の一行が訪れてみんなを診察した。ピストルのおばけみたいな格好をしたガイガーカウンターを俺たちの体に近づけると、フライパンで豆でも煎るような高い連続音がして、計数機の針は目盛りいっぱいに振り切り、あわてて先生方は後ろに飛びのいた」

当時の人々はどう受け止めたのか。三月一八日の『朝日新聞』の「天声人語」は、「何の因果か春の海をはるばるとビキニの原爆灰がご丁寧に日本まで運ばれてきた。……広島と長崎でさんざん痛めつけられたのに三五〇〇キロも離れた太平洋の果てから灰をかぶってきて市民の台所にまで放射能を配給するとはよくよく念の入った宿業《しゅくごう》である」と書いた。「広島と長崎」「太平洋の果て」「配給」という言葉の連鎖に、アジア太平洋戦争の体験を想起した人は多かった。「アラからトロ」まで、つまり庶民の総菜から高級料理にまで使われるマグロという食材を通じて、死の灰＝放射能＝原爆被害が自分の家にもやってくるかもしれないという不安感を抱いたことだろう。戦争体験と食糧不足という痛苦の経験を国民に思い出させるような文章だった。今から見れば、天声人語子の〝やっかいものを持ち込んだ〟という見方は、冷静な判断をし、命がけで帰還し、危険性を伝えたという乗組員の英断に対する評価を欠いた、きわめて内向きの見方である。しかし、当時の日本人の心理を見事に映した文章だった

この日から乗組員たちは報道の渦に巻き込まれていった。〝やっかいものを持ち込んだ〟という、報道に

煽られた世間という衆人環視の中で、二三人の漁民の人生は変えられていった。

三、新聞報道と魚パニック

●あふれる原水爆情報

『読売新聞』に特ダネ記事を抜かれた『朝日新聞』はその日の夕刊（三月一六日付）の三頁を第五福竜丸被ばく関連に割いた。その中に、「強い放射能を検出、築地で福竜丸の魚押〔さ〕う」という記事があった。

「……科学研究所山崎研究室大塚、斉藤両室員が築地市場で原爆魚の放射能の測定を行った。その結果について両氏は次のように語った。『放射能測定器で測定したところ、一ミリグラムのラジウムが持つ放射能と同程度の放射能が記録された。この放射能は相当強いもので、三〇センチ以内に長くいると放射能の害を受けるし、また、もちろん食べれば危険がある。今のところ放射している物質は不明で、今後は総合的な研究が必要だ』」

魚を食べる危険性について警告した最初の記事で、水爆でなく原爆による被爆となっていた。「原爆魚」とはギョッとするネーミングである。

『朝日新聞』は前日の夕刊に続き、翌一七日の朝刊はほぼ三頁をビキニ関連記事にさいた。見出しは「ビキニの灰　三度味わった原爆の恐怖」をトップに、「水爆だろう　吸えば肺も冒される　武谷《たけたに》〔三男《みつお》〕教授談」「サメからも放射能　早ければ食べた翌日発症」「原爆症とは」と原爆関連用語のオンパレードだ。「原爆症とは」の記事に当時の原爆症についての認識が示されている。「広島、長崎の原子爆弾による災害は、①熱、②機械力、③放射能の三種に基づいている。このうちの放射能による障害をとくに原爆症とよんでいる。強い放射能が人体に与えられると、まず血液が、次いで造血臓器としての骨髄、ヒ臓、リンパセンなどが、続いて肺臓、胃腸管、肝臓、ジン臓などの内臓が冒される。そしてまず出血症状が起こり、かつ血液中の白血球は極度に減少し、ひどい時には一立方ミリ中千以下（普通は六―七千）となる。急性症状は大体は二カ月で進行が止まり、四カ月で一通り落ち着く。その後に後遺症として、熱傷や外傷後のヒキツレ、異常に高まるケロイド、白内障、白血病、再生不良性貧血などが出てくる。有名な〝ケロイド〟というのは火傷のあとが異様に肥厚し、その部分だけの皮膚がもち上がり、手術してもまたもとどおりにふくれ上がるという面倒なもの。普通の火傷と違って、深部まで火傷しているために起こるのだといわれている」

原爆や放射能に関する情報を求める声に応えようと、新聞やラジオ、週刊誌が熱心に報じた。占領下、禁じられていた原爆報道が一挙に解禁されたようで、各社は競って報じた。その結果、当時の人々は、多くの原爆関連情報を初めて得たが、その一方で第五福竜丸被ばく→マグロ・サメの放射能汚染→原爆症という短絡的な理解を生み、不安が広がり、パニックがおこった。

●競り中止！

三月一七日、築地市場で本マグロは半値に下がり、売れ行きは通常の半分以下となった。三月一八日、魚は売れず、とくにマグロ、カツオなどの大物類に全然買い手が付かなかった。三月一九日付『読売新聞』（夕刊）は「大物セリ立たず・魚河岸一七年ぶりの異変」の見出しで次のように報道した。

「一九日、東京築地魚市場の魚類入荷総量二二万五千貫、うちマグロ、カツオなど大物類は八六〇貫だったが、原爆マグロの影響で、大物には全然買い手が付かず、ついにセリが立たなかった。このような社会現象によるセリ不成立は市場開設以来で、昭和一二年六月、小売業者の不買同盟争議以来一七年ぶりのことである」

新聞、ラジオ、写真ニュースを通して、報道は全国に流れ、〝原爆魚〟〝放射能〟の話題で持ちきりとなった。魚市場は閑散とし、魚屋は注文の返品に頭を抱えた。魚屋を遠ざけて歩く人も出てきた。メディアの圧倒的な力を通じて伝えられる「原爆魚」「放射能」は、漁業関係者の生活を脅かしはじめた。

第三節　マスメディアとビキニ事件報道

一、ビキニ事件前の原爆報道

●占領下の原爆報道

「〔ビキニ〕事件に遭遇したとき、俺が知っていた原爆の知識は『広島に新型爆弾が落とされたらしい』『それはピカドンというらしい』、この言葉二つだけ、放射能など言葉すら知らなかった」と、第五福竜丸の乗組員の一人で、ビキニ問題を熱心に発言している大石又七は語る。(1)「原爆」は第五福竜丸事件が表沙汰になるまで、どう報道されてきたのだろうか。

松浦総三《まつうらそうぞう》は『戦中・占領下のマスコミ』(2)で広島の被爆歌人・正田篠枝《しょうだしのえ》を取材し、正田から「原爆のゲの字も書いてはいけない時代でした。……ＧＨＱにみつかれば『必ず死刑になる』」と言われ、『さんげ』は「死刑になってもよいという決心で、身内のものが止めるのもきかずやむにやまれぬ気持ちで秘密出版しました。無我夢中で、ひそかに泣いている人にひとりひとり差し上げた」という証言をひきだした。正田は原爆詩集『さんげ』を一九四七年一二月にひそかに印刷し、配布した。栗原貞子、大田洋子、原民喜《はらたみき》、峠三吉《とうげさんきち》ら広島の表現者たちも同じ思いだった。彼らの主要作品は原爆を書く自由が制限されていた占領下でたいへんな覚悟でひそかに書かれたものであった。

松浦は、前掲書でＧＨＱが検閲の中で「一番神経を使ったのは原爆報道だった」「原爆報道に関しては〝民主化時代〟もなかったし、民政局と諜報部の対立もなかった」と書いたが、原爆情報がソ連に伝わること、反米感情が醸成されること、原爆を使用した点で非人道的で野蛮な国であるという印象を持たれることを米国は恐れていた。(3) 一九四九年に出版された大田洋子『屍《しかばね》の街』は初稿のままでは出版は許されず、永井隆《たかし》『長崎の鐘』は長い審議のすえ、占領軍の諜報部作「マニラにおける日本人の極悪非道の行為」という文章を併載することでやっと出版できた。

「一九四九年という年は、ソ連の原爆所有が明らかになった年であり、占領軍にとっては、もはや原爆を秘密にすることの意味もなくなった年であった。だから、占領軍としては、一方では原爆の恐ろしさを日本人に知らせて威嚇しながら、一方ではアメリカは平和のために原爆を投下したということを宣伝しつつ、原爆に関する出版を部分的に許可したのであろう」と松浦は記した。また、モニカ・ブラウ『検閲』は「原子爆弾の生存者が健康を回復しているという、都合のよい（そして事実ではない）報道は発表された」(4) と記す。米国への責任追及に向かったり反米感情を広げないよう、GHQは得意の心理戦術を活用し、硬軟取り混ぜた巧妙な検閲活動を行い、日本政府もそれに協力した。

●占領下の原爆展

占領下、学生たちが開いた原爆展がある。現在、「長崎証言の会」等で活動する広瀬方人《まさひと》は同志社大学で開いた原爆展についてこう語っている。(5)

「朝鮮戦争が始まり、釜山の一角まで国連軍が追い詰められたときに、中国本土に原爆を落とすということが大きく取りざたされました。私はこれはたいへんだとその時危機感を覚えました。それで翌年の一月、京都から帰って、長崎駅からまっすぐに、田川務市長の自宅に行って、『原爆が又使用されるかも知れないというたいへんなニュースがでているが、京都では誰も原爆のことを知らないから、原爆展を開きたい。資料を貸して欲しい』と言いました。黙って聞いておられて、『明日爆心地に人をやるから、欲しい資料を選んで持っていっていい』と言われたんです。……一月の末頃、木のリンゴ箱に入れて送ってきました。一九五一年の六月一四日から同志社大学の校舎の二教室を借りて展示をしたのが、私が原爆に関わった最初でした」

長崎で被爆した広瀬が朝鮮戦争をきっかけに、やむにやまれぬ気持ちで開いた原爆展だった。

一ヵ月後、京大同学会（京大の全学学生自治会）が「綜合原爆展」を京都駅前の丸物《まるぶつ》百貨店で開いた。七月一四日からの一〇日間で三万人、枝分かれし開かれた小原爆展の入場者も入れると約一五万人の人たちがこの原爆展を見たといわれる。主催した一人に京大生であった林茂夫がいる。林はその後、日本平和委員会事務局に入り平和運動を推進し、後に『ビキニ水爆被災資料集』という大著を編集した。(6)

京大教授で一九四九年にノーベル物理学賞を受賞した湯川秀樹は、京大同学会の原爆展について小冊子『平和は求めて追うべし』で、「わが国において核兵器反対の運動が本当に国民的な規模でさかんになったのは〝ビキニ〟以来のことであったと思う。それ以前の運動は、国民全体のものであったというよりも、むしろ先駆者的な動きといえる性格のものであった。それは熱意と勇気ある人たちの運動であり、その意味において京大同学会が一九五一年に原爆展をおこない、地味な形でおし進めていったことは立派だと思う。この先駆者的な意義をもち、しかも地味で目立たぬ一つ一つの努力のつみかさねが〝ビキニ〟以後の全国民的な運動を促進し、つよめるものとなったといえるだろう」と記し、奮闘をたたえた。(7)

東京大学理学部学生も原爆展を開いた。元都立戸山高校教員の武藤徹は、東大生の時の体験として「私は敗戦後、十月に大学に戻るが、理学部の学生が主体となったと思いますが、理学部二号館の化学館で原爆報告・原爆展が開かれ見学しました。溶けた瓦などを多くの学生が見ています。当時は占領軍の支配下で、原爆の展示はむずかしかったが、学術調査団に参加した学生等が中心になったと思います。写真は展示されていませんでしたね」と筆者に語った。(8)

朝鮮戦争で米国が原爆を投下するおそれがあった時期に学生たちが開いた原爆展は、丸木《まるき》位里《いり》・俊《とし》による

「原爆の図」全国巡回展と同様[9]、平和運動においては画期的な取り組みであり、占領下の勇気ある行動であった。

二度の原爆投下にもかかわらず、原爆報道は、敗戦前は〝士気が下がる〟という理由で日本政府が禁じ、占領中はGHQからプレスコード[10]で厳しく統制されていたために、国民が得た情報はきわめて少なかった。占領期を研究した笹本征男《ささもとゆくお》は、投下直後から日本政府が軍や帝国大学の研究者などを動員し詳細な原爆調査をし、四五年九月三日に「原爆被害調査報告書」を米軍に提出[11]したことを明らかにした（『米軍占領下の原爆調査——原爆加害国になった日本』）。

笹本は「日本は……原爆の効果（影響）・被害を調査研究して、その結果をアメリカに全面的に提供する政策を実施した」が、「［文部省］科学教育局の通達には、どこにも原爆被害者に対する救援・救護の方針はない」（同書、二八七〜二八八頁）という事実を、怒りをもって伝えている。米国に情報をさし出しながら国民には秘密にしたために、放射能という言葉すら一般民衆は知らなかった。

●『アサヒグラフ』の原爆特集

朝日新聞社が発行していた雑誌『アサヒグラフ』（編集長・飯沢匡《いいざわただす》）一九五二年八月六日号の「特集　原爆被害の初公開」は全国に衝撃を与えた。被爆者の姿を如実に示す写真の公開をめぐり編集部で激論が交わされたが、発行を決断したのは編集長の飯沢匡[12]だった。写真の多くは被爆直後に広島入りした朝日新聞社所属のカメラマン松本榮一《えいいち》と宮武甫《みやたけはじめ》が撮影したものである。占領中、そのプリントはGHQに没収され、フィルムは焼却を命じられたが、二人は密かに一部を保管していた。特集号は発売と同時に売り切れ、多色刷りの表紙を単色刷りして緊急増刷された。それでも約一カ月間は、読者の需要に追いつくことができなかったほど売れたという[13]。

飯沢匡は巻頭言に次の文を記した。

「……この特集を見て、思わず目を覆う人々は多いことであろう。……大部分の日本人は抽象的な記述と巨大な茸《きのこ》型の雲の写真などによってのみ、その残虐さの片鱗を知るだけであった。これは偏《ひと》えに占領期間中、あらゆる被害の残虐を伝える報道と写真が厳重に検閲され、公表を禁じられていたからに他ならぬ。ここに、広島、長崎両市の写真を特集するのは単なる猟奇趣味の為ではない。……将来の戦争を口にするほどの人は、この特集に見る無惨な姿と同じ――いや、それ以上のものが、やがて、我々自身の上にも生起せぬとも限らぬ、その心構えだけは忘れて貰いたくないのである」

独立直後に被爆の実態を取り上げ、伏せられてきた被爆情報を国民に伝えようとした勇気と意気込みが伝わってくる。しかし、「猟奇趣味」「無惨な姿」から一挙に「やがて我々自身の上にも生起せぬ共限らぬ、その心構えだけは忘れて貰いたくないのである」へと飛躍する論調にやや違和感を覚える。「犠牲者となった」という過去と、「やがて我々」という未来は語られているが、現実の広島・長崎の被爆者の姿が伝わってこない。飯沢の想像力をしても、被爆地・被爆者との距離は大きかったということだろう。第五福竜丸帰港後の大報道はこの距離を一挙に縮めた。

●マスメディアの登場

『読売新聞』のスクープの後、報道関係者は焼津や乗組員が入院している東大病院・国立東京第一病院へ駆けつけた。報道合戦が始まり、ニュースは全国に広がり、国会や地方議会でも取り上げられるようになった。この年の四月にラジオ東京（現ＴＢＳ）に入社し、ラジオ番組「録音ニュース」を担当した鈴木茂夫は、「戦後、全国的なニュースとして継続的に大きく報道が組まれたのは、この事件が最初だったのではないか」「この事件から多くの新聞は『科学欄』をつくり、理学部や医学部出身者を新聞社が採用するようになった」と語った[14]。新聞が普及し、ラジオは民間放送が増えていた。五四年の新聞の発行部数は三四三七万二〇〇〇部（朝夕刊を別々に計算した一日の発行部数。一九五六年版『国勢図会』より）で、ラジオの聴取状況は以下の通りであった[15]（表15参照）。

一九五三年一〇月から五四年一二月までの時期は民間ラジオ放送の躍進の時期だった。とりわけ五四年は四月に文化放送が出力を増強し、さらに七月一五日にはニッポン放送が発足したため、NHK、ラジオ東京とあわせ四局による全国放送が始まった年であった。ラジオの受信契約者数は五二年に一〇〇〇万を超え、五四年三月末で一一七〇万九一七三となり、この年のラジオの普及率は七五・二%、全国の四分の三の家庭にラジオが普及したことになる。

表15　ラジオの聴取状況

年　度	ラジオ台数（千台）	世帯当たり普及率
1945年	5,728	39.20%
1950年	9,193	55.40%
1952年	10,540	63.60%
1953年	11,452	69.40%
1954年	12,505	75.20%
1955年	13,253	78.80%

〔『国勢図会』1956年版より〕

週刊誌も鰻登りで販売部数を伸ばし、特に『週刊朝日』は五四年九月に一〇〇万部を突破した。新聞やニュース映画やNHKラジオだけでなく、ラジオ民間放送や週刊誌という、より大衆的なメディアがニュースを伝える媒体として登場し、一斉に、大量に、時にはセンセーショナルに報道する態勢が整備された。ビキニ水爆実験と第五福竜丸被ばくはメディアの大衆化が始まった時におこった特筆すべき事件だった。第五福竜丸被ばくは、広島・長崎原爆の実態や原水爆情報とともに三度目の「被爆」として広く報道された。国民の食料・健康に関わる重大事であったため、国民の関心は否が応でも高まった。

二、『ゴジラ』と「お富さん」

●映画『ゴジラ』の大ヒット

第五福竜丸の被ばくはそれまで、被爆者、被爆地以外、ほとんど意識されていなかった原爆問題を一挙に近づけた。この事件に想像力をかき立てられた作家たちは多く、その一人が、特撮怪獣映画『ゴジラ』を制作した東宝映画のプロデューサー田中友幸《ともゆき》だった。第五福竜丸の被ばくを、南海の海底に眠っていた恐竜（ゴジラ）が水爆実験で目を覚まし日本を襲うというイメージと結びつけた田中は、人間が生み出した恐怖の象徴としてコジラを描いた。

インドネシアとの合作映画の計画が頓挫し代わりを求めていた田中は、対案として『ゴジラ』を制作した。「子ども向きのゲテものとしてではなく、むしろ考えられる限りで一流のスタッフによる、真面目な作品として企画」された作品だった。[16] 一九五四年一一月三日に封切られた『ゴジラ』は、黒澤明監督の『七人の侍』とともに東宝の一九五四年度の大ヒット作品となった。

「やあね、原子マグロだ、放射能雨だ、その上今度はゴジラと来たわ」「せっかく長崎の原爆から命拾いしてきた大事な命なのよ」という台詞は効果的で、「三度核」に見舞われた犠牲者としての日本人、そこでけなげに生きる日本人を描くとともに、戦争の記憶・兵士の怨霊を南の海に封じるメッセージも感じる。映画史家の四方田犬彦《よもたいぬひこ》は自著の『日本映画と戦後の精神』で、〝ゴジラ〟には核爆弾の脅威、日本と同じように核兵器の犠牲者、広島・長崎の惨禍を経て生き延びた戦後日本社会の隠喩が込められていると述べ、さらに民俗学者の赤坂憲雄の「南方で非業の死を遂げた兵士たちの怨霊の隠喩」という解釈を紹介した。[17]

また、黒澤明はビキニ水爆実験の翌年、一九五五年に『生きものの記録』を発表した。核兵器の脅威から逃れるために全財産を投じてブラジル移住を計画する老人が、計画を阻まれて最後に精神病院に収容されるというストーリーで、実年齢三五歳の三船敏郎が演じた老人の姿は鬼気迫るものがあった。興行的には成功しなかったが、黒澤監督は自分が好きな作品にあげている。

●街に流れる「お富さん」

同じ一九五四年、キングレコードが出した「お富《とみ》さん」（作詞・山崎正、作曲・渡久地政信、歌手・春日八郎）が大ヒット曲となった。この頃、「五木の子守歌」「ひえつき節」など民謡調の曲が流行り、「お富さん」も日本調の歌だった。歌手にはスターらしくない中年の春日八郎が起用され、歌詞もメロディも古くさく、子ども時代の筆者にはなじめない歌だった。東京放送に勤めていた鈴木茂夫は、夏の終わりに久保山愛吉が入院している国立第一病院に取材に行った時、「街に『お富さん』が流れ、パチンコ屋で『軍艦マーチ』が鳴っていたことが印象深かった」と、筆者に語った。

「粋な黒塀　見越しの松に」で始まるこの歌には歌舞伎の「切られ与三郎」のセリフが歌われているというが、筆者は戦地から復員してくる兵士を連想する。一～三番の印象的なフレーズをいくつか挙げてみよう――「死んだ筈だよ　お富さん」「過ぎた昔を恨むじゃないが　風も沁みるよ傷の跡」「愚痴はよそうぜお富さん　せめて今夜はさしつさされつ飲んで明かそよ」。

戦争が終わり、人々が占領・戦闘地域から戻り、「死んだ」と思っていたが、「生きていたとは、お釈迦様でも知らぬ仏」で、戦争中の体験は「過ぎた昔」として「恨むじゃない」が、戦争の「傷の跡」が「沁みる」よ。「傷」のお返し（補償）は「一分じゃ」「すまされめえ」が「愚痴はよそうぜ」と。

戦争の体験を「愚痴」をいうことなく水に流し、「恨むじゃないよ」と呼びかけ、戦場の銃剣での「さしつさされつ」の戦闘体験を、「お富さん」（異性）との「さしつさされつ」の私的な関係に置き換え、「黒塀、見越しの松」で象徴される日本が「生きていた」として、独立と日本回帰のイメージを含む。なかなか癒されない戦争による加害・被害の傷の深さ、ままならない戦後の暮らしなどの苦労を「身の定め」と諦めて、私的な関係で癒そうというメッセージと読めないか。

足かけ一五年間に及ぶアジア太平洋戦争の記憶、七年間に及ぶ占領の記憶は決して軽いものではなかった。「お富さん」の日本調のメロディや歌詞は、「日本」へ回帰したいという当時の日本人の気分にフィットした。そこには米国への心情的拒否感・反発、さらにナショナリズムも含まれていたのではないだろうか。そんな時に第五福竜丸は帰ってきた。第五福竜丸の被ばくは日米関係、対米感情、また米国の核戦略の重要機密にも触れる事件であり、パンドラが秘密の箱を開けたような混乱を日本全体にひきおこしていった。

第四節　揺れる日米関係

●怒りを呼んだ米国の対応

加害国である米国は第五福竜丸事件にどのように対応したのか。一九五四年三月期の新聞記事の一部を紹介する（冒頭の「　」内は新聞の見出し。掲載日順）

◆「被爆漁民スパイとも思える（「スターリング」・コール米上下院合同原子力委員長が重大発言）」（三月二四日付『産経新聞』夕刊）

日本人漁船および漁夫が受けた損害についての報道は誇張されているし、これら日本人が漁業以外の目的（スパイの行為を意味する）で実験区域へ来たことも考えられないことはない。

◆「マグロに米国の不審な態度／輸出用は精密検査」（三月二九日付『朝日新聞』朝刊）

去る二五日夕、横浜港で輸出用冷凍マグロの検査状況を視察した〔メリル〕・アイゼンバッド博士〔米原子力委員会衛生安全局長〕はまずマグロの口を調べさせ、次いでエラ、腹部、最後に切り口から胴中にガイガー計数管を突っ込ませるといった精密検査を検査官に命じ、「輸出用についてはこの検査方法を行うよう」立ち会った厚生省関係者に指示して帰った。……「それだけ心配されるものなら、なぜ日本側の検査方法についても同様な助言をしないのか、米側の態度は声明と行動が全く違っている」と検査関係者は不平をぶちまけている。

◆「米、第二回水爆実験／三月二六日マーシャル群島で成功裏に終了」（三月三〇日付『朝日新聞』夕刊）

ルイス・ストローズ原子力委員長は二九日朝……次のように語った。

現在行われている一連の熱核爆発実験の二回目は、三月二六日成功裏に実施された。作業隊付属の海、空軍部隊が目測とレーダーによって実験水域を慎重に捜索したが、実験水域には一隻の船も発見されなかった。今回の一連の熱核爆発実験から国防上極めて重要な資料がもたらされている。

米国の傲慢な態度に対する記者の怒りが伝わる。米国は日本側に対し、三月一九日に公海上の立ち入り禁止区域を六倍に拡大することを一方的に通告し、核実験をその後も継続した。立ち入り禁止区域が拡大した結果、漁場は減り、放射能汚染で魚は売れず、漁民は苦境に陥ったが、第五福竜丸乗組員に対する米国の謝罪表明は四月九日までなかった。来日したアイゼンバッド米原子力委員会衛生安全局長は、マグロの検査場に行き、米国に輸出するマグロについては厳重な精密検査を行うよう要求した。乗組員の命を脅かし、日本人が魚を食べられない状況におきながら実験を続け、自国に輸出するマグロには厳密な検査を要求する居丈高な姿勢に対して、国民の反発と怒りが首をもたげてきた。

●日本政府の対応

日本政府は米国政府にどう対応したのか。新聞記事と議会での答弁で見ていきたい。「病気」を理由に大磯の私邸に閉じこもっていた吉田茂首相に代わって、議会答弁は岡崎勝男《かつお》外務大臣が行った。

◆**衆議院厚生委員会での答弁**（三月二五日付『朝日新聞』夕刊）

わが国としては日米安全保障条約を結び、米国とは特別な関係にあるので原水爆の秘密保持には協力し、また米国の実験にも協力したい。問題は漁業の損害でこれには実情を調査して答えたい。

◆**原爆実験に協力／岡崎外相、日米協会で演説**（四月一〇日付『朝日新聞』朝刊）

……原爆実験のため漁業が特定の公海域から除外されることは日本にとって非常な損失であることはいうまでもない。我が国経済は漁業に依存すること大であるからである。しかしながらわれわれは米国に対し原爆実験を中止するよう要求するつもりはない。それはわれわれがこの実験が米国のみならずわれわれもその一員である自由諸国の安全保障にとり必要なことを知っているからである。こうした立場からわれわれはこの実験の成功を確保するため他の自由諸国と協力するであろう。

岡崎外相の三月二五日の発言は与党議員にも批判され、日本政府は三月三一日になってやっと次の要請をした。しかし、岡崎外相はその後も日米協会で全面協力の演説をしていた。

◆**「ビキニ周辺の安全保障　政府　米に要請せん」**（三月三一日付『朝日新聞』夕刊）

政府は三一日中にも在日米大使館に対し、ビキニ環礁周辺の安全保障を米国に要請する口上書を提出する予定である。先に奥村〔勝蔵《かつぞう》〕外務〔事務〕次官は〔ジョン〕・アリソン〔駐日〕米大使に対し一応口頭で安全保障のため十分な措置をとることを要請したが、外務省ではその後、この点について具体的に研究した結果、日本側の要請事項を明記した口上書を提出することとなったものである。口上書の要旨は次の通り。

一、ビキニ周辺のマグロ漁場の最盛期（十一月～三月）の実験はなるべく避けてほしい。

一、実験のための期間はなるべく短くしてほしい。

一、右の危険期間中でも、危険がなくて通過や漁獲できる時期をなるべく指定してほしい。

一、実験の日取りをできれば通知してほしい。
一、現在指定されている危険区域は、南方漁場への往復上不便であるから、西方の区域を削除してほしい。

「なるべく」「できれば」の連発である。「原爆実験に協力」と表明した岡崎外相発言に対し、「一体どこの国の外務大臣?」という皮肉な声があがり、国会論戦でも「独立国の外交とは思えない」「萎縮した外交姿勢」という発言が出された。吉田首相は不人気の上に「隷従外交」批判が重なることを避けたのか、「病気」を理由に大磯から出なかった。

独立したにもかかわらず、太平洋で水爆実験をし、放射能をまき散らす米国に隷従する日本外交の有様に国民の怒りは高まった。原子炉製造予算を通し、米国の核の傘に入ろうという動きは棚上げとなり、「原子力の平和利用」の記事は激減し、乗組員の病状報告・放射能汚染の記事に変わった。

一九九一年一〇月二四日公開の『外務省外交文書』に「第五福竜丸の被災事件に関する件」というタイトルで、一九五四年三月二五日発の、岡崎外務大臣から井口貞夫・駐米大使宛の電報が収録されていた。「極秘」の印が押され、「以下暗号」として、次の内容が記されていた。(1)

一、一七日アリソン大使は奥村次官に対し、米側は本件に関する安全保障の問題を特に重視している旨を申し出るとともに、事件の調査、被災者に対しては出来るだけ治療上の援助等をしたい旨、及び福竜丸に関連する機密を保持し、かつ汚染の消除を安全に行うため同船を横須賀に回航してもらいたい旨等を述べた。〔二、三は省略〕
四、……アリソン大使からは、(イ)福竜丸の汚染消除を米海軍に行わしめるか、同船を海中に沈めるか、または、同船への立ち入りを防止されたい。(ロ)米側の技術者にも自由に患者を見せて貰いたい。

（ハ）放射能を帯びた灰、着衣、木その他のインヴェントリーをとり、政府が責任をもって保管されたい。
（ニ）本件関係の外部への発表を審査し検閲するようにされたい。旨申し出があった。

第五福竜丸の帰港は明らかに米国を動揺させた。米国は「福竜丸の汚染消除を米海軍に行わしめるか、同船を海中に沈めるか、または、同船への立ち入りを防止されたい」と執拗に要求しているが、外務省はこれには同意しなかった。最早占領期ではなかった。だが、米国は何を恐れていたのだろうか。

物理学者の小沼通二《こぬまみちじ》が(2)、「水爆構造の機密解明」の中で、「東京大学付属病院から『治療の対策を立てたい』として、船に降り積もって船員が持ち帰った灰の成分の分析を依頼された東京大学理学部化学教室の木村健二郎(3)研究室では、一七日に焼津を訪れてさらに灰を集め、一八日から昼夜兼行で分析を始めた。……大阪市立大学医学部の西脇安《やすし》も重大性を知ったため一七日に焼津に行き、灰を持ち帰って有機化学教室が一八日から分析を行った。京都大学、静岡大学なども分析を進めた」(4)と書いている。

米国はまさにこれを恐れていた。第五福竜丸に残った灰は、ブラボー・ショットの秘密を解明する資料であった。分析の結果、大量のウラン二三七が含まれていたことを木村研究室は突き止め、そこからブラボー・ショットが3F爆弾であることが判明するのである。小沼は「米国が秘密にしていた死の灰の成分分析とその公表は、間違いなく日本の科学者の大きな功績であった」と記している。(5)第五福竜丸の帰港は米核戦略の根幹を突いたこととなった。

ビキニ水爆実験の背景には、米ソの核開発競争、戦後世界のヘゲモニー争い、さらに軍需産業の軍拡要求、さらに「スーパー爆弾」をつくろうとするエドワード・テラーの対抗心・功名心もあったと考えられる、日本政府にも、米核戦略への参加の動きがあり、原子炉製造予算を通していた。その企図を一旦ストップさせたのが第五福竜丸の帰港だった。

この頃、報道は隆盛期を迎え、第五福竜丸のニュースは瞬く間に日本中に伝えられた。占領期に抑えられていた分を取り返すような大量報道だった。乗組員の健康状態、捕ってきた魚の放射能汚染=食料問題、漁業者の生活問題、米国政府の対応、日本政府の対応等がダイレクトに報道された。当時はそれまでの報道規制のために日本国内でも原爆と空襲の決定的な違いが広く認識されていたわけではなかった。第五福竜丸帰港後の大量報道は広島・長崎への原爆投下の事実と、原水爆問題を一挙に日本全国に広め、三度、米国から原爆(原水爆)被害を受けたという認識を広げた。

当時は、アジア太平洋戦争の記憶は鮮明で、米国への潜在的反発と拒否感が頭をもたげてきた。占領期、コントロールしてきた反米感情、日本人のナショナリズムが膨らんでいく気配もあり、日米政府にとって、軽視できない問題だった。

第七章　ビキニ水爆実験の影響と立ち上がる運動

第一節　被害の広がりと市場関係者の奮闘

一、魚市場関係者の取り組み

●水産関係者の国会証言

築地の朝は早い。三月一六日、午前二時半頃、焼津から東京築地中央卸売市場にトラックが到着した。荷には第五福竜丸が漁獲したメバチマグロ、キハダマグロ、ヨシキリザメなど五四二貫（約二トン）も積まれていた。そこへ焼津の荷主から一本の電話が入った。「出荷したマグロが危険である」という緊急電話だった。電話を受けた卸売商は東京都衛生局市場分室に連絡し、その指示により競《せ》りの準備に入ったマグロやサメを間一髪のところで隔離した。築地中央卸売市場の歴史に残る「ビキニ水爆事件」の始まりだった（以下、築地市場の歴史は、東京都中央卸売市場編『東京都中央卸売市場史』による）。(1)

東京都衛生局は科学研究所（現・理化学研究所）に魚類の検査を依頼した。科学研究所の山崎文男研究室の研究員が駆けつけ、ガイガー計数管で検査したところ、隔離していた魚から高度の放射能が検出され大騒ぎとなった。市場当局は都衛生局と協議し、市場内の野球場ネット裏の空き地に深さ三メートルの穴を掘り、第五福竜丸の魚と作業に使った手袋、手かぎ、箱等を全て埋め込み、三〇〇坪の卸売場を洗浄車で洗浄した。それから、翌朝の競りの準備にかかった。

　しかし、問題は汚染魚の除去作業だけでは終わらなかった。新聞各社は『読売新聞』のスクープに続けとばかりに第五福竜丸事件を追いかけ始め、記者たちは築地市場にもおしかけた。第一報で伝えられた乗組員の被ばく報道は、早くもその日の夕刊で魚の放射能汚染問題、すなわち食料問題へと広がった。紙面に登場した「原爆魚」という言葉に不安を感じた消費者は、翌日から買い控え、寿司屋の売り上げにも響き始めた。

　当時の魚の流通を簡単に説明すると、漁場・漁港から届いた魚を最初に買うのが卸売人（問屋）で、卸売人が競りにかけ仲買人が競り落とし、仲買人から買出人（主に小売商）が買い、店に並べ、消費者に売るという流れである。現在はスーパーでの販売が増えたが、当時は上記のルートで魚は消費者に届いていた。消費者の一斉買い控えの影響は、私たちが目にする魚屋や寿司屋ばかりではなく、このルートに関わっている仲買人、卸売り、漁業組合、船主、漁民へと広がっていった。当時の食料事情は多種多様な食品がある現在とは比べものがないくらい質素で、肉や卵は贅沢品で、主たるタンパク源は魚だった。消費者にとっても大問題だったが、魚の売買で生活する漁業関係者にとっては死活問題だった。実際、第五福竜丸事件（ビキニ水爆実験）で最も直接的に被害・影響を受けたのは彼らだった。

　漁業関係者の中で最初に行動をおこしたのは東京築地市場関係者だった。

　築地市場関係者たちは三月二六日、衆議院水産委員会で参考人として被害の実情を証言することになった。証言者は、本島寛《もとしまひろし》（東京都中央卸売市場長）、横山登志丸《としまる》（日本鰹鮪漁業協同組合連合会長）、寺田省一（東京都水産物卸売人協会長）日暮福太郎《ひぐれふくたろう》（東京都築地魚市場仲買協同組合副理事長）、塩沢達三《しおざわたつぞう》（東京魚商業協同組合理事長）であった（発言順）。まず、本島と日暮の証言を引用する[2]（証言内容は引用者の要約）。

◆本島寛の証言

本島はビキニ事件前と後を比べ、中央卸売市場の総入荷量が七割以下に下がり、マグロの価格は五〇％も下がったことなどを示し、次のように続けた。

○社会不安

「都民の実情は、非常な社会不安が起つている。イワシ、アジなど大衆品も二、三割程度値下りし、魚に対する不安が深刻。タンパク源として魚を避けたため、肉、卵が一割以上値上りしている。経済的にも栄養上からも、都民の生活上に及ぼした影響は深刻である。入荷量の減少は価格が下り採算が合わないため、出荷の手控えがあるためだと思われる。市販で売れない事から、他の加工の方に回されるというものもある。(3)小売商から仲買人に対する支払い、また仲買いから卸売人に対する支払いにも影響が出ている。業界の被った損害ははかり知れざるものがある」

◆日暮福太郎の証言

「仲買の立場は入荷に対してはその競りに乗せなければならぬ。競りに乗せるものは必ず買うのが現状ですが、価格の下った魚でも売れない、中には売った魚を返して来る。東京から近県に発送したがみんな返されて来た。ことにマグロと練り製品は被害が甚だしく、以前に作ったちくわでさえこれはサメでつくったんだからいけないという」

「競りへ行っても手持ち商品が多いために買えない、さりとていつまで手持ちの商品をそのままにしておくわけにもいかない。生のため廃棄もしなければならない。仲買の立場は、競りのあくる日には卸売りに必ず支払う、三日たってもまだ払わない場合は売りどめとなるので、在庫があろうとあるいは貸し売りでも、払わなければ、自分の営業は成り立たず、売りどめになれば平素使つている銀行でも相当危うく考えて来る」

魚パニックを心配し表現をおさえていたが、その証言は市場関係者の苦境を浮き彫りにした。仲買人が問屋（卸売人）に支払い延期を文書で願い出るなど、いまだかってないこともおこり、その混乱が鎮まる気配はなかった。

●築地市場関係者の取り組み

東京築地中央卸売市場関係者の三月一六日から五日間の取り組みはこうだった。(4)

［三月一六日（第五福竜丸被ばく報道当日）］

◆市場当局者・卸売人・仲売人・買出人と都の担当者で東京都中央卸売市場魚類部連絡協議会を編成し、日本鰹鮪漁業協同組合連合会とも連絡を取り、対策を練った。

◆厚生省、水産庁に報告。

◆都（公衆衛生部、業務部）へ報道関係に対する対策を申し入れる。

◆市場内に深さ約三メートルの穴を掘り、第五福竜丸の魚を廃棄。

［三月一七日～二一日］

◆一七日、卸・仲買・小売り団体共催の記者会見。

◆都公衆衛生部長がＮＨＫ、ラジオ東京を通じ入荷品の安全性を放送（一七、一八日）。

◆仲買人の緊急常任理事会でポスターをつくり、荷受け・小売り・仲買店舗へ貼ることを決定。

◆仲買人が卸売り一〇社に「支払い遅延」を文書で申し入れ。

◆一八日、水産庁への要請と、農林・厚生両大臣の声明を要望（実現）。

◆二一日、六大都市水産物仲買協同組合連合会の代表の緊急役員会。陳情書を持ち、(5)農林省農林経済局長、水産庁長官、自由党総務会長、厚生省公衆衛生部食品衛生課長と会見。

市場関係者は、東京都中央卸売市場魚類部連絡協議会を通じて次々と手を打った。東京都は報道機関への訴えと啓蒙宣伝活動を進めることを決め、宣伝自動車（ラジオカー）を一日五台・五日間走らせ、店頭掲示ビラを三万五〇〇〇枚、都電・都バスの広告ビラを二〇〇〇枚、「東京都お知らせ版」という新聞折り込みチラシを一八〇万枚用意した。

また、厚生省に先がけて築地市場に入る魚類の入荷検査を始めた。市場における放射能の検査は、東京都によって築地中央市場から始まった。検査内容は次の通り徹底したものだった。(6)

◆卸売会社は入港船舶（入港予定を含む）について、すべて東京都に報告すること。

◆東京都は各船舶毎に船名、船籍、トン数、船長名、魚労位置、航路、積み荷の種類及び数量等を詳細に調査の上、船体並びに船員をガイガーカウンターで検査する。右検査の結果、放射能の反応がないと確認された船舶に対して荷下ろしを許可する。

◆荷下ろしされた魚類については、各魚体毎にガイガー、カウンターの検査を施行し、無害と確認された物のみについて、卸売場への搬入を許可する。この際、マグロ等の大物については、厚生省指示の検印を押印する。

マグロの全頭検査は、東京都公衆衛生局の職員が毎夜、ガイガー計数管を持ち、一頭一頭検査を行うという大変な検査だった。その検査をまとめた**表16**「魚類の人工放射能検査一覧表」

表16　魚類の人工放射能検査一覧表（東京都築地市場、1954年）

月別	検査船舶（隻）	検査総量（貫）	人工放射能検出状況		
			貫数（貫）	本　数（本）	放射能検出率（%）
3	52	427, 627	261	31	0. 06
4	80	1, 073, 748	5, 338	524	0. 497
5	89	1, 047, 850	1, 420	394	0. 136
6	79	957, 528	544	45	0. 057
7	66	1, 300, 645	389	45	0. 029
8	40	780, 786	9, 783	812	1. 25
9	38	776, 849	8, 854	789	1. 139
10	58	792, 748	4, 083	348	0. 515
11	79	918, 039	631	77	0. 068
12	117	2, 333, 535	269	43	0. 012
合計	698	10, 409, 555	31, 573	3, 108	0. 303

〔東京都衛生局公衆性衛生部獣医衛生課作成〕

によると、放射能検出率は〇・三〇三％であった。しかし放射能の不安は消えず、パニックはなかなか収まらなかった。検査に当たった東京都公衆衛生局の職員、山崎英也《ひでや》は筆者のインタビューで次のように語った。(7)

東京都は市場の中に駐在員をおいていたんです。昔、腐ったマグロを売ったという恥ずかしい事件があって、それ以来警視庁から必ず二〜三人駐在していたんです。戦後は、警視庁から東京都衛生局に全部移管され、それを母胎にして検査場を作っていたから早く対応できたんです。その海域からきたものは全頭検査でマグロ一匹ずつ検査をしたわけです。

そのうち、日本の近海のものまで汚染されてきましたね。放射能汚染はこわいなとつくづく感じました。今考えれば幼稚な検査かもしれませんが、ガイガーカウンターで検査しました。築地の競り場はずーっと並んでるんですが、それを二人一組で一頭一頭当てて機械で見て、「よし」「だめ」って分けるんです。海域によってほとんど全滅です。それが日本近くまで来ると半分くらいになるんです。

魚の廃棄は、野放しにするとまた転売することもありえるので、監視員が船に乗ってチェックしなくてはいけない。漁師はタフなんです。日本の漁船はちっちゃな船ですからね。捨てに行くのに監視員は船酔いしたりね。

私は三日に一度くらい徹夜で検査しましたよ。夜八時、九時くらいから並べて検査するんです。今でいう全頭検査で一頭一頭検査したんですよ。「並びましたよう―」と連絡をもらってそれで検査したわけです。競りが始まるまでに悪いのがあれば外さなければいけないのです。

山崎は当時、二九歳、東京大学農学部を卒業後、東京都の臨時職員として公衆衛生局で働いていた。検査期間中、三日に一回の徹夜勤務が八ヵ月間続いたが、服装は普通の服の上に白衣を着ただけであった。子どもが生まれる時に放射能の影響を受けていないか、とても心配だったとも語った。

以上のように、築地市場の関係者や東京都はこの問題に実に敏速かつ懸命に対処した。

厚生省は東京都の魚類検査にあおられるように、南方海域からの遠洋漁業船の帰港地を、東京・塩釜・三崎・焼津・清水の五港（のちに一三港を加えて一八港）に指定して、各港に検査官を派遣して入港地や積み荷の検査を開始した。合格したマグロには検査証をつけて市販用とした。指定五港（のちに一八港）の検査結果は**表17**「廃棄漁獲量と隻数」の通りである。[8] 五月半ばまで続いた米国の核実験の影響は著しく、魚類検査によって、全国で八五六隻の船に積まれた一二万九五三二・五貫の魚が廃棄対象となった。徹底した検査は大量の魚の廃棄につながり、漁民にとっては、せっかく獲った魚を元の海に捨てにいくという苛酷な命令であった。

表17　廃棄漁獲量と隻数

1954年（月）	廃棄隻数（隻）	廃棄漁獲量（貫）
3	2	16, 401. 6
4	17	9, 104. 0
5	86	9, 871. 7
6	126	15, 438. 4
7	73	4, 877. 4
8	71	19, 454. 2
9	79	17, 179. 8
10	126	25, 636. 1
11	162	8, 129. 1
12	114	6, 440. 2
合　計	856	129, 532. 5

二、米国への補償要求と政治決着

●補償要求

問題の長期化に伴い、市場関係者は四月一八日、六大都市水産物卸売人協会会長、六大都市水産物仲買組合連合会会長、全国水産物小売団体連合会会長、全国魚卸売市場連合会会長名で「ビキニ水爆実験による損害補償についての請願書」を提出した。その内容は、①消費者の不安を一掃するための啓蒙宣伝対策を行うこと、②市場関係者の受けた損害の補償措置をとること、の二点であった。

さらに五月二一日には、米国への補償要求である「被爆魚事件により市場関係業者の蒙った損害補償についての請願」を日本政府に提出した。その内容は次の通りである。

今回の事件発生以来魚類の流通面において……市場側の卸売人、仲買人、小売商の蒙った直接損害として……実状調査しました結果、別紙調査票の通り、総額一億八一四七万七六七六円と判明しましたのであります。これは、市場関係業者が比較的小規模の企業者であるだけに経営上の打撃はまた深刻なるものがあります。これについては、当然補償を受けるべき性質のものと考えますので、慎重にご検討の上、政府より米国に対し賠償要求方をお取りはからい下さるようお願い申し上げる次第であります。(後略)

昭和二九年五月二一日

請願者は、東京都水産物卸売人協会会長、東京築地魚市場仲買協同組合理事長、東京都水産物仲買人協会理事長、東京魚市場仲買協同組合理事長、東京魚商業協同組合理事長、東京千住魚市場仲買協同組合理事長、足立分場魚類仲買人組合組合長、足立魚市場買出人団体連合会会長、東京大森魚市場株式会社社長、大森魚

表 18　業態別損害調査票（1954 年 5 月 10 日）

	築地市場卸売会社	同仲買団体	同小売団体	計（含出張所）
被爆魚処理費	100, 000 円			100, 000 円
冷蔵費	5, 000, 000 円	2, 162, 400 円		8, 039, 495 円
廃棄損	100, 000 円	21, 000 円	16, 958, 800 円	17, 412, 714 円
鮮度低下損		1, 129, 880 円		4, 599, 134 円
啓蒙宣伝費	1, 000, 000 円			1, 376, 961 円
経営損	30, 000, 000 円	64, 642, 194 円	49, 593, 488 円	149, 949, 372 円
合　計	36, 200, 000 円	67, 955, 474 円	66, 552, 288 円	181, 477, 676 円

〔東京都中央卸売市場編・発行『東京都中央卸売市場史』下巻（1963 年）より抄出〕

市場仲買人協同組合理事長、大森魚市場買出人連合会会長ら、東京都の市場関係者だった。

請願には各団体の損害額を調査・集計した「業態別損害調査票」が添えられた（前頁の表18参照）。その調査票によれば、被害総額は一億八一四七万七六七六円にのぼった。上記の補償要求に対して日本政府は国税庁に諮り、予定納税額に対する減額申請を認め、東京都に二九〇〇万円を補助し、被災仲買人への低利融資を実現するなどの経済的な救済措置をとった。しかし、米国への補償要求を政府が米国に提出したという記録は『東京都中央卸売市場史』にはなく、米国に提出したのか、国内でとどめたのかは不明である。

●突然の検査中止命令

一九五四年一二月一八日、政府は閣議で魚類の放射能検査の終了を決定し、厚生省は一二月二八日、〈衛発第三八四号「マーシャル水域において漁撈に従事し、またはこの水域を航行した漁船についての中止について」（厚生省公衆衛生局長）〉という通達を出した。(9) その内容は次の通りだった。

「南方水域において漁獲された魚類の放射能検知については、厚生事務次官通知検知及び処理要綱によって実施されてきた。然るに、その後各方面に渉って鋭意調査研究を続行していたところ、放射能汚染魚類の筋肉及び各臓器に沈着している放射能同位元素は、主として危険度の極めて僅少な亜鉛六五（Zn六五）であることが確認でき、しかも現在まで水揚港において検知した魚類の汚染度をもってしては、その魚類の摂取により人体に対し危険を及ぼす恐れが全くないことが確認されるに至った。

よって、本検査は昭和二九（一九五四）年一二月三一日限り中止することに決定したから、貴道府県においても魚類の検知を実施されている向きは右の方針によって取り扱われたい」

表17（二三二頁）で示す通り、一二月の廃棄隻数は一〇〇隻を超えているのに、突然、検査は中止された。検査官として奮闘した山崎英也は、その時の印象を「『何だ？』っていう感じでした。噂もなくてポンとや

めたからね。『年内やめ』って決まったのは二〇日くらいでしたかね。『何で?』っていう、無駄働きだったんじゃないかという腹立たしい思いがしました」と語った。

なぜ突然、検査中止命令が出たのか。広島市立大学平和研究所の高橋博子は米国立公文書館の情報公開制度を活用してその事情を『封印されたヒロシマ・ナガサキ』で解明した。同書で高橋は「マグロ調査は、日本政府独自の判断ではなく、米原子力委員会の見解を反映した会議〔「放射性物質の影響と利用に関する日米会議」〕の影響を受けて打ち切られたことが明らかである」[10]と指摘した。「放射性物質の影響と利用に関する日米会議」(「日米会議」)とは、一九五四年一一月一五日～一九日に、米原子力委員会のメリル・アイゼンバッドら米科学者七人(七人のうち一人を除いて全て米原子力委員会メンバー)と、東京大学教授檜山義夫《ひやまよしお》、同・木村健二郎、気象研究所三宅泰雄《みやけやすお》ら一五人の科学者が日本で開いた会議である。高橋は次のようにも述べている。

『放射性物質の影響と利用に関する日米会議』の第一日目の共同発表ではアイゼンバッドは、『ある基準に従って操作される検出器によって、魚から一〇センチ離れたところからでガンマ計数管で毎分五〇〇カウント以下の放射能がある場合は、食料として充分安全である』という声明を出した。

厚生省はすでに一分間一〇〇カウントを計測した場合にマグロを破棄する方針を打ち出していたが、アイゼンバッドは水爆実験との関連を全く述べることなく、その五倍でも大丈夫だと、その基準が厳しすぎることを暗に示したのである。(中略)

同会議が終了した翌日の一一月二〇日、〔ポール〕・ピアソンから米原子力委員会生物医学部長のジョン・ビューワー宛て書簡で、『われわれが予想したよりもずっと会議はうまくいったと皆が感じた』、『会議の重要な成果の一つは、厚生省が、一分間あたり一〇〇カウントという現行の最大安全限度がおそらく厳しすぎること、この件に関してさらに検討するための会議を招集することを発表したことだ。このことは、マグロ産業の損失への賠償金に関して重要な影響がある』と書き送った」[11]

ピアソンの書簡は、この会議の米国側の意図が放射能の最大安全限度をゆるめ、賠償額を下げさせることにあったことを露わに示している。日本人の健康が数字の操作でもてあそばされているようである。

計測基準とされていた一〇〇カウントという数字は、アイゼンバッドによって根拠も示されぬまま一挙に五倍も緩和された。その結果、マグロの放射能検査は不要となり、マグロは市場にノーチェックで出されることになった。「放射性物質の影響と利用に関する日米会議」は、ビキニ問題の幕引きに向けた、きわめて政治的な会合であり儀式であったことを高橋の研究は立証した。焼津の荷主から電話で「出荷したマグロが危険である」という緊急連絡があった後、食の安全と信用をかけて昼夜を分かたず奔走した市場関係者の努力や、八ヵ月間にわたる計測検査に従事した山崎ら検査官の努力をあざ笑うかのような数字の操作であった。

●日米交換公文と政治決着

話は先走るが、前述の補償要求とからめて日米の決着について述べておきたい。一九五五年一月四日、ビキニ水爆被害に対する日米間の最終決着がなされた。

日米の交換公文は、前文とアリソン米国大使と重光葵《まもる》外相との相互書簡で構成され、前文で「今回米側が補償する二〇〇万ドルは、法律上の責任問題とは関係なく、慰謝料として支払い、その配分は全面的に日本にまかせ、これがビキニ被害に関する日米間の最終的解決として今後に問題を残さないことにまとまったものである」とうたい、アリソン大使の書簡には「アメリカ合衆国政府は日本国政府が前記の二百万ドルの金額を受諾するときは、日本国並びにその国民及び法人が前記の原子核実験から生じた身体または財産上の全ての障害損失または損害についてアメリカ合衆国または、その機関、国民若しくは法人に対して有する全ての請求に対する完全な解決として、受諾するものと了解します」とあった。(12) ビキニ水爆被害の実態を明らかにすることなく、米国の責任を問わない「慰謝料」として、米国政府は日本政府に二〇〇万ドル（当時の換算レートで七億二〇〇〇万円）を支払うという内容だった。「慰謝料」を受け取る代わりに「最終的解決」として、全ての請求権を放棄するもので、第五福竜丸以外の漁船の被ばくと補償は全く考慮されなかった。

高橋博子は、慰謝料二〇〇万ドルの出所が「米国政府の心理戦略の協議機関である工作調整委員会（OCB）の承認を経て総合安全保障法に基づいて対外活動本部の予算……つまり、対日心理戦略の一環として出された」(13)ことを明らかにした。政府予算から拠出すれば米国議会でのまともな議論はさけられない。それを回避するために、巧妙にも政府内の付属機関が持つ予算から拠出するやり方を選んでいた。

一月四日の「最終的解決」は「日米会議」から一カ月半、マグロの検査終了（五四年一二月三一日）からわずか四日だった。この異例な早さは、一月一一日の「米大使、日本政府に濃縮ウラン貸与に付き申し入れ」(14)との関連が考えられる。日本は一九五五年から原子力を本格的に導入するが、ビキニ水爆被害問題を早期に解決したい米国側の思惑と、ウラン貸与を望む日本側の思惑が一致した政治的決着ではなかったか。本章第二節でも触れるが、第六章第一節に記した米国の核戦略に沿い、原子力導入を画する日米政府の意図に沿った政治決着であったと考えるのは自然だろう(15)。

米国の「慰謝料」支払いが決定したことを受け、市場関係者は都知事に「慰謝料」の分配実行を依頼した。結果的に「慰謝料」の分配は、東京都の仲買業者（築地中央市場、足立分場、大森出張所）には九九〇万円、卸売り・小売り団体には二五四万円、合計一二四四万円が払われ決着した。被害額一億八一四七万七六七六円の一〇分の一にも充たない額であった。

切実な状況の中で取り組まれた東京の市場関係者の運動は、東京都公衆衛生局、厚生省、水産庁から行政的な対応を引き出した。東京及び全国の水産関係業者団体の一致した取り組みは後述する都議会決議、国会決議を引き出す力となった。原水爆実験反対や禁止とは述べていないが、迅速で多様な取り組みは原水爆禁止運動の貴重な導火線となったと筆者は考えている。

第二節　漁民の暮らしとビキニ事件

一、漁民の被害と焼津

●マグロ漁業は期待の星

一九五四年当時、日本の漁獲高は世界の一六・八％を占め世界一で、中国、ソ連、米国、ノルウェーが続いていた。一九五四年の日本の主要輸出品目を記してみよう（『昭和三二年版　国勢図会』より）。

◆日本の主要輸出品目

①綿織物――九〇八億三八〇〇万円、②鉄鋼材――四九二億九七〇〇万円、③魚介類――二六七億二五〇〇万円、④スフ織物――一九一億三三〇〇万円、⑤船舶――一八六億九八〇〇万円、⑥生糸――一六八億八〇〇〇万円

◆米国への輸出品目

①衣類、②魚介類、③生糸、④綿織物、⑤合板、⑥玩具

当時、魚介類は日本人の重要なタンパク源だけでなく重要な輸出品であった。輸出品目の三位を占める魚介類は缶詰、瓶詰めとして主に米国に輸出されていた（『昭和三〇年版　国勢図会』）。鋼鉄製の船もあるにはあったが、多くは第五福竜丸のような木造船を操り、日本の漁民が世界一魚を捕り、外貨を稼いでいた。

独立後、マッカーサー・ラインはなくなったが、遠洋漁場は日米加漁業協定で制限され、北洋漁場はソ連との関係があり、東シナ海は李承晩《りしょうばん》ラインで漁船の拿捕が続き不安定であった。

マグロ漁場は一九五〇～五一年頃は南はトラック群島から東はミッドウェイ近海までだったが、五二年に

はマーシャル諸島からハワイ諸島の南方に延び、五三年にはインド洋方面まで大型船が大挙出漁するようになった。漁場的な制約から解放されたカツオ・マグロ漁業は、マグロの缶詰の輸出も始まり、いよいよ本格的に乗り出そうという時期だった。水産庁は「沿岸から沖合へ、沖合から遠洋へ」というスローガンを掲げて、沿岸、沖合の過剰漁船の一部をマグロ漁業に転換させることで、日本漁業の危機を切り抜けようと考えていた。(1) ブームといってよい好況の中で、五二年から五三年にかけて、二〇〇トン以上の漁船が五〇隻以上建造され、マグロ漁業は日本漁業の期待の星として設備投資が始まっていた。そんな矢先にビキニ事件はおこった。

日本鰹鮪漁業協同組合連合会長・横山登志丸は国会証言(2)で、マーシャル諸島はマグロの好漁場で、中型船でいける限度に位置する大事な漁場なので、実験の場所を変えてもらうことが第一であること、魚が売れず、銀行も融資を渋り、船主は経済の損失となり、困っていること、さらに従業員は直ちに生活の困難に直面していることを語った。

●どうか魚を食べてくれ！——漁民の暮らしと歩合制

「『生命を賭して幾十日もの洋上で得た漁獲物が単なる先入観で半分値に叩かれ、期待した収入を遮られる不満、自分たちはこれをどこに訴えればよいのだろうか。そしてわれわれの後に従う多くの家族の明日の生活は一体誰が補償してくれるというのだ。われわれはこれを不運などという表現で甘んじてはいられない』『どうか、魚を食べてくれ、われわれはもう決して不安な魚は水揚げしないから』と、第一繁伍丸船長は見えない消費者に訴えるように目をつぶった」

三月二五日付『静岡新聞』夕刊に載った記事である。数ヵ月間、漁を続け、港に戻った途端に船と一緒にガイガーカウンターを当てられて、合格しても魚は半値近くになり、不合格なら「捨てろ」と海に戻される

――漁民には苛酷な処遇が待ち受けていた。魚の廃棄を取材した記事を記そう。

「放射能の魚は青ヶ島の沖六〇キロメートルのあたりの深海に持っていって捨てる。一睡もしないで、命がけで捕ってきた魚を、そのまま同じ船で捨てにいく漁師の気持ちはどんなだろう。捨てる魚はまとめて籠に入れ、紐で縛り、おもりや石を入れて捨ててくるということである」(3)

廃棄を命じられた船は五四年三月から同年一二月末までに合計八五六隻だった(4)が、漁船員に放射能反応があっても「頭を洗っておけ」と注意される程度の健康診断しか行われず、宮城県船籍の三隻をのぞいて入院措置も検査もなかったことを『もう一つのビキニ事件』は伝える。(5)被災漁民や検査官の健康よりもマグロの商品価値が重視された検査であった。

焼津で中学校の教師をしていた飯塚利弘《としひろ》は焼津の町の様子を次のように語った。

「〔ビキニ〕事件が起きた時、……焼津の町は怒りに包まれておりました。……中学校の横に焼津神社があります。私が宿直の時、夜遅くまで大勢焼津市民が来ましてね、ローソクを立ててそれが消えるまで居るんです。『おこもり』というんですが、船が遭難したとき親類一族が集まってやるんです。久保山さんが治るように焼津の市民がローソクを立ててそれが消えるまで神社の中でお祈りをする」(6)

久保山愛吉が亡くなると、焼津港でたくさんの漁船が、大漁旗を半旗にして、汽笛を鳴らし哀悼の意を表した。「板子一枚下は地獄」の漁民にとって第五福竜丸の被ばくは他人事ではなかった。「おこもり」には、長く漁業で生計を立ててきた焼津漁民の絆と祈りがこめられていた。

漁民はどのような暮らしをしていたのか。経済学者で漁業にも詳しい近藤康男《やすお》は、当時の漁民の給与形態について、「漁夫の賃金は歩合制という特殊な特異なものになっている。昭和二二年の水産業基本調査によると、沿岸漁業を含めて、わが国において雇用労働者をもつ漁業経営体は七万五千余あるが、このうち歩合制をとるもの六四・三%、固定給制が八・五%、両者を加味するもの二七・五%で、歩合制と、歩合制を加味する賃金制度が圧倒的な比重を占めている」と記している。[7]

歩合制の賃金制度では、一航海、または一漁期ごとに、総水揚げ高から諸経費を引き、残りを船主六〇%、漁夫四〇%という割合で分け、四〇%の漁夫の取り分から、船頭二・〇、機関長一・七、船長一・四、平漁夫一・〇、見習い〇・八というような差をつけて配分していた。実際に数字（金額）を入れて計算してみよう。水揚げ総額七〇〇万円の場合で経費の内訳を計算すると、四〇〇万円の航海経費を差し引いた残額三〇〇万円は、船主が六〇%（一八〇万円）、漁夫（船子）が四〇%（一二〇万円）の割合で配分される。[8] 漁夫の一二〇万円を二〇人に配分すると、一人当たり六万円である。これは水揚げがそこそこあったケースで計算した結果だが、仮に魚が捕れなかったり出漁しなければ、漁夫には収入が入ってこない。そうすると、船主に借金せざるをえなくなるが、未精算の借金は次の航海の収入から引かれてしまう。

固定給制を導入している漁村もあったが、焼津は昔から、船主が身内（親族・血縁者）を中心に船団を組み、給与は歩合制をもとに支払われていた。焼津の主婦にインタビューしてまとめた生活調査記録集（一九五四年七月）を見ると、焼津漁民の暮らしぶりの一端がわかる。[9]

「まれに大漁の時には一航海（半月くらいかかる）で一万円前後もらえることもあるが、もし釣れなければびた一文手に入れることは出来ないのだ。船によっては最低保障をしてくれるところもあるが、それもていのいい借金になってしまうから次の支払いの時には差し引かれてしまう。

船元〔船主〕から先へ先へと前借りをしていながらも、漁師のおかみさん達は大漁の夢を描きながら生活と闘う。だが、たとえ大漁であっても、船元ではまず始めにその前の不漁の時の損害分を差し引き、又前借りがあればその分を清算して返すから、漁師の手に残る金はいくらも有りはしない。不漁の時の負担は、一般の漁師の背にかかってくるので、船元にはたいした影響はない」

船主に前借りするという前近代的システムが続いたために、焼津の漁夫の地位は、神奈川県三崎の漁民と比べて低かった。そのため、焼津の漁夫が三崎に行って働くことはあっても、その逆は余り聞かなかったと、大石又七は筆者に語った。(10)

そのようなシステムの下、水爆実験の被害は漁夫に転嫁されていった。近藤康男は「問屋でなく生産者それも中小船主に対して強く響いたが、それは直ちに大きな部分が漁夫に転嫁された。……久保山愛吉氏を代表とする放射能灰の直接的被害者であるという意味からだけでなく、経済的にも水爆による漁業収入減少のしわが、労賃の自動的切り下げという途によって漁夫に寄せられるからである。賃金の歩合制度がそのメカニズムである」(11)と記していた。

魚の売れ行きの悪化は漁夫の暮らしをさらに苦しくしたが、それは同時に船主から前借りを断られるかもしれない、船から下ろされるかもしれないという不安を増大させた。それが、漁夫とその家族に自由な発言をためらわせた。ＰＴＡ役員選挙まで船主に気遣わねばならないほどの自粛ぶりだったことが、前掲の焼津の主婦たちの生活記録に書かれていた。

飯塚利弘は、米国による「第五福竜丸スパイ説」が流布されたあと、ある生徒が「家の人たちに第五福竜丸のこと、入院中の乗組員のことを話したら、『そんな話はするでない。あの人達はアカだっていう評判じゃないか。アカのことなど口にするでない』と強くいわれ、『先生、アカって何ですか？』と同僚の一人に質問した」(12)ことを書いている。

船主が大きな力を持つ保守的な町は、「出る杭は打たれる」「長いものに巻かれよ」の気風を育て、特に「アカ」という言葉は漁民たちに致命的な効果をもたらした。目立つことをしたり、政治的なことをいえば「アカ」というレッテルが貼られる狭い社会の中で、漁民たちが声を上げ、運動をおこすのは難しく、海の安全と漁民の生活向上・権利拡大を正面切って取り上げる運動は焼津の漁夫からはおこりにくかった。

責任と今後の対策を曖昧にした二〇〇万ドルの慰謝料という決着は、歩合制の下、低賃金に苦しむ焼津漁民の心に影を落とし、相互扶助の伝統に育まれていた感情にも歪みが生じてきた。大石又七は、『死の灰を背負って』の中で、退院後故郷に戻った時に感じた違和感を次のように書いている。

「近寄ろうとしても、何かそこには目に見えない一線があり、ねぎらいながらも、その言葉の奥に、もらった見舞金へのねたみのようなものを、チラチラと感じた。今度の事件で日本中、どこの漁業関係者も少なからず被害に遭っている。しょっちゅう起こる海難事故、そんな家族もまわりにはたくさんいて、いろんな目で見られた」(13)

多かれ少なかれ大石と同じような気持ちを感じた乗組員は多かった。大石は五五年一一月、静岡をあとにし、東京に移り住んだ。

二、漁民の要求と吉田外交

●静岡県議会決議――最初の議会決議

現地の動きは静岡県議会から始まった。第五福竜丸被ばくのニュースの二日後、三月一八日に県議会決議(14)があがった。神奈川県三崎町（現・三浦市）決議と同日で、ともに遠洋漁業が盛んで、太平洋を命の海とする地域だった。以下に、「静岡県議会決議」(15)を示したい。

本県焼津市焼津漁業協同組合所属鰹鮪漁船第五福竜丸九九屯（二五〇馬力、乗組員二三名）の、ビキニ環礁におけるアメリカ合衆国の放射能実験に伴う発生事故は誠に、悲惨きわまるものであり被害者に対し同情に堪えないものがある。かかる不祥事故は、本県遠洋漁業界およびこれに関連する水産加工、並びに消費面への経済的打撃のみならず、我が国民への精神的衝動は極めて大なるものがあり、まさに国際的重大事件といわなければならぬ。

当時第五福竜丸はビキニ環礁立ち入り禁止区域をへだたる約五〇浬（北緯十一度五三分東経一六六度五八分）の地点において、鮪延縄《はえなわ》漁業に従事中であったが、放射能実験による放射能の影響を受け、乗組員全員何れも原爆症状を起し、重症者は既に東大病院に入院し、他の乗組員も今後の経過が大いに憂慮されているところであるが、一面、船体および漁獲物についても危険視され、彼此《かれこれ》勘案するとき有形無形の被害は極めて大なるものがある。因って静岡県議会は今回の事故に鑑み、多数南方漁場に出漁する本県遠洋漁船とその乗組員の生命の安全、および操業の自由を確保するため、左記事項に関し政府の善処方を強く要望するものである。

記

一、第五福竜丸の今回の事件は、明らかにビキニ環礁立ち入り禁止区域外に於て発生した事故なることを確認し、人道上医学上由々しき事態なるに顧み、今後かかる事故の再発を繰返すことのなきようアメリカ合衆国政府に厳重抗議し、漁船乗組員と漁業の安全を保障する最善の措置を講ずること。

二、被害者に対する完全な医療、並びに損害補償に対する適切なる措置を政府の責任において速かに実行すること。

右、地方自治法第九九条第二項の規定により、意見書を提出する。

昭和二九年三月十八日　（議長名）

第五福竜丸の被ばくは立ち入り禁止区域外でおこった国際的重大事件として、乗組員を案じるとともに、操業の安全と自由の確保を主張し、米国への厳重抗議を求めた堂々たる決議であった。さらに、四月一五日には東海北陸七県議会議長会議代表者名で、米国が引き続き原水爆実験を続けることに対し、「災害を未然に防止することが出来る措置が発見されるまでは、アメリカのこの実験を禁止するよう政府において速やかに申入れられるよう要望する」という「放射能実験の禁止についての要望書」を政府に提出した[16]。

命の糧を生む太平洋が原水爆実験で汚染されているにもかかわらず、「我が国としては、日米安保条約を結び、米国と特別な関係にあるので、原爆の秘密保持に協力し、また、米国の実験にも協力したい。問題は漁業の損害で、これは実情を調査して考えたい」（三月二五日、岡崎外相答弁）といい、米国にものをいわない政府と比べ、明快で道理にのっとった意見である。

これらの取り組みを推進したのは、自由党の県会議員で焼津漁業協働組合長の近藤久一郎《きゅういちろう》だった。近藤は、「一、相手国（米国）に対しては第一次の責任者としてあらゆる面から万全の措置をとらせなければならない。二、魚価対策についてはあらゆる機関に協力を求めて魚価の暴落を防止する」[17]と考え、県議会で超党派の支持を得た。また、漁業者として全国的な運動にも関わった。当時の活動を近藤は『第五福竜丸事件』（焼津市、一九七六年）にこう記していた。

> 全国漁業者は、太平洋漁業対策本部を作り、焼津魚市場は先ず県内一円に渉って宣伝文、ポスター、スライドに依って「他の魚は安心なり」の宣伝に努めると同時に、焼津の顧客地である関西一円に渉っては、各消費市場を訪問して、「輸送される魚類は厚生省及県の検査済みであるから安心して食べてくれ」との意味の宣伝文、ポスターを配布し、特に大阪では飛行機をチャーターして、知事代理数原貢民生局長と私が空から大宣伝をする等、真剣そのものだった（近藤久一郎「当時を顧みて」）[18]。

『第五福竜丸事件』は焼津市が保管していた当時の資料と関係者の回想をもとに編纂された貴重な資料集で、第五福竜丸の被害状況、漁業関係者の取り組みが記されていた。『第五福竜丸事件』などをもとに、近藤久一郎焼津漁業協同組合長の活動や日本鰹鮪協同組合連合会の取り組みを記したい。

●日本鰹鮪協同組合連合会の訴え

四月二日、日本鰹鮪協同組合連合会（横山登志丸会長）は「原爆実験中止」を陳情し、その後も活発に運動を展開した。損害は全国で二五億円（政府集計金額）に及び、静岡県だけで三億五〇〇〇万円に達した。政府に申し入れてもラチがあかず、日本鰹鮪協同組合連合会として米国大使館に申し入れ、さらにアイゼンハワー米大統領に宛て要望書を提出した[19]。

九月二三日に久保山愛吉元無線長が死去し、国民の不安と怒りが高まった。漁業者は、各地で漁民大会を開き、一〇月一二日には、日本鰹鮪協同組合連合会・大日本水産会・全国漁業協同組合連合会・全日本海員組合・全国漁船労働組合協議会の五団体共催で「故久保山愛吉氏追悼原水爆対策全国漁民大会」を東京有楽町読売ホールで開催した。この時、全国の漁業関係者一〇〇〇人を前に近藤久一郎は、「福竜丸ならびに水産界のうけた打撃に対し、事件発生の責任者が一片の誠意をも示さず、しかもそれが人道主義を唱える米国であることは憤慨に堪えない」と訴えた。この大会の決議は次の通りであった[20]。

一、我らは水爆の犠牲になられた第五福竜丸無線長久保山愛吉氏の死を悼み、療養中の乗組員諸氏の速やかな全快を祈る。

二、我らは人類を破滅に導く原水爆の使用及び実験に絶対反対する。

三、我らは実験によって日本水産業のこうむった一切の損害につきアメリカに対し完全な補償を要求する。

〈スローガン〉

一、福竜丸乗組員の全快祈願／一、原・水爆実験絶対反対／一、水爆被害を即時完全に賠償せよ／一、公海の自由を死守せよ／一、久保山愛吉氏を犬死にさすな吉田茂首相は、久保山愛吉が亡くなった三日後の九月二六日から一一月一七日まで欧米外遊に出かけた。国民の不安と怒りを背景に、漁業者は「この機会こそ真実の叫びを有効に伝える最後のチャンス」と、首相に対し、米国との強力な交渉を書面で懇請し、滞米中にも原爆反対、補償の早期解決を打電し、要望していた[21]。

しかし、吉田首相は外遊報告（一一月三〇日、衆議院・参議院本会議）でビキニ事件について全く触れず、翌日の参議院本会議で社会党議員の質問に以下の答弁をした。

「水爆の問題についてお答えをいたしますが、すでに共産主義国家と自由主義国家との間に熾烈な競争がある以上、自由主義国家として最も有効なる兵器弾薬その他を考えるということは当然であります。これを如何に利用するか、これは現に国連の総会において問題となり、ユネスコにおいて問題とされ、その平和的利用ということについて列国が極力その学問的及びその他の知識を集めて善処いたしておるのであります。静かにその決定を待とうと思うし、又、日本政府の代表といたして、ユネスコその他において或いは国連等において、その平和的利用については極力これを主張いたしております。又、水爆による漁業者その他の被害につきましては、実情を似て米国政府の深甚なる注意を促しております。又米国政府もこれに対して最も同情的に問題の研究をいたしております。いずれそのうち米国側から満足な回答を得うると私は考えるのであります」（「一九五四年一二月一日参院本会議議事録」）

一体、どこの国の首相なのか、対岸の火事を見るかのような首相答弁に、漁業者の失望は大きかった。「せっかくの機会にも期待した賠償交渉の好転は実現せず、どうして政府はこのように弱くならざるを得ないのだろうかと不審の念」が湧いたと記されている[22]。

なぜ米国に強く訴えなかったのか。高橋博子『封印されたヒロシマ・ナガサキ』にそのヒントがあった。

「日本政府は原子力の導入に対して積極的であった。愛知揆一通産相と宮沢喜一参議院議員（いずれも当時）は〔一九〕五四年一〇月一七日に渡米し、原子力の導入のための交渉にあたった。一一月一二日、米原子力委員会は機密解除された原子力発電関連文献を日本政府に提供した。このように、原子力発電の導入のための日米協力体制の下に、『放射性物質の影響と利用に関する日米会議』が一一月一五日から一九日にかけて開催された」[23]

愛知・宮沢訪米は「故久保山愛吉氏追悼原水爆対策全国漁民大会」の五日後である。吉田首相や愛知通産相、宮沢議員は国民や漁業者の気持ちを知りながら実際に米国で進めたのはビキニ事件の補償交渉ではなく、原子力導入交渉であった。一一月一五日から開かれる「放射性物資の影響と利用に関する日米会議」の一ヵ月前であり、その打ち合わせも進めたのだろう。漁業者、市場関係者、国民の怒りをも取引材料とし原子力導入を有利に図り、ビキニ事件の政治決着のシナリオを書いてきたとも考えられる。

高橋は同書でアリソン駐日米大使が「放射性物資の影響と利用に関する日米会議」に参加する米学者に細かなサジェスチョンを与えたことを記し、[24]アリソンが日本国民の怒りに神経をとがらせていたことを伝えている。その米国政府およびアリソンにとって吉田内閣の動きは大きな助け船だった。吉田内閣は漁業者・国民を裏切り、米国政府にすり寄り原子力導入を図ったともいえる。一九五五年一月四日、鳩山一郎内閣は吉田内閣による政治決着を追認し、日米交換公文を取り交わし、米国の責任を問わないまま二〇〇万ドル（日本円で七億二〇〇〇万円）の慰謝料を米国が支払うという政治決着を図った（本章第一節第二項参照）。

漁業者たちの怒りは大きかった。日本鰹鮪漁業協同組合連合会・日本鰹鮪漁業者協会は一月一〇日に以下の声明を発表した。[25]

一、将来の原水爆実験の禁止、及び危険防止につき具体的取り決めがなかったこと。

すなわち原水爆の危険防止上、今回の事件については法律的に責任の所在を明らかにし、且つ被害に対する賠償支払の根拠を明確にすることが過去、将来とも絶対必要だった。かかるゆえにわれわれは強くこのことを政府に要望してきたのであるが、慰謝料をもって妥結したことは太平洋を漁場とする漁業者にとって危険は除かれないし、また国民の不安は除去できない。

二、日本外交の失態

①前記のごとく事件の責任の所在を明確にしなかった。

②損害については法律上当然要求すべき権利を主張せず、その結果は要求額の三分の一にも達しない。

昭和三〇年一月一〇日

日本鰹鮪漁業協同組合連合会

日本鰹鮪漁業者協会　会長　横山登志丸

この道理にのっとった声明に政府関係者は何と応えたのだろうか。自由党の県議である近藤をはじめ保守層の意向をも踏みにじった政治決着であった。近藤は「我々の気持ちは容易に問題の焦点に達することなく、日暮て道遠しの感を深くしていったのである」(26)と嘆いた。道理に合わない「政治決着」は戦後日本外交の汚点である。吉田茂が敷いた対米外交の悪いパターンは今もまだ続いている。近藤は一九五五年の原水爆禁止世界大会に参加し、第一分科会で「焼津ビキニ被ばくの二三名の漁夫の恐怖はたいへんなものでした。久保山さんは『俺が死ねば原水爆は禁止されるだろう』といって死んでいったのです」(27)と発言した。久保山の無念とともに近藤の無念が伝わってくる。

三、吉永村の青年の動き

「何かしなくては」「何かしたい」という地元の人々の動きは、焼津から南一〇キロほど離れた村からおこった。(28) 第五福竜丸の二三名の乗組員のうち、平井勇《いさむ》、増田祐一《ゆういち》、鈴木隆《たかし》、半田四郎《はんだしろう》、吉田勝雄《かつお》は焼津から南へ一〇キロ先の、大井川の河口にある志太《しだ》郡吉永《よしなが》村（現在は志太郡大井川町）出身で、鈴木隆、吉田勝雄の同級生が動き出した。運動の中心になったのは、五年ほど前まで吉永村の青年団の中心人物で、結婚して島田市の金物屋の主人となっていた山田富久《とみひさ》だった。山田は迷った末、五月一日に同級生有志会を持ち、婦人会の協力も取り付け、五月九日に署名運動を開始した。五月九日は奇しくも杉並区で水爆禁止署名運動杉並協議会が発足した日だった。下記は、呼びかけ文である。(29)

吉永村村民　各団体　各組合御一同様

「水爆実験被災についての署名運動に御協力下さい」

吉永村婦人会一同、被災者同級生有志一同　　事務取扱者　山田富久

私たちは三つの目的をもってこの署名運動を始めました。趣旨にご賛同の上、御署名下さるよう御願いします。

一、村民の名をもって、被災者と家族の方々を激励いたしたいと思います。

二、村民の名をもって、被災者と家族に寄せられた各地からのご厚情に感謝の言葉を述べたいと思います。

三、村民の名をもって、原子力の平和的利用を世界の世論に訴えたいと思います。

私たちは、被災者と、家族の方々の実情についてここに公表することを避けたい。私たちは家族の方々にお許しをいただく勇気を持っておらないからです。私たちは隣人として、内外各民間団体、個人の方々からのご厚情に対して挨拶の言葉を述べる義務を痛感しております。

いま、世界の各地では、国際的な立場で、或《あるい》は民間の世論の立場で、或は人間愛の立場から、また宗教、科学、文学の専門家の立場からも、あらゆる機会をとらえて原子兵器の使用禁止と平和的利用についての研究と話し合いが進められております。私たちは、この研究と話し合いが非常に困難なわざであることを知っております。

しかし、災害を身近に受けた者として、この問題をだまって見過ごす事はできません。この研究と話し合いが失敗するという事は、四度原子兵器による惨劇が誰かを不幸な運命におとしいれることの予言にも等しいからです。私たちの声はアメリカにも、ソ連にも、イギリスにも、そして世界の隅々までも、一筋の悲願をこめて、山寺の鐘の音のようにつたわっていきます。私たちは訴えつづけねばならないと思います。

昭和二十九年五月九日

青年たちが中心となり、婦人会も協力し、全村的に署名運動は進み、当時の人口約六五〇〇人の吉永村で二〇〇〇筆の署名が集まった。ほぼ集約された時に、「村民の声」署名運動が共産党機関紙『アカハタ』に掲載されると、「あれはアカに踊らされてやったことだ」「事務担当者はペテン師だ」など、あらぬ噂がたちまち村中へ広がり、警官が山田の自宅の回りをうろうろしたり、吉永村の中を回ったりしはじめた。村の人たちは署名の主旨は理解しても「アカ」攻撃には弱く、運動から離れる人が出てきた。

山田たちは無理をせず、五月三一日付で終了を宣言し、「ビキニ水爆被災についての『村民の声』署名を広く国の内外に公表し、署名簿を政府に提出上申して下さるよう御願申し上げます」と添え書きをした署名簿を、六月五日に吉永村役場と焼津市第五福竜丸事件対策本部に提出し、運動を終了させた。(30)

第五福竜丸乗組員のうち五人の出身村で行われた穏健な署名運動でも、「アカ」という「噂」が人々を運動から引き離した。「アカ」という中傷をどう乗り越えるか、乗り越える運動をどうつくるかは署名運動を進めるための鍵であった。

第三節　魚商組合の運動――原水爆禁止を掲げて

一、東京の魚商たち

●飛び込んできたニュース

杉並の魚商・菅原健一は三月一七日のラジオニュースのことを繰り返し語った。(1)

「午前中、ご用聞きに行って、帰ってきて、午後三時の休みにお茶を飲んで、これから配達する魚を包んで、という時にそのラジオがあったのですが、さほど気にとめないで、何十軒かのところに魚を届けに行ったところが、もうさっきラジオで聴いて魚を食べるとひどい目にあうから魚はいりませんといわれ、せっかく注文をいただいたお魚も何十軒かみんな断られて帰ってきました」

せっかくつくった刺身を返されてションボリする姿が浮かぶ。菅原健一は杉並区和田堀で、一九三三（昭和八）年から妻トミ子とともに小さな魚屋を営んでいた。夫婦と息子の三人で早朝に魚を仕入れ、昼間は得意先を回って注文をとり、夕方に配達するという商いであった。一六日は普段通りの営業だったが、新聞・ラジオの両方から第五福竜丸被ばくのニュースが流れ、一七日になると、つくった刺身が戻されてしまったのである。

ビキニ水爆実験の報道は台風のように町の魚屋を襲った。東京魚商業協同組合理事長・塩沢達三は衆議院水産委員会で三月二六日に次の証言をした。

「マグロが魚屋の商売の三分の一を占めておるのが魚屋の商売の実情であります。そのマグロが全然売れぬ。……我々の懇意な人でも、『君はそう言っても僕はそのマグロだけは恐れをなして食えぬ』ということでいまだにこれが回復をしない。もう納税をしてしまった人はいいが集めた金で納税しようと予想しておったものもできない。魚屋さんは平素それだけの蓄えがないから、損害の要求に東京都へ押しかけて行こうじゃないかという話も出ました。しかし私としましては、今せっかく我々が全ての誤解を解くために対策の協議会をしておるのだ、もう少し待てということで押えておるのであります」

トロからアラまで食べられるマグロは魚屋の主力商品である。マグロが売れないことは収益に大きく響き、その日暮らしの零細な魚屋の生活を直撃した。協同組合の幹部に事態打開を迫る魚商も出てきた。塩沢ら幹部は「もう少し待て」と抑えた。しかし、一週間経っても一〇日経っても〝騒ぎ〟はおさまらず、魚の売上げは激減していった。

●「ビキニ灰ふりゃお陀仏だ」

魚商はどれくらいの被害を受けていたのか。菅原健一が後年、杉並区郷土博物館に寄託した「菅原健一資料」の中に「被爆魚類事件の業界の損害について」と「事件発生当月（三月）の店舗経営内容（参考）」があった。[2] 両者は同じ字体のタイプ文字で書かれ、東京魚商業協同組合のゴム印が押してあった。

「事件発生当月（三月）の店舗経営内容（参考）」には、A店舗（一日の平均売上高が九〇〇〇円）とB店舗（同一万四〇〇〇円）の例を挙げ、事件前と事件後の収益の違いと減収の割合が示されていた。店舗の規模は異なるが減収の割合は同一なので、表19「事件発生当月（3月）の店舗経営内容（参考）」にA店舗の例を示す。この資料は、本章第一節で述べた市場関係（漁業流通関係）者が米国への補償要求をまとめるため[3]のモデルとして東京魚商業協同組合が各魚商に配布したものだと思われる。この資料から当時の魚商の経営状況を推測すると、次の点が明らかとなる。表19の差引所得は実収入を示す。

①実収入が売上高の九・五%から五・五%に減少した。冷蔵・冷凍設備が完備していなかった当時の魚商には、毎日仕入れて売るという日銭稼ぎの商いが多く、少額の資本で始められたが、利益率が低いため、四%の減少はたちまち生活に響いた。

②仕入高の減少よりも、実収入の減少が激しかった。仕入高は、一八万九五四〇円が一三万九〇七〇円へと二七%の減少だが、実収入は、二万三一九〇円が九三三〇円へと、一万三八六〇円も減収となり、減少率は五九・七%に達した。

店を構える以上、一定の品数が必要なので、売れないからといって仕入れを極端に減らせない上に、冷蔵・冷凍設備が整っていなかったため、売れなければどんどん

表19　事件発生当月（3月）の店舗経営内容（参考）

	平　常		事件発生後		事件のため
売上高	243, 000円		169, 600円		73, 400円の減額
仕入高	189, 540円		139, 070円		50, 470円の減額
差引（荒利益）	53, 460円	22%	30, 530円	18%	22, 930円（売行不振、魚価低下による収入減）
店舗経費	30, 270円	12. 5%	21, 200円	12. 5%	9, 070円（業務継続のための経費支出損）
差引所得	23, 190円	9. 5%	9, 330円	5. 5%	13, 860円（実収入減）
年所得	278, 280円		111, 600円		166, 320円

註1　本表は平常の場合と事件発生後との一ヶ月間の比較を表したものである。
註2　事件発生後16～月末まで平均54. 4%の売上減収率として。
註3　事件発生後の利潤低下はマグロ類の売上げ激減と鮮度低下のための差益損による。

〔注〕年代、日時の表記はない。「事件」とはビキニ水爆実験だが、報じられたのは3月16日であるため、3月16日以前と以後の比較である。表中の%は売上高の中の占める割合を示す。

鮮度が下がり、廃棄しなくてはならない。仕入高の減少率は二七%だが、実収入が五九・七%も減少しているのは廃棄された魚が多く、仕入れてもかなりの部分が損となったためである。約六割の収入減が長期にわたれば経営は成り立たない。魚商はたいへんな苦境に陥った。「魚屋殺すにゃ三日はいらぬ。ビキニ灰ふりゃお陀仏だ」(4)とは浅草の魚商組合の言葉だが、魚商の実感を何より示す言葉だった。

二、魚商の立ち上がり

●大鳥神社に結集

魚商らは、三々五々集まっては「困った、困った」と語り合うものの改善の道につながるような方策は見出せず、ついに、転業や廃業を考える者も現れ、「もう少し待て」る状況ではなくなってきた。菅原健一は「我々は政治や経済はわからない魚屋だけれど、自分の生活を守るため、営業を守るためには立ち上がってこの原水爆反対運動をやらなければいけないのではないか」と提案をした。すると「あれよあれよと皆さんが集まって、杉並では高井戸、荻窪、それから中野、向島、蔵前ともう東京中の魚屋が全部結集しまして、浅草の大鳥神社に六〇人くらいの魚屋が毎日、東京中から集まってきて相談」が始まった。(5) 五五年五月二六日付『全国商工新聞』の菅原健一メモによればこうである。(6)

「ビキニの海は世界につながっている。マグロが悪ければ、他の魚も心配だから食べないとの消費者の声が一層魚食の売れ行きを低下させた。すし屋、魚屋の売上げは三分の一になり茫然自失。東京魚商業組合杉並支部、高井戸支部の魚屋のうち、杉並民商の活動をしている数名の業者が民商事務局と協議、この営業不安の状態を解消し、原水爆反対の声を東京都の全業者の声にしようと浅草区、下谷区、向島その他の魚商組合の活動家と下谷区の大鳥神社で数回の準備会(買出人水爆被害対策準備会)をもち、十万枚のビラを杉並民商事務局員の応援で買い出し人が配布〔した〕(後略)」

菅原は「労働運動の経験があり、書いても話しても便利な人」[7]で、杉並の重税反対運動（第二章第三節参照）の中心人物の一人だった。重税反対運動を通じて杉並区内、さらに台東区など都内の魚商とつながり、そのつながりをもとに仲間を広げていった。毎朝、仕入れの時に市場で顔を合わせる魚商は顔馴染みが多く、まとまりに時間はかからなかった。

菅原は重税反対運動を一緒に進めた古書商の川村千秋にも相談した。当時、杉並区議会議員となっていた川村は菅原の訴えを聞き、杉並民主商工会や東京商工団体連合会とも連絡を取った。川村は当時のことを次のように語った。[8]

「東京の魚屋さんが魚河岸に集まってくるんですが、ビキニ水爆問題の話が出て、民主商工会の魚屋さんから相談を受けまして。私たちも積極的に何とかしなくては、何か運動をやらなくてはまずいよという話になりました。各地域の魚屋さんの組合がそれぞれの地域に呼びかけて集まりをもち、何とかしようじゃないかということで広げていったわけです。

菅原さん、それから台東区だとか、中野区とかそれぞれの地域の魚屋さんたちが、よりより〔寄り集まって〕相談する中で、これは全都的な運動にしなくてはしょうがないだろうということになりましてね。魚屋さんはみんな築地に買い出しに行くわけですからそこでいろいろ話し合えるんですよ。私どもも相談して、とにかく最初の運動を何かやらなくてはしょうがないだろう、何がいいかということで集会をもったのです」

東京の魚商たちは自ら動き出した。菅原ら杉並区の魚商や台東区の魚商が中心となって集会の準備が始まった。

●買出人による水爆対策市場大会を開催

東京の魚商たちは、大鳥神社での打ち合わせで、魚市場が休みの四月二日に魚商の集会を開こうというこ

とが決まった。菅原はその様子を『杉並文化通信』二一号に、次のように書いている。(9)

「四月の二日、魚市場の公休日に公会堂を借りて原水爆反対の集会をやろう、皆さんも参加して下さいというビラを一〇万枚こしらえて、魚市場の周辺に配布しました。……大会には五三〇人が集まり、午前九時(呼びかけチラシには八時とある。二五八頁参照)に始めました。私は司会をやりました。政党には呼びかけなかったのですが、伝え聞いたのでしょうか、社会党や共産党の議員とか沢山の方がおいでになりました。午後二時に大会を打ち切って、大蔵省や東京都議会に一〇人一組になって、署名簿を持って陳情・請願に行きました。その後、署名運動は継続して進めようということになりました」

一〇万枚まいたというこの時のチラシの内容は、次の通り。(10)

市場大会に挙《こぞ》って参加しよう!!

全買出人、仲買業者、荷受会社、小揚組合、潮待茶屋組合、付属商組合、すし商組合の皆さん

〝吾々の損害をどうしてくれる〟

「土方殺すにゃ刃物はいらぬ、雨の三日も降ればいい」と昔は歌われたが、福竜丸がアメリカの水爆実験のとばっちりを受けて、焼津に入港してから、二週間、吾々魚屋もどうやら生殺しにさせられそうな有様になってきた。

一日ごってり売残ったら忽《たちま》ち御手挙《おてあげ》の魚屋商売、それが半月も……まだ、この先幾日続くのか。二月、三月の原価高にあえいできた吾々がお彼岸過ぎて一息入れないとすぐに一番苦手な夏が来る。

ビキニでは近い内にもっと大きいのをやると言うし、危険水域も六倍に拡大されたと言ふ。近海は駐留軍の基地演習で追い出され、遠洋へ出ると、この始末では大物によって幾らかでも息をつく吾々にとっては全くのお先真暗だ。ビキニの死の灰は福竜丸だけじゃない。吾々魚屋も真正面に浴びたこの損害

をどうしてくれる。この要求は二三名の船員だけぢゃないだろう！

原爆を禁止してくれ。水産業者を破滅に陥し入れる水爆実験をやめてくれ。このために大国間の会議をすぐ開いてもらいたい。これらの願いは吾々だけじゃない。全国民の声であり、一日も早く安心して魚が食べられるように　このことは日本の台所をあづかる主婦の呼び《ママ》だ。吾々業者も眼を広く見開いてこの死活の問題解決に向かって突進しよう。この切実な要求をアメリカ政府に申入れよう。政府と国会をゆり動かそう。

築地中央市場買出人水爆被害対策準備会

日時　四月二日（金）午前八時開会

場所　中央市場（時計台下三階講堂）

呼びかけのチラシは浅草魚商組合員で浅草民商の中心人物でもあった前沢菊治《きくじ》が書き、集会の準備は、杉並・浅草・下谷・向島の魚商が中心になって行った。魚商は「二の日が休み」なので、集会の日取りは四月二日とされ、築地の中央卸売市場内の講堂で開催された。筆者のインタビュー取材に対して、杉並の古書店主・川村千秋は、「東京商工団体連合会」（東商連）が集会準備、ビラの作成、印刷などに協力したと語った。

集会の様子は「菅原資料」の中の「原水爆禁止　損害補償の運動を展開しよう!!」というチラシ(11)（以下「チラシ」）に書かれていた。「チラシ」の冒頭部分と集会決議(12)を引用する。

魚商が築地中央市場で「買出人水爆対策市場大会」を開いた時（1954年4月2日）の記念写真〔提供：竹内ひで子氏〕。

「四月二日、築地の中央市場講堂でわれわれは、『買出人水爆対策市場大会』を開いた。この大会には、都内魚商、仲買業者、小揚組合、すし商組合の代表五〇〇名が詰めかけた。元首相片山哲氏他多数の来賓を迎え、NHKテレビ、各新聞社等報道陣注視の中でわれわれは水爆禁止と損害補障《ママ》の運動ののろしをあげた」

買出人水爆対策市場大会　集会決議

一九五四年四月二日　築地中央市場講堂

福竜丸事件は単に二三名の漁民の問題ではなく、今、日本人の、いや全世界の問題としてその惨害を益々拡大しつつありますが、なかでもわれわれ魚商は特に、而も直接にその被害を受け、ビキニの死の灰は魚商に二三名の船員と同時に死に至らしめるほどの被害を与えております。すでに半月以上も経過して全く将来の見通しを失い、われわれ仲間は真剣に転業を考えざるを得ない状態にあります。……われわれは、日本政府並びに米国政府及び関係諸官庁に次のことを強く要望します。

◆われわれの要求

一、われわれの損害をどうしてくれる。この要求は二三名の船員だけじゃないだろう。

①損害額を税金の減免、滞納の棒引きですぐつぐなって下さい。

②この窮状を打開するため、つなぎ資金をすぐ融資して下さい。

③死の灰による損害は、全部米国政府で補償して下さい。日本政府は責任をもって交渉して下さい。

二、安心して魚を販売出来るように、原爆をやめて下さい。実験を中止して下さい。

①原爆禁止。水産業者を破滅に陥入れる水爆実験をやめて下さい。このために大国間の会議をすぐ開いて下さい。

②放射能の検査を完全にして下さい。完全にしていることを新聞やラジオで徹底して下さい。
③被害船と被害魚類は米国政府と国家の補償で完全に処分して下さい。

集会後、参加者は集会決議をもって、国会・米国大使館・外務省・水産庁・国税庁・東京国税局・都庁主税局・都議会議長を訪ね、訴えた。東京の魚屋さんが貴重な休みをフルに活かした一日だった。大会を準備した中心は、前沢菊治ら台東区魚商、菅原健一ら杉並区魚商で、そのつながりの根っこには、一九四八年から始まった重税反対運動があった。その時の当事者が核となり、新しいメンバーが加わり、東京の魚商大会は準備された。偶然とはいえ、不思議なつながりであった。

●原水爆禁止を掲げて

大会の成功に力を得て、魚商らは被害の補償（その内容は割愛）と以下の原水爆禁止のための行動を呼びかけた。その中身を「チラシ」（末尾に「中央市場買出人水爆被害対策準備会、連絡先・前沢菊治」とある）をもとに記してみよう。「魚を安心して食べ、買ってもらうために、消費者（台所の主婦）、原爆に反対している全ての国民、世界の人々が手をたづさへ原爆禁止の運動を起こそう」として、具体的には、
①全国協議会にこのことを要請しよう。
②各区で主婦連等の消費者団体の人たちと手を結び運動を展開しよう。
③原爆禁止の決議を国会、都議会、区議会に陳情し取り上げてもらおう。
と呼びかけた。②の運動の中身には「原爆禁止の署名運動」も含まれていた。
これらの方針の特徴として三点があげられる。
①「原水爆実験禁止」「原水爆反対」を明確に打ち出した。

②買出人や水産業者の団結だけでなく、主婦や消費者団体への呼びかけを重視し、国民運動という方向を打ち出した。

③議会決議、署名運動という、その後の運動の流れが提起された総合的方針であった。

その後の運動を跡付けてみると、この方針はその後の運動を予見しているようだ。

運動の方針作りに参加した川村千秋は、「原水爆禁止とそれから、その被害の補償というか、税金を引き下げろとか、補償金、何か資金の必要な人には援助しろなどの要求をまとめたんです。それは私たちが寄り集まって、魚屋さんと一緒につくったんです。いろんな要求を出したんです。とにかく、それぞれの地域で、区だとか、行政機関、都庁とか、国税庁とかへの運動をしてやろうじゃないかと考えたんです」[13]と語った。重税反対運動の経験を踏まえて、東京の魚商、さらに東京商工団体連合会、杉並民主商工会、平和委員会など多くの人々の知恵が集まってつくられた方針だった。[14]

東京の魚商が開いた「買出人水爆対策市場大会」はそれまでの漁業関係者による請願としての運動がより広く、原水爆禁止を求める民衆運動へと発展していく転換点であった。

第四節　全国をゆるがす怒り

一、地域・団体・議会からあがる決議・声明

漁業関係者の動きに並行して、全国各地から署名活動、声明、決議の動きが活発化してきた。一九五四年三月後半～四月の最初期の抗議行動を、主に『原水爆禁止運動資料集』所収の年表をもとにあげてみた。[1]

3月17日　世田谷区千歳烏山平和を守る会が街頭宣伝。
3月18日　三崎町議会「原爆実験の停止、経済的損失の補償を求める陳情決定」。静岡県議会決議（前述）。
3月27日　焼津市議会決議。
3月28日　世界平和評議会執行局会議で平野義太郎がビキニ問題を訴える。
3月29日　奈良市議会決議。
3月30日　東京都議会決議、世田谷区議会決議、武蔵野市議会決議。
3月31日　婦人民主クラブ杉並支部が高円寺で街頭署名を行う。
4月初旬　岡山県議会決議。
4月1日　原子兵器反対運動北海道協議会が署名運動開始。衆議院で原子力の国際管理に関する決議採択。第二回世界平和者日本会議東京大会（原爆実験禁止アピール）。
4月2日　東京の魚商が「買出人水爆対策市場大会」を開く。
4月3日　婦人月間中央集会で原水爆禁止署名決める。
4月5日　参議院で原子力国際管理並びに原子兵器禁止に関する決議。
4月6日　主婦連・地婦連・生協婦人部で原水爆実験・製造禁止の共同声明。赤十字国際専門家会議（ジュネーブ）で都築《つづき》正男が広島・長崎・第五福竜丸の被害報告を行う。
4月9日　婦人民主クラブ本部で婦民独自の署名用紙をつくり各支部に送る。
4月10日　台東区魚商組合連合会が原水爆禁止署名開始（杉並魚商も同時期開始）。世界平和者日本会議広島大会で一切の原子兵器の廃棄を求める宣言が出される。
4月13日　東京都平和会議（平和擁護日本委員会）が原水禁署名運動開始。
4月15日　秋田平和委員会で原水爆禁止署名運動開始。

4月16日　杉並婦人団体協議会集会で菅原トミ子が魚商の署名への協力訴え。
4月17日　杉並区議会決議採択。
4月18日　世田谷区の「梅丘主婦会」が署名運動を決意。その後、署名用紙を作り署名運動開始。
4月19日　長崎県民平和集会で原水爆禁止決議。
4月23日　日本学術会議第一七回総会で原子兵器禁止に関する声明。
4月29日　全四国平和大会が開かれる（琴平）。

自治体や団体からの決議や声明、署名運動が全国各地で始まっていることがわかる。掘りおこせばさらにたくさんの活動があるだろう。自治体決議の典型例として、都議会決議[2]と世田谷区議会決議を紹介する。武蔵野市議会と合わせて、東京では最も早い自治体決議であった。

○東京都議会決議　原爆被害による不安除去に関する意見書

さる三月一日ビキニ環礁における原子力爆発実験による日本漁船の被爆事件は、都民に大きな衝撃を与え、特に食生活に欠くことのできない生鮮魚介を通じてその不安は一層深刻となり、まことに遺憾にたえないところである。しかして放射能をもった漁船、漁獲物をいかに処理して国内への広がりを阻止するか、又食生活に完全な保証《（ママ）》が与えられるかについては、八〇〇万都民の重大な関心事である。政府においては将来かかる被害を再び繰り返すことのないよう絶対の保証《（ママ）》を確保するとともに、都民の不安解消について万全の措置を講ずるよう要望する。

右、地方自治法第九九条第二項の規定により意見書を提出する。

昭和二九年三月三〇日

東京都議会議長　佐々木恒司
内閣総理大臣　外務大臣宛　農林大臣　厚生大臣宛

決議は圧倒的に保守系が占める都議会で全会一致で採択された。その背景には市場関係者の積極的働きかけがあったと思われる。生鮮魚介類への不安解消のための措置を要求する、消費者問題一本槍の決議だが、都議会で決議された意味は大きく、市区町村議会での決議の先鞭をつけた。

世田谷区議会決議(3)は以下の通りである。

○世田谷区議会決議

ビキニに於ける爆発実験の為多数の人間が被害をうけ、また死の灰をこうむった漁船並びに魚類は危険極る放射能をもつようになった。このため日本のマグロその他の輸入を禁止した国もあるので国際貿易においてもわが国は大きな打撃をうけることになる。しかも原子力の被害は、われわれの子孫の肉体にまでも直接影響を与えるものである。

かつて広島、長崎に落とされた原子爆弾によって、多くの同胞が被害をうけたのであるが、今また三度目の被害をうけたことによって、われわれは全世界の人類に厳しゅくに訴える。近く更に強力な性能を持つ爆発実験が行われると聞くが、何人たりとも再び原爆、水爆の被害をうけてはならないと同時に如何なる国と云えども原子兵器を使うことは無条件に禁止さるべきである。

われわれは原子力を厳格な国際管理に移し、これを世界の平和と人類の繁栄のために利用することを要求する。

昭和二九年三月三〇日　　世田谷区議会

世田谷区議会決議は都議会決議や、後述する杉並区議会決議より一歩踏み込んだ内容であった。これ以外にも多くの自治体で決議があがった。全国的に怒りが広がっていた。

二、国会論戦と国会決議

第五福竜丸が帰港したのは、第五次吉田政権の下、第一九回通常国会[4]の会期中だったが、帰港前に原子炉予算が通っていた。この国会は独立後の日本の進路をめぐる重要な国会で、三月八日に調印されたMSA協定に関連し、秘密保護法、自衛隊・防衛庁設置法が上程されている上に、警察法改定、教育二法など戦後改革を否定する法案が一挙に上程されていた。その上、多数の国会議員が関わる造船疑獄が摘発され、国会議員の逮捕も始まっていた。参考に、第一九回通常国会の議員構成を示したのが**表20**である[5]。

ビキニ水爆実験・第五福竜丸被ばく問題は三月一七日に衆議院で取り上げられたのを皮切りに、衆参両院の水産、厚生、予算、外務委員会等で、連日、喧々囂々《けんけんごうごう》の論議が続き、三月二六日には衆議院水産・厚生合同委員会で漁業関係者が証言していた。ビキニ問題では与野党問わず多くの議員が発言しているが、岩手県選出の鈴木善《ぜん》幸《こう》（衆院・自由党）は三月二四日の衆院水産委員会で、危険区域の拡

表20　1954年の第19通常国会の議員構成

○衆議院　1954年1月25日〜　＊無（無所属）というのは正副議長

所属	自由	改進	左社	右社	日自	小会派クラブ				無	欠	計
						労農	共産	諸派				
議席数	229	75	71	66	8	5	1	1	5	2	3	466

○参議院　1954年1月25日〜　＊無（無所属）というのは正副議長

所属	自由	緑風	左社	右社	改進	無所属クラブ				純無所属	無	欠	計
						労農	共産	日自					
議席数	95	49	43	26	17	2	1	1	6	7	2	1	250

〔注〕政党名：自由＝自由党、改進＝改進党、日自＝日本自由党、緑風＝緑風会、左社＝左派社会党、右社＝右派社会党、労農＝労農党、共産＝共産党

大の危険性と懸念の表明、第五福竜丸船体の米国への引き渡しに反対であること、輸出産業である魚の缶詰、冷凍品への影響などについて質問し、日本のカツオ・マグロ業界の重大な打撃を指摘し、善処を求めた。

静岡県選出の遠藤三郎（衆院・自由党）は、『「今度これだけ危険区域を拡大した』こういう事を〔米国に〕いわれて唯々諾々としてそれに追随しているような態度は、私どもの国民感情としてはまっぴらごめんであります。もっと強くこの危険区域に対して抗議を申し込むことが当然だと私は思う」と述べた。

米国の高圧的な姿勢が報じられると、「アメリカに追随するな」という意見は与野党問わず高まり、「広島、長崎に続いて三度の被爆」「太平洋を我がものとするアメリカ」等の言葉がしばしば見られる。

衆議院では最終的に、右派社会党が決議案をまとめ、自由党幹事長・佐藤栄作（他一〇名）が提案者となり四月一日の本会議に提案され、全会一致で可決された。衆参両院の決議文は以下の通りである。

◆衆議院「原子力の国際管理に関する決議」（佐藤栄作他一〇名提出。四月一日採択）

本院は、原子力の国際管理とその平和利用並びに原子兵器の使用禁止の実現を促進し、さらに原子兵器の実験による被害防止を確保するため国際連合がただちに有効適切な措置をとることを要請する。

◆参議院「原子力国際管理並びに原子兵器禁止に関する決議」（八木秀次他二六名提出。四月五日採択）

本院は、原子力の有効な国際管理の確立、原子兵器の禁止並びに原子兵器の実験による被害防止を実現し、その人類福祉増進のための平和的利用を達成する如く国際連合が速やかに適切な措置をとることを要請する。

衆議院決議は「原子力の国際管理」にとどめているが、参議院は「原子兵器の禁止並びに原子兵器の実験による被害防止」まで踏み込んだ。参議院の各派代表演説のうち、奥むめお（参院、全国区、緑風会）、佐多忠隆《ただたか》（参院、鹿児島県選出、左派社会党）、大山郁夫（参院、京都選出、無所属）、鶴見祐輔《ゆうすけ》（参院、全国区、改進党）の発言を紹介する。

◆奥むめおの発言

……科学の極みをゆく原爆の被害というものは人智をこえるものがある。……牛乳や肉や卵、それらの加工品をまだ十分に食べられない今日の日本で、食べ慣れた魚が心配で不安で食べられない、一体、日本の栄養問題はどうなるのか。……原子力実験の禁止さえも人道の名において要求したい。

◆佐多忠隆の発言

……岡崎外務大臣はどこの国の外務大臣かわからない言動を弄しております。我々はこの隷属外交を徹底的に糾弾をいたします。……太平洋はアメリカの湖ではありません。れっきとした公海であります。しかもわが国が最も大きな利害関係を持つのであります。

◆大山郁夫の発言

……この水爆実験のためにビキニ島民とか或いはマーシャル群島の島民がどれほどえらい損害を受けたか、日本の漁夫どころの騒ぎではないのでありますが、そうして一つの島も飛んだといわれておるが、……水爆の実験というものが、国際連合の信託統治の規定を蹂躙《じゅうりん》しておるということは極めて明白でありますが、こういう国際連合の憲章に対する違反ということが許されるならば、あの国際連合は最早世界の平和を維持する機関となることは出来ません。

◆鶴見祐輔の発言

……今や人類はこの原子兵器の発達の結果、平和か死かの二者択一の関頭にたって居るのでありますから、吾々ははじめて原子兵器によって非人道的な惨害をうけたる日本民族として、権威をもって世界の良心に呼びかけることが出来、……これによってはじめて広島・長崎において非業の死を遂げたる幾十万の同胞が空《むな》しき死でなかったことを立証できる……この決議案によって世界の輿論が結集される機縁たらんことを祈るものである。

主婦連(6)の会長を務める奥は、食料、栄養の面から、原水爆実験禁止を主張し、多くの母親の気持ちを代表した。佐多は岡崎外相の外交姿勢を批判し、米国の横暴を怒り、後半では兵器としての原水爆の実験そのものの中止を米国にもソ連にも要求すると語った。大山は「ビキニ島民とか或いはマーシャル群島の島民」の損害に触れた。世界平和評議会の評議員で、平和擁護日本委員会のリーダーとして、卓見であった。鶴見の「世界の良心に呼びかけること」「世界の輿論が結集される機縁たらん」という意見は、第八章で述べる安井郁の国会証言との親近性を感じさせる。

国会発言を読んで気づくのは、保守・革新を問わず議員たちがビキニ水爆実験に異議を唱えたことである。第五福竜丸の帰港と大量報道は、米国による原爆投下の事実をくっきりと日本人に記憶させるとともに、米国の強引なやり方と、それに屈従する日本外交を白日のもとに曝した。三度、米国に原爆（原水爆）被害を受けたという認識は多くの人を怒らせるに十分だった。安全操業がおかされていることは、漁業県選出の議員にとっては地元の切実な問題であり、食の安全が脅かされていることは日本全体の問題だった。衆議院で幹事長の佐藤栄作が提案者となることも異例だが、両院とも全会一致で大変なスピードで採択された。

様々な力学が作用しての国会決議だったが、採択された事実は、自治体が決議をあげる上で力となった。国会決議の成立は、この問題は抽象的な理論でなく、食や産業など生活と被ばくに関する問題として訴えれば保守と革新が一致できることを明らかにした。そこに署名運動の歴史性を解くもう一つの鍵があった。

三、最初期の署名運動

決議や声明と同時に署名活動が始まった。杉並で始まる全国的な署名運動の前に始まった最初期の署名運動である。次章で示す杉並の署名運動と比較する意味で、三つの署名運動を紹介する。

●魚商の署名活動

まずは魚商のつくった署名用紙(7)を紹介する。

□原爆水爆を禁止して下さい!

〝安心して食べられる魚を食膳に〟。これは全国の台所を守る主婦の叫びだ。

〝死灰の汚染から海と魚を守れ〟。これこそ業者の血の叫びだ。

署名趣旨

◎安心して魚を販売できるように原爆水爆をやめて下さい。すぐ実験を中止して下さい。

一　原爆禁止。水産業者を破滅に陥入れる水爆実験をやめて下さい。

二　放射能の検査を完全にして下さい。完全にしていることを新聞やラジオで放送して下さい。

三　被害船と被害魚類は米国政府と国家の補償で完全に処分して下さい。

◎水爆の実験による日本国民の損害は全部米国政府で補償して下さい。

築地中央市場　買出人水爆被害対策委員会

原爆禁止・損害補償の運動を展開しよう!!

「菅原健一資料」に残る素案を見ると、菅原ら魚商が鉛筆をなめなめしてつくった素朴な雰囲気が伝わってくる。魚商の署名の特徴は次の三点である。①明確に原水爆禁止と米国による被害の補償を要求している、②業者(魚商だけでなく、寿司商、行商など関連業者も含む)と主婦(消費者)に広く呼びかけている、③「原爆禁止・損害補償の運動を展開しよう!!」と運動への参加を呼びかけている。

魚商、寿司商は四月一〇日過ぎから、店頭や店内に署名用紙を置き、署名活動を始めた。その時の様子を、杉並の魚商・菅原健一の娘の竹内ひで子は、「お店に椅子を出して、台を置いて、署名簿を置いて、通りがかりの人に声をかけたんですね。印鑑がないからと戻っていって署名をしてくれた。私の家だけでなく、今まで署名なんて自分自身やったこともない人が、自分の店に署名簿を置いて集めたんです」(8)と語った。魚商が窮状の中で必死で始めた署名であった。菅原健一の妻・トミ子は、この署名用紙を四月一六日の杉並婦人団体協議会の講演会に持っていき、協力を呼びかけた。

●東京都平和会議の署名活動

東京都平和会議(平和委員会)の署名(9)は四月一三日に開始された。

「平和をのぞむすべての人々は原爆禁止の署名に参加しましょう」

ビキニ原爆実験で三たび、わが国民が恐ろしい被害をうけました。ジュネーブの国際赤十字会議で都築《つづき》〔正男〕博士が「原爆実験の即時中止、原子兵器の禁止」を世界の各国に訴えました。世界平和評議会もビキニ事件の宣言で、「原子戦争は禁じなければならないし、禁ずることが出来る。それはあらゆる種類の放射能兵器と、放射能の害をもたらすものを禁ずる国際協定を結ぶことによって出来る国際監視、国際管理機構をつくることによって出来る。諸国民の禁止協定を結ぶよう、それぞれの政府に即時要求しなければならない」と発表し訴えています。これにこたえて世界の各国民の運動はさかんになっています。インドのネルー首相、インドネシア首相、セイロン政府、英下院労働党議員も、原爆実験の即時中止と原爆兵器の禁止を強く訴えています。

わが国でも、むさしの市議会、世田谷区議会がまっさきに決議しました。ビキニ原爆実験の被害では恐ろしさから憤激にかわって国民の一人一人が平和を守るかたい決意をみせています。全家族がそろって、全町村そろってあらゆる団体がそろってこれに参加することが原爆の実験と原子兵器の禁止を実現できる力であることを確信します。

一九五四年四月十三日　　東京都平和会議

原爆実験の即時中止と原爆兵器の禁止のために五大国は協定をむすべ！

署名欄〔氏名、年齢、住所、基金の記入欄〕

世界平和評議会の発言が引用されている一方、魚の放射能汚染、食の不安には全く触れておらず、生活感に乏しい。生活破壊に苦しむ漁業関係者・寿司商、食の不安にかられる主婦の気持ちとはややかけ離れ、第二のストックホルム・アピール署名と位置づけたのか、外国からきた署名のようで、幅広い広がりは難しそうである。

●「梅丘主婦会」の署名運動

地域で署名運動をおこし、国連議長に届けた主婦たちがいた。小田急線沿線の世田谷区梅丘《うめがおか》の主婦たちである。

彼女たちが署名運動を始めたきっかけは、一九五四年四月一八日付『朝日新聞』夕刊に、米国のエレノア・ルーズベルト（元大統領夫人）が、朝日新聞社が送った「ひととき」欄のビキニ事件に関する訴えの声を米国の新聞で紹介したという記事だったという。中心メンバーの一人である田代信子《たしろのぶこ》の話を聞いた。(10)

「それを読んで、私たちも何かやらなければと思いましてガリ刷りの『水爆の実験と原子兵器使用反対』という署名用紙をつくって、とにかく署名を夢中になって集めたの。ザラ紙の署名は二〜三日で一五〇〇にもなりました」

署名を始めた正確な日はわからないが、四月一八日以降、まもなく始めたと田代はいう。署名用紙を田代は残しておらず、筆者は署名用紙の現物を見ていない。合計一九二六筆にのぼった署名の扱いを考えあぐね、社会党や共産党に相談の電話をした。ところが、「そんなことはやったことがない」という返事だったので、朝日新聞社に電話した。すると、評論家の松岡洋子を紹介されたので、松岡の発案で国連議長のパンディット夫人（外交官。初代インド首相ネルーの妹。一九〇〇〜九〇年）に署名簿を送った。このことが五月二〇日の『朝日新聞』夕刊に報じられると反響を呼び、多数の手紙が届いたという。

梅丘主婦会の始まりは四七年六月結成の「梅ヶ丘文化クラブ」にさかのぼる。梅ヶ丘文化クラブは、近くに住む彫刻家の本郷新《ほんごうしん》や野村平爾《へいじ》早大教授らと母親たちが、世田谷区山崎小学校を母体に子どもも交えて始めた学習・文化・芸術活動のグループであった。そこに参加した女性たちが一九五一年に婦人民主クラブ梅丘支部を結成し、五二年九月に梅ヶ丘駅前で原爆展などを開いた。また、五三年三月に『婦人民主新聞』の読者との交流や助け合いを願って「梅丘主婦会」（通称・無尽の会）をつくり、ガリ版刷りの機関紙『街のすみから』を発行した。梅丘主婦会を結成してから一年後にビキニ問題がおこり、署名運動に取り組んだ（『街のすみから世界へ――地域における女たちのささやかな奮斗』[11]）。

田代は一九四八年にお茶の水女子大学を卒業し、中学教師を経て、自宅で学習塾を開いていた。当時は二〇代の若い主婦で、同じく二〇代の永原和子（近現代女性史）も参加し、染物屋のおかみさんをはじめ生活環境も年齢も様々な女性が助け合い、学びながら地域の問題に取り組んでいた。

『街のすみから世界へ――地域における女たちのささやかな奮斗』の冒頭で、田代信子は「梅丘主婦会の活動は婦人民主クラブとの関わりなしには語れません」と記しているが、梅丘主婦会の署名は、ストックホルム・アピール署名運動を経験した女性たちが始めた署名運動であった。

最初期に行われた三つの署名運動は、いずれもストックホルム・アピール署名運動の経験者が中心となっていた。当時を知る人は、広島・長崎以外の地域では、ビキニ事件以前の原爆反対の運動はストックホルム・アピール署名運動以外にはなく、それをモデルに運動を進めたことを語った。最初期の署名運動は、ストックホルム・アピール署名運動の経験者が核となって、その時の署名運動を下敷きにして、地域・団体・グループのつながりをもとに、自主的に始めた運動だった。早い段階で地域に関心を広げたり、梅丘主婦会のように国連に送り、新聞に出た意味は大きかったが、業種や地域、政治的立場という個別性・特殊性を持ち、全国的・普遍的な署名運動ではなかった。

第八章　杉並区の原水爆禁止署名運動

ビキニ水爆実験を杉並区民はどう受け止め、どのようにして署名運動を立ち上げたのか。どんな人々が、どのように活動したのか。本章では、これまでよりもゆっくりと時計を回し、出来る限り〝虫の目〟で杉並区民の原水爆禁止署名運動への取り組みを追ってみたい。特記した以外、全て一九五四年の出来事である。

第一節　署名運動のプロローグ

一、最初の一カ月

ビキニ水爆実験と第五福竜丸の被ばくのニュースは全国に瞬く間に広がった。放射能汚染の恐怖はマグロから魚類全般に広がり、杉並の主婦たちは「一体何を食べさせればよいの？」「いつまで続くの？」と店先、PTAの集まり、サークルで顔を合わせるたびに嘆き合った。いつもなら商店街でひときわ威勢のよい声が響き、買い物客で賑わっていた魚屋の店先は閑散として、人々は足早に通り過ぎていった。

ほどなく、「水爆実験反対！」「安全な海を！」と叫びながら、杉並の街角や駅頭で署名を集める人が現れた。また、区内の科学者は原爆や放射能について区民に説明し始め、魚商は魚がパッタリ売れなくなったことを嘆きながら対策を練り始めた。

ビキニ水爆実験と第五福竜丸の被ばくというショッキングなニュースが報じられてからひと月間の杉並の動きを追ってみた。

●それぞれのアクション

◆小沢清子《きよこ》の話——高円寺中通りのパン屋さんの店先を借りて、小さい子どもを乳母車に乗せたり、おんぶしたりして、水爆実験反対の署名を三月三一日から婦人民主クラブの仲間と始めました。戸板に、マグロとキノコ雲を描いて、「安心して魚が食べられるように」と大きく書いた紙を貼って、その脇に立って署名を一生懸命呼びかけました。

三人の子を育てていた小沢清子は気象研究所の藤田敏夫研究員に相談し、大きなキノコ雲とフォールアウト（放射性降下物）を描いたポスターを用意し、署名用紙を持って高円寺の街頭に立った。[1]

◆真々田邦義《ままだくによし》の話——紙に線を引いて、高円寺駅の近くで若者たちで署名運動を始めたところ、警察が妨害してきたので場所を移動して続けました。

真々田は当時二六歳。ビキニ事件を知り、早速、手書きの署名用紙を用意し、ストックホルム・アピール署名運動以来の高円寺平和を守る会の仲間と署名活動を始めた。[2]

◆田中鶴子の話——ビキニ事件の後、田中〔実《みのる》〕が我が家で近所の人に原爆の話をしました。たくさん人が来ましたよ。田中は原爆が落とされた後、自分の目で現地を調べたいといって汽車・船を乗り継いで広島と長崎に行きました。長崎ではトイレで立ったまま死んでいる人を見たと話していました。原爆被害を見てきただけに、ビキニ事件がおきて、黙っていられなかったんだと思います。[3]

田中鶴子は当時四四歳で杉並区中瀬町（現・杉並区下井草四丁目）に住んでいた。夫の田中実[4]（科学史研究は東京工業大学講師をしていた。ストックホルム・アピール署名運動に熱心に取り組んだ田中実は、ビキニ事件を知るや、自宅や区役所で原水爆実験に関する学習会を開き、地域の人と「井草原水爆禁止期成会準備会」をつくり署名活動の準備を始めた。
◆和田堀の魚商「魚健」の菅原健一はストックホルム・アピール署名に奮闘したが、今回は魚商として、「嘆いているばかりではダメだ。何とか立ち上がろう」と区内・都内の魚商仲間に呼びかけて、「買出人水爆対策市場大会」の準備を大車輪で始めていた（第七章第三節参照）。

第五福竜丸被ばくのニュースを聞いて、まず行動に立ち上がったのは、一九五〇年のストックホルム・アピール署名運動に取り組んだ人々で、それぞれが自主的に行動を開始した。

●阿佐ヶ谷の天祖神社の集い

それぞれの活動がつながったきっかけを、小沢清子は筆者に次のように語った。(5)「魚屋さんをはじめ、青年、高円寺平和を守る会、阿佐谷《あさがや》平和懇談会などがばらばらに動き始め」ていたが、「お互い交流しましょうと、阿佐ヶ谷の天祖《てんそ》神社（以下、阿佐谷天祖先神社と表記することもある）に集まり、話し合って区議会決議をあげることが決まりました」。「橋本手記」がこの言葉を裏付けており、橋本良一は次のように書いていた。

「四谷教会の牧師で都立大教授の阿部行蔵《こうぞう》君が中心になっていた阿佐谷平和懇談会では、三月下旬に区内の民主団体や労組に呼びかけて阿佐谷の天祖神社で、原水爆禁止運動の相談会を開いた。私は浜田山の早川《はやかわ》埈蔵《しゅんぞう》君を誘って出席した。労働組合では気象研究所と蚕糸試験場だけが来た。約四〇名位集まったが、とに角、区議会で禁止決議をするよう陳情しようということになった」（「橋本手記」）

天祖神社はJR中央線阿佐ヶ谷駅北口にあり、現在は神明宮《しんめいぐう》と呼ばれ、能やジャズ・コンサートなどのイベントも開かれるスポットだが、手頃な集会場がない当時、寄り合いの場所としてよく使われていた。

一九五四年三月下旬、阿部行蔵東京都立大学教授[6]が、「ビキニ問題について話し合おう」と呼びかけ、杉並文化人懇談会、明るい生活会、魚商、気象研究所労働組合、蚕糸試験場労働組合、教職員組合、全日本民主医療機関連合会（民医連）、高円寺平和を守る会、阿佐谷平和懇談会、婦人民主クラブ、区内の社会党、共産党などおもに革新系団体と革新的な知識人や女性ら約四〇人が阿佐谷天祖神社に集った。

話し合いの結果、魚商組合と阿佐谷平和懇談会が区議会に陳情し、区議会決議を上げるよう働きかけることを決めた。バラバラに運動を行っているだけでは、ストックホルム・アピール署名運動のように、「平和運動はアカの運動」と宣伝され、警察などから陰に陽に妨害や圧力がかけられると考え、それを防ぐために、区議会決議をあげようと考えた[7]。

この話し合いに沿い、阿佐谷平和懇談会が陳情案をまとめた。「橋本手記」に以下の陳情書が記されていた。

ビキニ被災事件以来、日本国民は不安におののいて生活しています。区会議員の皆さまが区民の幸福と文化的向上のためにご努力下さいましても、何千里も離れたところで行われる原爆実験ですべてがあだになってしまう状態です。「原子兵器を禁止せよ」という声は、三度も大きな被害をうけた日本国民が世界に訴えずにはいられない真剣なものです。

すでに国会でも原子力国際管理の共同決議が提案されており、武蔵野市会、焼津市会、その他でもすでに決議されて大きな影響を与えています。杉並区会は首都の内でも文化的地域にあり、国内世論の形成にも大きな力を持つところであります。至急区会において、「原子兵器を禁止せよ！」の決議を御採択になり、米大統領その他、強国の代表者に提出されるよう、お願い致します。

一九五四年四月一日　　阿佐谷平和懇談会

「平和」という文字を避けたシンプルな陳情書は、自由党で杉並中央生活協同組合の組合長である小倉育《いく》之助《のすけ》区議を紹介議員の一人として、四月一日に杉並区議会へ提出された。橋本は、「阿佐谷平和懇談会の陳情の紹介議員は保守党に属する人がいいとなって、小倉育之助氏と大久保重蔵氏に依頼することが決められたと思う」と記していたが、保守系議員が七割を占める杉並区議会への配慮がこめられていた。

魚商も菅原健一を中心に陳情書をつくり、「杉並魚商水爆被害対策協議会」として区議会、税務署、税務事務所に提出した。陳情書には、「区内屈指の店ですら、遂に雨戸を閉めて休業せざるを得ないほどであり……依然として客は店に寄り付かず、甚だしきは、店の前を遠ざかって通る有様です」「全く将来への見通しを失い、われわれの仲間は真剣に転業を考えざるを得ない状態にあります」と窮状が綴られ、「つなぎ資金をすぐ融資して下さい」「転業のための資金を長期、低利で融資して下さい」「生活困窮者に対しては、生活保護、医療保護を即時適用して下さい」「魚屋のため、いや、日本人の食生活確保のため、水爆・原爆の実験は即刻取りやめて下さい」「この死の灰による被害は、全部米国政府で補償して下さい」という要求が書かれていた(8)。

ビキニ事件が報道されてまもなく開かれた天祖神社の集いは、その後の署名運動を考えると大きな意味を持っていた。なぜ、早期にこのような集まりがもたれたのか、そのつながりをさかのぼってみると一九五二年春の破壊活動防止法案(破防法)反対運動にたどり着く。同年春、吉田内閣は独立後の治安立法として、破防法を国会に上程した。同法は治安維持法の復活であると、全国的な反対運動が広がり、杉並では顕著な動きが現れた。

橋本良一が、『近代――新島繁追悼特集』(神戸大学)の中で次のように記していた。

「杉並区では新島君、堀真琴君、荒正人君、高津正道君ら八〇名の杉並在住文化人で『杉並文化人懇談会』を結成して破防法粉砕の戦を展開した。破防法は残念ながら国会を通ったが、この時結成した『杉並文

化人懇談会』は後に『新居格記念会世話人会』と合流して、現在も杉並区の文化運動、平和運動の一つの柱になっている」(9)

一九五二年は、春に杉並文化人懇談会という超党派の組織が誕生し、さらに五月の区長選に、はじめて革新統一区長候補（新島繁）を立て、秋には、杉並文化人懇談会を母体に労働組合、地域団体、婦人団体が加わり、杉並の平和運動のセンターとして「杉並懇談会」が結成された（第四章第三節参照）。一九五二年は全国的には社会党は左派・右派に、共産党は所感派・国際派に分かれ対立を深めていたが、杉並区内では超党派、統一的な取り組みが進んだ画期的な年となった。

なぜ、それができたのだろうか。筆者は三つの理由をあげたい。一つは、本書第一章第三節で述べた城西消費組合である。「無産インテリの消費組合」といわれ、「クラブのような楽しさ」にあふれていた城西消費組合の店舗兼事務所が一九四一年まで区内高円寺にあり、そのつながりは簡単には消えなかった。

二つ目は破防法への強い怒りである。杉並には城西消費組合を頼みに貧しい知識人や労働者が集まっており、治安維持法で弾圧された体験者が少なくなかった。治安維持法違反でとらえられ、一九三三年に築地署で虐殺された小林多喜二(10)、四五年八月に長野の刑務所で獄死した戸坂潤《とさかじゅん》(11)、同年九月に豊多摩刑務所で獄死した三木清(12)は、何れも杉並区に住む城西消費組合員だった。敬愛する三人を死に追いやった治安維持法を痛恨の思いで記憶する区民、とりわけ知識人は、破防法を何としても通すわけにはいかず、気持ちを一つにしたのだろう。

三つめは新島繁の奮闘である。新島は、戦中、心ならずも転向し、それだけに戦後の活動はめざましく、杉並文化人懇談会・杉並懇談会など、超党派の集まりを広げ、「統一戦線」（新島の言葉）の形成に力を尽くした（第四章第三節参照）。

新島は一九五七年に亡くなったが、友人の橋本良一（一九〇〇年生まれ）は「新島君の地域活動は、杉並の土の上にいろいろな種子をまいた。そしてその一つは原水爆禁止運動として、すくすくと生長し、今や『世界の杉並』にまで枝葉を繁らせているのである」と記した。(13) 一九五二年に広がった超党派のつながりが、一九五四年の阿佐谷天祖神社の集いにつながったと考えられる。

阿佐谷天祖神社の集いに集まった人々は、戦前来の反戦運動、戦後のストックホルム・アピール署名運動の経験から、日本政府やGHQによる弾圧を忘れてはいなかった。バラバラに取り組んでいたら、いずれ弾圧されることを見越して、まず区議会決議をあげ、社会的正統性を獲得し、運動を進めていこうと考えた。署名運動全体の構想はまだ出来ていなかったと思うが、全区的な運動に向けた大事な布石であった。

●杉並婦人団体協議会の四月例会

四月五日、杉の子会例会が開かれた。自由討論の話題はビキニ事件一色で、徴兵制反対署名に取り組んだことがある大塚利曽子は、「署名運動をしましょう」と提案したが、決定には至らなかった。

四月一六日、ビキニ事件の第一報から一カ月目にあたるこの日に杉並婦人団体協議会(婦団協)の四月例会が公民館で開かれた。婦団協は安井郁公民館長の働きかけで一九五四年一月に結成された女性団体の連合組織で、四月例会は、婦人参政権獲得を記念して定められた婦人週間(第一回目は一九四九年四月一〇日からの一週間。現在は「女性週間」といわれる)六周年を祝した講演会で、奥むめお(参議院議員・主婦連合会会長)、後藤敏子(婦人新報社社長)、安井郁(法政大学教授・公民館長)を講師として招いていた。

奥はビキニ問題での参議院の決議で緑風会を代表して賛成意見を述べ、さらに主婦連として全国地域婦人団体連絡協議会と日本生活協同組合婦人部の三者で原水爆実験・製造禁止の共同声明を出すなどビキニ問題で積極的に発言していた。安井はこの日の午前中、ビキニ問題について国会で証言しており、二人はビキニ問題に言及したことだろう。

講演が終わり、会場が静まった時、「すいません」といって立ち上がった女性がいた。「魚健」のおかみさんで杉並民主商工会婦人部の菅原トミ子だった。「第五福竜丸の事でマグロに放射能が含まれているということで、魚が売れなくなり、魚屋は困っています。このままでは明日から店をしめなければなりません。私たち杉並魚商組合で原水爆禁止の署名を取り組んでいます。一人でも多くの方に署名していただきたいんです」という必死の訴えは参加者の胸を打った。「この問題は魚屋さんだけの問題ではない、全人類の問題です」と安井郁も言葉を添え、その場で全員が魚商の署名に協力した。[14]

杉の子会メンバーで杉並生活協同組合として婦団協に参加する小沢綾子が、「この場で婦団協臨時総会を開きましょう」と提案した。婦団協は運営の当番を二ヵ月ごとに構成団体で割り振っていたが、小沢は来月からの当番にあたっていた。提案は認められ臨時総会が開かれ、「婦団協としてビキニ水爆問題に取り組もう」と決定した。右から左まで様々な立場の団体の連合組織として、慎重の上にも慎重に合意形成を図ってきた婦団協としてはたいへん早い決定だった。「署名運動をしよう」という意見が出たが、活動については慎重を期し、「婦団協の生みの親・安井先生に相談しよう」となり、杉の子会メンバーでもある小沢綾子と大塚利曽子が安井公民館長との連絡役となった。

また、杉並婦人文化連盟代表で自由党区議会議員の村上綾子も発言し、明日の杉並区議会本会議で「水爆の実験行為禁止に関する建議案」が審議されるので、採択されるよう力を尽くすと述べた。[15] 杉並婦人文化連盟はかつての愛国婦人会を組織母体として、民生委員、遺族会、未亡人会、茶道、華道、謡曲、仕舞の連盟などに一三〇〇名の会員を擁し、日赤奉仕団杉並婦人文化連盟分団としても活動する団体だった。[16]

婦団協がいち早くビキニ問題に取り組むことを決定したのは、奥や安井の講演、菅原トミ子の訴えもあったが、何より、魚の放射能汚染は主婦にとって切実な問題だったためである。「魚屋さんの署名に協力する」にとどまらず、「婦団協としてビキニ水爆問題に取り組もう」と決めたのは、、阿佐谷天祖神社の集いに参加した仲佐初枝（明るい生活会）や小沢清子などの積極的な意見の影響もあったと思うが、当時の杉並の主婦のエネルギーと四二団体が結集し活動してきた婦団協への信頼があったからだと思われる。第五福竜丸被ばくのニュースが駆け巡った日からちょうど一ヵ月目、杉並の主婦たちはビキニ問題に主体的に関わり始めた。

●安井郁公民館長の思い

杉並区立図書館長兼公民館長安井郁はこの頃、国際法学者として活躍していた。三月一七日付『朝日新聞』朝刊で、第五福竜丸の被ばく問題についてコメントし、「事前の通告がなく、また第五福竜丸が公海で被害を受けたことが明らかだとすれば手落ちはアメリカ側にある。被害者は当然、アメリカ政府に慰謝とか金銭上の補償を要求する権利がある」「日本政府はアメリカ政府に再びこういう事件が起こらないよう注意を申し入れるべきだが、秘密兵器の実験が長期間にわたり、公海の利用に何らかの影響を与えることがあるとすれば、これは新しい国際法の問題が起こってくる」と述べている。ビキニ報道直後に、米国の責任を明確に述べたコメントだった。

四月一六日には衆議院外務委員会で、「北太平洋マーシャル群島附近における危険区域」について次のように証言した。(17)

危険区域の設定そのものが国際法に違反するものでありますから、ビキニ事件については、第五福龍丸が危険区域の外にあったと否とを問わず、米国の責任は免れません。原子兵器の実験はその後も引続いて行われ、その被害は直接、間接に広い範囲に及んでおりますが、米国としてはこれに対して適当の補償をなすべきであります。……問題は単なる原子兵器の実験の管理から、原子力そのものの国際管理へ、さらには原子兵器の禁止へと、次第に突き詰められて行くのである。

議員から、「どの様な手段でアメリカに抗議を実現させていくべきであると考えているか」と質問されると、「解決するにはどうすればよいか、非常に苦しんでいるのであります」「やはりこの問題については世界の道義に訴えると申しましょうか、……それに影響力を及ぼすところの世論というものを考えなければなりません」と答えた。どう実現するかについては明快ではないが、世界の道義へ訴え、世論を動かしていくという考えは、後の署名運動へのつながりを感じさせる。

その頃、安井は憲法擁護国民連合(18)に署名運動を働きかけていた。その甲斐あってか、四月一九日の憲法擁護国民連合第一回会合で一〇〇〇万筆を目標に原水爆禁止署名運動を展開することを決定した。しかし、その後、話し合いはまとまらなかった。当時の気持ちを安井は次のように書いていた(19)。

「私はビキニの問題について客観的見解を求められ、……国会でその証言もしました。しかし実際問題はこんな証言や理論ではありません。こんな重大な時に政治家は……、科学者は……、教育者はこれでいいのか、私はじっとしていられない気持ちになやまされました。結論は署名運動だと決心しました。しかし、この運動を実行する段になると容易ならぬ難関があってオイそれとは運ばれません。第一、役員を定めるのも一と骨でした。自分が会長だったらとか、自分が委員長だったらとか言って、見にくいエゴイズムを見せつけられました。そのため足踏みの形でした」

「じっとしていられない」ほどの切実感は、後年の原水禁運動への献身を予感させるが、そこまでの切実感を感じたのはなぜか。安井は一九五三年九月に「小さな扇」と題した小文を残していた。

小さな扇

世界ではじめて原爆がおとされた都市―その廣島を私はおとずれた。
爆心地のちかくに建てられたひろい公民館は市民でうずめつくされていた。
それは自分のからだをもって、あるいは愛するものの身をとおして
原爆の苦痛のきびしさをつぶさに知った人々であろうか。

（中略）

語りおえて席にかえった私の顔を、背を汗がとめどもなく流れた。
九月もすでになかばだというのに。
その時、次のO博士の講演を熱心にノートをしていたひとりの婦人が
自分の扇を私のところにとどけてくれた。
小さな扇―そのおくるさわやかな風のなかで私はあかるく考えつづけた。
平和をもとめる人々を結びあわせるつよい力を。

一九五三年九月一六日、東京にむかう急行列車『雲仙』にて

一九五三年当時、安井は図書館長を務めながら、七月にMSA協定を結ぶべきでないという立場で国会で証言し、地域でも講演を行っていた。この小文は広島講演の帰りに書かれたのだろう。原爆の惨害が残る広島を目のあたりにして、広島の人々の前で語った緊張感に「汗がとめどもなく流れた」のではないだろうか。「平和をもとめる人々を結びあわせるつよい力を」というフレーズは後年の原水禁運動を思わせる。ビキニ事件に対する強い関心とシンパシーは、広島を訪ねたことと関係があると思われる。

●気象研究所

杉並区高円寺にあった気象研究所は、ビキニ環礁での異変をいち早く知り、動き出していた。若手研究者であった藤田敏夫は筆者のインタビューに次のように語った。

「微気圧計によって気圧の微小変化がわかるので、ビキニまで三五〇〇～四〇〇〇キロメートル離れていますが潮岬の気圧計が最初に感知し、三月一日の水爆実験を気象庁は大変早くつかんでいました。三月二七日、四月六日、五月五日にも実験があったこともわかりました。気象庁はすぐＷＭＯ（世界気象機関）へ連絡しました。大きな火山爆発があったあとのデータを集めて気温への影響を調べて記録していたんですが、ビキニの時も同じような変化が見られ、異変をいち早くつかんだわけです。一〇キロ以上の上空が成層圏ですが、核爆発の破壊力が強いと二〇キロ圏にも届き、気温への影響をはじめ大きな影響があるんです。気象研究所では管理職も含めすぐ立ち上がって調査をしました」

気象研究所の活躍は注目され、特に『週刊朝日』（三月二九日号）で「水爆下の日本」という特集号が発行されるとたいへんだったと藤田は語った。

「気象研究所に質問が舞い込んできました。そこで調査グループをつくらなくてはと研究所の若手研究者が一〇人くらい集まって『水爆調査グループ』をつくりました。当時の気象研は文化祭等を通じて住民との交流があり（第四章第三節参照）、この会も研究だけでなく住民に伝えようということでパンフをつくったんです。区内は高円寺・荻窪・阿佐ヶ谷、遠くは茨城へも行って話す機会を持ちました。部長の荒川秀俊さん、三宅泰雄《やすお》さんは我々のことを励ましてくれました」[20]

藤田敏夫、増田善信、矢野直など若手の研究者は市民へ向けて資料『原・水爆と気象』[21]をつくり、模造紙に図表を描いて、放射能の話や気象への影響を話した。藤田は講演に使った模造紙に描いた図表を保存しており、筆者に見せてくれた。カラフルな図は今も鮮明だった。

同研究所には放射能雨についての詳細な研究を行い成果を上げた猿橋勝子《さるはしかつこ》(22)や、俊鶻丸《しゅんこつまる》(23)に乗船し、太平洋上の大気も海洋も汚染されたことを明らかにした杉浦吉雄・亀田和久もいた。

日本気象学会は五月二〇日にビキニ水爆実験に関する声明を出し、世界に発信した。声明では、「水爆実験によって成層圏に打ち上げられた放射能を持つ多量の灰は地球をかこむ大気の大循環のために世界中に運ばれ、大規模な大気汚染は長い間続くので、日射その他の気象現象に異常をきたし、今後の凶冷その他の気象災害との関係については全く予想を許さない」ことを指摘し、今後について「①原子兵器を含めたすべての大量殺害兵器の実験・製造・使用の即時禁止と原子力の国際管理及び平和的利用の実現に努力すること。②水爆実験から予想される大気汚染その他、気象現象についてのあらゆる調査結果及び研究資料の公表」を求めていた。科学研究の意義と社会的責任を自覚するその声明は、めざましい研究を進めつつ、気象学会の民主化を進めた気象研究所の研究者の成果でもあった。

気象研究所の地球科学研究室部長で、後に第五福竜丸平和協会会長を務める三宅泰雄は(24)、「第五福竜丸はわが国の科学者にその社会的責任の重大性を自覚させる要因でもあった。『放射能症』の治療、『死の灰』の分析、海洋放射能、放射能雨の研究などに、全国から多数の科学者が率先して参加した。当時の研究環境は貧困を極めていたが、科学者たちは、その障害を創意によって克服した。この尊い経験は、わが国の科学史上、特筆すべき出来事といわねばならない」(25)とその研究を讃えた。気象研究所は研究拠点の一つで、署名運動が始まると積極的に講師を引き受けるとともに、労働組合として署名活動に取り組んだ。

第五福竜丸帰港から一ヵ月、ビキニ問題に対して、魚商、阿佐谷天祖神社の集いの人々、婦団協の女性たち、安井郁図書館兼公民館長、気象研究所、それぞれが切実な思いでビキニ問題に向き合い、何らかの行動提起を求めていた。

二、杉並区議会の決議採択

●区議会議場での魚商の訴え

四月一七日、この日は一九五三年度最後の区議会本会議で、午前中に全員協議会、午後に本会議が開かれた。四月一〇日から、区立新泉小学校、高井戸小学校増改築のための追加予算一〇〇〇万円を決裁することを主議題として開かれていた臨時区議会の最終日だった（「杉並区議会記録」）。

全員協議会とは議員が区長など行政担当者と論議する場で、「当時は論客が多く、もめそうな問題については、全員協議会で侃々諤々《かんかんがくがく》の論議をして本会議に臨んだ」（川村千秋元区議の話）ため、よく開かれたが、この日は魚商代表の話を聞くという「異例中の異例」の全員協議会だった（川村千秋の話）。川村千秋は重税反対運動（第二章第三節参照）で活躍した古書商だが、一九五一年から杉並区議（共産党）となっていた。筆者のインタビューに、川村は当時のいきさつを詳しく語った[26]。

「私が斡旋し同伴して、菅原さんたち、杉並の魚屋さんの組合の幹部三～四人が交渉し、区議会としての決議をしてくれないかと区長や議長に申し入れました。魚屋さんの説明を区議会で聞こうじゃないかと提案すると、議長もすぐ努力をしようということで、区議会最終日の午前中に魚屋さんたちの実情を聞いて、午後に区議会としての意志決定をすることになりました。魚屋さんは二〇人ぐらい来て、菅原さんが具体的な説明をして、高円寺の橘田《きった》さんも挨拶しました」

高円寺の大店《おおだな》「甲州屋」の主人・橘田繁夫や菅原健一ら杉並の魚商は区議会にこまめに足を運び訴え続けた。区長や区議会議長はその団結力を無視することはできず、区議会始まって以来の区民陳述が実現した。

杉並の魚商のまとまりの強さについて真々田邦義（一九五五年から杉並区議を務めた）は筆者のインタビューに答え、次のように語った。

「今は魚屋さんはスーパーに食われて小売商は減っているけれども、やっぱり商店街で生鮮三品＝魚、野菜、肉というのは中心的な店舗で、目抜き〔通り〕で魚屋が大きくやっていましたね。魚屋さんは朝早く起きて河岸に買い出しに行くでしょう。だから魚屋同士、仲がいいんですよ。仕入れも一緒で、旅行に行ったり、苦楽を共にしていてね。他の業界もいろいあるけれど、魚屋の連帯感というのはその当時はぴか一だったね」(27)

●満場一致の区議会決議

午後の本会議は、出席議員四一名（欠席五名）、行政側は高木敏雄区長以下一二名、教育長・選挙管理委員長・監査委員が各一名、合計五六名の出席だった。「杉並区立小学校校舎新築および増改築工事請負契約」以下の四議案、報告が二本、そこに追加議案として「水爆の実験行為禁止に関する建議案」が六会派の共同提案となっていた。

水爆の実験行為により我国の享《う》くる被害亦洵《またまこと》に甚大である。然《しか》もこれによりて将来生ずべき事態はその行為の目的の如何によりては将《まさ》に人類の壊滅を意味する。よって本区議会はその実験に対し断乎これが禁止を決議せんとす。右建議する。

シンプルな決議案は満場一致で採択された。東京では武蔵野市、世田谷区、都議会に次ぐ四番目の採択だった。採択後、以下の決議文に整理され、四月二二日には日本政府、米国・ソ連・英国の各大使館、国連に提出された。(28)

人類の安寧を乱し、然《しか》もこれを壊滅に導かんとする最も懼《おそ》るべき原子兵器即ち水爆の製作は、その目的とその理由の如何に拘わらず直ちに断じてこれを禁止すべきであり然も現在行わるゝその実験の如きは海洋日本のこれによって享《う》くる被害亦洵《またまこと》に甚大である。須《すべか》らく斯《かか》る脅威は人類生存のためにも或《あるい》は世界平和のためにも即時これを放棄すべきである。右決議する。

昭和二九年四月一七日　東京都杉並区議会

筆者が「簡潔な文面ですね」と尋ねると、川村千秋元区議は「いろいろ書くと、会派で意見が違ってくるので、多少曖昧で物足りなくても決議を出すことを優先しました。魚屋さんは全員協議会が開かれる一七日の前にも、区長、議長、各会派を回っていますから、その日に決議文をつくったのではなくて、議長が案文を考え、事務局とやりとりする中で、文章が出来てきたんじゃなかったかな」と語った。保守系に配慮し、採択を優先したのは阿佐谷平和懇談会と同じだった。

杉並区の地方紙『杉並新聞』(29)〔四月二五日付〕は、〈世界の平和を熱願／杉並区議会で満場一致／水爆実験禁止決議〉として決議の採択を大きく報じた。

三、署名運動を決意

区議会決議が採択されたことは区民を大いに励ました。とくに前日に「婦団協としてビキニ問題に取り組む」ことを決めていた婦団協の女性たちは喜び、安井への連絡役を引き受けた大塚利曽子は早速、安井に手紙を書いた。橋本良一は後年、手記を書くに際して、大塚にその時の事情を質問し、大塚から次の手紙をもらった。「橋本手記」に保存されていた大塚の手紙を引用しよう。

「勉強会〔四月五日の「杉の子会」例会だと思われる〕が済んだ後、公民館長室に私たち四～五人が集まった時、先生から全国的な署名運動をおこしたいと思う。そしてその話を護憲連合の幹部に申し入れているができそうにない。そこで杉並だけでもやれないかと考えている。というお話がありました。

私はこの署名運動はどうしても始めなければならぬと思っていましたし、その頃、杉並婦人団体協議会でも、区議会に署名運動〔署名運動でなく、区議会決議だと思われる〕をおこすよう申し入れていたので、私は先生に手紙を書きました。『是非、先生が中心になって運動を始めていただきたい。先生がお始めになったら区内はきっとまとまるでしょう』、こんな意味のことだったと思います。私が先生にお手紙を書いた気持は、杉の子会の会員というより、杉並婦人団体協議会の話し合いによってという方が強かったと思います。後になって、先生は『あなたの手紙で大変勇気づけられた』と申しておられました」

大塚の手紙で婦団協の決意を知り力づけられた安井は、荻窪教育懇話会以来の友人である橋本良一を訪ねた。この時の訪問について、橋本良一は、「杉並区内で運動をおこしてくれという婦人の強い要望に対して、安井氏は決断がつかなかったようだ。そこで一回私の家に相談に来たのである」と書き、二人の話し合いを詳述していた。

「橋本手記」によれば、安井に橋本は次のように答えたという。「是非やらねばならない運動だが、簡単には飛びつけない。もしこの運動が失敗したら、あなたは図書館長・公民館長の椅子を棒に振ることになるだろう。あなたが一公民館長の椅子に恋々たるものでないことは私はよく知っている。しかし、私たちにとってあなたが公民館長であることは区内で一つの拠点を確保しているようなものだから、大切にしなければならぬ。あなたにしても公民館長を辞めるとなると、年来の希望である地域社会教育ということも、大変やりにくくなると思う。そこで、婦人の要望もさることながら、絶対に成功する見通しが立たぬ限り手を出すべきでない」

杉並は革新的な人もいるが、地域も区議会も保守勢力が強いことを知っていた橋本は慎重だったが、「しかし、成功の可能性は充分ある。原水爆に反対する声、ことに放射能に対する恐怖は、区内に高まりつつあるから機は熟してきたようだが、それだけで成功するとは思えない」と述べ、次のように続けた。

「最大の鍵は区内の共産党が如何にこの運動を正しく理解し、私たちの考え方にいかに正しく協力するかということだと思う。今までのように運動が始まったとたんに、原水爆禁止運動は共産党が指導し、実質は党がやっているのだと宣伝されたり、党の独自活動と称して、細胞で単独行動をとられたりしたら、ストックホルム・アピールの時のように、『あれはアカの運動だ』ということになって、とても区民運動としては成功しないであろう。

のみならず、区議の中には相当数の人が『安井は赤い』といっているので、館長を辞めさせる絶好の口実を作るようなものである。そこで、まず杉並区の共産党の責任者と話し合ってみよう。もし、私たちの考え方に賛成して党内の意思を統一してくれるなら、充分見込みがあるから次の具体的な方法を考えよう。安井氏は全面的に賛成した」

社会党にも共産党にも顔が利く地域の世話役・橋本ならではの言葉だった。橋本は客観情勢は成熟していても、今までの平和運動のスタイルでは成功しないと考えていた。安井も『民衆と平和』（大月書店、一九五五年）に次のように書いていた。[30]

「民主団体といいましょうか、平和団体といいましょうか、そういう団体に属する人々が市や区の当局と相談もなしに自分たちの運動として、勝手に署名運動を推進する場合がありがちだということです。……特定の党派とか、特定の平和団体が自分たちだけでやっていくのだということではなくて、ほんとうに全体の運動の中に自分たちもとけこむのだということがたいせつなのではないでしょうか。あらゆる立場と党派の人々が、原水爆の脅威から生命と幸福を守ろうという一点で結びつくところに、原水爆禁止署名運動の重要な意義があります」

平和運動・革新的な運動が広がらない理由として、朝鮮戦争期から強まった「平和運動はアカがするもの」というプロパガンダの影響だけでなく、運動を進める側にも独り善がりな点があると考えていた二人は、運動をおこす前にまずそこから手を打った。橋本が共産党地区担当者と連絡をとり、四月下旬に、共産党の西部地区委員長と杉並地区の責任者を招き、安井郁、橋本良一、安井田鶴子（橋本の要請で同席）と安井家で会談を持ち、次の三点を中心に二時間ほど話し合った（「橋本手記」）。

一、一大区民運動にするため、共産党も謙虚な協力運動をして欲しい。

一、党員も一区民の立場で参加して欲しい、従って、この運動のために細胞独自の会合だとか、ビラを流すことはやめて欲しい。

一、今まで私たちと上部機関とは意見の一致を見ても、下部組織即ち細胞ではそれに反する運動が行われることが多かったが、今回もしそのような事態が生じたら、一切、ぶち壊しになる。この点地区委員会として、杉並の全党員の意思統一が出来るかどうか。

共産党の二人の責任者は、「即座に、全面的に私たち〔橋本と安井〕の意見に賛成した。そして、責任をもって党内の意思統一を図ると確約」したという。安井と橋本がそれまでの平和運動の持っている問題点を見据え、「平和運動」の主勢力だった共産党の地区担当者と会い、区民主導の運動への協力を依頼していたことは「橋本手記」ではじめて知ることができた。それは、署名運動を政党や上部団体主導でなく、区民（市民）主導で進める意志のあらわれであり、平和運動が「アカの運動」と見られている時代の慎重な配慮だった。この日の会見が成功したことで、二人は区民運動として展開できる見通しを得て、署名運動を立ち上げる決意を固めた。

区議会決議をきっかけに、天祖神社の集い参加者、婦団協、全世界の世論に訴えたいと考えた安井郁という三者の思いがつながり、歯車が嚙み合った。区議会決議をあげて終わりとはせず、それを活用しようと考えた区民の意思の結集であった。

第二節　水爆禁止署名運動杉並協議会の結成と杉並アピール

杉並の署名運動の歯車が動き出した。署名運動の立ち上げを決意した人々は、五月九日に立ち上げ集会（「準備会」と呼んだ）、五月一三日に第一回実行委員会、五月一四日から署名運動開始という日程を立て準備を開始した。杉並の署名運動の基本構想は四月後半～五月はじめの約二週間に立てられた。本節ではどのような人々が、どんな構想を立て、署名運動を立ち上げたのかを中心に述べる。会議の記録は杉並区立公民館を存続させる会編・発行『歴史の大河は流れ続ける（四）――杉並公民館の歴史』（一九八四年）に納められた速記録をもとに記す。以下、上記資料集を、『歴史の大河』（四）と略記する。

一、緻密な戦略

●署名運動を立ち上げた人々

約二週間ほどの短期間に署名運動立ち上げの準備が進められた。立ち上げ当時のことを、前出の細谷千博は筆者の電話インタビューに答えて次のように語った。

「安井先生は、運動を地域から始めて次第に拡大し、日本全国に、次は国際的にというように、今の言い方でいえばグローバルに進めていきたいというお考えだったと思います。運動をどうやったらよいかということについて相談を受けました。戦術的なことは牧田喜義《まきたきよし》(1)さんが貢献したと思います。牧田さんは私の二年先輩で、たいへん有能な方で、戦中は満鉄におられ、戦後はマスコミ関係などいくつかの仕事につかれたと思います。杉の子会の女性の方々が始めましたが、戦術的なことは牧田さんが緻密に計画を立て、実務にたずさわっています」と語った。(2)

牧田喜義は一九一六年に長野県に生まれ、東京帝国大学法学部で安井に学び、卒業後、南満州鉄道株式会社（満鉄）に勤めた。敗戦で帰国し、いくつかの会社を経てから津上製作所（精密工作機械・精密工具の製作と販売、現在の社名・ツガミ）の常務取締役を務め、「兵器をつくる時に必要とする機械」（牧田の言葉）の取り引きを米国防総省を通じて行っていたが、一九五三年頃の軍縮のあおりで数十億円の受注がキャンセルとなり、責任をとって、退職し頭を丸め、一九五三年四月から〝浪人暮らし〟をしていた。

安井が声をかけたのは、ちょうど浪人暮らしの時だった。牧田はそれまで平和運動とは全く関わりがなかったが、「原水爆禁止の運動を展開するけれど、保守的な人達も安心して参加出来るようなものにしたいが、それには君のような保守代表が来てくれなくては駄目だよ」と安井郁にいわれ、(3)悩んだ末に、「原水爆だけは何としても禁止しなければならないという全国民の、立場と思想をこえた悲痛な念願を何らかの形で正しく統合しなければならないが、その方法はさしあたり、『署名運動』以外ない」と考え、参加し、署名運動の事務局長を引き受けた。「保守代表の私そのものが、先生にとって戦術であったわけです。先生を取りまく人材によっては偏向した運動になりかねないものを、私が事務所に座っていることによってバランスを保ち、保守的な人達も安心して参加してくれるわけです。その戦術は的を射たもので、保守、革新問わず私に意見を求めたり、何事も相談してくれたりしました」(4)と語った牧田は、いわゆる「平和活動家」とは毛色が変わった事務局長だった。

時間に恵まれていた安井郁・橋本良一・牧田喜義の三人がトロイカ体制を組み、署名運動の司令塔（指導部）となった。そこに婦団協の大塚利曽子・仲佐初枝・小沢綾子、安井田鶴子、橋本良一の友人で区立浜田山小学校、区立高井戸中学校のＰＴＡで活躍していた早川埃蔵が加わり、その八名が署名運動を立ち上げた中心メンバー（コア・メンバー）だった。

大塚利曽子・仲佐初枝については第四章で触れたが、小沢綾子について述べておこう。小沢は一九〇八年、神田に生まれ、父は神田女学園の学長を務めた教育者であった。実践女子専門学校卒業後、上野高等女学校で英語を教え、結婚・出産後、竹中工務店に勤める夫と一九四三年から中国東北部の奉天に渡った。中国では中国人に対する日本人の横暴なふるまいに憤っていたという。夫が現地召集となり、敗戦後、子どもを連れて帰国し、五二年から杉並に住んだ。義母の協力に支えられ、小沢は生協・杉の子会・杉並婦人団体協議会で活躍した。(5)

大塚・仲佐・小沢たちは主婦の生活感覚とリーダーシップで、男性指導者たちが地域の実情から離れることを防ぎ、婦団協と署名運動をつなぐ役割を果たしたと思われる。彼女たちは、家族の協力で家事から比較的解放された専業主婦であるという共通点とともに、大正期に都会で高い教育を受け、戦争を生き抜き、戦後、積極的にサークル活動に関わる中で社会に目を向けるようになった。「杉並の主婦」というひと言ではくくりきれない個性的な女性たちだった。

●杉並アピールに秘められた戦略

「運動する場合、戦略が重要で、それによって功を奏すか否かになるけれど、この場合戦略としてのスローガンがきわめて明快だったので、それに導かれるようにして戦術が生まれ、生き生きとした運動になりました」(6)

牧田喜義はそう語ったが、杉並の署名運動の秘密は周到で緻密な戦略にあったが、最大の戦略は杉並アピールであった。(7)

「全日本国民の署名運動で水爆禁止を全世界に訴えましょう」（杉並アピール原案）

広島長崎の悲劇についで、こんどのビキニ事件により、私たち日本国民は三たびまで原水爆のひどい被害をうけました。死の灰をかぶった漁夫たちは世にもおそろしい原子病におかされ、魚類関係の多数の業者は生活を脅かされて苦しんでいます。魚類を大切な栄養のもととしている一般国民の不安も、まことに深刻なものがあります。

水爆の実験だけでもこのような有様ですから、原子戦争がおこった場合のおそろしさは想像にあまりあります。たった四発の水爆が落とされただけでも、日本全国は焦土となるということです。アインシュタイン博士をはじめ世界の科学者たちは原子戦争によって人類は滅びると警告しています。

この重大な危機に際して、さきに国会で水爆禁止の決議がおこなわれ、地方議会でも同じような決議がおこなわれるとともに、各地で水爆禁止の署名運動がすすめられています。しかし、せっかくの署名運動も別々におこなわれていては、その力は弱いものです。ぜひこれを全国民の署名運動に統合しなければなりません。

杉並区では区民を代表する区議会が四月十七日に水爆禁止を決議しました。これに続いて杉並区を中心に水爆禁止の署名運動をおこし、これをさらに全国民の署名運動にまで発展させましょう。そしてこの署名にはっきりと示された全国民の決意にもとづいて、水爆そのほか一切の原子兵器の製造・使用・実験の禁止を全世界に訴えましょう。

この署名運動は特定の党派の運動ではなく、あらゆる立場の人々をむすぶ全国民の運動であります。またこの署名運動によって私たちが訴える相手は特定の国家ではなく、全世界のすべての国家の政府および国民と、国際連合そのほかの国際機関および国際会議であります。このような全日本国民の署名運動で水爆禁止を眞剣に訴えるとき、私たちの声は全世界の人々の良心をゆりうごかし、人類の生命と幸福を守る方向へ一歩を進めることができると信じます。

一九五四年五月　　水爆禁止署名運動杉並協議会議長

水爆禁止のために　全国民が署名しましょう。
世界各国の政府と　国民に訴えましょう。
人類の生命と　幸福を守りましょう。

起草したのは安井郁であった。原水爆禁止日本協議会（日本原水協）で安井をよく知る吉田嘉清は、安井が様々な意見を見事にまとめ上げる卓抜な能力の持ち主であったことを語るが、[8] その能力は見事に発揮された。長い文章の後、三つのスローガンが付け足しのようについているので、文章が「主」でスローガンは「従」のように見えるが、三つのスローガンに前文をつけたもので、その形式は四つのスローガンで構成されたストックホルム・アピール[9]を踏襲している。安井は杉並アピールについて次のように述べた。[10]

第一のスローガンは、「原水爆禁止署名運動が特定の立場または党派の人々のみの運動となってはならないことを示したものです。……今度の署名運動は全国民が立場や党派の区別はありながらも、原水爆禁止を要求するという一点で結びつく、幅のひろい統一運動でなければならないのです。同時にこの一点で結びつく限り、いかなる立場または党派の人々といえども排除してはなりません」

事務局長の牧田喜義は「再軍備、軍事基地、ＭＳＡ等々に賛成の者をも一切包含して推進されることに、われわれは最大の意義を認めた」と書いたが、原水爆反対の一点で再軍備論者も含む、全国の広範な人々が結びつく運動をめざした。

第二のスローガンは「原水爆禁止署名運動が特定の国家を対象とする感情的な反対運動になってはならないことを示したものです。広島、長崎に原爆を投下したものはアメリカであり、また、ビキニで水爆実験をしたのもアメリカでありますから、原水爆禁止の要求が直接にアメリカに向けられたとしても、それはむしろ当然でありましょう。しかし、一九五四年というこの歴史的時点において、日本がおかれている国際的立場を考慮する時、もし日本国民の署名運動が感情的な反米運動となったならば、それが順調に発展して所期の目的を達することは至難であると思います」

安井は国会証言でわかるように米国の責任を最初から明確に述べてきた。しかし、ここではそれを押さえて、反米運動にならないように配慮をしている。それは、それまでの平和運動の転換であった。独断を恐れずにいえば、そこに筆者は、日本国際政治学会理事長をはじめアメリカ学会理事も歴任した細谷千博からの、反米運動では広がらないというアドバイスがあったのではないかと考えている。細谷は、杉の子会の発足の時にも安井から意見を求められたが、原水爆禁止運動でも「われわれの東大時代の先生を囲む会——道樹会——がある意味で、先生からアドバイスなどを求められると、われわれは意見を言って若干作戦参謀的な役割を果たしていたんですがね、実は」と語っている。(11)

第三のスローガンは、「原水爆禁止署名運動がその本質においてヒューマニズムの運動であることを示したものです。一部の人々は、この署名運動は激越な政治運動となるのではないかと心配していました。これにたいして私たちは、これが原水爆の脅威から人類の生命と幸福を守ろうとするヒューマニズムの運動であることを強調したのです」。第三のスローガンは原水爆禁止署名運動のキャッチ・フレーズとなり、ポスターの標語となった。

ヒューマニズムという言葉は、安井がそれまでに用いた言葉には見当たらない。それはどこから来たのか。筆者は哲学者の務《む》台《たい》理《り》作《さく》(12)が一九五二年に『潮』(13)に発表した「平和論とヒゥマニズム」の影響ではないかと考えている。そこで務台は、一九五二年夏に発行された『アサヒグラフ』原爆特集に触れ、「原爆のような高度の科学兵器を使用する限り……戦争そのものが人類最大の罪悪になった。……深い悲しみと憤りは……

人類共同感情の現れ」で、「戦争はもうごめんだという声を腹の奥に感ずるものがヒューマニズム」である。それは「社会体制や経済組織の上の対立関係より高度の次元に属して」おり、「アメリカとソ連の社会体制と経済組織の優劣について、平和論ではこれを取り上げない方がよい」「最も急を要し且最も切実である平和の問題について、ヒューマニズムの中立的立場から、その実現の方策に全力を尽くすべき」であると述べた。務台は米ソどちらに与するかにかかわらず、現代戦争に対してヒューマニズムの立場で幅広く結び合う大切さを説いていた。

橋本良一は、「水爆禁止運動は原子力と人類の対決であるという認識から出発して、純粋な国民運動として盛り上げなければならない。従って、特定の国家を対象としないことはもとより、運動の形も階層と党派を超えておし進められなければならない」(「静かなる署名運動」)[14]と述べたが、安井郁や橋本良一はビキニ水爆実験反対署名運動を呼びかけるにあたり、杉並区民でもある務台理作の理論に学んだのではないか。

当時、『潮』の編集部員であった吉田嘉清は、「一九五二年は朝鮮戦争中で破防法が通り逆コースの流れが強まり、総合雑誌が筆を鈍らせ、良心的な知識人が書く場所がない時期でした。務台さんや中野好夫さんの家に原稿を取りに行きました。『潮』は知識人や学生によく読まれ、橋本さんや安井さんは読んでいたと思います」と語った[15]。

杉並アピールはストックホルム・アピールに学びつつ、それがGHQや日本政府によって「アカの運動」とされ、運動が狭められたことを踏まえて、ヒューマニズムに基づく幅広い連帯=幅広い抵抗線を築くという戦略を盛り込んでいたと筆者は考えている。

二、立ち上げ集会

●水爆禁止署名運動杉並協議会の発足

コア・メンバーは立ち上げ集会に向けて準備を開始した。立ち上げ集会の招請人は安井郁公民館長が引き受けた。人選は安井、橋本中心に行い、区役所関係（区長、区議会）および婦人団体は安井、労働組合と一般団体（魚商組合と寿司屋組合を含む）へは橋本良一、ＰＴＡ関係は安井とともに早川埈蔵という分担で連絡・招請を行った。立ち上げ集会に参加したメンバーは表21（三〇二頁参照）で示し(16)、参加者のつながりの分類を表22（三〇三頁参照）で示した(17)。表22から労働組合、婦団協、ＰＴＡ、濁話会・土曜会関係者（浜田山グループ）の出席が多いことがわかる。中でも婦団協・ＰＴＡ関係者・杉の子会の出席は、安井が教職追放の後、力を尽くしてきた地域活動と社会教育活動のつながりの成果だった。区議については自由党と左派社会党だけを招くという慎重な配慮がされていた(18)。

一九五四年五月九日、日曜日の午後、公民館講座室に、奥様風の着物姿の女性、颯爽とした洋装の女性、商店主風の男性、紳士風の男性、自由人風のラフなスタイルの男性など四二人が集まった。会合は、呼びかけ人挨拶、区議会決議の報告、自己紹介、杉並アピールの提案と討議、運動の進め方の討議という流れで進んだ。『歴史の大河』（四）に収録されていた準備会の速記録にもとづいて、会合の内容をたどってみたい(19)。

安井郁はアジア太平洋戦争をふり返るところから話し始め、水爆実験と放射能被害は全日本国民・全世界人類の問題であると述べ、この運動は、「バラバラではなく全国的に統一した運動をする必要があること」「特定の党や特定の国家を対象とせず、原子力に人類が対決する純粋な運動に発展させなければならない」と語った。

準備会に出席し、安井の発言を覚えている人がいた。教職員組合の役員として参加した酒井一九《かずなり》(20)である。

二〇〇八年の筆者の電話インタビューに酒井は、「安井郁さんは区立神明中学校の父兄でした。戦争の被害を話された後、原水爆禁止は国際的な問題だが、敗戦国なので大々的にやれないから、原爆許すまじということで署名運動に取り組もうと提案されたと思います」と述べた。

敗戦から九年目であり、参加した人々は子どもたちを学童疎開に出した辛さ、空襲の恐怖、戦後の物資の欠乏と混乱の記憶を鮮明に持っていた。「二度と戦争を繰り返してはならない」という共通認識をベースに、水爆禁止に向けて一緒に声を上げようと、安井は提案した。

続いて村上綾子区議が区議会決議を報告し、その後、自己紹介に移った。村上は自己紹介で婦団協での話し合いに触れ、「区議会決議前から水爆禁止のことを話していたが、全国一緒にやりたいということで今日まで運動に着手するのを延ばしていた。今日は母の日であるが、子どものためにも水爆禁止が大切と考え出席した」と意欲を語った。参加者の発言を紹介しよう（速記録から各自の発言を引用者が要約）。

◆飯野かく（婦団協）――杉並婦団協でも水爆禁止署名運動の話は前から出て、区議会決議も傍聴したのでいつでも立ち上がれる準備はしていた。

◆島原スミ（杉の子会）――婦人としても母としても私は平和に尽くしたいと思って安井先生の読書会や講演会に参加、署名運動に極力協力したい。

◆塩沢常信（ＰＴＡ）――広島の実情を見た。死の灰の及ぶ影響は世界的で人道上の大問題である。杉並から全国・全世界へ広げて欲しい。親として全力を尽くしたい。

◆篠原登(21)（ＰＴＡ）――この運動は社会問題の根本、つまり人道問題として取り上げるべきだと思う。殺人は不可といいながら、一遍に数千、数万と殺すのは大逆だ。

◆早川埃蔵（ＰＴＡ）――ＰＴＡで子どもを守る運動をしているが、この恐ろしい原水爆は絶対に禁止したい。

◆大行慶雄（医学博士）――水爆使用を続けると奇形児が生まれ出るし、魚食民族の日本人にとって民族の

表21　参加メンバー一覧

所属団体	参加者氏名	実委	所属団体	参加者氏名	実委
教職員組合	酒井一九		安井の弟子	神谷茂	◎
教職員組合	飯島英夫		杉の子会	島原スミ	
杉並区教職員組合	遠藤英雄		上荻窪婦人会（婦）	飯野かく	◎
杉並区教職員組合	佐藤弘之	○	泉会（婦）	吉田幹子	
岩崎通信労組	小泉昇		杉並小学校PTA	塩沢常信	○
杉並婦人文化連盟区議＊（婦）	村上綾子	○	中学高校PTA会長工学博士＊	篠原登	
杉並文化人懇談会	橋本良一	◎	専修大学教授（医学博士）	大行慶雄	○
濁話会＊	遠山一	○	阿佐谷平和懇談会	志賀多恵子	
杉並魚商組合	菅原健一		荻窪土建労組・区議＊	明石亀太郎	○
杉並魚商組合	糸魚川仙一	○	区役所（都職労）	木原俊郎	
杉並魚商組合	橋田繁夫	○	医師＊	赤坂東九郎	○
気象研究所	徳植弘		都立大学教員	石原憲治	○
明るい生活会（婦）	仲佐初枝	○	蚕糸試験場労組	鈴木誠	
〔不詳〕	志村卯二郎		蚕糸試験場労組	黒田伝吉	○
杉並区役所＊	若林善太郎	○	井草原水爆禁止期成会準備会	小林敏夫	○
家庭学校長・PTA＊	今井新太郎				
西松主婦の会（婦）	藤縄トモ子		濁話会	中込友美	
杉中農業協同組合	神田秀穂		土曜会	岡村賢治	
杉並生協（婦）	小沢綾子	○	あざみ会　（婦）	大塚利曽子	
教会関係＊（欠席）	下田牧師	○	濁話会・医師＊	古河賢三	
安井の弟子	牧田喜義	◎	濁話会・工芸家＊	早川埈藏	○

〔注〕『歴史の大河（4）』の参加者名簿をもとに作成。（婦）は「杉並婦人団体協議会」メンバーを示し、○はこの日決定した実行委員、◎は事務局メンバーである。＊は筆者が他の資料から確認し、加筆した事項である。この他、安井郁・田鶴子が参加している。

表22　参加グループ

団体	人数	参加者
魚商	3	菅原、糸魚川、橘田
婦団協	7	村上、仲佐、飯野、吉田、藤縄、小沢（綾）、大塚
杉の子会	5	島原、吉田、小沢、大塚、（安井田鶴子）
PTA関係	7	橋本、吉田、篠原、塩沢、今井、早川、（安井郁・田鶴子）
荻窪生活文化懇話会	3	橋本、大行、（安井郁・田鶴子）
浜田山グループ	8	早川、中込、岡村、大塚、古河、遠山、神田、小沢
区議	2	村上（自由党）、明石（社会党）
労働組合（自主参加を含む）	12	酒井、飯島、佐藤、遠藤（以上教組）、鈴木、黒田、徳植（以上研究所労組）、明石、小泉、（木原、若林）
協同組合・地域	2	神田（農協）、小沢綾子（生協）、小林（井草原水禁）
医師・医学博士	3	赤坂、古河、大行
知識人・文化人	12	橋本、篠原、石原、大行、志賀、赤坂、下田、今井、古河、早川、（安井郁）

〔注〕

●複数の関係・団体に所属しているため名前の重複がある。

●複数関係している人物は関係している全てに記入した。

●「荻窪教育懇話会」はこの頃は活動していないが、橋本と安井をはじめ人間的なつながりは続いており、他に大谷省三、恩地孝四郎も運動に協力した。

●「浜田山グループ」は筆者の造語で、井の頭線の浜田山・永福町近辺のサークルである濁話会、土曜会、あざみ会のメンバーである。

●知識人・文化人は曖昧な分類だが、大学関係者、医師、研究者、牧師、芸術家をその範囲とした。専業主婦は含めていないが、参加女性の教育程度は高い。

●安井の弟子の牧田喜義と神谷茂、手がかりがない志村卯二郎は分類には入れていない。

死活問題であるから、ぜひ水爆実験はやめてもらいたい。
◆明石亀太郎（区議）――米国の世論は二つに分かれ水爆禁止の世論も強い。我々は反米という意味ではない運動をやりたい
◆佐藤弘之（教職員組合）――映画『ひろしま』を杉並で上映した。教育二法案が〔仮に〕通っても署名運動は政治運動でないからやれるし、また、やるつもりである。
◆小林敏男[22]（井草原水爆禁止期成会準備会）――太平洋上の水爆実験の即時中止を求める署名を始めているが、統一ある会で運動したいと思っていたが、連絡が付かないで困っていたところで、今日は実にうれしい。
ビキニ水爆実験への怒り、放射能への不安、これ以上黙っていたくない、子どもたちのためにも止めたいという強い思いを参加者はこもごも語った。統一的な署名運動の機は熟していた。

杉並アピール（二九六頁参照）は満場一致、拍手で賛同を得た。団体名を「原水爆禁止署名運動杉並協議会としたら」という意見もあったが、安井の「大衆運動だから簡潔で効果的な方がよい」という意見が賛同を得、水爆禁止署名運動杉並協議会（杉並協議会）となった。会や運動を当事者は略して「水禁」と呼んだ。水禁が「原水禁」になるのは、原水爆禁止署名運動全国協議会が誕生した八月八日以降だった。

●自由な話し合いの中から

運動の見通しは、五月から七月頃までを地域的運動、八月頃から一二月までは全国的運動、一九五五年一月以降は世界的運動として、杉並区で一〇万筆、全国では一〇〇〇万筆の署名を集めるという目標が示された。「集めた署名はどうするか」という質問に、安井は「主要各国政府・国民、国際機関等へ訴えたい」と答えた。一カ月半の短期集中型で杉並で成果を上げ、それを「モデルケース」[23]として全国に呼びかけたいという構想だった。

また、「各団体有志及び個人有志として参加結成し、委員、実行委員をつくり、委員、実行委員、加入団体は逐次拡大されるよう開放的においたらどうか」という安井の提案が賛同を得、団体と個人の自主的参加を求めることとなった。

責任者（議長）は安井郁に決定し、安井は「この運動は純粋な非政治的な国民運動として展開していきたい。従ってみんな安心してやれるが、仮に誤解を受けても、誤解を解きつつ、最後までやり通したい」と決意を述べた。

資金は募金で集めること、委員・実行委員は手弁当で活動すること、ニュースを発行すること、署名運動と並行して講演会を開くことなど、運動の基本はほぼこの日に決まり、この日の参加者は全員、委員となった。署名用紙の印刷枚数は二〇万枚という、市民運動としては図抜けた数量だった。

四日後の第一回実行委員会に向け、参加者それぞれが大車輪で動き出した。橋本良一は、手記に「杉並区の地図を広げ、九二カ町の一覧表をつくり、九二カ町大部分（の実行委員）が空白だとわかり、早川君と一緒に実行委員の依頼に回った」と記していた。

この日の速記録は参加者の声を生き生きと伝えている。安井が提案する原案に対して参加者は積極的に意見を述べており、記録から当日の熱気が伝わってくる。自由な意見交換の中で、地域にあう方針・作戦が練られていった。安井は当時の男性リーダーには珍しく、女性の話に耳を傾ける姿勢を持っており[24]、女性たちは臆することなく意見を述べていた。立場を越えた、オープンな話し合いは、戦中の町内会の常会とも、第七章第二節で述べた漁師町焼津の人間関係とも異なる、戦後の都市民衆の自由な関係を示していた。なごやかで明るい雰囲気の中で、区民発の署名運動が立ち上がっていった。

三、第一回実行委員会

●保守層へウィングを広げて

四日後の五月一三日の午後、公民館にいそいそと人々が集まってきた。三時から始まる水爆禁止杉並協議会第一回実行委員会(25)に参加するためだ。会場には、宇田川鐐太郎《りょうたろう》杉並区議会議長、川西文夫教育委員長、茂《も》又《また》一郎社会福祉協議会常務（福祉事務所長）の顔が見え、さらに、準備会には「ことさら遠慮してもらった民商〔民主商工会〕、共産党」（「橋本手記」）も出席していた。この日はマスコミへの署名運動開始の発表も兼ねており、実行委員会を報道各社に公開したため、新聞記者やカメラマン、放送局が機材をもって会場の一角を占めていた。報道機関には橋本良一が連絡し、『朝日新聞』『毎日新聞』『日本経済新聞』『産業経済新聞』『社会タイムス』『杉並新聞』「朝日放送」「ラジオ東京」が集まった。

経過報告に続き、宇田川区議会議長（自由党）が区議会決議を採択した経過を話し、決議文を読み上げた。宇田川は「この運動が全国運動になれば日本国民の幸福になると信じる。心から協力する」と述べた。川西文夫教育委員長は「水爆の発明により文化破壊時代がやってきた。杉並だけの問題でなく、全国民、全人類の問題であり、人類愛の立場から党派を超えてやっていただきたい」と発言した。

茂又福祉事務所長は「社会福祉協議会はつねに厳正中立である。その点で今度の超党派的署名運動、人間の立場という意味で協力する。二〇〇〇余名の〔民生委員〕関係者、対象一万〔人〕、その他三〇〇〇〔人〕。全てこの運動に反対するものはないと信じている」と述べた。宇田川と茂又は公民館運営審議会委員兼社会教育審議会委員(26)を務めていた。また、川西は杉並小学校ＰＴＡ連絡協議会で安井と一緒に活動しており、三人とも安井とのつながりで参加していた。

橋本はこの日のことを、「教育委員長の川西氏は人類愛の立場から、超党派運動とすることを強調したし、福祉事務所長の茂又氏は、赤の運動と言われたら、我々は協力できないから充分気をつけて欲しいと繰り返しいった。出席した民生委員も同様なことを強調し、私たちの確約を求めた」と手記に記した。橋本ら指導部は「アカ」という言葉の重さを認識し、署名運動期間中、神経質なまでの配慮をはらった[27]。

議会・教育委員会・社会福祉協議会を代表する三人が実行委員会に参加した意味は大きかった。川西は教育関係者への連絡をスムーズにし、校長会・PTA・教職員組合が共闘するという離れ業を可能にし、民生委員を束ねる茂又は、署名運動を区内の二〇〇〇余人の民生委員の草の根的な活動に結びつけた。宇田川議長の協力は、次の「舌代《ぜつだい》」[28]の文章に活きた。この「舌代」は区内各機関に署名を依頼する時に添えられたと思われる。

> 過る四月一七日我が杉並協《ママ》〔区〕議会では、水爆禁止を議決し政府及び米、英、ソ、仏の各国機関に決議文を手交要望して参りました。これが実践運動の一環として本区内の同志が相寄り水爆禁止の署名運動をおこし広く世界に訴えることとなりました。
>
> 別紙署名趣意書をご覧の上、凡そ自分で文字が書け判断が出来る小学生以上の方々のご署名をいただきその目的を果たさして下さるよう御協力を御願いいたします。
>
> 昭和二九年五月〇日
>
> 水爆禁止署名運動杉並協議会実行委員

署名運動を区議会決議の「実践運動の一環」として位置付けた表現は、宇田川議長の協力なくしてあり得なかった。区議会のお墨付きともいえ、区内団体や個人に協力を求める上で大きな力を発揮したことだろう。第一回実行委員会を境に加入団体は連鎖反応的に増えていった。署名運動のウィングを保守派や区内エスタブリッシュメントに広げ、全区的な広がりを得る上で、第一回実行委員会は運動の転換点となった。

●運動の基本方針

第一回実行委員会で署名運動の具体像が定まった。水爆禁止署名運動杉並協議会（杉並協議会）の中核は実行委員とし、実行委員会を意思決定機関とし、この日、二二人の実行委員を決定した。今後については、実行委員の推薦で議長が実行委員を決定・委嘱すること、委員は実行委員が決定・委嘱することとした。最終的に実行委員は一六七人、委員を含めた活動家は約二〇〇〇人に及んだ。そのほとんどが平和運動も署名運動も初めての人々だった。事務局は、高木敏雄区長の了解を得て公民館長室に置かれ、事務局員は牧田喜義、飯野かく（会計）、橋本良一・神谷茂（『水爆禁止署名運動杉並ニュース』発行）の四人に決定した。牧田は当初、館長秘書として事務局に入り、その後、事務局長を務めた。

準備会の後、コア・メンバーで話し合った運動の基本方針を橋本は手記に記していた。それは、①キャッチフレーズを「人類の生命と幸福を守りましょう」（安井氏考案）にすること、②駅頭・街頭での派手な運動でなく、戸別に回って説得しながら署名を求めるという地味な活動に重点を置き、活動の主力を婦人の努力に求めること、③水爆禁止に再軍備反対を抱き合わせると再軍備には賛成だが、水爆は反対という層の署名を得られないであろう。したがって、水爆を禁止しようという線から一歩も出ないこと――の三つだった。

「派手よりも一人一人、それぞれの団体で創意を生かして独自にやっていきたい。みんなの胸にしみ通るようにやりたい」という安井の提案を活かし、署名は戸別に回り説得して集めることを基本とした。

スローガンから外れないことも重視した。『水爆禁止署名運動杉並ニュース』第一号[29]（五月二〇日発行）に、「立看板の文章、呼びかけの言葉は署名簿の表紙のスローガン、よびかけの文章の内容から決してはずれないこと。原水爆禁止一本槍です。例えば、憲法ようご、独立といったことは、今回は御遠慮下さい」と書か

(1)　第4号　1954年6月27日発行

水爆禁止署名運動杉並ニュース

署名の総計 265.142

(6月24日現在)

区内人口の68%を獲得

五月九日に発足した杉並区の水爆禁止署名運動は、党派に偏しない一大統一運動として全国注目の的となり、世界的にも知られるに至ったが、この運動の結果は予想外の驚異的な大成果を収め、六月二十三日現在で署名総数二六五、一四二名に達した。

杉並区内の署名活動は六月二〇日の実行委員総会をもって一応の結果を告げ、水爆禁止運動は第二の新しい段階に入ることになった。しかし、今后も未回収の署名簿の回収につとめるので、署名総数はなお若干増加する見込である。ここに現在の署名数について一応その内容を整理した結果を報告する。

○発足以来約四〇日間の上記署名総数は、杉並区人口三九万の六八%に当る。

◇署名数の地域別内訳

杉並区内	二一〇、八四五名	(80%)
東京都他区	四七、七五五	(18%)
東京都外	六、五四二	(2%)
合計	二六五、一四二	(100%)

◇署名数の内外人別内訳

中ロ人・朝鮮人	一〇一九名
欧米人	二六名
合計	一〇四五名

◇署名活動に従事した人々は実行委員一六七名（うち六八名は婦人）をはじめ委員、世話人等約二〇〇〇名に達し活動家一人で平均一三三名弱の署名を獲得したことになる。婦人団体をはじめ組合、団体の力によって組織的に得られた署名が多いが、全体を通じて婦人の活動によって取られた署名数は一九万一一九名（署名総数の七三%）に達するものと推察せられる。

次は全国運動へ
協議会の発展方針

圧倒的な成功裡に署名運動の第一段階をおわった水爆禁止署名運動杉並協議会は、六月二十日の実行委員総会において、運動の新段階にたいする基本方針を次のように決定した。

一、杉並区内の運動

表的署名人士へ杉並協議会の名で呼びかける

目的完遂を決議
第四回実行委員会総会

水爆禁止署名運動杉並協議会は、六月二〇日(土)午后二

全区民協力の成果
運動は第二段階へ

議長　安井　郁氏談

杉並区の水爆禁止署名運動は、幸にしてすばらしい成果をおさめた。署名の集計が示すように、これは文字通り全区民の運動となった。多くの人人が自己の立場と利害をこえて、この運動のために協力してくださった。この杉並の運動がかくも偉大な成果をあげたことを感謝し、皆でこれをよろこびたい。

ここで運動は第二段階に入ることになる。われわれはこれを全国民の署名運動に発展させなければならない。すでに隣接地域（世田谷・中野、渋谷、武蔵野、三鷹等）では運動が進められ、あるいはまさに始められようとしている。われわれはその成功を祈ると共に、各地の署名を統合する全国協議会の結成に努めたいと思う。

世界への呼びかけは全国民の名において強されることになろうが、協議会としても二十六署名を背景として世界ることにしたい。その は世界各国の政府に対みならず、世界の良識を代表する人々にもわの意志をつたえ、その通じて全世界の民衆にけるつもりである。

水爆禁止
署名運動
生命と幸福を
守りましょう
杉並協議会

▲1954年6月27日発行の『水爆禁止署名運動杉並ニュース』（橋本良一編集）の紙面〔『歴史の大河は流れ続ける』第4集より〕。

◀1954年5月、水爆禁止署名運動杉並協議会が作ったポスター〔『歴史の大河は流れ続ける』第4集より〕。

れていたが、「憲法改正に賛成の人も反対の人も安心して参加出来る形でなければ、水爆禁止署名運動は超党派的な国民運動として発展しないし、成功もおさめない」[30]として、スローガンから逸脱することを厳しく禁じた。

運動のイメージも重視された。杉並協議会のポスターは、当初、区内の画家がキノコ雲と原爆ドームを配した絵を描いたが、イメージが暗いため、煙草のピースの色を基調に、「生命と幸福を守りましょう」と文字をデザインした図柄に変更した。橋本はウイスキーをもって画家を訪ねて謝ったという（「橋本手記」）。安井は「私たちは原水爆の脅威から来る暗い面よりも、その禁止から来る明るい面を協調することを心がけました。明るい未来を目指す運動においてこそが、民衆のエネルギーは大きく盛り上がるのです」[31]と述べた。杉並の指導者はこれまでの平和運動のイメージを変えるための細やかな配慮を怠らなかった。

第三節　原水爆禁止署名運動の展開

一、追い風が吹く

署名運動の準備が始まった五月初旬はビキニ原水爆実験に関する報道は沈静化していた。大塚利曽子は、「私たち婦人団体は安井先生に『早くおはじめ下さい。今新聞にさかんに書き立てられているこの時を逃しては！』と言っていたのですけれど、いろいろな事情で延びておりまして、やっと五月九日に発足ということになったものですから、私どもは一般の世論からするともう時期が少し過ぎてしまったかもしれないと思っていたのです」と述べた[1]。

しかし、大塚の心配は杞憂だった。放射能雨の四月の最高は三〇〇カウントであったが、五月一六日午後一一時頃の雨で一分間一リットル当たり八万六七六〇カウント、翌一七日午前七時の降雨で八万四九八四カウントが京大工学部応用物理学教室の四手井《しでい》綱彦《つなひこ》教授らによって測定された（五月一九日付『朝日新聞』）。再び大騒ぎとなり、商魂たくましい商人が、八〇〇〇カウントまでは大丈夫というレインコートを売り出し、飛ぶように売れた。しかし、数日後、東京で一万カウントが検出され、「カウント・ノイローゼ」という言葉も生まれた。『朝日新聞』が五月二〇日の夕刊に発表した原水爆に関する世論調査「原・水爆をどう思う?」に当時の国民意識が垣間見える。

Q1――日本人はこれから先も原子爆弾や水素爆弾の被害をうける心配があると思いますか。そんな心配はないと思いますか。
〈回答〉心配がある＝七〇%、心配はない＝五%、意見なし＝二五%
Q2――外務大臣の岡崎さんは「自由諸国の安全を守るため、アメリカの水爆実験に進んで協力する」といいました。あなたはこの岡崎さんの態度に賛成ですか。反対ですか。
〈回答〉賛成＝一一%、反対＝五五%、意見なし＝三四%
……被害をうける心配があると答えた者を職業、年齢、学歴、都市居住者と郡部居住者というふうに分けてあらゆる角度から見ても、半数もしくはそれ以上の人たちが原、水爆の恐怖におののいている。高専以上の高い教育を受けた人たちは実に九割二分までが心配している。そして、「心配がある」と答えた人の七割弱は、別の質問で原爆実験に協力するといった岡崎外相の発言には反対している。

原水爆に七割の人が不安を感じ、岡崎外相発言への反発や疑念も強い。魚・海産物だけでなく、野菜・牛乳・米・水・空気・土など地上のあらゆるものが汚染されるという事実は人々を再び不安に陥れた。五月二五日の『朝日新聞』「ひととき」欄に「ほうしゃの雨」と題した投書が載った。

四歳と六ヵ月になる男の子が雨の中を私の方に走ってこようとした。私は……「ダメダメ、おうちの中に入っていらっしゃい」といった。すると子どもはあわてて家の中に走り帰り、「おかあさん、ほうしゃの雨だからなの」と聞いた。ほうしゃの雨、ああそうか放射能の雨のことかと合点し、笑おうとしたが笑えなくなった。……それほど神経質になる必要はないのかもしれないけれど、やっぱり私はこわい。魚屋さんの前に行って、たまには買わなければ悪いような気がしてたたずんでみるけれどそっと帰ってきてしまう。……お魚も食べられない、野菜も危険だ。うっかり水も飲めないというのでは、敗戦国といいながらかあいそうすぎる。

でも、あちらこちらで原、水爆反対を叫んで婦人団体やＰＴＡなどが署名運動など活躍し始めたことは何といっても心強いものを感じてうれしい。私たちの小さな声でも団体の力になれば大きくモノをいうだろう。そしてそれがかならず、こだまとなってかえってくると思う。（立川市　虎谷信子）

雨から検出された高濃度の放射能は、汚染が海や魚にとどまらず、水、空気にも広がり、生きとし生けるものの生存に関わる問題となったことを示した。

皮肉なことだが、「ほうしゃの雨」は署名運動の強力な追い風となった。

二、署名運動が始まる

●署名運動大作戦

一九五四年五月一四日の『朝日新聞』『毎日新聞』は杉並の署名運動開始を報じた。〔公民館長室は朝から、

「今朝の新聞を見た」と報告に来る人、署名用紙を取りに来る人などで賑わい、新しいことに取り組むワクワクする雰囲気にあふれていた。平和運動の素人が始めた署名運動の進め方は実にユニークだった。主な作戦を列挙してみよう。

①署名用紙の工夫――署名用紙には一枚ごとにナンバーを打ち、配布枚数を記入した。ナンバーを打つことで受け取った側は責任を感じるとともに、成果を見えやすくした。企業的合理主義というのか、やる気をおこさせるてだてだった。署名と募金をわけ、負担感無く署名を集める工夫もした。[2]

②女性パワー――始まってほどないある日、安井は、婦団協に参加する四二団体の代表を公民館に招いた。戸別訪問し署名に応じてもらうには男性より女性の方が説得力に長け、効果が上がることが明らかになり、婦団協加盟の全四二団体に実行委員になってくれるよう依頼するためだった。[3] 婦団協は総会を開き、組織を挙げて協力することにした。「婦団協としてビキニ問題に取り組む」という最初の決定は貫かれた。

③『水爆禁止署名運動杉並ニュース』の発行――『水爆禁止署名運動杉並ニュース』は署名運動期間中四回（五月二〇日、五月二七日、六月五日、六月二七日）発行された。区議会決議を毎回掲載する他、実行委員の名前やカンパの入金状況、活動家の声などを載せ、署名運動が超党派で広がる様子を生き生きと伝えた。活動家（実行委員・委員）への細かな連絡はニュースとは別に発行され、意思統一が図られた。

④区との協力体制――『水爆禁止署名運動杉並ニュース』第二号に、「高木区長を筆頭に役職員一〇〇〇名署名」や、区議会で一万円を募金した記事が載っている。区役所窓口で署名を集めたり、区職員が駅頭での署名活動や講演会の机や署名のグッズの用意をするなどの細やかな協力も行われた。[4]

⑤学習会を開く――署名を戸別に説得して集めるためには学習が必要だった。杉並協議会主催の講演会は二回（六月五日、七月六日）開かれ、地域・団体主催の小学習会は各地で開かれた。また、公民館の公民教養講座も署名運動と関連づけられ、五月のテーマは区内在住の物理学者朝永《ともなが》振一郎東京教育大教授による「原

子の話」であった。(5)

⑥マスコミの活用――実行委員会を公開するなど、マスコミに積極的に発信したことは当時の平和運動では図抜けた作戦だった。杉並の署名運動は最初は安井郁の知名度、その後は、〝おしゃれな杉並のおばさま〟のイメージでマスコミに登場した。報道されると杉並協議会は、その報道機関への礼状を欠かさなかった。

この他、警察の協力を得る努力も行い、「街頭署名、講演でも全て事前に了解と協力を得て行った」。(6)そのため主婦たちの署名活動に警察は好意的で、「足が疲れた活動家の婦人が交番で休ませていただいているうちにお巡りさん達も快く署名された」という(『水爆禁止署名運動杉並ニュース』第三号、六月五日発行)。

緻密な構想、ユニークなアイデア、周到な準備、細やかな配慮は綿密な事務作業に支えられていた。後年、フジテレビギャラリー館長や池田二〇世紀美術館長を務めた牧田喜義は自らを「生来、律儀、几帳面、さらにくそまじめでバカ正直」と自著『和尚館長頑張る』で記していた。(7)橋本良一は「牧田君は津上製作所の営業部長をやった第一級の事務家であった」と手記に記しているが、ユニークなアイデアと企業的合理主義の持ち主、牧田の果たした役割は大きい。

●杉並の主婦たち

わかりやすく納得のいくスローガンで語る平和への思い、努力が目に見える活動、たくさんの人と進める協働作業の楽しさ。そこにマスコミ報道の追い風を受け、署名運動は進んでいった。戸別に訪ね、一人一人説得して署名を集める活動は、昼間動ける専業主婦たちが主力となった。署名の集計は婦団協メンバーが二〜三人ずつ交替で公民館長室につめて行った。「二重署名のチェックは厳しく」という安井の言葉に、二重署名は発見次第消去していった。当時、公民館長室で集計作業を見た区民は「丁寧な作業に驚嘆した」と語った。[8] 厳密で真面目な仕事ぶりは、戦中の隣組や婦人会の活動を思わせる。それらの経験が署名活動に活かされたが、平和を求める自主的な協働作業は楽しい活動だった。婦団協の女性たちは次のような感想を述べた。

◆上荻窪婦人会・飯野かく――署名は町会とか、婦人会とか、私の周辺の方々にお願いに回って気持ちよくしていただきました。当時、町会長をしていた主人〔弁護士・民生委員・一九五一年の区議選挙に自由党から立候補〕の協力も大きかったと思います。[9]

◆井荻婦人クラブ・土屋きさ子――地元の人を大切にという井荻婦人クラブ（井荻婦人会）は杉並婦人団体協議会にはいっていて、原水禁の署名活動を菅原トミ子（その後共産党区議）さん達と一緒にやりました。三十歳で若いから夢中でしたよ。仲間や近所を署名の御願いに回りました。……やはり好きだったのかしら、お友達が出来るのもよかったし。けど、母は「天下にさからちゃだめよ。窮屈だよ」って。それで自民党になったの。[10]

飯野は誰もが認める真面目な性格で、戦中は町会長の妻として、愛国婦人会員として銃後の仕事を担った。敗戦後のたいへんな食糧難・混乱をくぐり抜け、戦争中はだまされていたという思い、戦争は二度と繰り返したくないという思いを持つようになった。[11] 飯野も土屋も保守的な立場の女性だが、命と平和、安全な食料を願い署名運動に献身した。

公民館長室で集計作業をする婦団協の女性たち。後列左端が大塚利曽子、二人おいて飯野かく、右端が仲佐初枝。前列右から二人目が小沢綾子〔杉並区立郷土博物館所蔵の『杉並区立郷土博物館展示図録』1990 年、より〕。

「明るい生活会」の仲佐初枝は、「こんなに楽に〔署名が〕とれた運動はない。時期でもあったので敏感であった。魚が食べられぬというので関心が高く、子どもまで協力的であった」と述べた[12]。仲佐は、一九五二年に隣組復活反対署名で一五〇〇筆を集めたが、今回は桁違いの一万三〇〇〇筆の署名を集めた。

あざみ会と杉の子会に属した大塚利曽子は、「杉並区会で決議があったということや、区長以下、区会議員、区役所職員全員一千名署名というニュースを見せたりしてやっておりますから、とても楽で、ほとんどが安心して気持ちよく署名してくださいます」と述べた[13]。

杉並生活協同組合の小沢綾子は、夕方仕事の終わった頃を見はからって町工場に行ったところ、「なんだ保険屋か」と間違われたが、「よくお話ししましたら仲間の皆を呼んで下さって署名してくれました」という経験、「芸術家のような方がぬうっと出て来て『しない』というので、杉並の運動の模様をよくお伝えしましたら、『よし、やってやる』と言われ」、「涙が出るほど嬉しかったです」[14]という経験を語った。時には「お茶を出してくれたり、感謝される」こともあったが、よくよく説得した上で得た署名もあったという。

当時の杉並区は武蔵野の面影が色濃く残り、三分の一が農地であった[15]。幹線道路の青梅街道も舗装は中島飛行機工場までで、その先は砂利道で、ほとんどの道は雨が降ればぬかるむ道だった。署名運動期間は梅雨の時期にかかり、雨の中、ぬかるむ道を歩いて集めた署名もあったことだろう。

婦団協以外では「杉の子会」や「婦人の友」読者会も奮闘した。杉の子会の市吉《いちよし》明子は、「これまで何もやったことがないので、なんだか要領よくできないんです。きまり悪くても一軒一軒回ってね。本当に一生懸命で集めましたよ。たった一人で集めました。ご近所からはじめていきましたね。カンパも頂きましたよ。三〇代半ばで若かったから出来ましたのね。……駅にも立って署名を御願いしましたし、電車の中も署名用紙を持ち歩いていましたね」[16]。桃井第二小学校で安井とPTA活動を進めた市吉はクリスチャンで一本気な女性だった。

同じく杉の子会の中村静香は「署名をとるのは初めはずかしかった。けど、根底にはPTAがあって、仲良くなって一緒に署名運動やって、その時の親しさはいい加減な親しさじゃあない。戦後、PTAはたいへんでしたから親しさがあり、安井さんがいらしたから。それに戦争で苦労しましたから、子どもを育てるのにこれじゃ困るというので『じゃあ』といって私なんかそれが強かったです」[17]と述べた。

同じく島原スミも四七六九筆の署名を集め、「『杉の子』も四ヶ月余りの勉強を通じて得た知識の実践の場として、一同この署名活動に喜んで参加しました。私は勿論のこと、他の多くの会員もこのような大衆運動に参加したのは生まれて初めての経験でしたが、戸口から戸口への署名活動に色々の勉強が出来た事を感謝しています」[18]と語った。

杉の子会は一九五五年に原水爆禁止世界大会が開かれた後、杉の子会として世界大会成功に向けたカンパ活動、イギリスのクリスマス島での核実験反対アピールなどを通じて、「杉並の主婦」を象徴するようになるが、この時は個人個人で署名に取り組んでいた。安井は「とくに婦人の力が大きく二六万の署名のうち一七万余りは婦団協を中心とする婦人達の努力によった」と実行委員会で述べているが、原水爆禁止署名運動の主力は婦団協であった。

団体に加盟していない主婦たちはPTAで署名活動に奮闘した。その努力が杉並教職員組合の二万三六三三筆の署名につながったと教職員組合委員長は語った[19]。様々な場で女性たちが集めた署名数は「七三%に達すると推察できる」と『水爆禁止署名運動杉並ニュース』第四号にある。杉並の女性の奮闘を讃え、高良《こうら》とみ[20]を介してイタリア人女性から贈られた美しい旗は、現在、杉並区立郷土博物館に展示されている。

●全区的な署名運動

杉並の主婦は署名活動の主力だったが、主婦だけが活動したわけではなかった。「婦人団体でもすすめにくいところは民生委員、神主、僧侶の方々に委嘱」[21]された。民生委員は実行委員一六七名の中で五七名（三四％）を占め（婦団協メンバーを含む）、もう一つの主力だった。

民生委員で一五〇〇筆以上集めた田代重晃は、「福祉事務所で各ブロックの常務その他が集まり、この運動の話を聞き全員一致協力を致した。二六万筆の署名を見るにつけても、私どもの努力が足らなかったと思うが、民生委員に最初に呼びかけて下さったらと思う」と語った。[22] 福祉事務所で署名運動への協力を説得・依頼したのは茂又一郎社会福祉事務所長だった。茂又は終始、積極的な協力を惜しまなかった。

翠《みどり》未亡人会会長で婦団協メンバーでもある川上達子《たつこ》は、「私達民生委員と致しまして、本当にしなければいけないと考えました。私は昔の隣組を通して署名を御願いしようと思いましたが、考え直しまして、これは本当に原水爆についての認識を深めていくためにも、親しく皆様にお目にかかってお話申し上げなければと、署名簿をもって戸別に回りました」。今度の運動で「広く社会事情がわかってきまして、わたしとしてもほんとに嬉しゅうございます」[23]と語った。赤十字募金のような町内会・隣組を通じたローラー作戦でなく、じっくり話して署名を集めていった。杉並婦人文化連盟会長で区議の村上綾子も民生委員で、個人最高数の一万五〇〇〇筆を集めた。

民生委員が署名を集めた背景に、民生委員は町内会役員を務めている人が多かったことと、杉並では町内会を基盤に地域生協が広がっていたことがある。生協は食料問題に敏感であり、共同購入を通じて署名はスムーズに集められたことだろう。大きな生協組織は独自に集計し、杉並中央生協一六九七筆、杉並生協一七六八筆、荻窪生協八一〇筆を集めたと「橋本手記」は記している。

神主、僧侶、医師など地域有力者も活躍した。一万筆余の署名を集めた医師の赤坂東九郎《とうくろう》と田代重晃は一九五一年に自由党から区議に立候補（『杉並新聞』九七号、一九五一年四月二九日号）しており、村上綾子は自由党区議、川上達子は自由党婦人部副部長であった。[24] これまでの「平和運動」とは異なる、保守的な人々が署名運動に積極的に関わり、支えていたことは杉並の署名運動の特色だった。

全日本民主医療機関連合会（民医連）、民主商工会（民商）、平和を守る会などの人々はどのように活動したのだろうか。

杉並の運動指導部は進歩的な人々に対して、今度の運動で設定された枠は「水爆禁止一点張り」であり、反米運動や再軍備反対等、別の課題を持ち込まないよう求めつつ、協力を求めたが、結果的に民医連（五診療所）は一万九八八筆、民商は七六六八筆、高円寺平和を守る会は二七一〇筆の署名を集めた（「橋本手記」）。牧田は、「きわめて地味であるが広範にして深い運動を展開し、その実績は予想を遥かに上回るものだった」と感謝を記し、(25)「政党関係では自由党が最も協力し、次に共産党が協力した」と述べた。

高円寺平和を守る会で活動した真々田邦義は筆者のインタビューに対し、「橋本さんはご意見番のようでした。『共産党は目立つなよ』とよく言われました。意見は橋本さんに伝え、橋本さんから会議に提案してもらうと話が通りました」と語った。パートナーの真々田ミツエは筆者に、「仲佐初枝さんから、『共産党は下働きでいいの！』とよく言われました」と語った。(26)橋本良一は黒子に徹した真々田夫妻の誠実な協力を手記に書き残した。真々田夫妻は立ち上げの時の約束（本章第二節参照）を守っていた。

●予想を超える大成功

「目標に達するだろうか」――初めての取り組みに不安はぬぐえず、当初、杉並協議会はエンジンをかけるために次の宣伝に取り組んだ（「橋本手記」）。

①ポスターを三〇〇〇枚印刷し、区の掲示板、浴場、床屋、商店のショーウィンドー、集会所、映画館中心に区内に貼りめぐらせた。

6月 1日	実行委員136名となる。署名集計10万筆を超す。	10万筆を超える。
6月 5日	水爆禁止の「講演と映画の夕」（杉並協議会主催）が700名の参加で大成功。機関紙『杉並ニュース』第3号発行。	
6月19日	署名集計が25万9508筆になる。	259, 508
6月20日	第4回実行委員会。実行委員167名、参加団体83団体となる。	261, 106
6月22日	署名集計が26万4572筆となる。	264, 572
6月24日	署名の集計が26万5142筆となる。	265, 142
6月26日	公民館の公民教養講座：上原専禄「民族の自覚」、安井郁「世界の動き」。	
6月27日	機関紙『杉並ニュース』第4号発行。	
6月29日	署名集計が26万8956筆になる。	268, 956
6月30日	常任実行委員の委嘱をおこなう。	
7月 4日	署名集計が27万312筆になる。	270, 312
7月 6日	西田小学校先生と父母の会主催「狂言と能楽の集い」（講演「放射能の雨」「子どもの幸福をどうして守るか」）が開催される（杉並能楽堂にて）。	
7月 8日	水爆禁止署名運動杉並協議会第1回常任実行委員会を開催。	
7月14日	マスコミ社会部長宛に「原水爆禁止署名運動全国協議会」（仮称）を7月16日に結成する案内状を送付。	
7月16日	5:00～参議院議員会館第1階議室で経過、趣旨を説明する旨、原水爆禁止。署名運動全国協議会準備会（世話人安井郁）として手紙を送付。	
7月17日	公民館の公民教養講座：朝日新聞社・白石凡「新聞の読み方」、安井郁「世界の動き」。	
7月20日	署名集計27万3916筆、この日までに都内19の区議会で原水爆禁止決議を採択。	273, 916
8月 8日	原水爆禁止署名運動全国協議会の発足（午前：世話人総会、午後：結成大会）。	
8月21日	公民館の公民教養講座：気象研予報研究室室長・荒川秀俊「夏と秋の気象」。	
10月5日	区内の署名集計が27万8733筆となる。	278, 733
1955年8月4日に杉並の署名集計28万719筆となり、全国の署名数は3040万4980筆、ウイーン・アピール署名の集計は143万2896筆となり、原水爆禁止署名＋ウイーン・アピール署名の総計は、3183万7876筆となった（『ビキニ水爆被災資料集』521頁）。原水爆禁止世界大会最終日に3216万709人（8/7現在）と報告された。		280, 719

表23　1954年3月1日からの杉並の署名運動の経過

日時	事項	署名数
3月 1日	ビキニで第1回目の水爆実験（水爆ブラボー）。第五福竜丸他多くの住民・船が被ばく。	
3月14日	第五福竜丸、焼津港に帰港。	
3月16日	『読売新聞』が第五福竜丸の被ばくを報道、築地市場で第五福竜丸の魚を埋設。3/18の静岡県議会を皮切りに全国で決議、声明、署名運動が始まる。3月下旬に阿佐谷天祖神社に区民が集まり、区議会決議を求めて陳情することを決定。	
4月 1日	国会（衆議院）で原子力の国際管理に関する決議があがる。	
4月 2日	都内の魚商が築地で買出人水爆対策市場大会開催。	
4月16日	午前中、安井郁がビキニ問題で国会証言。午後、婦団協の4月例会・臨時総会。	
4月17日	午前中、区議会の全員協議会。午後、本会議で区議会決議があがる。安井郁・橋本良一らが署名運動を決意、婦団協メンバーとも相談し準備を始める。	
5月 9日	安井郁が呼びかけ区内団体・個人が集まり、水爆禁止署名運動杉並協議会が発足し、22名の実行委員を選ぶ。	
5月13日	水爆禁止署名運動杉並協議会が第1回実行委員会を開催し、運営・機構を決定、新聞発表。	20万人分署名簿完成
5月14日	署名運動開始。『朝日新聞』『毎日新聞』など各紙に報じられる。	
5月15日	公民館の公民教養講座：朝永振一郎「原子の話」、安井郁「世界の動き」。	
5月20日	第2回実行委員会。『水爆禁止署名運動杉並ニュース』(以下『杉並ニュース』）創刊。	署名簿10万枚追加
5月21日	中学校PTA協議会、実行委員会で署名運動協力の申し合わせ。	
5月23日	井の頭線浜田山・永福町駅頭での署名（2800筆）。区長以下区職員1000名が署名完了。	
5月24日	婦団協総会で署名運動における各婦人団体の活動地域を決定。安井による運動方針の説明。婦団協42団体の代表者全員に実行委員を委嘱。	署名用紙計40万枚
5月27日	世田谷区課長が来杉し提携を要請。機関紙『杉並ニュース』第2号発行。5/27～6/1　地区別に第3回実行委員会を開催。(第1地区＝5/27、第2地区＝5/28、第3地区＝5/31、第4地区＝6/1)。	
5月29日	街頭署名活動（高円寺2000、阿佐谷2532、荻窪4000、西荻窪4687筆、計1万3219筆）。＊5月中に区長・区職員・全区議署名完了。区医師会と区歯科医師会が決議をあげる。都職労杉並支部、杉並福祉協議会、杉教組が署名運動で協力。	

②区内にある気象研究所と蚕糸試験場の労働組合に頼み、地域で学習会を開いた。
③五月一五日に開いた朝永振一郎博士の公民教養講座で、第五福竜丸の釣り針（鮪延縄漁の釣り針）にガイガー管をあて猛烈なカウントがでるのを参加者に見せた。

宣伝の効果は徐々に、やがて急速に現れた。五月二〇日の第二回実行委員会で杉並協議会への加入団体は一挙に増え、杉並区議会、教育委員会、社会福祉協議会、魚商協同組合杉並支部、婦団協、小学校PTA協議会、中学校PTA協議会、医師会、歯科医師会、杉並・中野農業協同組合、荻窪土建、杉並生協、井草原水爆禁止期成会準備会、あざみ会、濁話会、杉並文化人懇談会、土曜会、泉会、杉の子会、阿佐谷平和懇談会と、以下の労働組合（気象研究所・蚕糸試験場・岩崎通信・都職杉並支部・教職員）が加わり、加入団体は二五団体となった（『杉並ニュース』第一号）。やがて、産婆会、校長会、防災協会、各商店会などにも広がり、合計八三団体にのぼった。二〇万人分印刷した署名用紙は二日で出尽くして、一〇万人分の追加を発注したが、それも五日間でなくなり、さらに一〇万人分、四万人分を追加し、合計四四万人分を印刷した。(27)急速に広がった様子を橋本は次のように手記に記した。

杉並始まって以来の多数の活動家の努力により、五月の末には名実ともに、全区民運動になってきた。私たちは駅頭や街頭の派手な活動は避けるように考えていたが、運動が発展するに従って、駅頭でもやるべきだという声が強くなり、取りあげざるを得なくなってきた。五月二三日に南部の井の頭沿線、浜田山、永福町駅で早川君指揮の駅頭署名が行われ、二九日には国電の四つの駅で婦人団体、民医連看護婦、東京女子大生、都職組等によって行われ、午後一時から五時までの間に合計一万三二一九筆の署名を集めた。実行委員も百名をこえてきて、公民館では委員会がもてなくなった。そこで第三回実行委員会は、地域の運動状況を知る意味も込めて、四ブロックでそれぞれブロック内の実行委員を集めて行った。

荻窪駅でその時の街頭署名活動を取材した記者に会った。一九五四年四月に「ラジオ東京」に入社し、駆け出し記者であった鈴木茂夫である。鈴木は「署名を集めている女性をみて驚いたというか、印象深かったことは、トレアドール・パンツというんでしょうか。一寸目を引く、おしゃれな人たちが署名運動をされていました」と筆者に語った。(28)

確かに当時の署名活動の写真にはスーツやワンピースや着物を着たおしゃれな女性が写っている。全国に高度成長の波が押し寄せる少し前のおしゃれな杉並の主婦や看護婦さん、東京女子大生の姿は記者たちの目を惹いたことだろう。大正期の米騒動の時の主婦とは異なる、おしゃれな主婦たちが進める署名運動として報道されたことは、運動の進展にプラスに作用し、「当時の日本の政治のファッションを変え」(29)ていった。

ブロックごとに開いた第三回実行委員会記録は発見できなかったが、荻窪地域の実行委員会に参加した、西荻窪在住の吉田嘉清は印象を次のように筆者に語った。

「南荻窪にあるアトリエで署名運動の会議をしていました。当時は、絵描きのアトリエでダンスパーティをしたり会合をしたりしたんですよ。出席者に驚いたね。篠原登という科学技術庁の人、私鉄総連の事務局長も出ていた。近所に住んでいる人が来てましたけど、こんなそうそうたる人たちが住んでいるのかと驚きました。橋浦泰雄という人もいました。署名運動は非常な広がりを見せましたね」(30)

アトリエとは南荻窪に住む版画家の恩地孝四郎のアトリエかもしれない。戦前、城西消費組合で活躍した橋浦泰雄(31)は当時六六歳、署名運動の広がりに目を細めていたことだろう。

六月五日の杉並協議会主催の第一回学習会「水爆禁止署名運動・講演と映画の夕」は、二六七席の公民館の講堂に七〇〇人が詰めかけた。(32)署名は鰻登りで増え、公民館長室に連日、署名の山が積まれ、六月一九日には二五万九五〇八筆に達した[33]（三二二頁の表23参照）。

六月二〇日の第四回実行委員会で二六万筆に達したと発表された。当時の杉並区の人口は約三九万人で、その七割近い人々が署名した結果は空前で、誰も予想しなかった数字だった（翌年八月の原水爆禁止世界大会で二八万七一九筆と発表された）。喜びの中で最後の実行委員会が開かれた[34]。

予想外の成果が得られた理由を安井は、「区長、区議長を含む全区民が一致した全区民運動であった。労組や教組、福祉団体、民生委員等各方面と一般区民が協力した。とくに婦人の力が大きく二六万のうち一七万余りは婦団協を中心とする婦人達の努力によった。報道陣の正しく積極的な協力」の四点を挙げた。

小倉育之助区議（自由党）は「全世界的になったことは感激である。婦人の御協力に深く感謝する」と述べた。敗戦国で国連にも加盟していなかった当時の人の率直な気持ちだろう。実行委員たちは署名を集めきった達成感と誇らしさを感じながら互いの努力を讃え合った。

話はさかのぼるが、一〇万筆に届く見通しが立った頃、橋本たちは皮算用をしたという。「安井氏二三万、牧田氏一八万、早川君一五万、橋本一四万という予想であったと思う。最後の実数に最も誤差の大きい者五百円、次が四百円、三百円、二百円という罰金を決め、一段落したらこれで一杯飲むことにした。いうまでもなく私が五百円取られたが、嬉しい負け方であった」（「橋本手記」）。成功の美酒に酔ったことだろう。

署名運動を決意してから二カ月間、走りに走ってきたトロイカ体制、婦団協の女性たちはじめ杉並協議会の人々は目標を二倍半以上上回る結果にどれほど喜んだことだろう。しかし、腰を下ろすわけにはいかなかった。

第四節　杉並から全国へ

一、発信基地・杉並

「他区へ呼びかけることを考えている。杉並では婦人団体を中心としてやってもらうのが一番よいと思う。そして近接地区から盛り上げて全国運動にするのがよいのではないか」と、署名運動を始めてから約一週間、五月二〇日の第二回実行委員会で宇田川区議会議長が発言した。茂又一郎福祉事務所長も「福祉協議会関係では中野、杉並、練馬、豊島、板橋等の会合が毎月あるので、その方へ話しかけて他区へ働きかけたい」と述べた。二人の意見は、安井や橋本たちを驚かせ、また喜ばせた。保守的な立場の人々が推進力となり、他地区への働きかけを積極的に主張し始めたからだ。

杉並の署名運動が新聞、総合雑誌(1)、平和運動誌などで取り上げられると、全国から問い合わせが届くようになった。問い合わせに対し、杉並協議会は署名用紙の送付、質問への返信、訪問してきた自治体職員への説明などを丁寧に行った。

近隣地域には、武蔵野市と渋谷区には署名運動立ち上げ相談会に出席し、中野区には橋本良一と気象研の研究者が講師として出かけて行き、世田谷区の婦人団体から「杉並のように区役所も含めた運動にしたいのだがなかなか難しい。そこで杉並から誰か来て、区役所方面を説得して欲しい」と要請されると、安井公民館長と宇田川区議会議長が世田谷区議会議長を訪問し、統一的な署名運動の実施を要請した。安井公民館長と宇田川区議会議長は広告塔の役割を果たし、村上綾子区議も二三区の女性区議会議員の会などで訴えた。また、「婦人の友」友の会メンバーが全国の友の会に呼びかけるなど、全国組織への呼びかけも始まった（「橋本手記」、『歴史の大河』（四）より）。

発信基地としての役割を顕著に示すのは、杉並協議会が全国の市長・市議会議長・労働組合・報道機関に呼びかけた第四回実行委員会の案内状である。(2) そこには次のように書かれていた。

「我々の当初より念願しておりましたところは、この運動が単に一杉並区民の運動ではなく、全都民、全国民の運動として正しく発展し、やがて全国民の声として世界の世論を動かし、原水爆等の原子兵器の脅威から全人類を救うことにあります。この意味で、まず隣接地域の皆様がこの運動推進のために決然奮起され、署名運動を通して人類救済の悲願に向かって挺身されることを切望するものであります。……我々は皆様のご希望があれば、喜んで一切の資料を提供し、又我々のなし得る一切の援助をおしまないつもりであります」

この案内状は活動記録を添えて約六〇〇通発送された。杉並協議会がこれまでの署名運動を総括し、新しい運動への移行を話し合う第四回実行委員会は広く公開され、六月二〇日、文京区、中野区、渋谷区、護憲連合、平和委員会、マスコミ各社が傍聴する中、公民館で開かれた。約二六万筆の署名が集まった喜びの中で、安井は、「全国協議会の可能性がはっきりし、自分も責任を負う。精神は杉並協議会と同じものになる。全婦人団体、科学者、文化、宗教団体代表、宮様も加わっていただいてやりたい」「杉並の成果を日本政府・外国政府・国際機関・著名人（良識と良心の世界的代表者）へ杉並協議会の名前で呼びかけたい」と語った。気持ちの高揚と誇らしさ、そこには保守的な人々のまとめ役となり得た個性も感じられる。今後の取り組みについて、茂又社会福祉協議会常務は「全国児童福祉大会があり、最後に水爆禁止の決議も全体の決議の中に取り入れられた。まだ全国運動をしていないが必ずやると思う」と述べ、村上綾子区議は「二三区の婦人区議の会で決議し、米英仏等五ヵ国と国連へ陳情し、都へも陳情する。各国大使館だけでなく外国のつながりがある方へ呼びかけて欲しい」と述べた。

運動の推進力となった茂又一郎、村上綾子は自らのつながりを活かして全国へ、世界へ運動を広げる意欲を示した。その中で、小林敏男（井草原水爆禁止期成準備会）は「各政府に訴える中に日本政府が抜けているように思う。政府から外国へ訴えてもらいたい」と、やや異質な意見を出した。当時、国会では造船疑獄での指揮権発動や第一九回国会の会期延長をめぐり与野党の乱闘・警官導入が行われる一方、防衛庁設置法・自衛隊法、教育二法案、警察法改正（自治体警察廃止）、秘密保護法など戦後改革を逆戻りさせるような法律が次々と成立していた。小林の「日本政府が抜けている」という発言は、それを踏まえた意見であろう。日本政府への訴えについては原水爆禁止署名運動全国協議会でも論議されたが[3]、原水禁運動でやがて問われる超党派の運動とその時の政治的争点との関係という問題が杉並協議会でも出ていたことを示している。

第四回実行委員会で確認された今後の活動は次の通りであった[4]。

①杉並区内の運動――原水爆問題に関する啓発徹底活動、未回収署名簿の回収。

②全国運動への前進――近接各区への協力、水爆禁止署名運動全国協議会の結成。

③世界各国へのアッピール――杉並の署名をまとめ日本政府・各国政府・国際機関へ送る。良識と良心ある世界の代表的著名人士へ杉並協議会の名で呼びかける。

その後、杉並協議会は七月四日に開かれた、東京都平和会議主催の「原水爆禁止八百万署名全都懇談会」に招かれ、牧田喜義、村上綾子、小沢綾子、川上達子、橋本良一ら七名が参加し、牧田が杉並協議会の統一的な取り組みを報告した[5]。

二、原水爆禁止署名運動全国協議会の結成

●全国的な署名運動の広がり

杉並の署名運動が、新聞、総合雑誌、週刊誌などで取り上げられ、署名運動が全国的に広がるにつれ、「どのくらい集まっているのか」「署名を集めたがどうしたらよいか」等の問い合わせが、杉並協議会や日本

平和委員会（以下、平和委員会）にたびたび届き始めた。

当時、平和委員会に関わっていた、元『中央公論』編集長・黒田秀俊《ひでとし》は、(6) 西園寺公一《さいおんじきんかず》や淡徳三郎も参加した平和委員会の会議の席で「集計センターをつくって効果的に運動を広げたらどうか」という意見が出て、「杉並で安井君が署名運動をやっているから、安井君に頼んだらどうだろう」という提案があったと語った(7)（『原水協通信』一九六七年三月一日号）。「橋本手記」にも日本平和委員会の淡徳三郎、また、憲法擁護国民連合（護憲連合）の穂積七郎から安井郁に働きかけがあったことが書かれていた。

全国の署名を集計する機関が求められ、平和委員会や憲法擁護国民連合から、杉並協議会へのアプローチが始まった。

護憲連合は社会党や知識人とのつながりが強く、当時社会党は衆参両院で計二〇六名の国会議員を擁しており、平和委員会は全国の平和活動家とのパイプをもち、多数の知識人も参加していた。なかなか共同行動がとれなかった護憲連合と平和委員会が、全国に広がった署名運動に押され、杉並協議会を結び役に同じテーブルにつくことになった。

七月一六日、結成準備会が開かれた。報道機関への案内は原水爆禁止署名運動準備会世話人・安井郁の名前で送られた(8)。「原水爆禁止署名運動全国協議会趣意書」(9)（七月二一日発表）は、総合雑誌の『世界』『改造』『中央公論』（九月号）に掲載された。そこには、原水爆禁止署名運動全国協議会の活動の目的は、「自ら直接に署名運動を行うものではなく、各地で各団体〔により行われている〕……署名の総数を全国的に集計する」こと、「何よりも大切なのは、全国協議会がいかなる立場または党派にも偏しないことである」と書かれていた。安井は杉並協議会で柱としてきた「〔原〕水爆禁止の一点で結び合う超党派の運動の実現」をしばしば主張し、最初の世話人総会でも、「一党一派に偏することなく」(10)、「全国協議会が政治運動化することを避け、最大公約数として署名運動の全国センター」とすることを強調した。

その後、話し合いを重ね、[11] 全国から世話人を募ること、超党派の運動を進めるために、各界を代表する長老的人物を代表世話人に選ぶことを決めた。平和委員会、護憲連合、安井郁らがそれぞれのつながりを活かして協力を依頼し、以下の人々が代表世話人となった。

有田八郎（元外相、在外同胞引き揚げ促進全国協議会会長）／植村環《たまき》（日本ＹＷＣＡ会長、世界ＹＷＣＡ副会長）／大内兵衛（法政大学総長、大学教授連合会会長、学士院会員、経済学博士）／奥むめお（主婦連合会会長、参議院議員）／賀川豊彦（国際平和協会理事長）／片山哲《てつ》（元首相、憲法擁護国民連合議長、社会党最高顧問）／北村徳太郎（元蔵相、改進党顧問）／椎尾辨匡《しいおべんきょう》（芝増上寺法主、全日本仏教界副会長）／羽仁《はに》もと子（自由学園長）／村田省蔵（元大阪商船株式会社社長、大阪商工会議所顧問、フィリピン友の会会長）／山田三良《さぶろう》（学士院院長、国際法学会理事長、法学博士）／湯川秀樹（京都大学教授、学士院会員、理学博士）

幅広い立場の各界の長老がきら星のように並んだ。代表世話人とともに、各界各層の代表的人物、約五〇〇人を全国世話人と決定した。[12] 中には次の人々も参加していた。

有沢廣巳《ひろみ》、石垣綾子、市川房枝、宇野重吉《じゅうきち》、大妻コタカ（大妻学園長）、大山郁夫、古関祐而《ゆうじ》、亀井勝一郎、谷崎潤一郎、江戸川乱歩、臼井吉見《うすいよしみ》、戒能通孝《かいのうみちたか》、風見章《かざみあきら》、木下順二、五所平之助、古賀忠道（上野動物園長）、坂西《さかにし》志保、西園寺公一《きんかず》、志賀潔、清水幾太郎、下村湖人《しもむらこじん》、上代《じょうだい》たの、関口泰、武田清子、谷川徹三、鶴見祐輔、勅使河原蒼風《てしがはらそうふう》、苫米地義三《とまべちぎぞう》、中野好夫、硲《はざま》伊之助、原彪《ひょう》、平塚らいてう、前田多聞、丸岡秀子、務台理作、山本薩夫、吉岡彌生（病院長）

この他にも実にたくさんの著名人が参加し、保守的な立場の人や、代表世話人に負けず劣らずの著名人も数多く参加していた。多彩な広がりに、原水禁署名運動の裾野の広さが伝わってくる。この他、自治体関係者、地域の活動家、労働組合、婦人団体など各界各層の代表が全国協議会の結成に力を貸した。全国協議会事務局に加わり、安井を補佐した畑《はた》敏雄(13)に話を聞いた。

私は平和委員会の早川康弌《みちかず》氏に言われて、安井さんのお手伝いに平和委員会から派遣されたわけです。八月八日の一週間位前から全国協議会の仕事をやることになったわけです。早川さんは安井さんは学者の方がよいだろうと考えて、僕が学者なんで僕に声をかけたんだと思いますね。当時、平和委員会は西園寺さんや畑中さん、平野さんなどそうそうたるメンバーがいて、代表世話人を当たったわけです。平和委員会や安井郁さんらが各界の学者・文化人からメンバーをあげ、西園寺公一さん、平野義太郎《よしたろう》さん、さらにジャーナリストとして顔の広い黒田秀俊さん、畑中政春《はたなかまさはる》さんらが交渉し、依頼したと思う。一高〔旧制第一高等学校〕の先輩だった椎尾辨匡《しいおべんきょう》さんには、私も訪ねてお願いしました。

畑に事務局への参加を要請した早川康弌(14)は、畑より二歳年長の一九一一年生まれの物理学・数学者で、東京工業大学助教授を務めていた。東京帝国大学在学中に反帝同盟(15)に加わり、戦後は平和委員会で活躍し、一九六二年まで原水禁運動に関わった。早川をよく知る吉田嘉清は、早川が運動方針づくりと人事に力を発揮したと語るが、畑の話から、全国協議会の組織づくりにも早川が重要な役割を果たしていたことがわかる。

●全国協議会の結成と杉並区

八月八日、東京八重洲の国労会館で結成総会が開かれた。この日までに署名は四四九万筆集まっていた。

午前中に開かれた世話人総会には約二〇〇人が、午後の結成総会には約三〇〇人が参加し、会場は全国から集まった人々の熱気にあふれた。舞台正面には色とりどりのテープで飾られた三羽の鳩が飾られ、その横には、全国協議会のスローガンが掲げられていた。安井郁が経過報告を述べ、有田八郎元外相が次の「原水爆禁止署名運動全国協議会結成宣言」を読み上げた。

　広島長崎およびビキニの痛切な体験にもとづき、原水爆禁止を要望する日本国民の総意を結集するため、我々はここに原水爆禁止署名運動全国協議会を結成する。本協議会は各地で各団体により行われている署名運動と連絡し、その署名の総数を全国的に集計する。我々はこの署名にあらわれた日本国民の総意を内外に訴え、原水爆禁止に関する世界の輿論を確立し、もって原水爆の脅威から人類の生命と幸福を守ろうとするものである。

　一九五四年八月八日　原水爆禁止署名運動全国協議会

国民の総意を内外へ訴え、原水爆禁止に関する世界の輿論を確立するという目的は杉並協議会の目的と同じであった。代表委員の片山哲元首相に続き、椎尾辨匡全日本仏教会副会長の挨拶、武谷三男《たけたにみつお》立教大学教授、評論家の松岡洋子、遠藤三郎元陸軍中将など多彩な人々の挨拶、さらに湯川秀樹教授や皇族の三笠宮崇仁《みかさのみやたかひと》のメッセージが紹介された。安井郁が「全婦人団体、科学者、文化、宗教団体代表、宮様も加わって」と語った言葉通りの超党派の結成式だった。[16]

この時、安井郁は事務局長に推薦され、引き受けた。安井は杉並の社会教育にたずさわりながらも、現実科学としての国際法学を実践したい思いを持っており、全国運動というフィールドで活動する意欲を持っていた。[17] 牧田喜義は、全国協議会の見通しが立った頃に民間放送連盟に就職が決まり、実業の世界へ戻った。橋本良一は全国協議会の活動について、「杉並に事務所がある間は見てもいいが、中央に出たらお断りする」と述べたと手記に記した。橋本の最大の関心は杉並区の改革にあったのかもしれない。その後も区内の原水爆禁止運動に関わり、区内の平和祭の取り組みなどに努力を重ねた（「橋本手記」）。

三カ月間、走り続けたトロイカは綱をほどき、実行委員会は解散したが、公民館長室の賑わいは続いていた。全国協議会は資金がない、事務所がない、活動家がいないところから出発したため、全国協議会事務局は杉並公民館長室に間借りし、連絡先は杉並区立公民館長室とした。安井が高木敏雄杉並区長に頼み、高木が認めたのであろう。事務局は、畑敏雄以外は杉並婦団協の小沢綾子(18)、浜田山の土曜会の渡辺準平が手伝い、署名の集計作業は杉並婦人団体協議会の女性たちが協力した。杉並協議会は縁の下の力持ちとして全国協議会を支えていた。

全国協議会は次の三つのスローガンを掲げた。

「原水爆禁止のために全国民が署名しましょう」
「世界各国の政府と国民に訴えましょう」
「人類の生命と幸福を守りましょう」

そのスローガンは、「水爆」を「原水爆」とした以外は杉並アピールそのままであった。杉並協議会が進めてきた超党派・統一的な署名運動という方式は、全国に広がり、「バラバラでなく、全国統一した署名運動」という願いは、原水爆禁止署名運動全国協議会として実り、杉並アピールの精神は引き継がれていた。

三、久保山愛吉・元無線長の死と国民感情の奔流

●「いちにんのわたくしごとの死にはあらぬを」

八月五日、入院以来初めての第五福竜丸乗組員の記者会見が行われた。二二人の乗組員は思いのほか元気

な姿を見せたが、久保山愛吉無線長は肝臓障害から黄疸《おうだん》にかかり姿を見せなかった。(19)連日、新聞・ラジオが久保山の病状を報じ、お見舞いの手紙は全国から寄せられ、その数は三〇〇〇通に達したという。(20)回復の願いを込めるかのように署名も増え、九月五日には七八六万筆余と集計された。

しかし、九月二三日、久保山愛吉は三人の子と妻、母を残して亡くなった。医師団は「放射線被ばくによる続発症で亡くなった」と発表していたが、米国は水爆実験による被ばくとの関連を認めなかった。(21)まだ四〇歳であった。

歌人で全国協議会常任世話人の中原綾子(22)は、「これを見よ全世界人いちにんのわたくしごとの死にはあらぬを」と詠んだ。安井郁は『原水爆禁止署名運動全国ニュース』第三号（一〇月一五日号）で「久保山さんの死は、単に一人の庶民の死にとどまるものではない。それは世紀の不安の象徴である。それゆえにこそ、世界の目が久保山さんの死に注がれ」、原水爆禁止署名運動は「国民感情の奔流ともいうべきものである」と、その死の重さを語った。

久保山愛吉の死は水爆の怖ろしさをあらためて教えた。署名は鰻登りで増え一〇月五日、一二一三万二八六〇筆に達した。一〇月二四日に開かれた、全国協議会主催「久保山さん追悼――原水爆禁止の集い」（東京国鉄労働会館）では一四五六万一三一三筆と報告された。(23)

集いに先立って開かれた、全国協議会第二回世話人総会で、広島の森瀧市郎《もりたきいちろう》は、(24)明年八月に「広島で原水爆禁止世界大会を開こう」と提案した。その提案は「原爆」を後景にして「明るい運動」として全国へ広げてきた杉並協議会型の署名運動と、(25)被爆地・被爆問題が出合うことだった。森瀧提案は決定には至らなかったが、それに向けて準備することを確認した。

一二月一三日、原水禁署名はついに二〇〇〇万筆に達した。一二月二二日には、安井郁ら全国協議会の代表は、吉田茂にかわって首相となった鳩山一郎と会見し協力を要請した。鳩山首相は協力を約した。

この頃の全国協議会の活動について、畑敏雄は次のように述べた。

「当時、僕は東工大の助教授で、最初、午前中、杉並に行って、午後、大学に行こうと思っていたけれど、そのうち大学にも行けないほど忙しくなった。九月ぐらいの段階から以後三年くらい全然学校に行けなかったですね。講義は連名で受けもってくれていた教授にやってもらって、給料は取りに行くという、呑気な時代でした」(26)

磊落《らいらく》で明るい畑であり、当時の東京工業大学には原水禁署名運動に熱心な教授が多く、畑の仕事の意義を認めていたからこそ、できたことだろう。連日、一〇万、一五万筆届く署名の集計は、畑や杉並協議会の小沢綾子、渡辺準平、杉並婦団協の女性たちの奮闘に支えられた。

●杉並区へ感謝状を

明けて一九五五年一月一六日、全国協議会第一回全国会議が開かれた。この場で署名総数は二二〇七万四二二八筆に達したことが発表された。全国会議では広島代表が積極的に主張し、八月六日から広島で原水爆禁止世界大会を開くことを正式に決定した。全国に広がった署名運動のうねりと被爆地広島の思いがここで結び合わさった。しかし、会場、資金、宿泊施設、外国への呼びかけ方法、通訳など、どれをとっても難題で、暗闇に船をこぎ出すような無謀な話だったが、全国会議の熱気や、署名が終わったあとの目標を求める気持ちが、広島での世界大会へと踏み出させた。

この日、杉並区への感謝決議を出そうという緊急動議が通り、満場一致で以下の〈感謝決議〉が採択された。

杉並区を運動の発祥の地とする原水爆禁止署名運動は、一月一五日現在ついに全国総数二二〇七万四二二八名の歴史的な成果を記録しました。この成果は世界的にも大きく注目を引いています。この大運動が杉並区当局および同区民のなみなみならぬ援助によって支えられていることに対し、二二〇〇万国民に代わり本会議は全員一致、感謝の意を表明します。

一九五五年一月一六日

代表世話人——有田八郎、植村環、大内兵衛、奥むめお、賀川豊彦、片山哲、北村徳太郎、椎尾辨匡、羽仁もと子、村田省蔵、山田三良、湯川秀樹。

全国会議議長団——高良とみ、篠原登、松岡洋子、小路正憲、南博。

決議文は、一月一八日に全国協議会を代表して高良とみ、篠原登、畑敏雄が杉並区役所を訪ね、高木区長、区議会、区教育委員会に手渡された。杉並区は『杉並区広報』三五号（一九五五年一月二五日）に、丁寧な解説を付して大きく報じた[27]。

四、原水爆禁止世界大会

世界大会の準備は、畑敏雄によると三月から始まり、五月一〇日に団体・個人の参加による世界大会日本準備委員会が発足した。民衆が提案し、民衆が開くはじめての世界大会に向け、全国協議会は大車輪の活躍を開始し、八月六日を迎えた。

一九五五年八月六日から八日まで、原水爆禁止世界大会（第一回目。当初、二回目以降続ける予定ではなかった）が広島で開かれた。杉並からは篠原登、村上綾子、早川埈蔵、川上達子ら一九人の代表が参加し[28]、安井夫妻、事務局の小沢綾子と合流した。四六都道府県、九七全国組織から二五七五人の正式代表、一四ヵ国・五二人の海外代表を含め、参加者は五〇〇〇人を超え、会場の広島市公会堂は外まで参加者であふれた。

世界大会に参加した、気象研究所の藤田敏夫の話を聞いた。藤田は筆者のインタビューに、「とっても感動したのは、白鳩号という国鉄がだした原水禁大会のための特別列車のことです。国鉄が臨時ダイヤを組んで出したもので、東京駅を出てから、横浜等の駅に止まって広島に向かうのですが、止まる駅、止まる駅にみんなが詰めかけて『原爆許すまじ』などの歌を歌ってくれました。臨時ダイヤなので、一回止まると暫く止まっていて、岐阜についた時は夜中だったにもかかわらず、歌って迎えて激励してくれ、本当に感激しました。岡山では桃を差し入れてくれたり、各地で大歓迎してくれたのです」と語った。

「白鳩号」は国鉄労働組合の協力でチャーターされた臨時列車だった。現在、東京から広島は新幹線で四時間足らずだが、蒸気機関車に乗って一八時間もかかったと藤田は語った。現在、大気汚染問題を市民とともに取り組む藤田は、「僕にとってはこの原水爆禁止運動は人生のエポックです」と語った。[29]

原水爆禁止世界大会で署名集計数は三二一六万七〇九筆（八月七日現在）と発表された。[30] 予想をはるかに超えた大きな成果を杉並からの参加者は深い感慨とともに聞いたことだろう。

原水爆禁止世界大会で最も感銘を与えたことは、広島・長崎の被爆者がみずからの肉体をさらして、原爆の被害、兵器としての核兵器の怖ろしさを語ったことだった。広島の被爆者・高橋昭博は自らのケロイドの傷を見せて語り、長崎の被爆者・山口美佐子は何度も声をつまらせ、「あの日から一〇年、毎日毎日が苦しみの日でした。……何度死のうかと思ったことでしょう。……けれど……私たちが死んでしまったら誰がこの苦しみを世界に知らせてくれるのですか……」と述べた。とぎれとぎれに語る山口の話に参加者は涙を抑えることができなかった。[31]

世界大会に参加した被爆者が思わず語った「生きていてよかった」という言葉は、亀井文夫監督の映画『生きていてよかった』のタイトルとなった。世界大会は広島・長崎の地方災害のように扱われてきた原爆の体験を全国の人がはじめて直接聞く機会となった。被爆者が今まで放置されていたこと、被爆者救済が最も緊急で切実な課題であることを参加者は初めて知った。世界大会の最も大きな成果であった。

原水爆禁止世界大会宣言（広島アピール）には次の言葉があった。

「この広島に集った全ての人々は原水爆被害者の苦しみを目の当たりに見ました。一〇年の悲劇のあとは今なおぬぐい去られておりません。……原水爆被害者の不幸な実相は広く世界に知られなければなりません。その救済は世界的な救済運動を通じて急がなければなりません。それが本当の原水爆禁止運動の基礎であります。原水爆が禁止されてこそ真に被害者を救うことが出来ます。……私たちの運動はむしろ今日が出発点であります」(32)

「今日が出発点」として、原水爆禁止運動は広島・長崎の原爆問題を主軸に新たに出発をすることになった。一九五五年九月一九日、原水爆禁止日本協議会（日本原水協）が発足、翌五六年八月一〇日、日本原水爆被害者団体協議会（日本被団協）が発足した。

ビキニ水爆実験による第五福竜丸被ばくから各地で始まった原水爆禁止署名運動は、最初は自然発生的な取り組みで始まり、やがて水爆禁止署名運動杉並協議会の運動がおこり、超党派・統一的な署名運動として広がり、さらに全国運動として広がっていった。各地で澎湃としておこった取り組みを、超党派・全国的・統一的な署名運動へと広げる上で、杉並は大きな役割を果たした。全区的・統一的な署名運動発祥の地、原水爆禁止署名運動発信の地として、水爆禁止署名運動杉並協議会の活動は、戦後の平和運動の歴史に大きな足跡を残した。

終章　私たちが将来へ受け継ぐこと

「原水爆禁止署名運動の最大の功労者は誰だと思いますか?」と聞かれ、答えに窮したことがある。安井郁公民館長、橋本良一、牧田喜義、魚商の菅原健一・トミ子、小沢綾子、村上綾子、大塚利曽子、宇田川区議会議長、婦団協・杉の子会・杉並区議・民生委員などたくさんの人々の名前が浮かび、やはり、一人に絞ることはできない。

杉並の原水禁署名運動は、五月九日から六月二〇日までの四〇日間で区内の約二六万筆の署名を集めた。その特徴は超党派・全区的・統一的な署名運動であり、その成果を全国に発信したことにある。超党派・統一的な署名運動のスタイルを全国に伝え、約三二〇〇万筆という空前の成果をもたらす力の一翼を担った。

杉並の原水禁署名運動を調べながら、天・地・人という言葉が何度も思い浮かんだ。時と所と人を得て、それが見事に結び合い、成功した運動だと思うからである。様々な人々がそれぞれのパートを担当し、奏でた見事なシンフォニーのようにも思える。六年間、調べてきた余韻なのか、杉並に住んでいるためなのか、その調べが今も響いているような気がする。

本章では、本書のねらいである、なぜ、杉並で全区的な原水爆禁止署名運動がおこり成功したのかについて考察し、さらに、原水爆禁止署名運動の意義は何かを考えながら、杉並アピールを読み直し、杉並の原水爆禁止署名運動から引き継ぐものを考察したい。

一、なぜ、杉並で原水爆禁止署名運動がおこったのか

●歴史をさかのぼって

ビキニ事件から約三〇年前、今から約九〇年前にあたる大正末期にさかのぼり、杉並の人々のつながりをたどってみた。

当時の杉並は純農村地帯でいたるところに竹やぶが広がっていた。一九二三年に関東大震災がおこると、旧市街からどっと人々が移り、その数は在地の住民（旧住民）をはるかにしのいだ。その人々（新住民）の生活基盤・関心は旧東京市街にあり、杉並地域の行事や町内会は農民を主体とする旧住民が担い、新旧住民の交流はなかった。

その暮らしぶりを変えたのはアジア太平洋戦争だった。町内会は総力戦の一機関となり、新住民も町内会・隣組を通じて否も応もなく地域に組み込まれた。受験教育のモデル校だった小学校は軍国教育のモデル校に様変わりし、在郷軍人会・町内会・婦人会が協力する野営訓練まで行うようになった。

中央線沿線に軍事施設が多いこともあり、職業軍人が増え、特に天沼《あまぬま》・上荻《かみおぎ》・松の木・永福《えいふく》地域は軍人村と呼ばれるようになった。主婦たちは愛国婦人会など婦人会に参加し、未婚の女性は女子親切部隊に参加し活発に活動した（東京市『市政週報』[1]）。総力戦に協力する中で、新旧住民の交流が進んだ。

民衆から生まれた交流もあった。一九二六年に「無産インテリの消費組合」として中野で生まれた城西消費組合は後に杉並区高円寺に移り、労働者や女性も参加し、班会や家庭会で時代を先取りするユニークな活動を行った。城西消費組合は配給制度の広がりや治安維持法によるスタッフの減少で一九四一年に幕を閉じたが、その活動やそこで生まれた人々のつながりは戦後の生協活動や高円寺の女性たちの活動、杉並の革新的な運動に引き継がれた。

アジア各地にも国内にも多くの死をもたらして日本は敗北した。杉並の主婦たちは「お国のために」と必死に協力した努力は何だったのかという悔いと疑問を胸に、食料の工面に必死になった。配給制度というライフラインが断たれ、再び消費組合が必要となった。かつて城西消費組合に関わった人々は消費組合（生活協同組合＝生協）活動を再開し、活発に働きかけた。町内会ぐるみで加入する地域も増え、杉並区は最も地域生活協同組合が広がった地域となった。

主婦たちは様々な結びつきをもとに生活協同組合を通した共同購入を始め、そこから多数のサークルが誕生した。サークルの立場は多様でも、「戦争はもうこりごり。絶対に繰り返してはいけない」という思いは同じだった。

一九四七年、戦後初の公選区長に新居格が選ばれた。高い理想を掲げた新居だったが、わずか一年で辞職し、新居の後、高木敏雄が区長となった。

一九五〇年六月、冷戦の緊張が高まり朝鮮戦争がおこった。国内では「逆コース」が進行し、レッド・パージが行われ、労働運動や平和運動は「アカの運動」として再び弾圧の対象となった。そんな中で一九五二年に日本は独立したが、同年五月にメーデー事件、七月に破壊活動防止法が成立するなど革新勢力は退潮した。

しかし同年、杉並では知識人が超党派で杉並文化人懇談会を結成し、革新統一区長候補を擁立するなど超党派・統一的な活動が進んだ。杉並の革新勢力が「逆コース」の時期の苦闘から、超党派・統一的な活動と、周到な戦略と慎重な戦術の大切さを学び、実行したといえる。この年の貴重な経験がビキニ水爆実験後の活動に活かされた。いち早く超党派で阿佐谷天祖神社の集いに集まり、相談し、やがて超党派・統一的な杉並の署名運動につながったと筆者は考えている。

一九五二年に二期目に入った高木敏雄区長は社会教育に力を入れ、図書館に続き、公民館を建設し、安井郁を館長に迎えた。教職追放後、ＰＴＡ活動など地域活動に取り組んでいた安井郁は、主婦たちへの社会教育に取り組んだ。「戦争をふせぎ平和を守るため」（『杉の子』七号、一九五九年）という強い目的意識から、主婦たちと社会科学書の読書会「杉の子会」を始めるとともに、区内の女性サークルを横断的につなぐ組織の結成を働きかけた。一九五四年一月二一日、杉並婦人団体協議会（婦団協）が結成された。ビキニ水爆実験はその四〇日後のことであり、婦団協および「杉の子会」などに集う杉並の主婦たちは署名運動の主力として活躍した。

歴史に「もしも」は無いけれど、もしも安井公民館長が婦団協の結成や杉の子会をつくらなければ、もしも高木区長が公民館を造らなければ、もしも魚商・菅原夫妻の活躍がなければ、もしも女性サークルがたくさん出来なければ、もしも安井郁や橋本良一が杉並で地域活動をしていなければ、もしも総力戦で隣組・婦人会のまとまりがなければ、もしも城西消費組合がなく、進歩的知識人や女性の活躍がなければ、杉並の署名運動は全く違った様相を呈していたことだろう。

一九五四年におこった超党派・統一的署名運動はその年におこった〝奇跡〟ではなく、戦前来の杉並の人々の活動の成果であり、結晶だった。

●一九五四年の署名運動をふり返って

以上の歴史的条件をふまえて一九五四年の署名活動を考えてみると、三つのキー・ポイントがあるように思う。最大のポイントは、橋本良一を含む阿佐谷天祖神社の集い参加者と安井郁と杉並婦人団体協議会（婦団協）という、異質で多様なグループ（人）が手を結んだことだと思う。

阿佐谷天祖神社の集いは知識人、婦人団体、労働組合、魚商組合、民商・民医連などの民主団体、社会党、共産党など、杉並の革新的な人々の、党派を超えた集まりで、この時区議会決議に向けて陳情を出すことを決めたことは、その後展開する運動の重要な布石となった。

区長の信頼が厚く、杉並区の行政・区議会・教育界の中心的人物との交流のある安井郁公民館長が署名運動を呼びかけたことは、保守的な立場の人々に安心感を与え、ＰＴＡ関係者、主婦、区関係者などの署名運動の参加をスムーズにした。

戦中の愛国婦人会につながる団体も含む幅広い立場の女性団体が参加する杉並婦人団体協議会は、四月の例会で、魚商の菅原トミ子の呼びかけを受け、自ら「婦団協としてビキニ問題に取り組む」ことを決めた。ビキニ事件を台所の問題、平和の問題として切実に受け止めた婦団協の女性たちは、署名運動の主軸として活躍した。

区議会決議の採択をきっかけに、橋本良一・安井郁・婦団協という、立場やネットワークを異にする三者が手を結び、超党派・統一的な署名運動の母体となった意義は大きい。

もう一つのポイントは周到で緻密な戦略を立てたことである。安井郁、橋本良一、牧田喜義の三人がトロイカ体制を組み司令塔・戦略本部となり、婦団協の女性などの意見を聞きながら、杉並の状況を分析し、戦略・戦術を編み出した。彼らが最も気を遣ったのは、当時、平和運動は「アカの運動」だと宣伝され運動が広がらないことで、その対策を真剣に考えた。

そこで、反米色の強い平和運動でなく、ヒューマニズムをもとにした、超党派の全国運動を構想し、バラバラの運動でなく全国統一の運動、特定の党や特定の国家を対象とせず、原子力と人類の対決としての純粋な運動を呼びかけた。[2] また、その理念を、杉並アピールの「原水爆禁止のために全国民が署名しましょう」「世界各国の政府と国民に訴えましょう」「人類の生命と幸福を守りましょう」に込めた。

超党派の全国運動を達成するために、原水爆禁止の一点で再軍備賛成と考える保守的な人々と結び合うことを最も重視し、目標にあれもこれも入れ込むなれ合いを戒めた。事務局長の牧田喜義は次のように記した。

「訴える内容は、一切の原子兵器の製造、使用、実験の禁止である。……運動展開に当たって、再軍備反対、基地反対、MSA反対を公然と叫ぶことは、事務局においても実行委員においても厳に慎まなければならなかった。それはこの署名運動が再軍備、軍事基地、MSA等々に賛成の者をも一切包含して推進されることに、われわれは最大の意義を認めたからに外ならない。超党派とはまさにかかる意味を含むものであったのである」(3)

進歩的な人々に運動への調和と抑制を要求したのである。

もう一つのポイントは、婦団協、杉の子会、PTAの女性など杉並の主婦の活躍を主軸にしたことだった。署名運動を始めてから、戸別に訪ね署名を集めるのは男性より女性の方が効果的なことがわかり、婦団協加盟の全四二団体に実行委員会への参加を依頼した。昼間、時間がとれる専業主婦は大きな力で、女性たちは戦中の隣組や婦人会活動を思わせるきまじめさで署名活動に取り組んだ。主婦の活躍にマスコミが注目し、杉並の主婦の運動というイメージが広まった。杉並の主婦の活躍は事実であったが、戦略でもあったといえる。

水爆禁止署名運動杉並協議会の意思決定機関は実行委員会で、安井郁の提案に自由に意見をいい、決定する合議制は区民の主体的参加を促した。上部団体の指令や指導者が独裁的に決めるのではなく、電話も普及していない頃、平和運動の素人たちが公民館に寄り集まり知恵を出し合いながら進められた、市民型の平和運動だった。

署名活動が始まると公民館長室は署名の集計場所・作戦本部となった。また、区職員は窓口で署名を勧める他に細やかな協力を行った。高木敏雄杉並区長の了承を得ていたことはいうまでもない。当時、高木は教育・文化面で先進的な施策を進め、「文化区杉並」という誇り(プライド)を持つ区民もいた。そのような背景があり、杉並の原水爆禁止署名運動は、区議会決議をきっかけに、区民が構想し、官が協力する官民協同の〝我が区の運動〟として広がっていった。

二、原水爆禁止署名運動の意義

一九五四年の原水爆禁止署名運動から六〇年近くが経った。近年は原水爆禁止運動について語られても、原水爆禁止署名運動について語られることは少ないが、杉並の署名運動を含む一九五四年の原水禁署名運動の意義を考えてみたい。筆者は大きな意義として、①平和運動のイメージを変えた働き、②原水爆禁止世界大会を実現し、被爆者救済のきっかけとなった働き、③米国の対日政策に影響を与えた働き——があったと考えている。それぞれの内容を記してみよう。

①平和運動のイメージを変えた働き

優れた戦略・戦術、細やかな配慮、我が区の運動としての発展などによって、杉並の署名運動は全区的な運動となった。杉並の主婦の活躍はマスコミに取り上げられ、平和運動はいわゆる左翼による、「英雄的」な運動から、主婦や普通の人々が参加する運動へと、「日本の政治のファッションを変え」[4]た。

②原水爆禁止世界大会を実現し、被爆者の救済に目を向けるきっかけをつくった働き

世界大会の開催は広島の人々が全国協議会で主張し、実現に向けて努力した。さらに、広島の大会準備委員会の要求で、世界大会と分科会で直接、被爆者の話を聞く時間が設けられた。

原水爆禁止署名運動が広島・長崎の被爆者運動、原爆反対運動と結びつき、広島での原水爆禁止世界大会を実現し、広島での被爆者との出会いが、原水爆禁止署名運動と被爆者救済を結びつけた。この時から日本の平和運動の主軸に被爆者救済と原水爆禁止運動が据えられていった。

③米国の対日政策に影響を与えた働き

外岡秀俊他著『日米同盟半世紀——安保と密約』（朝日新聞社、二〇〇一年）は、署名運動が高揚した一九五四年一〇月に米国家安全保障会議実施調整局が「対日目標と行動に関する進捗レポート」をまとめ、「中立主義感情の深刻な増大、反米感情の周期的激発、共産主義からの誘いの強化増大などが見られ」るとして、対日政策の見直しを勧告した結果、一九五五年から米国の再軍備圧力は目に見えて減少したと指摘している。[5]

また、太田昌克（共同通信編集委員）は一九五五年一月にチャールズ・E・ウィルソン米国防長官が日本と核貯蔵や使用に関する取り決めを結ぶことを表明したが、原水爆禁止署名運動の広がりを知るアリソン駐日大使の反対で挫折を余儀なくされたことを明らかにした。[6] 原水爆禁止署名運動の広がりが米国の対日戦略＝極東戦略を変更させた事実は戦後民衆運動史における特筆すべき出来事ではないだろうか。

原水爆禁止署名運動全国協議会で活躍した畑敏雄（元群馬大学長）は、日本平和委員会編『平和運動二〇年記念論文集』で、「一九五四から五五年の大国民連合は日本平和運動の一大転機であり、平和活動家が学ぶべき無限の宝庫である」として、「一九五四年ビキニ被災を契機として澎湃としてわき起こった国民的署名運動から、一九五五年、第一回世界大会、及びそれに続く原水爆禁止運動の高揚と発展は、六〇年安保闘争と並んで、日本の平和運動の中で最も特筆大書すべき事件であった。この二年間の運動をわれわれはもっと真剣に総括し、もっと真剣にその教訓を学ぶべきではないか」[7]と述べた。二〇〇九年に亡くなった畑の言葉は全国で原水爆禁止署名運動の掘りおこしを進める重要性と緊急性を告げている。

三、現代の視点で読む杉並アピール

水爆禁止署名運動杉並協議会の理念が込められた「杉並アピール」を、現代の視点で読むとどうなのか。杉並アピールの意義、今に残る課題を考えて見たい。

二〇一〇年九月一九日付『朝日新聞』の一面に、「ビキニ死の灰　世界規模／日本や米本土　実験時に観測」という見出しの記事が載った。米国が一九五四年三月から五月にビキニ環礁で実施した原水爆実験（キャッスル作戦）で、放射性降下物、いわゆる「死の灰」の量を世界中の一二二箇所の観測所で四カ月間、観測したところ、日本、米国はもちろん、アフリカ大陸まで世界中で観測されていたことが一九五五年の米公文書で裏付けられたという内容だった。

この記事を読み、筆者は原水爆禁止署名運動は「坑道のカナリア」だったのではないか、世界で最初に原爆を投下されたために、第五福竜丸帰港後、たくさんの情報を得た日本人はその危険性をより深く知り、人類的課題として警鐘を鳴らしたのではないかと考えた。もし、その警鐘が聞き入れられていれば、人類の歴史、地球の歴史は今とは明らかに異なっていたはずだ。

しかし、米国は放射性降下物の情報を隠し続け、マーシャル諸島のビキニ環礁やエニウェトク環礁で一九四六年から五八年までに六七回もの核実験を続けた。英仏の核実験も含め、太平洋全域では合計三二七回という、たいへんな核実験が行われた。(8)

第五福竜丸乗組員の大石又七は、第五福竜丸の二三人の乗組員のうち、一六人の消息を追いかけ、そのうち、自らも含め一二人が癌にかかったことを記し、(9)次のように述べている。

「一九六〇年頃から、ガン患者が世界中で急増し、日本でも死亡率のトップは癌で年間三五万人と聞きました。私はこの放射能がその一因となっていると思っています」(10)

三二七回の核実験は太平洋地域をどれだけ放射能汚染したことだろう。癌患者の急増と核実験との因果関係を告発する大石の、体験者としての直感を否定することはできないだろう。

繰り返された核実験で死の島と化したビキニ環礁が原爆ドームやアウシュヴィッツ（オシフィエンチム）強制収容所と同じ「負の遺産」として、二〇一〇年に世界遺産に登録(11)された。しかし、住民の健康調査や治療、補償、移住先の住環境の向上がどこまで実行されているのだろうか。世界遺産として登録するよりも先にするべき問題である。杉並アピールの「人類の生命と幸福を守りましょう」という言葉は人類に対する予言的な先見性を持ち、核実験の犯罪性を浮き彫りにしたとあらためて思う。

杉並アピール前文の冒頭の一節を記そう（杉並アピールの全文は本書二九六頁）。

「広島長崎の悲劇についで、こんどのビキニ事件により、私たち日本国民は三たびまで原水爆のひどい被害をうけました。死の灰をかぶった漁夫たちは世にもおそろしい原子病におかされ、魚類関係の多数の業者は生活を脅かされて苦しんでいます。魚類を大切な栄養のもととしている一般国民の不安も、まことに深刻なものがあります。

水爆の実験だけでもこのような有様ですから、原子戦争がおこった場合のおそろしさは想像にあまりあります。たった四発の水爆が落とされただけでも、日本全国は焦土となるということです」

広島・長崎・ビキニ事件を、「三たびまで原水爆のひどい被害をうけました」と一緒にくっていることに違和感を覚える。たしかに、核被害は共通だが、広島・長崎への原爆投下は、日本がおこしたアジア太平洋戦争なくしておこったことではなく、日本の戦争責任に触れずに述べることはできない。そのことを鋭く、鮮烈に描いたのは広島の詩人・栗原貞子の詩「ヒロシマというとき」[12]（一九七二年三月作）である。

〈ヒロシマ〉というとき／〈ああ　ヒロシマ〉と／やさしくこたえてくれるだろうか／〈ヒロシマ〉といえば〈パール・ハーバー〉／〈ヒロシマ〉といえば〈南京虐殺〉／〈ヒロシマ〉といえば　女や子供を／壕のなかにとじこめ／ガソリンをかけて焼いたマニラの火刑／〈ヒロシマ〉といえば／血と炎のこだまが　返って来るのだ

〈ヒロシマ〉といえば／〈ああ　ヒロシマ〉とやさしくは／返ってこない／アジアの国々の死者たちや無告の民が／いっせいに犯されたものの怒りを／噴き出すのだ／〈ヒロシマ〉といえば／〈ああヒロシ

マ〉と／やさしくかえってくるためには／捨てた筈の武器を　ほんとうに／捨てねばならない／異国の基地を撤去せねばならない／その日までヒロシマは／残酷と不信のにがい都市だ／私たちは潜在する放射能に／灼かれるパリアだ

（後略）

栗原貞子は原爆の被害からだけでなく、日清戦争で大本営がおかれて以来、軍都として発展してきた広島のアジアへの加害の事実・歴史を鮮烈にうたった。栗原が一九五四年の原水爆禁止署名運動に対して、一定の評価をしつつも、「政治の実態に対する目かくしの運動」という批判を持っていたことを藤原修は指摘した。(13)杉並アピールが書かれた頃、アジアからの声はまだ弱く、日本の戦争責任が十分明らかになってはいなかったかもしれない。しかし、杉並アピールを起草した安井郁は、日本の加害性について一定の認識を持っていた。それは、翌一九五五年にインドのコルカタ（カルカッタ）で開かれたアジア法律家会議で日本の原水禁署名運動を報告した折、「この戦争を通じて、日本の軍国主義がアジア諸国民に計り知れぬ危害を加えたことを日本国民は厳しく反省し、心からお詫びしております」と語ったことからわかる。(14)しかし、日本の加害性を杉並アピールには盛り込まなかった。

多くの署名を集めることを主眼としたためだと思われるが、しかし、それは思わぬ結果を生む。数年前、筆者は四〇代の女性から、「日本は戦争の被害国よね。原爆を落とされているから」といわれたことがあった。念のため聞いてみると、その女性は、アジア太平洋戦争を日本が始めたことも、日本が韓国・朝鮮民主主義共和国・中国、さらに東南アジアから太平洋の国々・地域を侵略したことを全く知らなかった。戦後、学校教育で近現代史学習を軽視し続けてきた結果として、この女性の例はそれほど特異ではないと筆者は思う。それだけに日本の加害性に触れないで原水爆の被害を強調すると、とんでもない誤解が生まれることを知った。杉並アピールの前文は、国内向けの文書として書かれ、アジア太平洋戦争での日本の戦争責任に言及せずに、広島・長崎・ビキニ事件の被害から一気に原子戦争の脅威に飛び、「世界各国の政府と国民に訴えましょう」という言葉につながっている。それでは原水爆禁止の訴えが世界、とりわけアジアの人々の共感を得るような国際性を持ち得ないと思う。杉並アピールが持つ問題点である。

もう一つの問題点は前出の栗原の詩の「〈ああヒロシマ〉と／やさしくかえってくるためには／捨てた筈の武器をほんとうに／捨てねばならない／異国の基地を撤去せねばならない」という一節に関わる。筆者は数年前に広島を訪ね、広島湾に沿って山口県岩国市に車を走らせた。その道すがら、巨大な在日米軍基地と自衛隊基地が並び、最新鋭の艦船が並んでいることに仰天した。平和都市広島の裏にまるで背中合わせのように軍都広島が広がっていた。毎夏叫ばれる原水爆禁止と平和を求める声は、ここには届かないのだろうか。「核廃絶」を標榜しながら、米国の核戦略に一貫して協力し、米国の核の傘に「守られている」とする日本政府の下で着々と日米の軍事的一体化が進み、米軍・自衛隊基地が増強されている。核の傘の先はアジアを向く。「唯一の被爆国」といい、「核廃絶」を語る一方で、米国の核戦略に従い、協力し続けている矛盾をそのままにして、「原水禁」を叫んで国際的に説得力を持つはずはない。「ヒロシマというとき」の「ヒロシマ」を「原水禁」と置き換えた時に、アジアの人々からどう返ってくるだろうか。杉並アピールが書かれた時にはなかった新しい事態であり、その現実から私たちは目をそむけるわけにはいかない。一九五一年、冷戦最中に当時の吉田茂首相が調印し、その後改定した日米安全保障条約をさらに拡大解釈し一層深まった日米同盟の現実に向き合わなくてはならない。

現代から見ると、杉並アピールはいくつかの問題点を持っている。しかしながら、原水爆への恐れと、人々の心の中に潜んでいた「戦争はもうこりごり」という共通の心情「国民意識」を読み取り、署名運動としてまとめ上げたところに杉並アピールの意味がある。原水爆＝核に対する忌避感は「核アレルギー」と揶揄されることもあるような意識を広く形成し、その意識が原水禁運動を支えてきた。しかし、それが真に国際性を持つためには、被害性と同時に加害性を認識することと同時に、日本が米軍に基地を提供することで、重要な一角を担っている米国の核戦略や日米軍事同盟にどう向き合うのかが問われる。

その答えは「人類の生命と幸福を守りましょう」という言葉、この一点にあるのではないだろうか。国や地域を超えた、この言葉の普遍性を今一度かみしめたい。

四、原水爆禁止署名運動と杉並区

杉並区の署名運動は、区民が区議会決議を活用し、区議会・区当局の協力を引き出し、超党派・全区的な署名運動をつくり上げた。また、マスコミや地方自治体に積極的に働きかけ、署名運動を全国へと広げる役割も担った。杉並に「原水禁運動発祥の地・杉並」「原水禁署名運動発祥の地・杉並」という言葉を冠するのは違和感があるが、「全区的・統一的な署名運動発祥の地」「原水爆禁止署名運動発信の地」という言葉を冠することはふさわしい言い方だと思う。

署名運動の事務局長を務めた牧田喜義は署名運動の総括に当たる、「杉並で行われた『水爆禁止署名運動』を省みて」[15]の中で、署名運動が成功した後に生まれた「杉並はもともと進歩的な地域だから」という見方をきっぱり否定し、「相当に意識の高い進歩的な地域だと思われているとすれば、それはたいへんな誤解である。もし仮に杉並区の住民を保守と進歩とに大別すれば、その割合は全国民の保守と進歩の割合とほぼ合致する」と述べた。革新的な知識人がいたとはいえ、長く農業地域で保守が圧倒的だったことは本書で述べた通りである。

その杉並で「地域の最も具体的な社会的条件」を分析し、署名運動が組み立てられ大成功をおさめたことは杉並区の名を高め、「リベラル杉並」という言葉を生んだ。しかし、それは決して所与のものではなく当時の運動の成果であり、「リベラル杉並」という言葉自体は神話である。

一九九九年に区長に就任した山田宏前区長は新自由主義・市場原理主義の下、「公《おおやけ》」による相互扶助を否定し、高木敏雄元区長が他区に先駆けて建設した図書館・公会堂などの「公の施設」を民営化するなど、杉並区を新自由主義の実験場とした。そして、二〇一〇年五月、任期満了を待たず、区政を放り出し、国政（参議院）への転身を図り落選した。新自由主義に走った山田区政の傷の修復は今後何年もかかるだろう。区政をどう立て直すか、主権者としての権利と力をどう取り戻すか、神話に寄りかからず、区民が具体的な社会的条件を分析し、方針を立て力を合わせること、その大切さを杉並の原水爆禁止署名運動は教えていると、筆者は今、しみじみと感じている。

集するという再軍備論者から絶対平和主義者までをふくめた、いわゆるヒューマニズムの運動として、政治の実態に対する目かくしの運動」という認識を持っていた。藤原修『原水爆禁止運動の成立――戦後日本平和運動の原像　1954 ～ 1955』（明治学院国際平和研究所、1991 年）82 頁。

（14）安井郁『民衆と平和』（大月書店、1955 年）147 頁。

（15）前掲、牧田喜義「杉並で行われた『水爆禁止署名運動』を省みて」。

から感謝決議を受けた。……杉並区が原水爆禁止の署名運動に示した先駆的意義とその成果が認められたものである」(『杉並区広報』35号、杉並区役所、1955年1月25日)。

(28)『歴史の大河』第4集、95頁。

(29) 藤田敏夫氏の話。2006年4月、大田区藤田邸で筆者がインタビュー。

(30) 日本原水爆被害者団体協議会日本被団協史編纂委員会『ふたたび被爆者をつくるな(本巻)――日本被団協50年史』あけび書房、2009年、73頁。

(31) 世界大会については前掲『ふたたび被爆者をつくるな(本巻)』を参考に記述した。

(32) 原水爆禁止世界大会議事速報(第3日目)(『運動資料集』第2巻、332頁)。

●終章

(1) 昭和18年3月20日付『市政週報』第203号に、「千名以上の隊員を擁した杉並区の活躍ぶり」、仕事の中身は「衣料切符の作成、戸籍謄本・妊産婦手帖の作成、町会事務の手伝いなどさまざまで加入の動機も新聞報道を始め、町会や女子青年団を通じて勧誘されたという」という記述が、東京都公文書館編『〈都史紀要36〉戦時下「都庁」の広報活動』(東京都政策報道室、1996年)にある。

(2) 水爆禁止署名運動杉並協議会(発会)記録(小林徹編『原水爆禁止運動資料集』第1巻、緑蔭書房、1995年)109頁。

(3) 牧田喜義「杉並で行われた『水爆禁止署名運動』を省みて」『平和通信』第52号(東京都平和会議編、平和通信社、1954年7月21日)。

(4) 長岡弘芳「杉の子会」『原爆民衆史』(未来社、1977年)。

(5) 外岡秀俊ほか『日米同盟半世紀――安保と密約』(朝日新聞社、2001年)124頁〜。

(6) 太田昌克「『同盟管理政策』としての核密約」『世界』2010年5月号(岩波書店)179頁。

(7) 畑敏雄「ビキニ大署名運動の教訓」『平和運動20年記念論文集』(大月書店、1969年)453頁。

(8) 前田哲男「ビキニ水爆被災の今日的意味」前田哲男監修『隠されたヒバクシャ――検証=裁きなきビキニ水爆被災』(凱風社、2005年)41頁。

(9) 大石又七『これだけは伝えておきたい。ビキニ事件の表と裏』(かもがわ出版、2007年)104頁。

(10) 大石又七「NPT国際会議に参加して」、在韓被爆者問題市民会議機関誌『在韓ヒバクシャ』第56号(2010年10月1日発行)10頁。

(11)「〈ビキニ環礁、世界遺産に〉世界遺産委員会は〔2010年7月〕31日、冷戦時代に核実験が繰り返されたマーシャル諸島の『ビキニ環礁』を世界遺産(文化遺産)に登録することを決めた。広島の原爆ドームに続き、核兵器の参加を伝える『負の遺産』としての登録となる」『朝日新聞』(2010年8月2日付)。

(12) 栗原貞子――1913―2005年。広島生まれ。可部高等女学校卒業。爆心地の4キロ北の自宅で被爆し、非戦・反核を歌い続けた詩人。詩「ヒロシマというとき」は1972年3月作で、詩「生ましめんかな」とともに栗原の代表作。同名詩集を1976年、三一書房から刊行した。『ヒロシマの原風景を抱いて』(未来社、1975年)他。

(13) 栗原貞子は原水爆禁止署名運動への一定の評価をしながらも、「原水爆反対の一点に結戦前、共産青年同盟に関わり旧制一高卒業直前に退学させられる。戦中は風船爆弾の研究に従事。戦後、日本平和委員会に参加。原水爆禁止署名運動全国協議会事務局、原水爆禁止世界大会開催に尽力するなど初期原水禁運動に足跡を残した。2007年6月にピープルズ・プラン研究所で、筆者も参加する「初期原水禁運動記録プロジェクト」で畑の話を聞く機会を得た。

(14) 早川康弌——1911～2008年。東京帝国大学卒業、東京工業大学名誉教授。東京帝大在学中に反帝同盟に加わり反戦運動に関わった。戦後、東京工業大学助教授を務めながら、平和委員会書記局で原水爆禁止運動はじめ平和活動に活躍した。

(15) 反帝同盟——反帝国主義民族独立支持同盟日本支部の略。1929年11月に創立された。反戦と国際連帯を掲げ、主に日本労働組合全国協議会参加の労働者と学生が反戦運動を展開したが、激しい弾圧をうけ、1934年頃には活動を停止した。

(16)『原水爆禁止署名運動全国ニュース』第1号、1954年8月10日(『運動資料集』第1巻、455頁)。

(17) 安井郁が原水爆禁止運動に関わった動機について、細谷千博教授は、「先生も非常に複雑な方ですから、政治的な実践に対する関心も昔からありましたよ。ですから教育者としての関心と政治的な実践に対する関心と、そういう風なものがいろいろ結びついて原水爆禁止運動というものをつみ上げていったと思うんです」と述べた(『歴史の大河は流れ続ける』第3集、23頁)。

(18) 小沢綾子は「杉並の運動を知っている人に来て欲しいという連絡を受けて、毎日出ることなので家族会議をし、『人の生命を守る運動である』ということで了解をしてもらい、私なりにお手伝いをしました」と述べた(『歴史の大河』第4集、102頁)。

(19)「第五福竜丸事件」編集委員会『第五福竜丸事件』(焼津市、1976年)、17頁。

(20) 手紙は、現在、東京都江東区にある第五福竜丸展示館に保存されている。

(21) 第五福竜丸平和協会『フィールドワーク第五福竜丸展示館——学び、調べ、考えよう』(平和文化、2007年)、34頁。

(22) 中原綾子——1898～1969年。大正－昭和時代の歌人。長崎県出身。東洋高女卒。与謝野晶子に師事し、第2期『明星』で活躍。戦後『すばる』を復刊し主宰した。歌集に「真珠貝」「深淵」「刈株」など。原水爆禁止署名運動全国協議会常任世話人として活躍。中原綾子の歌、安井郁の言葉は、『原水爆禁止署名運動全国ニュース』第3号より引用。

(23) 署名の集計数は、『運動資料集』第1巻(455頁～472頁)に掲載された『原水爆禁止署名運動全国ニュース』第1～4号、より引用。

(24) 森瀧市郎——1901～1994年、広島生まれ。京都帝国大学卒業。広島高等師範学校教授として学生を引率中被爆。1954年5月に広島で原水爆禁止を求める100万署名を呼びかけ、達成して国連に送った。原水爆禁止世界大会では現地事務局長として尽力した。

(25) 藤原修は杉並の署名運動では「ヒロシマなんて考えてなかった」「水爆問題が最初で、ヒロシマの問題は後からきた」という証言を大塚利曽子から得て、前掲『原水爆禁止運動の成立——戦後日本平和運動の原像　1954－1955』37頁、に記している。

(26) 前出、2007年6月、初期原水禁記録プロジェクトでのインタビュー。

(27)「杉並区へ感謝決議文——水爆禁止署名運動全国会議で」として、決議の全文と代表委員名と次の説明が掲載された。「原水爆禁止の必要を痛感して全国にさきがけて杉並区が原水爆禁止署名運動に注いだ成果が認められてこのほど、原水爆禁止署名運動全国協議会

(25) 牧田喜義「杉並で行われた『水爆禁止署名運動』を省みて」。
(26) 2006年10月に真々田邦義氏、2007年7月に真々田ミツエ氏に筆者がインタビュー。
(27) 牧田喜義「杉並で行われた『水爆禁止署名運動』を省みて」。
(28) 鈴木茂夫氏の話。2008年2月、杉並区高井戸で筆者がインタビュー。
(29) 長岡弘芳『原爆民衆史』(未来社、1977年) 19頁。
(30) 2006年6月に杉並区荻窪で筆者が吉田嘉清氏にインタビュー。
(31) 橋浦泰雄——1881〜1990年、鳥取生まれ。画家・民俗学者・社会運動家。城西消費組合の創設メンバーで、戦後、生活協同組合運動でも活躍した。本稿第1章第3節参照。
(32)「署名運動の活動家を中心に一般区民約700名がつめかけ……入場できない人も出る盛会ぶり」とあった(『水爆禁止署名運動杉並ニュース』4号『運動資料集』第1巻、136頁)。
(33) 年表は主に以下の資料をもとに作成した。『歴史の大河は流れ続ける』第4集、「原水爆禁止800万署名全都懇談会議事要録」(『平和通信』第51号、1954年7月14日)、牧田喜義「杉並で行われた『水爆禁止署名運動』を省みて」、『ビキニ水爆被災資料集』(第五福竜丸平和協会編、東京大学出版会、1976年)。
(34) 以下、第4回実行委員会記録は『運動資料集』第1巻、131〜133頁。

【第4節】

(1) 総合雑誌では、『改造』『世界』『中央公論』が杉並の署名運動を取り上げた。
(2)『歴史の大河は流れ続ける』第4集、44頁。
(3) 全国協議会要綱の原案「日本国民の要望を全世界に訴え」は日本政府を動かす点が不明確であるとして、結成総会前の世話人総会で「日本政府及び全世界に訴え」となった。『原水爆禁止署名運動全国ニュース』第1号(『運動資料集』第1巻、456頁)。
(4)『水爆禁止署名運動杉並ニュース』第4号(『運動資料集』第1巻、135頁)。
(5)「原水爆禁止800万署名全都懇談会議事要録」(『運動資料集』第1巻、77〜95頁)。
(6) 黒田秀俊——1905〜89年。ジャーナリスト、平和運動家。戦前最後の『中央公論』編集長。戦後、日本平和委員会に加わる。原水禁世界大会を成功させるために奮闘した。中野区で原水爆禁止運動や教育委員準公選運動でも活躍した。
(7)「〈日本原水協の歴史と伝統を語る(3)〉畑敏雄・黒田秀俊・熊倉啓安鼎談「署名運動から第1回世界大会へ」『原水協通信』(日本原水協、1967年3月1日)。『原水協通信』は山村茂雄氏のご教示で知ることができた。当時の平和委員会の雰囲気は、伊井弥四郎「初期の平和運動と平和委員会の役割」(日本平和委員会『平和運動20年記念論文集』大月書店、1969年) 参照。
(8)『運動資料集』第1巻、449頁。
(9) 原水爆禁止署名運動全国協議会趣意書(『運動資料集』第1巻、451頁)。
(10) 8月8日の世話人総会での安井発言(『運動資料集』第1巻、455頁)。
(11) 打合会(7月21日、23日)、常任実行委員会(29日)、発起人代表・準備委員合同会議(8月6日)、8日午前の世話人総会・午後の結成総会(宇吹暁「日本における原水爆禁止運動の出発—1954年の署名運動を中心にして」『広島平和科学』5号、広島大学平和科学研究センター、1982年) 213頁。
(12) 原水爆禁止署名運動全国協議会が発行した1954年10月作成の全国世話人名簿より。
(13) 畑敏雄——1913〜2009年。東京工業大学卒業。元群馬大学学長、東京工業大学名誉教授。

言葉、清水慶子さんが大会宣言を述べています」と語った。
(25) 水爆禁止署名運動杉並協議会第実行委員会記録、『運動資料集』第1巻、113頁。
特に出典を示していない発言は、同実行委員会記録からの引用である。
(26)『杉の子読書会で学んだ女性達』(地域女性史をつくる会編・発行、2003年) 6頁。
(27)「杉並の運動指導者は、神経質なまでに、運動が超党派で非政治的であることに固執したのである」と、藤原修『原水爆禁止運動の成立――戦後日本平和運動の原像 1954－1955』(明治学院国際平和研究所、1991年) 28頁、にある。
(28)『歴史の大河』第4集、28頁。
(29)『水爆禁止署名運動杉並ニュース』(『運動資料集』第1巻、119～138頁)。
(30) 前掲、牧田喜義「杉並で行われた『水爆禁止署名運動』を省みて」14頁。
(31) 安井郁「ヒューマニズムと平和」(『平和』日本文化人会議編、大月書店、1954年11月)。

【第3節】

(1)「〈座談会〉主婦も黙らない」(『平和』日本文化人会議編、1954年8月、大月書店) 25頁。
(2) 前掲、「静かなる署名運動」。
(3) 前掲、牧田喜義「杉並で行われた『水爆禁止署名運動』を省みて」。
(4) 同上。
(5)『歴史の大河』第1集 (1980年) 23頁。
(6) 前掲、牧田喜義「杉並で行われた『水爆禁止署名運動』を省みて」。
(7) 牧田喜義『和尚館長頑張る――美術に挑んだ25年の回想』(西田書店、1993年) 241頁。
(8) 吉田嘉清氏の話。2008年6月、杉並区荻窪で筆者がインタビュー。
(9)『歴史の大河』第4集、100頁。
(10) 杉並区女性史編纂の会編『区民が語り、区民が綴る杉並の女性史――明日への水脈』(ぎょうせい、2002年)218頁。以下、『区民が語り、区民が綴る杉並の女性史――明日への水脈』は『杉並の女性史』と略記。
(11) 飯野の長男の飯野紀雄氏に2010年9月12日に筆者が電話インタビュー。
(12) 杉並協議会第4回実行委員会での発言 (前掲『運動資料集』第1巻、132頁)。
(13) 前掲「〈座談会〉主婦も黙らない」『平和』23頁。
(14)「原水爆禁止800万署名全都懇談会議事要録」(『運動資料集』第1巻、82頁)。
(15)『新修杉並区史』下巻 (杉並区編・発行、1982年) 823頁。
(16)『杉の子読書会で学んだ女性達』(地域女性史をつくる会編・発行、2003年) 22頁。
(17) 前掲『杉並の女性史』212頁。
(18)「杉の子会」機関紙『杉の子』10号 (杉の子会、1963年)。
(19) 杉並協議会第4回実行委員会での発言 (前掲『運動資料集』第1巻、132頁)。
(20) 高良とみ――1896～93年、富山県生まれ。日本女子大卒。戦後はじめてソ連に入国し話題となった。参議院議員として原水禁署名運動・全国協議会に協力した。
(21) 前掲、牧田喜義「杉並で行われた『水爆禁止署名運動』を省みて」。
(22) 杉並協議会第4回実行委員会 (『運動資料集』第1巻、132頁)。
(23)「原水爆禁止800万署名全都懇談会議事要録」(『運動資料集』第1巻、83頁)。
(24) 井手文子「原水爆実験反対――署名運動の調査から学ぶ」(『婦人問題研究』6、民主主義科学者協会婦人問題部会編・発行、1954年12月21日)。永原和子氏のご教示による。

(9) ストックホルム・アピールは次の通りである。

◆私たちは人類に対する威嚇と大量殺戮の武器である原子兵器の絶対禁止を要求します。

◆私たちはこの禁止を保障する厳重な国際管理の確立を要求します。

◆私たちはどんな国であっても最初に原子兵器を使用する政府は、人類に対して犯罪行為を犯すものであり、その政府は戦争犯罪人として取り扱います。

◆私たちは全世界の全ての良心ある人々に対し、このアピールに署名するよう訴えます。

(10) 安井郁『民衆と平和』(大月書店、1955年) 59頁。

(11)『歴史の大河』第3集 (1982年発行) 23頁。

(12)務台理作——1890～1974年。長野生まれ。京大卒業。大正・昭和期の哲学者。三木清、戸坂潤らとならび西田哲学の逸材の一人と言われた。戦時中の中立的態度を戦後、「不作為の責任」として自己批判。ヒューマニズムの立場から平和運動・原水禁運動にも関心を寄せた。杉並区西荻窪に住んだ。

(13)『潮』第1巻3号、1952年10月号 (山本茂美編・発行)。葦会の山本茂実によって1952年に創刊された (現在の月刊誌『潮』とは無関係)。編集顧問は亀井勝一郎、風見章、清水幾太郎、杉捷夫、都留重人、中野好夫、松尾隆、務台理作、柳田謙十郎で「誰にでもわかるやさしい、誰でも買える安い、働く人が直接編集にタッチできる、働く人たちの中から新人を育てる総合雑誌」とうたった。

(14) 杉並協議会執筆の「静かなる署名運動」と「橋本良一手記」の文体はたいへん似ている。橋本良一は手記に「この原稿〔静かなる署名運動〕は私が『平和通信』に書いたものを骨子として黒田秀俊君が執筆した」と記している。黒田は元中央公論編集長で橋本の友人だった。

(15) 吉田嘉清氏の話。2010年2月、筆者の電話インタビュー。

(16) 準備会参加者名簿は『歴史の大河』第4集 (第2刷、1984年)、23頁。

(17)『歴史の大河』第4集、杉並区女性史編纂の会『区民が語り、区民が綴る杉並の女性史——明日への水脈』(ぎょうせい、2002年) などをもとに分類した。

(18)「橋本手記」に「5月9日〔準備会〕にはことさら遠慮してもらった民商、共産党」という記述があった。

(19) 水爆禁止署名運動杉並協議会 (発会) 記録、『歴史の大河』第4集に所収の速記録は『運動資料集』第1巻、109～112頁に再録されている。

(20) 酒井一九氏は元杉並区立学校教員。2008年5月、筆者の電話インタビューでの話。

(21) 篠原登——1904～1984年、東京帝大卒、工学博士。初代科学技術事務次官、東海大学学長。杉並協議会に熱心に関わり、全国協議会の常任世話人としても活躍した。

(22)「井草原水爆禁止期成会準備会」は1954年春、田中夫妻と通産省機械技術研究所の職員、清水歓三、小林敏男、小林宏子 (婦人民主クラブ) らが井草地域で結成した。

(23) 安井は準備会で「モデルケース」、第4回実行委員会では「テストケース」と述べた。牧田は「杉並で行われた『水爆禁止署名運動』を省みて」(『平和通信』第52号、東京都平和会議編、1954年7月21日発行) で、杉並の例は「モデルケースでなくテストケース」であると記した。

(24) 吉田嘉清氏は2010年9月に筆者の電話インタビューで、「日本原水協で安井先生は、女性の意見をよく聞き、活躍の場も作りました。第一回世界大会では野々宮さんが開会の長子平和・人権教育センター代表のご教示による。
(20) 藤田敏夫氏の話。2006年4月30日、藤田敏夫邸で筆者がインタビュー。
(21)『原・水爆と気象』(気象研究所水爆調査グループ、1954年10月) は、原水爆と気象の関係、水爆の威力などを図入りでわかりやすく示した市民向け資料だった。
(22) 猿橋勝子——1920～2007年。人工放射性物質の調査などの研究で知られる地球化学者。帝国女子理専卒業後、気象研究所に入所。ビキニ環礁での死の灰事件で、降雨の中に含まれる放射性物質を分析した。その後、海水中における人工放射性物質の世界的分布などについて研究。猿橋勝子賞を創設。
(23) 俊鶻丸——ビキニ原水爆実験後のビキニ海域と付近の放射能汚染を調査するために、農林水産庁が1954年5月から科学者、報道者らを乗せて派遣した観測船。生物班・海水大気班・気象班・海洋班・環境・食品衛生班で構成され、気象台から5名が乗船。『ビキニ水爆被災資料集』(第五福竜丸平和協会編、東京大学出版会、1976年) 112頁～138頁。
(24) 三宅泰雄——1908～90年。地球化学者。ビキニ事件がおこった時は気象研地球科学研究部長で俊鶻丸の派遣、放射能雨の測定などに関わった。「核兵器の悪魔的本質」を知るがゆえに、「第五福竜丸は人類の未来を啓示する」と、第五福竜丸の保存運動に尽力し、保存が決まってからは第五福竜丸平和協会会長として活躍した。岩垂弘『「核」に立ち向かった人びと』(日本図書センター、2005年) に詳しい。
(25) 三宅泰雄「第五福竜丸のおしえ」『ビキニ水爆被災資料集』(第五福竜丸平和協会編、東京大学出版会、1976年) 5頁。
(26) 川村千秋の話。2006年10月25日、阿佐谷川村書店で筆者がインタビュー。
(27) 真々田邦義氏の話。2006年10月25日、杉並区役所で筆者がインタビュー。
(28) 宇田川遼太郎区議会議長の発言。『歴史の大河は流れ続ける』第4集 (杉並区立公民館を存続させる会編・発行、1984年) 10頁。
(29) 1954年4月25日付『杉並新聞』(編集・発行：中川昇、西東京新聞社)。
(30) 安井郁「平和運動の論理と倫理」(安井郁『民衆と平和』大月書店、1955年) 77頁。

【第2節】

(1) 牧田喜義——1916年、長野県生まれ。東大法学部卒。満鉄、中国長春鉄路公司、大成産業等を経て津上製作所に勤務。退職後、数ヵ月間、杉並協議会事務局長を務め、その後、民間放送連盟調査部長、フジテレビギャラリー社長、池田21世紀美術館館長を歴任した。著書『和尚館長頑張る——美術に挑んだ25年の回想』西田書店、1993年)。
(2) 細谷千博氏の話。2007年10月、筆者の電話インタビュー。
(3)『歴史の大河は流れ続ける』第4集 (第2刷、1984年) 104頁。
(4) 同上。
(5) 小沢綾子の経歴は『女性と地域の活動——杉並母親運動の資料から』(戦後女性史研究・和の会編・発行、2007) による。中国での話は小沢の次男・小沢正二氏に筆者がインタビューして聞いた話。
(6)『歴史の大河』(4) (第2刷) (1984) 104頁。
(7) 杉並アピールは、前掲『運動資料集』第1巻、117頁。
(8) 日本原水協事務局長を務めた吉田嘉清氏は、「安井先生は原水禁の会議が紛糾しても、見事にまとめられ、その能力はたいしたものだった」と2009年に筆者に語った。

性史研究）の紹介で田代氏の話を聞くことができた。2007年に田代邸で筆者がインタビュー。

(11)『街のすみから世界へ』（梅丘主婦会40年史編集委員会編・発行、1993年）。

●第8章

【第1節】

（1）小沢清子（1915〜2011年）の話。2006年6月、杉並区荻窪で筆者がインタビュー。

（2）真々田邦義氏の話。2006年10月25日、杉並区議会で筆者がインタビュー。

（3）田中鶴子氏（1909年生まれ）の話。2009年7月、田中邸で筆者がインタビュー。

（4）田中実――1907〜78年。東京帝大卒業。東京工業大学名誉教授、科学史。科学教育研究協議会を創立し、理科教育に尽力した（内田正夫氏のご教示を得た）。

（5）前掲（1）、小沢清子の話。

（6）阿部行蔵――1908〜81年。広島生まれ。同志社神学校卒業。歴史学者・平和運動家。杉並区阿佐谷に住み、戦後、東京都立大教授を経て、立川市長を1期、務めた。

（7）水爆禁止署名運動杉並協議会「静かなる署名運動」『改造』1954年8月号。

（8）小林徹編『原水爆禁止運動資料集』第1巻（緑蔭書房、1995年）、99頁。以下、『運動資料集』第1巻、と略記。

（9）橋本良一「新島君の地域活動について」『近代－新島繁追悼特集号』（神戸大学「近代」発行会編集・発行、1958年）。

(10) 小林多喜二――1903〜1933年、昭和期の小説家。「蟹工船」「不在地主」などプロレタリア小説を書いた。1933年2月、築地署で拷問され殺された。

(11) 戸坂潤――1900〜1945年、哲学者。新カント主義的立場からマルクス主義的立場に移る。唯物論研究会創設。1945年、長野刑務所で獄死した。

(12) 三木清――1897〜1945年、哲学者。友人の共産主義者をかくまったとして治安維持法違反でとらえられ、敗戦後の9月に獄死した。

(13) 前掲、橋本良一「新島君の地域活動について」。

(14) 筆者が2006年6月に荻窪で行った小沢清子へのインタビューと、元魚商、菅原健一・トミ子の話「公民館の婦人集会へ」公民館閉館記念行事実行委員編『公民館の歴史をたどる――1954〜1989』（杉並区立公民館、1989）、21頁による。

(15) 村上綾子――1902〜1976年。戦中の愛国婦人会を改組した「杉並婦人文化連盟」の代表を務め、1951年から自由党・自民党区議を務めた。署名運動に熱心に取り組み、推進力となった。

(16)『婦人だより』第3号（杉並区教育委員会社会教育課、1970年8月31日）、27頁。

(17) 第19回国会外務委員会公聴会（昭和29年4月16日）議事録より。

(18) 憲法擁護国民連合（護憲連合）――1954年1月15日、憲法を守る広範な国民的世論をおこすことを目的に総評・社会党・労農党を中心に結成された。百以上の団体が加盟していたが、共産党や共産党系の団体とは一線を画していた。

(19)『婦人と平和』第4巻10号（日本婦人平和協会編・発行、1954年10月1日号）。杉森

【第3節】

（1）『杉並文化通信』No.21（1990年8月特大号、「特集　杉並の原水爆禁止運動Ⅱ」）。『杉並文化通信』は杉並のミニコミ誌（杉並区立図書館蔵）。
（2）杉並区立郷土博物館に寄託されている「菅原健一資料」。
（3）本章第第1節2項参照。
（4）浅草魚商組合連合会常任理事で浅草民商の会員であった前沢菊治の作。『浅草民商の半世紀』（浅草民主商工会50年史編さん委員会編、浅草民主商工会、1997年）24頁。
（5）前掲、『杉並文化通信』No.21。
（6）『東商連五十年のあゆみ』（東商連五十年史編纂委員会編、東商連、2004年）57頁。
（7）真々田邦義氏の話。2006年10月25日、筆者が杉並区役所でインタビュー。
（8）川村千秋の話。2006年10月25日、筆者が川村書店でインタビュー。
（9）前掲、『杉並文化通信』No.21。
（10）前掲、『浅草民商の半世紀』（浅草民主商工会50年史編さん委員会編、浅草民主商工会）25頁。
（11）チラシ「原水爆禁止　損害補償の運動を展開しよう!!」（「菅原資料」杉並区立郷土博物館蔵）。
（12）『原水爆禁止運動資料集』第1巻（小林徹編、緑蔭書房、1994年）69頁。
（13）川村千秋の話。2006年10月25日、筆者が川村書店でインタビュー。
（14）川村千秋は筆者のインタビューに答え、この頃、「共産党中央委員の松本三益の指導」もあったと語った。

【第4節】

（1）1954年の各地の取り組みについては『原水爆禁止運動資料集〔1954〕年』、前掲『ビキニ水爆被災資料集』（第五福竜丸平和協会編）、宇吹暁「日本における原水爆禁止運動の出発――1954年の署名運動を中心に」『広島平和科学』5号（広島大学平和科学研究センター、1982年）に収載されている。
（2）前掲、『原水爆禁止運動資料集〔1954〕年』67頁。
（3）同上、215頁。
（4）第19回国会の会期は、1953年12月10日（召集）から5月8日までだったが、6月15日まで延長された。自民党幹事長・佐藤栄作の収賄に対し、犬養法相が吉田首相の指示で指揮権を発動したのも同国会（4月21日）でのことだった。重要法案を通すべく会期の延長が繰り返され、乱闘も起こり、警察導入もあったため、乱闘国会とも呼ばれた。
（5）朝日新聞社『朝日年鑑　昭和30年版』（朝日新聞社、1955年）302～304頁、より作成。
（6）主婦連（主婦連合会）は、奥むめおを会長として、消費者保護を目的に1948年に結成された婦人団体。
（7）「菅原健一資料」（杉並区立郷土資料館に寄託されている）。
（8）2007年7月、杉並区荻窪で筆者が竹内ひで子氏にインタビュー。
（9）第五福竜丸展示館の展示資料による。
（10）田代信子――1948年にお茶の水大学卒業。婦人民主クラブの会員で、「梅丘主婦会」の中心メンバーの一人。当時、田代氏とともに「梅丘主婦会」で活動した永原和子氏（女

【第2節】

（1）近藤康男『近藤康男著作集』11巻（農文協、1975年）194頁、200頁。
（2）第19回国会・衆議院水産委員会における1954年3月26日の参考人証言。
（3）『新女苑』1954年12月号（『ビキニ水爆被災資料集』387頁、所収）。
（4）『フィールドワーク第五福竜丸展示館』（第五福竜丸平和協会編、平和文化、2007年）36頁。
（5）『もう一つのビキニ事件』（高知県ビキニ水爆実験調査団編、平和文化、2004年）10頁。
（6）飯塚利弘の証言（『ビキニ被災の全容解明をめざす研究交流集会報告集』ビキニ水爆被災事件静岡県調査研究会ほか、2002年、2頁、所収。第五福竜丸展示館所蔵資料）。
（7）近藤康男『近藤康男著作集』11巻（農文協、1975年）30頁。
（8）『新女苑』1954年12月号（『ビキニ水爆被災資料集』387頁、所収）による。
（9）1954年7月28日から4日間、焼津の高校生の会「おりづる会」が静岡大学の学生をリーダーとして焼津の婦人の生活を調査した記録。『私たちの平和教育――「第五福竜丸」・「3.1ビキニ」を教える』（静岡県歴史教育者協議会編、民衆社、1977年）所収。
（10）2009年9月、筆者が大石又七に電話でインタビュー。
（11）前掲、近藤康男『近藤康男著作集』192頁。
（12）前掲、『私たちの平和教育――「第五福竜丸」・「3.1ビキニ」を教える』（静岡県歴史教育者協議会編）58頁。
（13）大石又七『死の灰を背負って』（新潮社、1991年）122頁。
（14）『ビキニ事件三浦の記録』（三浦市、1996年）に、神奈川県三崎町（現三浦市）議会本会議が1954年3月18日に「原爆実験の停止、及び実験に伴う経済的損害の補償等に関し、政府国会、見解、その他関係方面に議決した」という記録がある。
（15）『静岡県議会時報』1954年、第7号（静岡県議会事務局、1954年7月31日発行）。
（16）同上。
（17）『静岡県議会時報』1955年、第11号（静岡県議会事務局、1955年6月25日発行）。
（18）『第五福竜丸事件』（焼津市、1976年）238頁。
（19）同上、152頁。
（20）同上、127頁。
（21）同上、165頁。
（22）同上。
（23）高橋博子『封印されたヒロシマ・ナガサキ』（凱風社、2008年）166頁。
（24）同上、170頁。
（25）前掲、『第五福竜丸事件』139頁。
（26）前掲、『静岡県議会時報』1955、第11号。
（27）小林徹編『原水爆禁止運動資料集（第2巻）』（緑蔭書房、1995）268頁。
（28）吉永村の署名運動については、静岡県歴史教育者協議会編『私たちの平和教育』（民衆社、1977）217～235頁による。
（29）同上、223頁。
（30）同上、234頁。

（4）小沼通二「水爆構造の秘密解明」『パリティ』（丸善、Vol. 17、No. 02、2002-2）32 ～ 33 頁。同誌は、小沼通二慶応大学名誉教授のご教示で知ることができた。
（5）同上。

●第7章

【第1節】

（1）『東京都中央卸売市場史』（東京都中央卸売市場編集・発行、1963 年）。以下、市場関係者の動きは、特記した以外は同書からの引用である。
（2）第 19 回国会・衆議院水産委員会における 1954 年 3 月 26 日の参考人証言。
（3）「市販で売れない事から、他の加工の方に回される」とあるが、1954 年に東京都公衆衛生局に勤務し、マグロ検査に当たり、その後、日本食品衛生協会に勤めた山崎英也は、マグロは当時、検査で合格しても売れず、それまで安い雑魚を原料としていた魚肉ソーセージに使われた結果、皮肉にも魚肉ソーセージの味は格段に向上した――と述べた。2007 年 2 月 23 日、西荻窪で筆者がインタビュー。
（4）『東京都中央卸売市場史』と「東京築地魚市場仲買協同組合月報」（1954 年 4 月 13 日発行。『原水爆禁止運動資料集 1954 年』71 頁）より作成。
（5）この時の陳情書は、「六大都市の中央卸売市場は自滅の他」なく、消費者の「不必要なる恐怖心を除去」するために、「魚食に関しては何らの不安危険がない」との旨を「御当局の権威」をもって積極的に講ずることを「切に懇願」するというもので、検査に合格した魚を市場に出荷したにも拘わらず、その一方では、危険性を報道する報道機関に報道緩和を要望（懇願）している。水爆実験への抗議・言及はない。
（6）表 16 は、『ビキニ水爆被災資料集』（第五福竜丸平和協会編、東京大学出版会、1976 年）159 頁の東京都衛生局公衆衛生部獣医衛生課作成「魚類の人工放射能検査報告」に、『都政概要　昭和 29 年版』（東京都、1955 年）所収の放射能検出率を組み合わせて作成。
（7）山崎英也――1925 年生まれ。東京帝国大学農学部卒業。東京都庁を経て、日本食品衛生協会に勤務した。杉並区民。2006 年 2 月、杉並区西荻窪で筆者がインタビュー。
（8）表 17 は第五福竜丸展示館の展示資料による。
（9）高橋博子『封印されたヒロシマ・ナガサキ』（凱風社、2008 年）172 頁。
（10）同上、174 頁。
（11）同上、171 ～ 172 頁。
（12）『ビキニ水爆被災資料集』（第五福竜丸平和協会編、東京大学出版会、1976 年）455 頁。
（13）前掲、高橋博子『封印されたヒロシマ・ナガサキ』161 頁。
（14）『近代日本総合年表　第二版』（岩波書店編集部、岩波書店、1984 年）。
（15）笹本征男「ビキニ事件と日本の原子力開発（原子力の平和利用）（2）」『東京電機大学理工学部紀要（第 21 巻№ 2）人文・社会編』（東京電機大学、1999 年）はビキニ事件の日米政治決着と日本の原子力導入について詳述している。また、政治決着については、第五福竜丸元館長・広田重道による『〈昭和史の発掘〉第五福竜丸――その真相と現在』（白石書店、1977 年）にもある。

の声（第22集）』汐文社、2008年）。

（6）京大の原爆展については、小畑哲男『占領下の「原爆展」』（かもがわブックレット、1995年）による。メンバーの一人である林茂夫（本名・塩信一。東京生まれ。1927～2004年）は京都大学在学中から平和問題に関心を持ち、その後、平和委員会事務局に入り、核や自衛隊に関する研究を続けた。1981年から無防備地域宣言運動に取り組む。著書は『戦争不参加宣言』（日本評論社）ほか多数。

（7）前掲、小畑哲男『占領下の「原爆展」』4頁。

（8）武藤徹――1925年生まれ。東京大学理学部卒業。元戸山高校教諭。和光大学教員の内田正夫氏の紹介で、2009年7月、新宿で筆者がインタビュー。

（9）「青木文庫『原爆の図』に収められた大山郁夫の文章によれば、1950年2月～1951年11月までの間に全国51ヵ所で開催され、649000人の観客を動員したという。……〔その後〕ヨシダ・ヨシエと野々下徹が巡回展をひきつぎ、1951年暮れから1953年10月頃まで96会場、333日を廻り、観客は794000人に達したいう」（小沢節子『「原爆の図」――描かれた〈記憶〉、語られた〈絵画〉』（岩波書店、2002年）147頁より引用。

（10）GHQは表現内容の審査のための基準を作った。プレスコードは新聞、雑誌、書籍というメディアに向けて発せられた準則で、「ニュースは厳格に真実に符合しなくてはならない」「連合国に対し虚偽または破壊的批判をしてはならない」など10項目からなり、違反した場合、発表禁止、削除などの処分が加えられた。1949年10月まで続き、新聞、出版界の表現を制約した（『戦後史大事典増補新版』佐々木毅一ほか編、三省堂、2005年、より要約）。

（11）笹本征男『米軍占領下の原爆調査――原爆加害国になった日本』（新幹社、1995年）49頁。

（12）飯沢匡――本名・伊沢紀。1909年、和歌山生まれ。父親は、台湾総督、東京市長を歴任した伊沢多喜夫。朝日新聞社に入社後、『アサヒグラフ』編集長を歴任。劇作家として活躍し、反骨精神と機知あふれる風刺劇を生んだ。

（13）今堀誠二『原水爆時代――現代史の証言』上巻（三一書房、1959年）82頁。

（14）ラジオ東京（現TBS）の元社員、鈴木茂夫の話。2007年11月25日、筆者が電話でインタビュー。

（15）統計資料は『1955年版　朝日年鑑』518頁による。

（16）井上英之『検証・ゴジラ誕生　昭和29年・東宝撮影所』（朝日ソノラマ、1994年）。

（17）四方田犬彦『日本映画と戦後の神話』（岩波書店、2007年）86～88頁。

【第4節】

（1）『外務省外交記録――第五福竜丸その他原爆被災事件関係一件』（外務省文書課編、外務省外交史料館、1991年。マイクロ・フィルム・リール NO. C'-0002）。第五福竜丸展示館資料で閲覧。

（2）小沼通二――1931年生まれ。研究分野は素粒子物理、現代物理学史。東大理学部物理学科卒業、京大助教授を経て、慶応大名誉教授、武蔵工業大教授を歴任。パグウォッシュ会議評議員などを務める。平和主義者として核廃絶を訴えつづけている。

（3）木村健二郎――1896～1988年。化学者。1933年、東大教授に就任。第五福竜丸被ばく事件では、福竜丸に残っていた降下物を分析し、核実験が水爆であったことを確認した。日本原子力研究所理事、東京女子大学長を歴任。

会編、平和文化、2007年）28頁。
（3）飯塚利弘『久保山愛吉物語』（かもがわ出版、2001年）111頁。
（4）特設艦船――徴用した船に偽装工事（軍艦として使用するために必要な設備や装置を船に取り付けることで、戦闘用補強工事や武器の搭載などをする）を行い、軍人が船員（軍属）と一緒に乗り込み、戦闘に参加する船のことである。焼津の漁船は100トン前後の小船で、それを軍艦色に塗り直し機関銃1挺、小銃3～4丁、後に場くらい4個を加えて武装した。
（5）大石又七『死の灰を背負って――私の人生を変えた第五福竜丸』（新潮社、1991年）31頁～。
（6）前田哲男「ビキニ水爆被災の今日的意味」『隠されたヒバクシャ――検証＝裁きなきビキニ水爆被災』（グローバルヒバクシャ研究会編、凱風社、2005年）47頁。
（7）焼津で徴用された90隻余りの漁船のうち生還できたのは13隻で、戦死した焼津漁民は500人を越えた。久保山愛吉の兄、栄太郎もその一人で、特設艦船第五福吉丸に乗っている時に艦載機群の攻撃を浴びて、マーシャル諸島のクワジェリン環礁で戦死したとされる（前掲、飯塚利弘『久保山愛吉物語』124頁）。
（8）マッカーサー・ライン――占領期間中にGHQが日本漁船の操業を制限した境界線。1952年4月27日に廃止された。
（9）前掲、大石又七『ビキニ事件の真実――いのちの岐路で』15頁～。
（10）大石又七『これだけは伝えておきたい。ビキニ事件の表と裏』（かもがわ出版、2007年）35頁。
（11）前掲、大石又七『死の灰を背負って――私の人生を変えた第五福竜丸』39頁。

【第3節】

（1）大石又七『これだけは伝えておきたい。ビキニ事件の表と裏』（かもがわ出版、2007年）31頁。
（2）松浦総三『戦中・占領下のマスコミ」（大月書店、1984年）110頁。
（3）平野共余子「占領期の日本映画が描いた原爆」（『ヒバクシャ・シネマ　日本映画における広島・長崎と核のイメージ』ミック・ブロデリック編、現代書館、1999年、97頁）に、「広島への原爆投下と長崎への原爆投下、そして広島・長崎の原爆投下以後の状況を描いた映画に対して……これらの描写が連合国軍への、従って占領当局への潜在的な批判となる事を恐れていたのだ。検閲官は日本の軍国主義に同調しない、つまり断罪するような描写は認めたのだが、アメリカの原爆投下に対する日本人の怒りが刺激されることは望んでいなかった。原爆投下にしても、日本と連合国双方の多くの人命を救うために必要な戦略的手段であったと正当化しない限り、描くことは許されていない。映画制作者はまた、日本の軍国主義者が降伏を拒んだためアメリカには原爆投下以外の解決策がなかった、このことが伝わるように原爆を説明せよ、と要求されている。非難を向けられるべきは日本の軍国主義者なのであって、アメリカ人ではないというわけだ」とある。
（4）モニカ・ブラウ『検閲　1945－1949――禁じられた原爆報道』（時事通信社、1988年）151頁。
（5）「長崎証言の会　2008年・座談会　長崎の証言運動・40年――反核運動の歩みとこれからの課題」所収の広瀬方人の発言（長崎証言の会『証言2008――ヒロシマ・ナガサキ

た。水爆の爆発力は原爆を100～1000倍も上回る。水爆開発製造には繰り返しの実験が必要になるが、その実験は大気中に大量の浮遊物（死の灰）を放出し、地殻変動を生じさせるので探知が容易である」とある。

(10) 三村剛昂が『中国新聞』(1952年11月18日付夕刊）に寄せたコメント。三村は理論物理学者。広島で被爆した。1925年、日本学術会議第13回総会で、原子力研究の開始を主張する茅誠治・伏見康治提案をめぐり白熱した討論が行われた時に、「たとえ平和利用目的でも、現下の国際情勢では原爆の製造につながりうる」と原子力研究の開始に強硬に反対し、学術会議の空気を決定づけた人物でもある（藤原修『原水爆禁止運動の成立——戦後日本平和運動の原像』明治学院国際平和研究所、1991年)。

(11) 外岡秀俊ほか『日米同盟半世紀』(朝日新聞社、2001年）121頁。

(12) 前田寿（編著)『軍縮問題資料集1945－1968』(日本国際問題研究所、1968年)。

(13) バートランド・ラッセル、アルベルト・アインシュタイン、ジュリオ・キューリー、湯川秀樹ら11名が核戦争の阻止を目的に、1955年7月9日に発表した声明。

(14) 豊﨑博光『マーシャル諸島　核の世紀——1914－2004』上巻（日本図書センター、2005年）131頁。ソ連に水爆開発を先んじられた米国は、くり返し水爆実験をする必要に迫られた。

(15) 太田昌克「「同盟管理政策」としての核密約」『世界』(岩波書店、2010年5月号）178頁。

(16) 太田昌克「核密約の“起源”」『世界』(岩波書店、2009年11月号）に米核搭載空母オリスカニが横須賀から日本海へ向かったことが記されている。

(17) 豊﨑は前掲書で「アメリカは、一九五三年八月にアイゼンハワー大統領がコロラド州ロッキーフラッツに新たな核物質製造施設を開設して原子兵器の増産体制を整えていた。……ロッキーフラッツの施設を加えると、核物質は生産過剰に陥っていた。この核物質生産過剰がアイゼンハワー大統領の国連演説、『平和のための原子力』の背景にあった」と述べ、さらに「一九五四年一月二五日から開かれる米・英・仏・ソの四国外相会談でイニシアティブをとること」を指摘した。

(18) 川崎昭一郎『第五福竜丸——ビキニ事件を現代に問う』(岩波ブックレット、2004年）39頁。

(19) 前掲、豊﨑博光『マーシャル諸島　核の世紀——1914－2004』171～172頁より要約し引用した。

(20) 前掲、前田哲男「ビキニ水爆被災の今日的意味」141頁。

(21) 竹峰誠一郎は「ヒバクは人間に何をもたらすのか——忍び寄る核実験の影」(グローバルヒバクシャ研究会編、2005年）239頁で、「ガンに関してはニール・パラフォックスらがアメリカ癌協会の学術誌『キャンサー』誌上に発表した論文がある。同論文によれば、『マーシャル諸島における癌の発症率は1985年から1994年にかけての同時期のアメリカと比較し、事実上全ての種別で高』く、『肺ガンは男性3.4倍、女性3.09倍、子宮癌は5.8倍、肝臓癌は男性15.3倍、女性40倍』に及ぶという」と述べている。日本でも1960年代から癌患者が急増しており、関連が指摘されている。

【第2節】

(1) 大石又七『ビキニ事件の真実——いのちの岐路で』(みすず書房、2003年）23頁。

(2)『フィールドワーク第五福竜丸展示館——学び・調べ・考えよう』(第五福竜丸平和協

(16)『杉の子読書会で学んだ女性たち』(地域女性史をつくる会編・発行、2003年) より。

(17) 同上。

(18) 唐沢富太郎『日本人の履歴書』(読売新聞社、1957年)。

(19)『区民が語り、区民が綴る杉並の女性史――明日への水脈』(杉並区女性史編纂の会編、ぎょうせい、2002年) の176頁に、仲佐初枝、藤縄とも子、村上綾子ら6団体の代表が公民館に集まり、結成の準備をもった、とある。

(20) 同上。

(21)「一六年のあゆみ――婦団協の誕生と歴史」は『婦人だより』2号 (杉並区教育委員会社会教育課、1970年3月) に収録されている。『婦人だより』は、杉並区教育委員会社会教育課が69年11月から17年間にわたり発行した機関誌。全50号。

(22) 貞閑晴子「婦人団体の現状――嵐にたえるか婦人団体」『社会教育』1953年11月号 (千野陽一『現代日本女性の主体形成』2、ドメス出版、1996年、所収) 345頁、より重引。

(23)『杉並婦人団体協議会20年のあゆみ』(杉並婦人団体協議会20周年実行委員会編・発行、1975年) で小沢綾子は、「会長をおかず、2ヶ月交替、3団体による当番制等の細かい配慮が20年目の今日を迎えたのではないでしょうか。会則もごく単純なものであったのです」と述べている。

(24) 同上。

●第6章

【第1節】

(1) 金子敦郎『世界を不幸にする原爆カード』(明石書店、2007年) 259頁。

(2) 佐藤昌一郎「科学の軍事利用と科学者の反核運動」『〈講座世界史9〉解放の夢』(東京大学出版会、1996年)。

(3)『ふたたび被爆者をつくるな (本巻) ――日本被団協五〇年史』(日本原水爆被害者団体協議会編、あけび書房、2009年) 31頁。

(4) 西嶋有厚「原子爆弾」『講座世界史8 戦争と民衆』(歴史学研究会編、東京大学出版会、1996年) 400頁。

(5) 前掲、佐藤昌一郎「科学の軍事利用と科学者の反核運動」305頁。

(6) 同上。

(7) 前田哲男「ビキニ水爆被災の今日的意味」『隠されたヒバクシャ――検証=裁きなきビキニ水爆被災』(グローバルヒバクシャ研究会編、凱風社、2005年) 37頁。

(8) ノーマン・モス著 (壁勝弘訳)『原爆を盗んだ男』(朝日新聞社、1989年)。「米国の原爆開発計画まんまとソ連へ奪取――スパイの名は『デリマル』」(2007年11月15日付『朝日新聞』)。

(9) 前掲、佐藤昌一郎「科学の軍事利用と科学者の反核運動」309頁。前掲、金子敦郎『世界を不幸にする原爆カード』には、「1949年10月、オッペンハイマーが委員長を務める米原子力委員会 (AEC) は原爆でソ連に追いつかれ、あわてて水爆開発に走るのではなく、ソ連との間で水爆実験禁止の合意を追及すべきだとする秘密報告をトルーマンに提出し

本書執筆でも多くを依拠した。

(20) 公民館の建物が取り壊されることとなったために、記念碑の建立を求める陳情や請願がいくつも出された。安井田鶴子も請願代表となって「『原水爆禁止署名運動発祥の地」記念物の設置に関する陳情」を提出した。区議会は1989年5月に「趣旨採択」し、跡地に「オーロラの碑」が建立された。記念碑には「ビキニ水爆実験をきっかけとして、杉並区議会において水爆実験禁止の決議が議決されるとともに、同館を拠点として広範な区民の間で始まった原水爆禁止署名運動があり、世界的な原水爆禁止運動発祥の地と言われております」と刻まれた。

(21) 前掲、『神戸女学院百年史各論』357頁。

【第4節】

(1) 機関誌『杉の子』の発行年（不定期）――1号（1954年12月）、2号（55年3月）、3号（55年12月）、4号（56年10月）、5号（58年4月）、ニュース（55年8月）、6号（59年1月）、7号（59年12月）、8号（61年4月）、9号（62年4月）、10号（63年4月）、11号（64年5月）、12号（69年6月）。

(2) 1980年頃、田鶴子が杉の子会についてまとめた文章。杉の子会に関する本を出版する予定で書き始めたと思われる原稿の一節である。

(3)『歴史の大河は流れ続ける』第2集（杉並区立公民館を存続させる会編・発行、1981年）3頁。

(4)『文部時報』と『朝日新聞』は、千野陽一『現代日本女性の主体形成2』（ドメス出版、1996年）より重引。

(5)「安井郁館長の戦前・戦後――細谷千博氏へのインタビュー」『歴史の大河は流れ続ける』第3集（1982年）21頁。

(6) 安井郁『民衆と平和』44頁。

(7) 寒川富子は『杉の子』7号に「あなたは東から、私は西から、今日もまた、電車に乗って、バスにゆられ、この読書会に集まってきた。あなたはきっと朝早くおきてキリキリシャンと掃除をしたでしょう。私もコトコト夕食の支度をしてきたの。（後略）」と詩に書いた。杉の子会を持ちわびる気持ちが伝わってくる。

(8)「〈座談会〉主婦も黙らない――家庭婦人と平和」『平和』（日本文化人会議編、青木書店、1954年）

(9) 2010年1月、市吉明子の娘、岡田良子氏の話（電話インタビュー）。

(10) 天野正子『「つきあい」の戦後史――サークル・ネットワークの拓く地平』（吉川弘文館、2005年）105頁。

(11) 岩田阿喜子氏の話。2006年8月に区内城西病院で、さらに2010年1月に浴風園で、筆者がインタビュー。以下、岩田氏の話はその時のインタビューによる。

(12)『杉の子読書会で学んだ女性たち』（地域女性史をつくる会編・発行、2003年）と、筆者の聞き取りなどで作成。

(13) 同上。

(14)筆者の義母、丸浜あい子（1922年生まれ）の話（2008年10月、杉並で筆者インタビュー）。

(15) 1928年に創刊された全日本無産者芸術連盟（ナップ）の機関誌。、厳しい弾圧で31年に廃刊となるが、一時は2万部以上発行され、プロレタリア芸術運動の高揚に役だった。

(9) 前掲、『神戸女学院百年史各論』198頁、所収の学課表によると、同学院は高等小学校卒業生を受け入れ、予備科2年、本科3年、高等科3年の3つの課程があった。本科では外国語・図画・音楽が重視され、地理・歴史・数学などでは英語のテキストが用いられた。高等科では英語・理科の教員養成のために、英文学・理化学・博物学が重視され、当時としては相当程度の高い教育が行われていた。

(10) ブラウン――1858年、農家に生まれ、苦学してカルトンカレッジを卒業。学者の道は諦め伝導を志願し、神戸女学院の事務と教授に当たった。

(11) 畑中理恵『大正期女子高等教育史の研究』(風間書房、2004年) 150頁。

(12) 同上、155頁に「中等教員の無試験検定の資格が取れることになったのと同時に、『神戸女学院大学部』という名称を再び、『神戸女学院専門部』という名称に変え、「専門部」の中に大学部、高等部、音楽部の3つの課程をおくことになった。……政府は中等教員の無試験制度を盾に私立の女子大学の設置に介入した」とある。

(13) 2006年8月29日、杉並区城西病院で筆者が岩田阿喜子氏にインタビュー。

(14) 安井田鶴子は機関誌『杉の子』1号～12号に、次のタイトルで文章を寄稿した(号数・発行月・文章タイトルの順)。

1号 (1954年12月発行)「ささやかなしづく――原水爆禁止の誓いあらたに」
2号 (55年3月)「心の友とともに」
3号 (55年12月)「信州の旅」
4号 (56年10月)「力を合せて――被爆者への手紙」
5号 (58年4月)「静かな行進」
6号 (59年1月)「明るいソビエトの婦人たち」
7号 (59年12月)「科学と人間愛」
8号 (61年4月)「サナトリウムにて」
9号 (62年4月)「世界の婦人と共に」
10号 (63年4月)「ＷＩＳＰの人間性・知性・勇気」
11号 (64年5月)「美しい調和を」
12号 (69年6月)「杉の子の歩み・原水禁運動と杉の子会」

(15) WISP――ウィメンズ・インターナショナル・ストライク・フォア・ピースの略称。1961年9月、米国の女性が「平和のために立ち上がろう」と呼びかけて生まれた国際的な女性平和団体で、日本に呼びかけがあった時、安井田鶴子も協力し、1962年3月に「平和のために手をつなぐ会」がつくられた。

(16) 杉の子会会員の植村ふみが、1980年の安井郁の追悼会で「一昨年まで杉の子の誕生月である11月に同窓会を致しました」と述べている(『道――安井郁　生の軌跡』)。1978年まで続いていたと思われる。

(17) 2010年1月16日、筆者が吉田嘉清氏に電話で聞いた話。

(18) 杉並区社会教育課長と、教育長を務めた與川幸男氏が筆者の電話インタビュー(2006年)に答え、「公民館が廃止される頃、公民館は反権力の牙城という見方が行政側に生まれていました」と語った。

(19) 安井田鶴子は小林文人、伊藤明美、田中進ら各氏と「杉並公民館を存続させる会」を結成し、安井田鶴子が保存していた資料や杉並区資料等をもとに、同会編の『歴史の大河は流れ続ける』(1～4集)を1980～84年にかけて発行した。記録集として貴重な同書に、に日本創作版画協会（その後日本版画協会となる）を組織し、版画で抽象作品を描いた最も早い一人で、超現実主義的な創作版画で知られた。当時、杉並区荻窪に住んでおり、原水爆禁止署名運動にも関わったと思われる。
（9）「荻窪教育懇話会」を改称した「荻窪生活文化懇話会」は、新居格の当選直後に講演会を開き、安井が挨拶をした。
(10) 安井郁『民衆と平和』39頁。
(11) 安井郁「特別区の社会教育――民主社会の基礎工事として」『歴史の大河は流れ続ける』第2集、1頁。
(12) 新居格は「民主化は小さいこと、小さいもの、小さい地域ほど、かえってむずかしいのである」「民主主義は……小地域から確立してゆかねばならない」と述べた（新居格「民主化は小地域からという私の持論」『区長日記』（学芸通信社、1955年）104頁。
(13) 杉並の社会教育を記録する会『学びて生きる』（杉並区教育委員会社会教育センター、2003年）。
(14) 田中進「杉並区立初期公民館と原水禁署名運動を振り返って」（『月刊社会教育』NO.337、1985年1月号）。
(15) 細谷千博「安井郁館長の戦前・戦後」（1981年12月9日、園田教子によるインタビュー記録）『歴史の大河は流れ続ける』第3集（杉並区立公民館を存続させる会・発行、1982年）23頁。
(16) 1957年に高木が区長を辞め、1959年に安井が公民館長を辞めた後、公民館は次第に変化したが、公民教養講座は1962年まで続いた。1970年代に入ると住民運動、市民運動の発展を背景に生き生きとした公民館自主講座が誕生し、杉並区立公民館の第二の興隆期となった。

【第3節】

（1）原水禁運動（安井家）資料研究会での吉田嘉清氏の話（2006年6月25日、杉並で）。
（2）戦前、神戸女学院は大学部の設置を求めていたが、政府は女子の学校に大学部を認めなかったため、専門部の中に大学部、高等部、音楽部の3つの課程を設置していた。
（3）アメリカン・ボード（American Board of Commissioners for Foreign Missions）――1810年ニューイングランド会衆派キリスト教信者によって創設された米国初の海外伝導委員会のこと。ハワイを中心に多くの宣教師が派遣され、伝道、教育、出版などにたずさわった。アメリカン・ボードが日本で特に援助したのは同志社と神戸女学院の設立であった（畑中理恵『大正期女子高等教育史の研究』風間書房、2004年、203頁）。
（4）『神戸女学院百年史各論』（神戸女学院百年史編集委員会編、神戸女学院、1981年）151頁。
（5）リベラル・アーツ――もとはギリシャ・ローマの古典的学芸・教養を表す言葉だが、米国の小規模な私立大学（リベラル・アーツ・カレッジ）の理念や内容を表すようになった。その卒業生である婦人宣教師によって導入され、全人教育の理想、身体・道徳性・知性の調和的発達という教育目的も掲げられた（『神戸女学院百年史各論』174頁）。
（6）『学校人脈シリーズ神戸女学院』（神戸新聞社、1980年）。
（7）前掲、『神戸女学院百年史各論』156頁。
（8）『近代日本と神戸教会』（日本基督教団神戸教会編、創元社、1992年）28頁。

井は……〔山崎匡輔〕文部次官の再審査請求の際の反論に対して、『……深く学問の本質に連なるこの問題の真実の解決を共に求めようとする冷静なる態度は認められず、文部次官の資格において中央委員会に提出する文書としてはあまりにも激越なる論調が現れている。率直に言って私は、その反駁書が私に敵意を有する個人によって書かれたような印象を受けたほどである』と書き、問題となった論文の論旨を克明に説明し、自己の論点の正確な理解を求めた」とある。安井が文部次官の再審査請求に納得がいかない思いをもっていたことがわかる。

(48) 前掲、山本礼子『占領下における教職追放』187頁に、「森戸文部大臣は必ずしも適格を強く主張する様子はなかったが、中央教職員適格審査委員会はきびしすぎるという印象を持った。安井の場合はボーダーラインのケースだろう、と述べた。しかし文部大臣最終審査では『欧州広域国際法の基礎理念』で、彼は大東亜国際法構想を明らかにし、カール・シュミットの理論を紹介したが、これをもって太平洋戦争に理念的基礎を与えた、とするには至らない、また満州国政権承認を重大に考える必要はなく、学術上の関心を変更したことを思想的節操を欠くと考えることは出来ない、とし適格と判断した」という記述がある。

(49) 山本礼子『米国対日占領下における「教職追放」と教職適格審査』(2007年)240～242頁。

(50) 前掲、相良惟一「田中先生の文部省、参議院時代」。

(51) 前掲、阿部彰『戦後地方教育制度成立過程の研究』452頁。

(52) 田中耕太郎が1946年2月21日に地方教学課長会議で述べた言葉である。鈴木英一『日本占領と教育改革』(勁草書房、1983年)より引用。同書283頁に田中の教育勅語擁護についての記述があった。

(53) 前掲、『田中耕太郎　人と業績』570頁。

(54)『丸山眞男回顧談』下(松沢弘陽・植手通有編、岩波書店、2006年)78頁。

(55) 前掲、『丸山眞男回顧談』下、77頁。

(56) 前掲、『道――安井郁　生の軌跡』320頁。

(57) 同上、291頁。

【第2節】

(1) 安井郁『民衆と平和』25頁。

(2) 橋本良一は序章・注22参照。

(3) 橋本良一は、1958年から「杉並区中心の原水爆禁止運動メモ」(未公刊。以下、「橋本手記」)を書き記した。戦後の杉並の様子から杉並の原水爆禁止運動(1963年頃まで)の貴重な記録である。1枚1枚読んでいくと、それまでどうしてもわからなかったことがベールがはがされるように見えてきた。本節では、安井郁との出会い、荻窪教育懇談会、PTA改革について橋本手記から多数引用した。

(4)「橋本手記」。

(5) 桃井第二小学校のPTA機関紙『桃友』第20号の「30周年記念号」(59年3月発行)。

(6) 1947年5月24日に桃井第二小学校で開かれた、荻窪生活文化懇話会講演会での安井の挨拶の一節。

(7) 安井郁は教職追放の関係で、この時は発起人にはならなかった。

(8) 恩地孝四郎――1891～1955年。大正・昭和期の版画家。東京美術学校中退。1918年

職追放となる。1947 ～ 50 年に中央労働委員会会長。

(31) 高柳賢三――1887 ～ 1967 年。埼玉県生まれ。英米法学者。憲法調査会会長（1957 ～ 965 年）、東大名誉教授。高柳は第一審で不適格となった後、10 月 23 日、中央教職員適格審査委員会に再審を要求し適格と判定された。CIE 再審査委員会はそれを認めなかったが、CIE 局長ニュージェントが適格とし 1948 年 9 月 13 日に最終決定が出たという。安井・末弘とは逆のケースである（山本礼子『占領下における教職追放』（1994 年）156 頁。

(32) 神川彦松――1889 ～ 1988 年。三重生まれ。東京帝大法学部卒業。外交史。神川彦松「大東亜会議と大東亜共同宣言」（『国際法外交雑誌』43 巻 1 号、1944 年）の冒頭は、「大東亜 6 カ国の国際会議は東亜史上未だかって見ざりし盛事であった。……大東亜共同宣言こそは……大東亜に響き渡るルネッサンスの暁鐘で……全世界に一転機をもたらすところの一大号砲であるべきだ。……アングロサクソン流の旧思想観念を粉砕し……新時代建設の礎石……」で始まり、最後までその論調で書かれている。

(33) 前掲、山本礼子『占領下における教職追放』156 頁

(34) 前掲、山本礼子『米国対日占領下における「教職追放」と教職適格審査』236 頁。

(35) 同上。

(36) 平賀粛学については、『角川新版日本史辞典』（朝尾直弘ほか編、角川書店、1996 年）、『国史大辞典』（吉川弘文館、1990 年。記述者は石井寛治）ほかを参照した。

(37) 前掲、『聞き書き南原繁回顧録』204 頁。

(38) 前掲、『田中耕太郎　人と業績』（鈴木竹雄編）104 頁。

(39) 前掲、山本礼子『米国対日占領下における「教職追放」と教職適格審査』128 頁。

(40) 安井の教職審査については主に以下の資料を参照した。阿部彰『戦後地方教育制度成立過程の研究』（風間書房、1983 年）、山本礼子『占領下における教職追放』（明星大学出版部、1994 年）、同『米国対日占領下における「教職追放」と教職適格審査』（学術出版会、2007 年）、『近代日本教育制度史料 10』第 27 巻（近代日本教育制度史料編纂会編、講談社、1964 年）、『田中耕太郎　人と業績』（鈴木竹雄編、有斐閣、1977 年）、矢部貞治『矢部貞治日記銀杏の巻』（読売新聞社、1974 年）、『丸山眞男回顧談』下（松沢弘陽・植手通有編、岩波書店、2006 年）、安井郁の著作（本文中に記載）。

(41) 初出は『日本評論』（第 13 巻第 10 号、1938 年 9 月）。前掲、『道――安井郁　生の軌跡』に再録されている。

(42) 前掲、山本礼子『占領下における教職追放』182 頁。

(43) 山本礼子の『占領下における教職追放』に 11 月 24 日とあるが、1946 年 11 月 26 日付『朝日新聞』に 10 月 24 日とあり、その後の日程を考え、10 月 24 日とした。

(44) 山本礼子『米国対日占領下における「教職追放」と教職適格審査』239 頁。

(45)「大臣官房適格審査主事相良惟一」から「東京帝国大学教授安井郁殿」に宛てた「昭和 21 年 11 月 29 日」付の直筆の手紙で、相良は安井に、「中央教職適格審査委員会の小委員会より、先生の著書論文等を詳細に調査いたす旨、これ有り候ところ、当事務局として入手せるものは次のごとく」として、「1. 欧州広域国際法の基礎理念、1. 過渡期国際法論の検討、1. 大東亜戦争と支那事変」をあげ、「よって小委員の要請により、出来うる限り先生の著書論文随筆等も借用」したいと依頼している。

(46) 前掲、山本礼子『占領下における教職追放』181 ～ 188 頁。

(47) 前掲、山本礼子『米国対日占領下における「教職追放」と教職適格審査』240 頁に、「安

(16) 南原繁――1889 － 1974 年。香川県生まれ。大正・昭和期の政治学者。無教会派プロテスタントで自由主義的立場を守り、戦時中も軍部に迎合しなかった。戦後、東大総長となり、占領下においても学問の独立を主張し、その言葉は警世の言として注目をあびた。

(17) 丸山眞男・福田歓一『聞き書き南原繁回顧録』（東京大学出版会、1988 年）215 頁。

(18) 講演録の上田誠吉『司法の行方を考える』（東京合同法律事務所学習会、2006 年 10 月 14 日）より引用。この講演録の存在は、吉田嘉清氏のご教示による。

(19) 上田誠吉――1926 ～ 2009 年。東京大学法学部卒業。人権弁護士として松川事件、メーデー事件などを担当。1974 ～ 84 年、自由法曹団団長。『ある内務官僚の軌跡』（大月書店、1980 年）で、上田は父親が警視庁特高課長であったことを記した。

(20) 教育の四大指令――1945 年 10 月から 12 月にかけて発令された「日本の教育制度に関する管理政策に関する件」「教員及び教育関係官の調査、除外、認可に関する件」「国家神道、神社神道に対する政府の保証、支援、保全監督並に弘布の廃止に関する件」「修身、日本歴史、および地理停止に関する件」の 4 件を指す（『東京都教育史稿（戦後学校教育編）』都立教育研究所編・発行、1975 年、159 頁）。

(21) 山本礼子『米国対日占領下における「教職追放」と教職適格審査』（学術出版会、2007 年）93 頁に、「教職追放の実施過程の主体は、日本側では GHQ の指令に基づいて全体的施行計画を策定した日本政府と、これを実践した都道府県であり、占領軍側では計画的施行の立案と指導を行った CIE と、都道府県レベルで対応し監督の役割を担った地方軍政部である。このうち教職追放全体に絶大な影響力を持ち、教職追放全体像を決定付けたのが CIE である」とある。

(22) 山本礼子『占領下における教職追放――GHQ・SCAP 文書による研究』（明星大学出版部、1994 年）3 頁。

(23) 相良惟一「田中先生の文部省、参議院時代」『田中耕太郎人と業績』（鈴木竹雄編、有斐閣、1977 年）105 頁。

(24) 相良惟一は同上「田中先生の文部省、参議院時代」（105 頁）で、「先生〔田中耕太郎〕は大臣からの指示に接するや、直ちに私を局長室に招致され、緊張したおももちで、局長の特命事項として、この仕事を担当することを命ぜられた。その際、先生は、この仕事はもともと司令部から指令されなくとも、自発的にやらなければならないことであること――このことは、しばしばその後、公の席上で先生は繰り返された――をいわれた。なお、その際、文部省は過去の罪業によって解体されるおそれがなくもないこと、しかし、まず、このパージの仕事をうまくやるかやらないかが今後の文部省の運命に大きな関係があろうということなどを語られた」と述べている。

(25) 前掲、相良惟一「田中先生の文部省、参議院時代」『田中耕太郎人と業績』（鈴木竹雄編、有斐閣、1977 年）105 頁。

(26) 阿部彰『戦後地方教育制度成立過程の研究』（風間書房、1983 年）454 頁、436 頁、454 頁。

(27) 勅令 263 号の「教員及教育関係官の調査除外認可に関する件」施行令の別表第一の一項（講義、講演、著述、論文等言論、その他の行動によって左の各号の一に当る者）の 1 ～ 6 号。阿部彰・前掲書、454 頁。

(28) 前掲、山本礼子『米国対日占領下における「教職追放」と教職適格審査』81 頁。

(29) 山本礼子『占領下における教職追放』（1994 年）343 頁。

(30) 末弘厳太郎――1888 ～ 1951 年。山口生まれ。民法学者、東京帝大教授。1948 年に教

（2）『道──安井郁　生の軌跡』（道刊行委員会編、法政大学出版局、1983年）251頁。
（3）吉見俊哉『親米と反米──戦後日本の政治的無意識』（岩波新書、2007年）48頁。
（4）ジェーン・アダムズ──1860～1935年。米国のセツルメント創設者、社会改革者。杉森長子は「婦人平和協会の結成と活動の展開」（中嶌邦・杉森長子編『20世紀における女性の平和運動』ドメス出版、2006年、所収）のなかで、アダムズの講演を「講演を貫くアダムズの思想の基軸は非武力、徹底した話し合いによる紛争解決、無償の愛による支援など女性の本来的な資質として洋の東西を問わず高く評価されてきた柔軟な対応や話し合いの技術を駆使して、女性たちが率先して手本を示し国際平和創出の努力を惜しまないことにおかれていた」と述べている。
（5）1955年の原水爆禁止世界大会に参加した米国メンバー6名のうち3名はWILPFに所属し、WILPFのミルドレッド・スコット・オルムステッドが挨拶した（『原水爆禁止運動資料集1955』小林徹編、緑蔭書房、1995年）。
（6）川島武宜──1909～92年、大阪生まれ。東大教授。民法学・法社会学の研究に功績を残した。
（7）東大新人会は、大正期・昭和初期の東大生を中心とした思想運動団体で、1918年、吉野作造の応援を得て、宮崎龍介らによって創設された。20年代になってロシア革命やマルクス主義の思想が日本に入ってくるにつれて、吉野作造の影響より河上肇や福本和夫の影響を受けた学生が主流を占めるようになって徐々に左傾化した。28年、全国で多数の共産党員が検挙される3・15事件がおこると、これを契機に東大当局は新人会の解散を決議。1929年11月に正式に解散した。
（8）松本広治『反骨の昭和史』（勁草書房、1988年）9頁に、松本広治が東京帝大で大阪高校卒業生とマルクス主義の文献などを読む「大高読書会」を開き、森恭三が参加したことが書かれているが、安井の名前はでてこない。松本広治は婦人民主クラブ杉並支部で活躍した小沢清子の実兄である。
（9）『道──安井郁　生の軌跡』（「道」刊行委員会編、法政大学出版会、1983年）318頁。
（10）立作太郎──1874～1943年。東京帝大教授（1904～34年）、外交史・国際法を専攻。外務省の嘱託を務め、パリ講和会議・ワシントン会議に参加。
（11）横田喜三郎──1896～1993年。愛知県の呉服商兼農業の家に生まれ、独学で名古屋中学3年に編入し、旧制八高から東大法学部政治学科に入学し立作太郎に師事、1922年卒業。1924年東大助教授、30年東大教授に就任。ロンドン軍縮会議で若槻礼次郎を補佐した。第3代最高裁長官。
（12）伊香俊哉『〈戦争の日本史22〉満州事変から日中全面戦争へ』（吉川弘文館、2007年）114頁～。
（13）安井郁「国家意志を媒介とする統一的構成──学説の批判と問題の解決」に自由主義国際法は「第一次世界戦争後における普遍主義と平和主義の高まりの中で華やかに登場した。提唱者は純粋法学派のケルゼンやフェアドロスであり、日本においては横田喜三郎博士らがこれをうけついでいる」と記した（上記論文を再録した『国際法学と弁証法』法政大学出版会、1970年、307頁）。
（14）細谷千博・一橋大学名誉教授のご教示で、矢部貞治『矢部貞治日記、銀杏の巻』（読売新聞社、1974年）に安井郁の教授就任問題に関する記述があることを知ることができた。
（15）『田中耕太郎　人と業績』（鈴木竹雄編、有斐閣、1977年）98頁。

けに、大塚利曽子、小沢綾子、淡延子、山本芳枝らが作った女性サークル。学習するだけでなく、地域問題に関心を持ち、教育問題、原水禁問題にも積極的に関わった。

(34) 大沢真一郎「サークルの戦後史」(思想の科学研究会編『共同研究、集団ーサークルの戦後史』1976年)。

(35) 大沢真一郎は「サークルの戦後史」で、うたごえ運動について次のように述べている。
「1948年に『中央合唱団』がつくられた。……51年に労働者のカンパを基金にして音楽センターが設立され、52年12月には『うたごえは平和の力』をスローガンとして『第一回日本のうたごえ』祭典が開かれた。日常の生きにくさや現実の暗さへの反発と解放を求めて、また、戦争反対・基地反対闘争などの平和運動と結びつき、やがて原水爆禁止運動の発展と共に、1955年前後には全国至るところにうたごえサークルがつくられた」

中央合唱団は関鑑子を指導者として1948年に創立され、うたごえ運動をすすめた。

(36) 淡徳三郎『抵抗(レジスタンス)』(創芸社、1950年)。

●第5章

【第1節】

(1) 安井郁の略歴は以下のとおり。

1907年　大阪府大和田村(現・門真市)生まれ。
1923年　大阪府立高津中学校を卒業し、大阪高等学校入学。。
1926年　大阪高等学校を卒業し、東京帝大法学部政治学科に入学。
1930年　東京帝国大学法学部を卒業し、助手となる。
1943年　(9月) 法学部教授会で安井助教授の教授昇進決定。
1948年　東京帝国大学法学部教授を辞任。
1950年　(10月) 教職追放解除。
1951年　(11月) 神奈川大学教授に就任(～1961年3月)。
1952年　(4月) 法政大学教授に就任(1978年から同大名誉教授)。
1952年　(5月) 東京杉並区立図書館長に就任。
1953年　(11月) 東京杉並区立公民館長に就任。
1954年　(5月) 水爆禁止署名運動杉並協議会が発足(議長となる)。
1954年　(8月) 原水爆禁止署名運動全国協議会が発足(事務局長に就任)。
1955年　(8月) 原水爆禁止世界大会が開催。
　　　　(9月) 原水爆禁止日本協議会が発足、理事長となる。
1958年　国際レーニン平和賞を受賞。
1965年　原水爆禁止日本協議会理事長を辞任(1963年に辞任を表明したが、最終的には1965年に辞任し、顧問となった)。
1967年　原爆の図丸木美術館の館長に就任。
1972年　(9月) 日朝社会科学者連帯委員会議長。
1978年　(4月) チュチェ思想国際研究所理事長。
1980年　膵臓癌で没する(享年72)。

日本出版社、2008年8月号）144頁。

(23) 唯物論研究会——1932年に戸坂潤、三枝博音、岡邦雄らによって創立された研究団体。マルクス主義者による団体という形態をとらず、あくまで唯物論について広く研究することを目的とした団体として創立されたため、必ずしもマルクス主義の立場にはない科学者などの参加もあった（寺田寅彦など）。1938年に解散。

(24) 自由懇話会——1945年11月1日創立。戦中から、日本の民主化についてひそかに考えてきた人々が中心となり、敗戦後、超党派の立場で、「世界平和と人類の福祉文化に貢献」することを目的に結成した団体。片山哲、芦田均、平野力三、高津正道、鈴木東民、新居格、新島繁など多彩な人々が参加した。

(25) 日本民主主義科学者協会——民主主義科学の発展をはかることを目的として、1946年1月12日創立。初代会長は数学者の小倉金之助、事務局長は数学者•科学史家の今野武雄。創立当時の会員は180名。進歩的文化人や一般市民・学生なども加入し、1950年前後の最盛時の会員は8243名に達し、米軍占領期の学会・言論界に大きな影響力をもった。指導部は実質的に日本共産党の影響下にあったが、共産党の路線転換を受けて内部に混乱が持ち込まれ、1950年代末から1960年代前半頃にかけて大部分の部会は実質的に解体した。

(26) 日本民主主義文化連盟——1946年2月21日結成され、文学、演劇、映画、音楽、美術の芸術の主要ジャンルを中心に、法律家団体、学術団体まで集めた。1948年までには、新日本文学会、民主主義科学者協会、自由法曹団、民主主義教育研究会、新演劇人協会、日本映画人同盟、日本美術会、ソヴエト研究者協会、日本現代音楽協会、新俳句人連盟等22団体、約3万人を結集した。1950年以降、団体としての活動をほぼ停止した。

(27) 民主主義擁護同盟『平和を守る闘い——パリ＝プラーグ・東京平和大会の記録』（ナウカ社、1949年9月）。

(28)「濁話会」について早川東三・元学習院大学学長（早川埈蔵の子息）は筆者の電話インタビューに答えて、次のように語った（インタビューの要旨）。

「『清和会』というのがありますね。あの『清和会』をもじって名前を付けたようです。橋本良一さんや淡徳三郎さん、山本薩夫さんなど、酒が好きな人たちで、集まっては話したり呑んだりしていました」

(29)山本薩夫——1910～83年。映画監督。鹿児島県生まれ。早稲田大学文学部独文科中退。戦時中は戦意高揚映画も監督する一方、極秘裏に日本共産党に入党。戦後、東宝争議では、組合側代表格として会社と交渉したため、レッド・パージで解雇された。その後、独立プロダクションで活躍し、反骨精神旺盛で骨太な社会派作品を数多く世に出した。『白い巨塔』『華麗なる一族』『戦争と人間』三部作など。

(30) 淡徳三郎——1901～77年。昭和期の社会評論家。学生運動のリーダーとなり、京都学連事件で検挙される。1935年に思想犯保護団体大孝塾の特派員として渡仏。1948年に帰国。平和擁護日本委員会理事などをつとめた。著作に『抵抗（レジスタンス）』（創芸社、1950年）など。

(31)早川埈蔵——1900～84年。工芸家。杉並文化人懇談会、濁話会に参加した革新的知識人。区立浜田小学校、高井戸小学校のPTA活動や原水爆禁止署名運動でも活躍した。

(32) 土曜会——井の頭線の浜田山から永福町にかけての若者、主婦、地域の人々のうたごえと学習のサークル。土曜会の機関誌『土曜日』は河田入江氏の提供による。

(33) あざみ会——1952年9月に杉並で開かれた高良とみの歓迎会で出会ったことをきっか

関士3名が死亡した松川事件。いずれも国労組合員・共産党員が犯人として起訴され、労働運動に大きな打撃を与えた。

（7）日本官公庁労働組合協議会の略称。国家公務員、地方公務員、国鉄、専売公社、電電公社職員の労働組合が結成した連絡協議体。1949年創立、1958年解散。

（8）本章第一節注14参照。

（9）団体等規正令——1949年にGHQの指令で作られた政治結社取締法令。日本共産党の組織と党員を登録制とするなどを定めており、その後の日本共産党幹部の追放、在日朝鮮人連盟の解散等を容易にした。破壊活動防止法の制定により52年に廃止。

(10)定員法——1949年5月31日成立(第5国会)、6月1日施行された「行政機関職員定員法」。同法による人員整理に対し、労働組合のはげしい反対闘争がおこった。

(11) 俊鶻丸——1954年3月1日（日本時間）の米国によるビキニ水爆実験後、水産庁はビキニ海域の汚染状態を調査する計画をたてた。下関の農林省水産講習所所属の練習船・俊鶻丸（588トン）に矢部博団長以下、団員（科学者）のほか記者団、漁夫、船員など合計72人が乗り、同年5月15日に東京港を出航し詳細な調査を行った。この調査は米国による放射能被害情報の独占が崩れるきっかけとなった（第五福竜丸平和協会編『ビキニ水爆被災資料集』東京大学出版会、1976年、100頁〜）。

(12) 破壊活動防止法（破防法）は、団体等規制例などを引き継ぐ、講和後の治安立法。治安維持法の復活であるとして広範な反対運動がおこったが1952年7月、公布された。

(13) 新島繁——1901〜57年。山口県生まれ。東大独文科卒業。プロレタリア科学研究所と唯物論研究会の創立に参加。戦後、自由懇話会・民主主義科学者協会の創立に加わる。杉並に住み、戦後、民生委員として尽力。1952年、社共統一候補として杉並区長選に立候補するが落選。その後、神戸大教授となるが、ほどなく死去。文化・教育運動と杉並地域運動に尽力した。

(14) 橋本の文章の出典——橋本良一「新島君の地域活動について」『近代——新島繁追悼特集号』(神戸大学「近代」発行会編・発行、1958年1月)。

(15) 堀真琴——1898〜1980年。宮城県仙台市生まれ。政治学者、政治家。1947年の第1回参院選で日本社会党から出馬し当選。翌年、同党を離党して労働者農民党の結成に参画。民主主義科学者協会の理事として学術文化の民主化にも尽力。

(16)荒正人——1913〜79年。文芸評論家。福島県生まれ。1946年、平野謙らと雑誌『近代文学』を創刊。中野重治との政治と文学論争はじめ、主体正論・世代論などの問題提起で知られる。

(17)高津正道——1893〜1974年。社会運動家。戦前、人民戦線運動などで検挙される。戦後、日本社会党に参加し、衆議院議員を務めた。

(18) 小林多喜二——1903〜33年。昭和期の小説家。「蟹工船」「不在地主」など、プロレタリア小説を書いた。築地署で拷問され、虐殺された。

(19) 三木清——1897〜1945年。哲学者。友人の共産主義者をかくまったとして治安維持法違反でとらえられ、敗戦後の9月に獄死した。

(20) 戸坂潤——1900〜1945年。哲学者。新カント主義的立場からマルクス主義的立場に移る。「唯物論研究会」を創設。1938年にとらえられ、1945年、長野刑務所で獄死した。

(21) 杉並懇談会機関紙『杉並ニュース』№1（発行責任者・新島繁、1952年9月16日）。『杉並ニュース』については岩崎健一氏のご教示による。

(22) 岩崎健一「「父べえ」新島繁の人間像——新しいヒューマニズムへの情熱」『経済』（新

2007年）93頁。

（7）関根敏子と友達であった高橋清子（1912～2010年）に2008年、筆者がインタビュー。

（8）小池よし氏（1910年生まれ）の話。2006年12月9日、筆者が小池邸でインタビュー。

（9）無尽について小池氏は、「みんなでお金を出して、当たったらお金を渡して、次の時はその人を抜いて、別の人が当たるというやり方で喜ばれました」と語った。

（10）岡林キヨ（旧姓、山田キヨ）――1907年、北海道室蘭生まれ。働きながら1932年初頭から9月まで反帝同盟事務局員として『反帝新聞』の配布係をつとめた。42年に松川事件の主任弁護人であった岡林辰雄と結婚。44年11月、不敬罪などで乳飲み子と引き離され連行されて巣鴨刑務所に下獄した。45年10月、夫の岡林辰雄が衰弱しきったキヨを杉並の自宅に連れ帰った（『自由法曹団物語・戦後編』自由法曹団編、日本評論社、1976年、4頁）。1950年頃から「ひまわり主婦の会」や杉並第五小学校PTAで活動。第1回原水爆禁世界大会杉並代表となるが、大会には参加していない。

（11）反帝同盟――反帝国主義民族独立支持同盟日本支部の略。第2次世界大戦前の日本共産党の外郭団体で1929年11月に結成された。満州事変には反戦運動の方針を発表したが、大衆運動は不可能な時代で、日本労働組合全国協議会参加の労働者以外は左翼学生が主体の組織だった。1933年には構成員は505名だったが弾圧の危険にさらされ、1934年に消滅した。神田文人筆「反帝同盟」（『国史大辞典』吉川弘文館、1990年）を要約。

（12）小沢清子の話。2006年5月、筆者が杉並区立産業商工会館でインタビュー。

（13）前掲、『女性と地域の活動――杉並母親運動の資料から』（戦後女性史研究・和の会編）8頁。

（14）小沢清子の話。2006年5月、筆者がインタビュー。

（15）「特集　原爆被害の初公開」『アサヒグラフ』（朝日新聞社、1952年）。

（16）千野陽一『〈現代日本女性の主体形成・第二巻〉「逆コース」に直面して――1950年代前期』（ドメス出版、1996年）21頁。

【第3節】

（1）増田善信――1923年、京都府生まれ。気象学者。気象研究所に勤務中、ビキニ水爆実験が大規模な火山爆発後の現象と同じようなことをもたらすことを予測した。著書は『核の冬――核戦争と気象異常』（新革出版、1985年）他。2006年から、筆者が増田邸および杉並区浜田山でインタビュー。

（2）藤田敏夫――1925年、東京生まれ。中央気象台気象技術館養成所本科を卒業。杉並の光化学スモッグ問題から大気汚染問題の研究・測定運動を始め、現在（2010年現在）も、大気汚染測定運動東京連絡会の中心として活躍している。著書に『恐るべき自動車排ガス汚染』（合同出版、1991年）。2006年4月。筆者が藤田邸でインタビュー。

（3）『気象百年史』（気象庁編、日本気象学会、1975年）。

（4）藤原咲平――1884～1961年。大正・昭和期の気象学者。1941年に第5代気象台長となる。47年に公職追放となり、以後、執筆活動に専念した。

（5）和達清夫――1902～1995年。愛知県生まれ。昭和期の気象学者。47年に藤原咲平のあとを受け中央気象台長となり、56年に初代気象庁長官に就任。

（6）1949年7月5日、国鉄総裁・下山定則が行方不明となり翌日、常磐線綾瀬駅付近で轢死体で発見された下山事件と、同年7月15日、中央線三鷹駅で無人電車が暴走・脱線し死者6名を出した三鷹事件、同年8月17日、東北本線松川駅近くで列車が脱線転覆し機ヵ社、1949年)。
(20) 内野竹千代(元民主主義擁護同盟事務局長)「日本における平和運動の出発」(『平和運動20年記念論文集』大月書店、1969年)369頁。「平和を守る会」は1950年8月に開かれた「日本平和大会」で平和擁護日本委員会に発展的に改組することが決められ、50年9月29日、平和擁護日本委員会(日本平和委員会)が発足した。
(21) 吉田内閣の講和方針に反対する安倍能成、大内兵衛らの「平和問題談話会」が1950年1月、全面講和など平和4原則を発表し、雑誌『世界』(岩波書店)などで論陣をはった。
(22) 1950年5月、CIE顧問のイールズが東北大学で「共産主義的」な教授を追放する講演会をやろうとしたところ、学生の反対で流会となった。これをきっかけに学生は大学教員へのレッド・パージ反対の運動をおこした。文部省・大学当局はGHQの意向を反映し、運動に関わった学生に退学処分を含む厳しい処分を下した。
(23) 遠山茂樹『戦後歴史学と歴史意識』(岩波書店、1968年)85頁。
(24) 吉田ふみお「ストックホルム・アピール署名運動とその歴史的背景」『戦後社会運動史論――1950年代を中心に』(大月書店、2006年)も参照した。
(25) 内野竹千代・前掲論文。前掲『平和運動20年記念論文集』369頁。
(26) 吉田嘉清氏の証言。2007年7月1日、筆者が杉並区立久我山会館でインタビュー。
(27) 真々田邦義氏の話。2006年10月25日、筆者が杉並区役所でインタビュー。
(28) 1949年、ソ連も原爆を保有していることを発表し、冷戦の緊張が高まった。1950年6月、朝鮮戦争が始まると、ストックホルム・アピールは支持されて世界に広がり、それによって朝鮮戦争で原子兵器を使用しようと計画した米軍の意図が砕かれたといわれる(『国史大辞典』吉川弘文館、より要約)。
(29)真々田邦義――高円寺在住。1940年代後半から「高円寺平和を守る会」の活動に従事し、1955年に共産党の区議に立候補して当選、2003年3月まで杉並区議を務めた。2006年10月25日、筆者が杉並区役所でインタビュー。
(30) 峯尾フクジ――1920年、長野県生まれ。戦中、中国東北部にわたって看護士の資格を得た。帰国後、看護婦長として西荻診療所に勤務。2008年11月14日、筆者が峯尾邸でインタビュー。
(31) 肥田舜太郎――1917年、広島生まれ。軍医少尉の時、広島で被爆し、被爆者救援に当たった。戦後の一時期、杉並西荻診療所に医師として勤務。『ヒロシマの消えた日』他、著書多数。
(32) 熊倉啓安『戦後平和運動史』(大月書店、1959年)41頁。

【第2節】

(1) 井上清『現代日本女性史』(三一新書、1962年)119頁。
(2) 吉田嘉清氏の話。2006年6月、筆者が杉並区内でインタビュー。
(3)『新修杉並区史』下巻(杉並区役所編・発行、1982年)の資料をもとに記述した。
(4) 阿利莫二・高木鉦作・松下圭一・小森武・鳴海正泰『大都市における地域政治の構造――杉並区における政治・行政・住民』(都政調査会調査報告書、1960年10月)。
(5) この記事は、『区民が語り、区民が綴る杉並の女性史――明日への水脈』(杉並区女性史編纂の会編、ぎょうせい、2002年)で知ることができた。
(6)『女性と地域の活動――杉並母親運動の資料から』(戦後女性史研究・和の会編・発行、

(43) 新居格（新居好子監修）『遺稿新居格杉並区長日記』（波書房、1975 年）178 頁。
(44) 元区議の話。2006 年 10 月、杉並区役所で筆者が聴取。
(45) 1948 年 4 月に杉並区に就職した旧職員の話。2006 年 12 月、吉祥寺で筆者がインタビュー。

●第 4 章

【第 1 節】

(1)『歴史としての戦後日本』上（A. ゴードン編、みすず書房、2001 年）8 頁。

(2) 矢内原伊作「思想的混乱を超えるもの」『展望』（特輯「敗戦五年の回顧」1950 年 8 月号）。矢内原伊作（1918 ～ 89 年）は矢内原忠雄の長男で京大哲学科卒の哲学者。

(3) 三宅明正「『逆コース』と社会」『日本同時代史』2（歴史学研究会編、青木書店、1990 年）192 頁。

(4) 中村政則「占領とはなんだったのか」『日本同時代史』2（歴史学研究会編、青木書店、1990 年）239 頁。

(5) ロイヤル陸軍長官が 1948 年 1 月 6 日にサンフランシスコで行った演説。

この演説は新聞で一斉に報道され、「日本を反共の防壁に」という見出しがつけられた。

(6) 中村政則・前掲論文、240 頁。

(7) 古関彰一「占領政策の転換と中道内閣」『日本同時代史』2（歴史学研究会編、青木書店、1990 年）7 頁。

(8) 中村政則『象徴天皇制への道』（岩波新書、1989 年）76 頁。

(9) 三浦陽一「朝鮮戦争と再軍備」『日本同時代史』2（歴史学研究会編、青木書店、1990 年）103 頁。
(10) 浜林正夫『人権の歴史と日本国憲法』（学習の友社、2005 年）。
(11) 三浦陽一・前掲論文、106 頁。
(12) 三宅明正著『レッドパージとは何か』（大月書店、1994 年）12 頁。
(13) 遠山茂樹『戦後歴史学と歴史意識』（岩波書店、1968 年）74 頁。
(14) いわゆる「50 年問題」。1950 年 1 月にコミンフォルム（欧州共産党労働者党情報局）が、「占領下でも人民民主主義政権が可能」とした当時の共産党指導者野坂参三を批判したことをめぐり指導部の内紛が始まった。批判を是とする「国際派」と、非とする「所感派」の対立である。「所感派」は「反米武装闘争」を呼びかけ、「国際派」との対立と分裂は一般の党員も巻き込み、深刻な混乱が数年にわたり続いた。三宅陽一・前掲論文より要約。
(15) 戦後の革新勢力の動向について、犬丸義一「戦後日本共産党の公然化・合法化」、五十嵐仁「戦後革新運動の展望」法政大学大原社会問題研究所・五十嵐仁編『「戦後革新勢力」の源流――占領前期政治・社会運動史論 1945-1948』（大月書店、2007 年）を参照した。
(16) 中村政則「占領とはなんだったのか」『日本同時代史』 2 、243 頁。
(17) 中野好夫「ジャーナリズムの演じたもの」『展望』（特輯「敗戦五年の回顧」1950 年 8 月号）。
(18) 吉川勇一筆「平和運動」『戦後史大事典』（三省堂、2005 年）より要約。
(19) 民主主義擁護同盟『平和を守る闘い――パリ＝プラーグ、東京平和大会の記録』（ナウ

(20) 安井郁『民衆と平和』(大月書店、1955年) 43頁。
(21) 1951年に死去した新居格の所蔵書籍のほとんどは杉並区立図書館に寄贈された（新居の娘の元田美智子氏の話）が、現在、所在は明らかではない。
(22) 橋本哲哉・金沢大学名誉教授は、父の橋本良一に同行して神保町で図書館に入れる本を購入し、杉並に運んだと語った。2008年9月1日、金沢で筆者がインタビュー。
(23) 昭和29年度閲覧者数（杉並区教育委員会『昭和30年度杉並区教育要覧』248頁)。
(24)『杉並区広報』1953年10月26日号。
(25) 図書館・公民館で社会教育事業を担当した樫村嘉治の言葉。『歴史の大河は流れ続ける(2)』(杉並区立公民館を存続させる会編、1981年) 14頁。
(26) 杉並区教育委員会『杉並区教育要覧』(1955年) に記載されていた言葉。
(27) 田中進「杉並区立初期公民館と原水禁署名運動を振り返って」(『月刊　社会教育』NO.337、1985年1月号) より。田中は杉並区職員だった。
(28)『公民館の歴史をたどる　1954 ～ 1989』(杉並区立公民館、1989年)。
(29) 高木敏雄は『杉並区史』編纂委員長をつとめ、「杉並区の歴史を編纂するということは、仲々楽しいことである。期待のもてることであると喜ばなくてはならない。ほんとうに今日ではその委員会がいよいよ軌道に乗って、回数を重ねるに従って、素人ながら面白みが増してきているのである」と述べた（『西郊文化』第一輯（高木敏雄編・発行、1952年)。
(30) 立候補者は高木敏雄（61歳、無所属）と新島繁（51歳、無所属）で、結果は新島が1万2624票を得たが、高木が3万6954票（得票率71%）を得て当選した。
(31) 高木の在任中、吉田内閣が「地方自治法」を改変（1952年9月施行）したため、特別区は都の内部的団体となり、23区の区長公選は行われなくなった。区長は各区議会が選出し、都知事の承認を得て決定することになった。これに対し23区の区役所、区議会中心に自治権拡充運動がおこり、区長公選は1975年に復活した。
(32) 高木は自由党とは距離をとっていたようで、杉並区の自由党の「大ボス」である内田秀五郎が高木に対抗して立候補する噂や、助役の菊地喜一郎を自由党候補とする話もあった（『杉並新聞』105号、1951年6月24日発行)。
(33) 新島は1955年に神戸大学に職を得て杉並を離れる。その時に開かれた新島の壮行会に高木は参加した。民生委員として奮闘した新島への感謝かもしれない（岩崎健一氏所蔵資料)。
(34) 関口泰「『日本民主主義と教育』──改版序にかえて」『公民教育論』155頁。
(35) 横浜市立大学で日本史を学んだOB有志が作成した「遠山茂樹教授『関口泰の大学論』最終講義録」(私家版) より。
(36) 真々田邦義氏の話。2006年10月25日、杉並区役所で筆者がインタビュー。
(37) 萩原弘道──1931年、東京生まれ。国学院大学史学科で考古学・文化人類学を専攻。『杉並区史』(杉並区、1955年) 編集、および『西郊文化』編集（のち主宰）に携わった。萩原弘道には、2009年7月、杉並区高円寺で筆者がインタビューした。
(38) 萩原弘道『東京・和田大宮の研究』(大宮八幡宮、2005年)。
(39)『すぎなみ区民の新聞』(杉並区民の新聞社編・発行、編集発行人・高橋秀雄)
(40) 同上（1956年8月1日号)。
(41) 2006年12月17日、当時税金分野を担当していた元杉並区職員に聞いた話。
(42)杉並区発行『杉並区政史』を参考に、元杉並区職員ら複数の方の証言から筆者がまとめた。

(8) 前田多聞の回想「……市長は非常に現業好きの人であります。……市吏員殊に下級吏員が仕事をしているところに足を運んでいって、これと談笑し、激励して仕事をさせるという風があった。例をあぐれば、就任匆々、水道拡張事業として遣っていた今の村山の貯水池の工事が非常に遅れて、まだ堰堤を築いているくらいであった。そこに冬の寒いときに自分で行かれて、一々現場におった現場員に言葉を与えられて、非常に激励してこの仕事を進めなければならぬということをいわれたことがある。又、三河島の下水処分工場など……にも自分で行かれて作業を督励されたということがある。……下水計画については第一期の下水工事、すなわち下谷、浅草方面の下水工事が遅れておったのが、後藤市長が入ったので督励されて、1年ほどの間にこれが解決した」(三井邦太郎『我らの知れる後藤新平伯』東洋協会、1929年、所収)。

(9)『新修杉並区史』下巻に所収(731頁)の資料「東京都戦争被害総計票」より引用。

(10)『杉並区政ニュース』(杉並区役所、1948年12月1日)。

(11) 大正•昭和期の東京市の社会事業については、源川真希『東京市政——首都の近現代史』(日本経済評論社、2007年)を参照した。

(12) 高木は『杉並新聞』(1951年1月7日号)の年頭所感で次のように述べた。

「大東京で働く人びとにはおだやかな住居……その家族が安らかに暮らし修養し向上して行くにふさわしい地域が必要であろう。……そこで夙に教育事業を取り上げて区是の根幹としたわけで今日まではひたすらにその設備の拡充に当たったが、それも漸くその外廓が整ったので、これからはその内容の充実に当たりたいと思う。今年がその第一年であろう」

(13)「橋本手記」のなかに、桃井第二小学校の教師の山岸義一と橋本良一が夏休みの子どもたちの過ごし方を相談し、荻窪の荻外荘の付近の地主が所有する森を借り「森の子ども会」を開いたとある。

(14)『杉並区広報』51年10月10日号に「32校、5万人が参加——楽しかった緑蔭子ども会」と題した記事がある。

(15)『杉並区教育要覧』(杉並区教育委員会編・発行、1955年)252頁に、「昭和25年済美学園長であった今井政吉が同学園を閉鎖し、敷地・建物を無償で杉並区へ寄付した。同年11月、杉並区議会で区立済美教育研究所を設置することになり、昭和26年2月21日より区立の教育研究所を設置することになった」とある。今井氏は寄付にあたり条件として以下のことを寄付申込書に記している。

「1、区の教育施設に使用せられたきこと。2、ややもすると、目先の安易的便宜的使用に用いられやすいものでありますからさような事は避け、区民識者や区の教育関係者等広く衆知を集め真に杉並区全体の教育に必要な恒久的施設に用いられたきこと。3、済美の名を永遠に保存せられたきこと。4、生徒および教員の善後策に最善の御協力を願いたきこと」(『杉並区教育史』下巻、676頁)

(16) 特殊学級という用語は現在、使用されないが、当時は使われたので括弧をつけた。

(17)『昭和26年度版　杉並の教育——子どもたちのしあわせのために』(杉並区役所、1951年3月30日)

(18) 1950年11月期の『杉並区議会速記録』(杉並区議会図書室所蔵)。

(19) 園田教子「都市公民館研究——東京都杉並区立公民館『安井構想』の展開過程」(東京学芸大学大学院1981年度修士論文)に引用されている、安井田鶴子の話。

は日増しに高まってきている。……新憲法普及のための講習会を開催すること、公民館を建設し改善していくこと、短期の指導者講習会を開催することによって、公民館を地方文化のセンターとして地方文化の促進に貢献させたいと考えている（第9回帝国議会「公民館の建設の関する質問に答えて」J. M. ネルソン『占領期日本の社会教育改革』171頁）。

(14)『公民館・コミュニティ施設ハンドブック』（日本公民館学会編、エイデル研究所、2006年）433頁。

(15) 同上、79頁。

(16) 前掲、J. M. ネルソン『占領期日本の社会教育改革』172頁。

【第3節】

（1）第2回区長選挙結果（区長のみの単独選挙）——1948年5月23日に実施された。有権者総数は15万7297人、投票者数は3万3463人で、投票率は21.2%だった。得票数は、高木が1万4359票、金井が5836票、斉藤が5533票、坂本が4634票、西野が1130票、木島が870票となり、高木が当選した（得票率43%）。

（2）『航路20年』（婦人民主クラブ編、1967年11月）39頁に以下の記述がある。

「5月の区長選挙では社会党、共産党がそれぞれ独自候補を立てて革新側の票が割れるおそれが生じたとき、杉婦協（杉並婦人団体協議会）として民主戦線派の金井満氏一本に候補を絞るよう社共両党に働きかけるなど地域での民主戦線の強化に力を尽くしました」

（3）1951年から杉並区議を1期務めた川村千秋は、筆者の「無所属新人の高木さんがなぜ当選したんでしょうか」という質問に対し、「高木さんは都の高級官僚でしたからね」と答えた（2008年9月1日、阿佐谷川村書店で）。自由党から立候補する者はいなかった選挙であるため、高木が同党支持者の票を獲得して当選したと考えられるものの、その確証は得られなかった。

（4）1954年4月10日付・1955年8月10日付『杉並区広報』（杉並区役所編・発行、区立中央図書館蔵）。

（5）高木敏雄——1890（明治23）年生まれ。1915年に九州帝国大学土木工学科卒業。福岡市役所に就職した後、1923年に東京市役所に就職し、主に上下水道関係を担当。35年、東京市政調査会編集・発行『都市問題』（第21巻3号、1935年9月発行）に河川課長として執筆した「東京市江東方面高潮防御計画」が掲載された。37年には下水課長として欧米を視察した。1939～42年、東京市水道局長（一時、他部署の局長）。1943～46年、再び、水道局長として勤務し、46年3月、水道局長を最後に退職した。48年5月、第2回杉並区長選挙に立候補して当選。1957年、都と区との財政問題が起こり責任を取り辞任。区長在任期間は9年半であった（都水道局資料と市政専門図書館資料より作成）。

（6）後藤新平——1857～1927年。官僚、政治家。岩手県出身。須賀川医学校卒。初代満鉄総裁。大臣などを歴任した後、1920～23年、東京市長をつとめ、都市政策を展開し、その後、国政に転じ、内相・外相をつとめた。

（7）後藤は東京市長になると、米国の政治外交史学者で、ニューヨーク市政調査会専務理事であったC. A. ビーアドの助言を聞き市政を進め、関東大震災の復興計画でも助言を求めた。ビーアドは、後藤から連絡を受けると、「直ちに街路を決定せよ。人々に家を建てさせるな」という電報を送り、急遽、来日した（『後藤新平の「仕事」』藤原書店、2007年、69頁）。

纂改編、講談社、1964年）、久保義三『対日占領政策と戦後教育改革』（三省堂、1984年）、J. M. ネルソン『占領期日本の社会教育改革』（大空社、1990年）、久保義三「占領と教育改革」（『〈近代日本の軌跡6〉占領と戦後改革』中村政則編、吉川弘文館、1994年）、『戦後史大事典』（鶴見俊輔ほか編、三省堂、2005年）、『公民館・コミュニティ施設ハンドブック』（日本公民館学会編、エイデル研究所、2006年）。

（2）社会教育法第三条に、「国及び地方公共団体は……すべての国民があらゆる機会、あらゆる場所を利用して、自ら実際生活に即する文化的教養を高め得るような環境を醸成するよう努めなければならない」とある。

（3）教育基本法第七条（社会教育）に「①家庭教育及び勤労の場所その他社会において行われる教育は、国及び地方公共団体によって奨励されなければならない。②国及び地方公共団体は、図書館、博物館、公民館等の施設の設置、学校の施設の利用その他適当な方法によって教育の目的の実現に努めなければならない」とある。

（4）前田多聞――1884～1962年。戦前は内務官僚、東京市助役、朝日新聞論説委員などを務め、敗戦後は東久邇内閣、幣原内閣で文部大臣を務めたが、1946年1月、公職追放を受け、大臣を辞任した。

（5）関口泰は1946年3月、病気のために文部省社会教育局長兼国立教育研修所長を辞任したが、46年8月、教育刷新委員会委員に就任して教育基本法成立に尽力。48年3月には大学設置委員、50年には横浜市立大学初代学長となる（52年7月まで）。56年4月14日に自死。『軍備なき誇り』『婦人の社会科』他、著書多数。

（6）小川利夫ほか編『〈日本現代教育基本文献叢書〉社会・生涯文献集Ⅱ－17―公民教育論』（日本図書センター、2000年）155頁。関口泰『公民教育の話』は1930年に刊行され、1946年に『公民教育論』として増訂し刊行され、2000年に復刻された。

（7）同上、9頁。初出は関口泰「『日本民主主義と教育』――改版序にかえて」『公民教育論』（文寿堂、1946年）。

（8）横浜市立大学で日本史を学んだOB有志が作成した「遠山茂樹教授『関口泰の大学論』最終講義録」（私家版）より。

（9）西清子編著『占領下の日本婦人政策――その歴史と証言』（ドメス出版1985年）94頁。同書による横山宏の略歴――1921年生まれ。北京大学農学院を卒業。戦後、文部省社会教育局に入り、国立教育研究所で社会教育研究室長を務めた。

（10）久保義三『新版　昭和教育史』（東信堂、2007年）52頁。

（11）米国教育使節団は1946年3月から1カ月間、日本各地の教育状況を視察した。

（12）久保義三『新版　昭和教育史』（東信堂、2007年）743頁。同書に、米国教育使節メンバーに関して前田らが話し合った記録がある。以下はその引用。

前田「今アメリカの方から何か教育家で我々の相談相手になるやうな人を送るが、何か日本の方から希望があれば日本の希望を聞きたいといふので、……第一がデューイ、これがいけなければデューイの指名する弟子、第二はチャールズ・ビアード若しくは彼の指名するもの」

西山「ビアードの本はむずかしい」

前田「デューイは日本の教育界でも相当同感者が多い。共鳴しやすい」

（13）1947年3月6日、高橋文部大臣は公民館に関して文部省見解を示す次の声明を発表。

「今日、我々は町村の文化を促進するために尽力中である。国民の公民館建設への情熱

●第３章

【第１節】

（１）新居格――1888（明治 21）年３月、徳島県大津村（現在の鳴門市大津町）に生まれる。父は医師。徳島中学から第七高等学校（旧制）に入学。文学を志したが父の反対で東京帝大法学部政治学科に進む。1915（大正 4）年、大学卒業。満鉄に入社するも１日でやめ、小野塚喜平次の研究室にはいる。その後、読売新聞に入社したが退職。吉野作造の紹介で大阪朝日新聞社に入社。1923 年、関東大震災を契機に文筆生活に入り、市ヶ谷から杉並に転居。1926 年から城西消費組合の活動開始。戦争中は伊豆の寺に疎開し、蟄居。

1945 年、消費組合活動再開。1947 年、最初の統一地方選挙で杉並区長に立候補し当選する。1948 年４月、杉並区長を辞職。1951 年、脳溢血で死去。

著書に『街の哲学』『月夜の喫煙』『新・女大学』『アナキズム文学論』がある。

（２）新居好子「父を語る」『遺稿新居格杉並区長日記』より引用。新居好子は同書所収の「気の毒な区長さん」に「区長の選挙運動を始めたのは一週間前であった。オート三輪もマイクも使ったかどうか、広場と学校との演説が主だったように覚えている。勿論費用もなし。父を知ってくれる人たちの暖かい後援が力になった」と記している。

（３）第１回区長選挙結果――1947 年４月５日に実施され、区長・都議・区議同時選挙で行われた。有権者総数は 15 万 1833 人、投票者数は８万 8606 人で、投票率は 58.4％だった。立候補者は、自由党推薦の三善清胤（51 歳）、無所属の新居格（60 歳）、共産党の高橋秀雄（39歳）の３人で、得票数は、三善が２万 8288 票、新居が４万 3881 票、高橋が 9322 票となり、新居が当選した（得票率 49.5％）。

（４）『〈戦後改革１〉課題と視角』（東京大学社会科学研究所編、東京大学出版会、1974 年）に所収の論考、篠原一・宮崎隆次「戦後改革と政治カルチャー――新居格の実験と実験とその挫折」から重引。

（５）初版は新居格『区長日記』（学芸通信社、1955 年）である。その後、新居好子監修『遺稿新居格杉並区長日記』（波書房、1975 年）が刊行された。本文をまとめるにあたり、和巻耿介『評伝新居格』（文治堂書店、1991 年）、篠原一・宮崎隆次「戦後改革と政治カルチャー、新居格の実験と実験とその挫折」（東京大学社会科学研究所編『戦後改革１課題と視角』東京大学出版会、1974 年）ほかを参照した。

（６）前掲、『〈戦後改革１〉課題と視角』に所収の論考、篠原一・宮崎隆次「戦後改革と政治カルチャー――新居格の実験と実験とその挫折」から重引。

（７）大宅壮一「貴重な実験」（『区長日記』１頁）より。

（８）川村千秋の話。2006 年 10 月 25 日、筆者が川村書店でインタビュー。

（９）各区は自治権の拡充を当初から要求し、都事務の区への移譲や財政自主権の確立のための運動を展開した。都区調整問題と呼ばれるこの運動はその後十数年に及んだ。石塚弘道・成田龍一『東京都の百年』（山川出版社、1986 年）301 頁より。

【第２節】

（１）表８は次の文献をもとに作成。『近代日本教育制度史料』27（近代日本教育制度史料編

【第３節】

（１）『東商連五十年のあゆみ』（東商連五十周年史編纂委員会編、東京商工団体連合会、2004 年）8 頁。
（２）同上、13 頁。
（３）同上、7 頁。
（４）井上一郎『戦後租税行政史考』（霞出版社、2000 年）27 ～ 28 頁。
（５）同上、井上一郎『戦後租税行政史考』33 頁の水谷啓二『インフレ経済と日本経済』（冬芽書房、1951 年）からの引用文を重引。
（６）トマス・ビッソン『敗戦と民主化――GHQ 経済分析官の見た日本』（慶應義塾大学出版会、2005 年）138 頁。
（７）島恭彦『大蔵大臣』（岩波新書、1949 年）20 ～ 25 頁。井上一郎が前掲書で紹介。
（８）前掲、『東商連五十年のあゆみ』22 頁。
（９）同上、28 頁。
（10）同上、22 頁。
（11）川村千秋――1917 ～ 2009 年。北海道生まれ。早大政経学部卒業後、東洋経済新報社に入社。戦後、共産党本部に勤め、1947 年から阿佐谷で古書店を営む。1951 年から杉並区議（共産党）を 1 期、1955 年から東京都議を 7 期務めた。インタビューは杉並区阿佐谷・川村書店で、2006 年 10 月 25 日から 6、7 回行った。
（12）杉並民主商工会創立十周年記念大会の記念講演、川村千秋「杉並民主商工会の歴史について」速記録（杉並民主商工会蔵）。
（13）菅原夫妻は、武田泰淳『日本の夫婦』（朝日新聞社、1963 年）に「赤い恋の魚屋さん」として登場する。武田は菅原健一の風貌を「革製でない、黒いジャンパーにつつまれた肩や胸はたくましいが膝を正しく折って座った所など、禅宗のお坊さんみたいな感じの、実に穏やかな人物だ。色白で小柄で健康そのもののようなタイプは、福島県人によく見かける。膝の上に置いた手はまるでスキー用手袋をはめたように、大きくふくらんでいる。手の指、手の甲、すべて厚みが普通の倍はある」と記している。菅原の娘、竹内ひで子は「父は子どもをおぶってよく面倒を見てくれました」と語った。
（14）『月刊　不屈』NO.256 の付録（治安維持法犠牲者国家賠償要求同盟東京都本部、1995 年 10 月 15 日）。
（15）前掲、『日本の夫婦』72 頁。同書は山村茂雄氏のご教示による。
（16）同上、76 頁
（17）2006 年 7 月 30 日、筆者が荻窪で、竹内ひで子氏にインタビュー。
（18）前掲、『東商連五十年のあゆみ』45 ～ 46 頁。

(24) 前掲、相馬論文。

【第2節】

(1)『区民が語り区民が綴る杉並の女性史――明日への水脈』(杉並区女性史編さんの会編、ぎょうせい、2002年) 162頁に『朝日新聞』の記事が紹介されていた。

(2) 同上、199頁。

(3) 波田野孝次(いわさきちひろ作品普及会社長)の話。2007年7月21日、杉並区内「いわさきちひろちひろ作品普及会」で筆者がインタビュー。

(4) 地域生協の中には、自然消滅で決算が曖昧なまま終わる例もあったが、高六生協は真々田らの努力で整理して終了した。真々田ミツエはその苦労と達成感を語った。2007年9月、杉並区内真々田邸で筆者がインタビュー。

(5) 1946年5月11日、上井草、中通、今川、三谷、宿町各町会から選出された「市民食糧管理委員会」主催で荻窪八幡神社に集まり、食料営団杉並支所に交渉し食糧配給を求めた出来事。数日後、再交渉に出向いた5名が逮捕された(西荻窪に住んでいた高橋秀雄の記録を妻の高橋清子が保管し、筆者はその記録を閲覧した)。

(6)『婦人の歩み百年』(日本婦人団体連合会編、大月書店、1978年)。

(7) 勝目テル『未来にかけた日日』後編(新日本婦人の会、1975年) 71頁。

(8) 前掲、『区民が語り区民が綴る杉並の女性史』8頁。

(9) 小沢清子の話。2006年5月、杉並区立産業商工会館で筆者がインタビュー。

(10) 婦人民主クラブは、宮本百合子、佐多稲子、羽仁説子、山本安英、櫛田ふきらが発起人となり1946年3月16日に創立された。創立大会は神田共立講堂で行われた。『航路20年――婦人民主クラブの記録』(婦人民主クラブ20年史編纂委員会編、婦人民主クラブ、1967年) 14頁。

(11) エセル・ウィード中尉――1906～75年、米ニューヨーク州生まれ。クリーブランドで新聞記者をつとめた後、米陸軍女性部隊に入隊し、GHQ民間情報教育局の女性情報担当官として勤務。日本での在任期間は1945～52年。

(12) 上村千賀子『女性解放をめぐる占領政策』(勁草書房、2007年) 195頁。

(13) 高橋展子――1916年生まれ。東京女子大卒。GHQのCIEのウィードの下で1946年3月からアシスタントを勤めた。労働省婦人少年局長、デンマーク大使などを歴任。

(14) 西清子編著『占領下の日本婦人政策――その歴史と証言』(ドメス出版、1985年) 77～79頁

(15) 上村千賀子は前掲書・50～91頁に、ウィードがビーアドからさまざまな教示を得たことを記している。

(16) 高橋清子の話。西荻に住む1912年生まれの高橋は、自身も含め杉並の女性が創立大会に多数参加したことを、2007年10月、高橋邸での筆者のインタビューで語った。

(17)『婦人民主新聞縮刷版』第1巻に所収の『婦人民主新聞』60号(1947年12月11日発行)。

(18)『航路20年――婦人民主クラブの記録』24頁。

(19)『杉並区区政概要』昭和25年版－30年版(杉並区役所編・発行)。

(20) 西清子編著『占領下の日本婦人政策――その歴史と証言』(ドメス出版、1985年) 94頁。

(21) 水沢耶奈は婦人民主クラブ元書記長。永原和子・水沢耶奈・吉見周子の鼎談「近代日本の女性像を求めて」(『歴史公論』雄山閣、1979年12月号、19頁)。

(33) 同上、184頁。
(34) 同上。

●第2章

【第1節】

(1)『杉並にも戦争があった』(国際児童年子どもの権利を守る杉並連絡会編・発行、1986年)170頁。
(2) 小池よしの話。2006年12月9日、区内の小池邸で筆者がインタビュー。
(3) 竹内静子『戦後社会の基礎構造――現代史の移行点において』(田畑書店、1978年)43頁。
(4) 久保田晃・桐村英一郎『昭和経済60年』(朝日選書、1987年)126頁。
(5) 同上、127頁。
(6) 竹内静子・前掲書、42頁。
(7) 橋浦泰雄『協同組合の育て方』(毎日新聞社、1947年)2頁。
(8) 山本秋『日本生活協同組合運動史』(日本評論社、1982年)648頁。
(9)『協同組合運動への証言』下(古桑実編、日本経済評論社、1982年)116頁。
(10) 山本秋・前掲書の649頁に、久我山生活協同組合は創立時、「既に生活協同組合と名乗り、おそらく単位組合名に生活協同組合を使った最初の組合だろう」とある。
(11)『城西消費組合東京西部生協連思い出集』(城西消費組合東京西部生協連思い出集編纂委員会編・発行、1978年)。
(12) 山本秋・前掲書、647頁。
(13) 1945年8月17日付『朝日新聞』に掲載された内務省見解。
(14) 1945年8月18日付『朝日新聞』に掲載された東京都民生局見解。
(15)『中野区史　昭和編二』(中野区編・発行、1972年)。
(16) 内務省は内務次官通牒「町内会部落会等ノ運営指導ニ関スル権」(昭和20年12月22日)で、町内会部落会を「自由闊達ナル隣保互助国策協力ノ自主的組織タラシム」るように指導することを指示した。具体的には町内会長・部落会長の選任に市町村長の関与を廃止させ、編成替えさせることで町内会、部落会を存続しようとした。
(17) 高木鉦作『町内会廃止と「新生活共同体の結成」』(東大出版会、2005年)8~9頁。
(18) 東京市政専門図書館に収蔵されている『町会部落会制度廃止後の措置案』(東京都発行。破損のため発行年不明)所収の「町会と消費組合との関係」より引用。
(19) 前掲、『中野区史　昭和編二』(中野区編・発行)547頁。
(20) 河田禎之『城西消費組合――生協運動の源流をつくった人びと』189頁。
(21) 相馬健次「戦後初期生協運動における市民生協」『協同組合研究第25巻第2・3合併号(通巻71・72号、2006年10月号)。
(22)「生活協同組合名簿」『生活協同組合便覧』(協同組合研究所編、時事通信社、1949年)。
(23) 相馬健次は前掲論文で杉並の地域名を冠した生協をあげ、それらが「町内会生協であることは、その分布が密であること、組合名が地名〔町・丁など〕と対応していることによって推定される」と述べている。

(10) 鶴見太郎『柳田国男とその弟子たち』(人文書院、1998 年) 32 頁。
(11) 前掲、鶴見太郎『柳田国男とその弟子たち』32 頁。
(12) 橋浦泰雄の友人、峯尾ふくじの話。2008 年 9 月、峯尾邸で筆者がインタビュー。
(13) 奥谷松治『日本消費組合史』(高陽書院、1936 年)。
(14) 前掲『〈城西消費組合創立十周年記念出版〉輝かしき今日を築くまで――組合略史』所収の巻末名簿。
(15) 山田キヨ――1907 年、室蘭生まれ。1942 年に岡林辰雄 (弁護士) と結婚し、杉並区天沼に居住した。戦後、婦人民主クラブ杉並支部の創設に関わる。戦後の活動については第 4 章第 2 節参照。
(16) 今井政吉――1882 年生まれ。1907 年、東京帝大哲学科を卒業。1914 年にロシア社会実情研究のため自費留学し、1915 年三井物産入社。ペトログラード支店勤務ののち三井物産を退社し、1926 年に対露輸出組合設立した。1935 年、父 (恒郎) が設立したリベラルな全寮制学園「済美学園」の校長を引き継いだが、同園を 1950 年に杉並区に寄付した。この今井の寄付を元に区立済美研究所がつくられた。
(17) 大谷省三――1909 ~ 94 年。農業経済学者、東京帝大農業経済学科卒業、東京農工大学名誉教授。戦後、安井郁らと荻窪教育懇話会を結成し、原水爆禁止署名運動にも関わった。
(18) 前掲『〈城西消費組合創立十周年記念出版〉輝かしき今日を築くまで――組合略史』所収。
(19)「対談　城西消費組合の思い出を語る」『城西消費組合東京西部生協連思い出集』(城西消費組合東京西部生協連思い出集編纂委員会編・発行、1978 年)。
(20) 前掲、『城西消費組合東京西部生協連思い出集』34 頁。
(21) 土居千一郎「消費組合の班組織とその活動」『消費組合運動』3 月倍大号 (日本無産者消費組合連盟編・発行、1933 年 3 月) に城西消費組合組織部が発行した『班会の持ち方』の注意書きとして紹介されていた。
(22) 前掲『現代日本生協運動史』上巻、57 頁。
(23) 若杉鳥子「消費組合員となって」(初出『婦人運動』1927 年 3 月号)。若杉鳥子『空にむかひて――若杉鳥子随筆集』(武蔵野書房、2001 年) 135 頁に再録されている。
(24) 奈良達雄『若杉鳥子――その人と作品』(東銀座出版社、2007 年) 7 頁。
(25) 丸岡秀子「消費組合における婦人団体 (四)」『産業組合』第 307 号 (産業組合中央会編・発行、1931 年 5 月) より抄出。
(26) 丸岡秀子「西郊消費組合のことなど」(「先輩の歩んだ道」の中の一編)『生協運動』第 184 号 (日本生活協同組合連合会、1967 年 7 月号)。
(27) 奥むめお『野火あかあかと』(ドメス出版、1988 年) 89 頁。
(28) 前掲『〈城西消費組合創立十周年記念出版〉輝かしき今日を築くまで――組合略史』の表紙に、会場一杯を埋めた、創立十周年集会の写真が掲載されている。
(29) 谷口絹枝『蒼空の人・井上信子――近代女性川柳家の誕生』(葉文館出版、1998 年) 199 頁。
(30) 鶴彬の川柳は、河田禎之『城西消費組合――生協運動の源流をつくった人びと』109 頁。
(31) 河田禎之・前掲書、110 頁。
(32) 同上、116 頁・122 頁。128 頁に「城西消費組合員で、逮捕・投獄された人は記録や聞き書きによる調査で、現在わかっているだけでも 200 人を超えている」とある。小林多喜二、三木清、戸坂潤も杉並在住の城西消費組合員であった。

堀之内、松の木、大宮、和泉、荻窪1丁目、沓掛町、神明町、大宮前、東荻町、中通町などが焼け、罹災者は3万3553名に達し、それまでは残っていた山の手方面の大部分の家屋・建造物が焼失した。そして、杉並の国民学校のうち、杉三、杉六、西田、新泉、堀之内、和田、方南が全焼し、杉七は半焼した（『天沼・杉五物がたり』）。

(32)『新修杉並区史』下巻、747頁に所収の「学校別学童疎開状況」より作成。

(33)『新修杉並区史』下巻、746頁。

(34) 今井七七子「学童集団疎開の体験から」『〈戦争・暴力と女性2〉軍国の女たち』（早川紀代編、吉川弘文館、2005年）173～179頁。

(35)『区民が語り区民が綴る杉並の女性史――明日への水脈』（杉並区女性史編さんの会編、ぎょうせい、2002年）43頁。

(36) 桃井第2小学校PTA会報（1959年3月10日発行）に収録された、安井田鶴子の回想記。

【第3節】

(1)『現代日本生協運動史』上巻（日生協創立50周年記念歴史編纂委員会編、日本生活協同組合連合会、2002年）26頁。

(2) 河田禎之は、城西消費組合について、杉並のミニコミ誌『杉並文化通信』に連載した後、『城西消費組合――生協運動の源流をつくった人びと』（労働旬報社、1994年）を上梓し、城西消費組合の歴史を明らかにした。

(3)『〈城西消費組合創立十周年記念出版〉輝かしき今日を築くまで――組合略史』（城西消費組合十周年記念出版編纂委員会編、城西消費組合、1937年）所収。新居格の経歴は47頁参照。

(4) 消費組合には当時、吉野作造が代表を務める家庭購買組合と、共働社系の消費組合があった。共働社とは、岡本利吉が1920年に東京の労働者を支援するために創設した組織である。岡本はその後、1922年に複数の消費組合をまとめて「消費組合連盟」（後の関東消費連盟）を結成したため、東京における消費組合の生みの親といわれる。城西消費組合は共働社系に属した。

(5) 賀川豊彦――1888～1960年。大正・昭和期のキリスト教社会運動家。神戸でのセツルメント活動、友愛会の指導、さらに農民組合の結成に携わり、協同組合運動にも関わる。戦後、日本協同組合同盟の会長となり、日本社会党の創立にも参加した。

(6) 前掲『城西消費組合――生協運動の源流をつくった人びと』146頁に、「〔新居格は〕1923年、関東大震災の際、虐殺された平沢計七の追悼会や大杉栄夫妻の葬儀にも石川三四郎らと参加。おかげで特高警察に監視され、そのあげく『出社におよばず』と通告されて、その年の暮れ、朝日新聞社を退社しています」とある。

(7) 新居格「アメリカニズムとルシアニズムの交流」『中央公論』（1929年6月号）、吉見俊哉『親米と反米』（岩波新書、2007年）47頁より重引。

(8) 橋浦泰雄――1888～1979年、鳥取県生まれ。1921年文学を志し上京するが、美術に惹かれ画家となる。柳田国男に師事し民俗学者ともなる。著書は『五塵録――民俗的自伝』（創樹社、1982年）。鶴見太郎『橋浦泰雄伝――柳田学の大いなる伴走者』（晶文社、2000年）も参照した。

(9) 橋浦泰雄「戦前の知識人と生協運動（城西消費組合回想記）」『生活と生協』（生活問題研究所、1972年8月刊）。

（5）『〈都史紀要 36〉戦時下「都庁」の広報活動』（東京都公文書館編、東京都政策報道室、1996 年）148 頁。
（6）東京市町会掛『東京市町会時報号外』（東京市役所、1939 年）16 頁。
（7）『日本の百年』8（橋川文三・今井清一編、筑摩書房、2008 年）333 頁。
（8）表 2 は『新修杉並区史』下巻（696 頁）と「東京都 35 区の町会•隣保組織」（1942 年）より作成。
（9）東京市戦時生活局町会課『東京市町会現状調査蒐録』（1937 年 12 月）。
（10）前掲、『日本の百年』8、330 頁。
（11）『区民が綴った中野の女性史•椎の木の下で』（中野区女性史編纂委員会編、ドメス出版、1994 年）118 頁。
（12）同上、117 頁。
（13）鹿野政直・堀場清子『祖母・母・娘の時代』（岩波ジュニア新書、1985 年）163 頁。
（14）藤井正俊『国防婦人会』（岩波新書、1985 年）167 頁。
（15）平林廣人『大東京の町会・隣組』（帝教書房、1941 年）209 ～ 211 頁より抄出した。
（16）菅原和子『市川房枝と婦人参政権獲得運動――模索と葛藤の政治史』（世織書房、2002 年）381 頁より重引。
（17）中嶌邦「戦争と女性」『日本の女性の歴史』（総合女性史研究会編、角川書店、1993 年）224 頁。
（18）菅原和子・前掲書、381 頁。
（19）菅原和子・前掲書、383 頁。
（20）鹿野政直「市川房枝　普選へと貫く意志」『鹿野政直思想史論集』第 2 巻（岩波書店、2007 年）338 頁。
（21）1915 年に愛媛県に生まれた小沢清子は、兄は東京帝大、弟は早稲田大学に進学したが、姉二人は女学校に行かず、本人は 4 年間の技芸学校に通ったと語った。当時の男女の教育格差がうかがえる（2006 年 6 月、筆者がインタビュー）。
（22）久保義三『新版　昭和教育史』（東信堂、2007 年）415 頁。
（23）佐藤広美「総力戦体制と教育 1917 ～ 1945」『21 世紀の教育をひらく』（佐藤広美編、緑蔭書房、2003 年）85 頁。
（24）角館喜信の話、2006 年 6 月 27 日、角館邸で筆者がインタビュー。
（25）『天沼•杉五物がたり』（杉並第五小学校創立五十周年記念事業協賛会編•発行、1976 年）89 ～ 99 頁、より引用。
（26）黒羽清隆『太平洋戦争の歴史』下巻（講談社現代新書、1985 年）47 頁。小沼通二慶大名誉教授の紹介で、当時同校の 6 年生だった中村威氏の話も伺った。
（27）『アサヒグラフ』通巻 1042 号、1943 年 11 月 17 日号（朝日新聞社）。
（28）『杉並第七小学校五十年史』（杉並第七小学校五十年史編集委員会編・発行、1979 年）。
（29）『杉並第七小学校五十年史』に土肥原賢二大将が国民学校での訓練を視察したという記録がある。退役軍人が後援会長として働きかけたことも記されている。
（30）小沢清子の話――2006 年 5 月 11 日、阿佐谷産業商工会館で筆者がインタビュー。
（31）度重なる東京への空襲で杉並区にも被害が及んでいたが、なかでも最大の被害は 5 月 25 日から 26 日にかけて続いた、250 機にのぼる B29 戦略爆撃機の夜間空襲だった。この大空襲で、永福町、高円寺、馬橋、阿佐谷 1•3 丁目、東田町、上高井戸、方南町、和田本町、

1951年から杉並区議（共産党）を1期、1955年から東京都議を7期務めた。インタビューは2006年10月25日から、杉並区阿佐谷・川村書店で何回にもわたって行った。
(26) 山田朗——1956年、大阪生まれ。明治大学文学部教授。『大元帥昭和天皇』(新日本出版社、1994年)、『昭和天皇の軍事思想と戦略』（校倉書房、2002）他。
(27) 安田常雄——1946年生まれ。日本近現代思想史。『出会いの思想史＝渋谷定輔』（勁草書房、1981年)、『近現代日本社会の歴史、戦後経験を生きる』(共編)（吉川弘文館、2003年）他。

●第1章

【第1節】

(1)『天沼・杉五物がたり』(杉並第五小学校創立五〇周年記念事業協賛会編・発行、1976年) 52頁。
(2)『天沼・杉五物がたり』の42頁に「1915年の杉並地域の全戸数は2514戸で、農家は1405戸。全域に米、大麦、小麦、きび、ひえ、サツマイモ、ジャガイモ、大根、干し大根、沢庵漬けがつくられ、井荻、高井戸村は養蚕・養鶏がさかんで、井荻村の繭の出荷量は豊多摩郡第一位、高井戸村からは杉丸太の出荷がさかん」とあり、杉並地域が純農村だったことがわかる。
(3)『新修杉並区史』下巻（杉並区役所編・発行、1982年）などから作成した。
(4) 2007年9月、筆者が行ったインタビューで、橘田清一郎氏は、父親で原水禁運動で活躍した橘田繁夫について語った。本文中の「甲州屋」のことはその時の話。
(5) 前掲、『新修杉並区史』下巻、497頁。
(6) 大門正克「農村から都市へ」『〈近代日本の軌跡9〉都市と民衆』（成田龍一編、吉川弘文館、1993年)、174頁。
(7) A・ゴードン『日本の200年』上巻（みすず書房、2006年）327頁。
(8)『区民が語り区民が綴る杉並の女性史——明日への水脈』(杉並区女性史編さんの会編、ぎょうせい、2002年）39頁。
(9)『東京市町内会の調査』(東京市役所編・発行、1934年）10〜11頁。
(10)『杉並第七小学校五十年史』(杉並第7小学校五十年史編集委員会編・発行、1979年)。
(11) 井伏鱒二「関東大震災直後——豊多摩郡井荻村」『新潮』(1981年3・4月号)。

【第2節】

(1) 前田賢次「東京市町会基準及町会規約準則の改正について」『都市問題』第33巻第1号（1941年7月号）84頁。
(2)『東京都教育史通史編』(都立教育研究所、1997年)、田中重好「町内会の成立と分析視角」『〈都市社会学研究叢書②〉町内会と地域集団』（倉沢進他編、ミネルヴァ書房、1990年）等をもとに作成。
(3)『東京市町会整備提要』(東京市役所、1938年7月）12頁。カタカナはひらがなにした。
(4)『新修杉並区史』下巻、681頁。

シマズ』編集等で活躍。アジア太平洋資料センター設立。現在、ピープルズ・プラン研究所運営委員。『アメリカ帝国と戦後日本国家の解体』(社会評論社、2006年)他。

(13) 2007年6月に、1954年から1963年頃の原水禁運動の初期の活動の聞き取りと記録を目的に発足した研究会。おもにピープルズ・プラン研究所で聞き取りを行った。

(14) 日本平和委員会——1949年4月に発足した第一回平和擁護世界大会(パリ・プラハ)に呼応して東京で開かれた平和擁護日本大会を機に「日本平和を守る会」(初代会長大山郁夫)が発足し、50年9月に平和擁護日本委員会(日本平和委員会)に改組された。

(15) 原水爆禁止署名運動全国協議会は全国の署名を集計する目的で1954年8月8日に結成された。事務局長は安井郁、事務局は杉並区立公民館長室に置かれた。

(16) 畑敏雄——1913～2009年、大阪生まれ。東京工業大学名誉教授、元群馬大学長。東京工業大学助教授の時に、全国協議会で奮闘し、原水禁世界大会の裏方として活躍した。

(17) 吉田嘉清——1926年、熊本生まれ。早大のレッド・パージ反対闘争で学生運動のリーダーとして活躍。杉並在住で杉並の署名運動にも関わり、1955年、日本原水協創立から安井郁理事長の下で事務局常任を務め、その後、日本原水協事務局長を務めた。筆者は原水禁運動、安井夫妻について貴重な話を伺うとともに、資料のご教示を受けた。

(18) 吉川勇一——1931年、東京生まれ。戦後、わだつみ会、平和委員会事務局、原水協で活動し、原水禁世界大会では通訳団の世話など事務局の仕事を担った。元べ平連事務局長。

(19) 山村茂雄——1932年生まれ。原水協事務局で活躍。第五福竜丸平和協会理事を経て、現在、顧問。原水禁運動の記録の第一人者。『原水爆禁止運動資料集』(緑蔭書房、1995年)、『ふたたび被爆者をつくるな——日本被団協50年史』(あけび書房、2009年)など数多くの記録集の編纂に当たる。原水禁運動について筆者はさまざまな貴重な話とともに資料のご教示を受けた。

(20) 滝沢海南子——1934年生まれ。津田塾大学卒業。英文学。学生の時に原水禁世界大会通訳団に参加し活躍。その時の同窓会である8・6会(はちろくかい)の連絡役を長年にわたりつとめている。『院内感染からの生還』(新評論、1993年)。

(21) 2009年9月、東京大学でのシンポジウム「現代史の課題」での、中村政則(一橋大学名誉教授)の講演「いま、なぜオーラル・ヒストリーか——現代史の方法」より。

(22) 橋本良一——1900～1970年、神戸生まれ。同志社大学卒。戦前はジャーナリストだったが戦後はアパート経営をしながら、杉並文化人懇談会メンバーとして杉並の革新的な活動に幅広く関わった。安井郁とは1946年から荻窪教育懇談会、PTA活動で一緒に活動し、原水禁運動ではともに中心メンバーとして活躍した。

(23) 橋本良一氏の手がかりを求めていた時に、小林文人教授のメールニュース『南の風』に載った資料研究会の案内を見た渡部幹雄氏に橋本良一氏の孫・橋本唯子氏を紹介された。橋本唯子氏を通して橋本哲哉教授にお目にかかることができた。

(24) 岩崎健一——1929年、東京生まれ。本研究を進める上で筆者は岩崎氏から杉並区の近現代史に関して多くのご教示を受けた。著作に、『杉並の戦争と平和』(すぎなみピースフォーラム実行委員会編、2004年)、「『父べえ』新島繁の人間像——新しいヒューマニズムへの情熱」『経済』(日本共産党、2008年8月号)、『「平和新聞」杉並版100号記念誌』(杉並平和委員会、2011年)。

(25) 川村千秋——1917～2009年、北海道生まれ。早大政経学部卒業後、東洋経済新報社に勤める。戦後、一時、共産党本部に勤めたが、1947年から阿佐谷で古書店を営む。

注 釈

●序 章

（1）草の実会――1955～2008年にかけ活動し、『朝日新聞』の「ひととき」欄へ投稿した女性たちの集まり。平和・憲法・教育・女性の自立等について発信してきた。筆者は長く同会の代表をつとめた石崎暾子氏から資料整理の話を伺った。

（2）杉並の署名運動を進めた杉並協議会は署名運動を「水爆禁止署名運動」と名付け「水禁」と略したが、その後、全国運動となると原水爆禁止署名運動という言葉が用いられた。

（3）原水爆禁止日本協議会（原水協）――原水爆禁止署名運動が全国的に発展し、1955年8月に原水爆禁止世界大会が開かれた直後に結成された。安井郁は初代理事長である。

（4）安井郁――1907～80年。大阪生まれ。東京帝大を卒業し、教授となるが、戦後、教職追放を受けた。追放解除後、杉並区立図書館兼公民館長を務めた。ビキニ水爆実験が起こると杉並区の有志とともに水爆禁止署名運動を立ち上げ、議長として活躍した。

（5）小林文人――1931年、福岡県生まれ。九州大学卒業。東京学芸大学名誉教授。日本公民館学会会長を務めた。原水禁（安井家）資料研究会を主宰。

（6）山田宏――1958年、東京生まれ。松下政経塾出身で衆院議員、都議を経て、1999年から杉並区長。2010年5月、参院選への出馬を理由に区長を辞任したが落選。

（7）杉並の教科書運動については、拙稿「杉並の教科書採択と市民運動」『歴史地理教育NO.700』（歴史教育者協議会、2006年6月）を参照されたい。

（8）杉並区として資料収集はしてこなかったが、安井田鶴子、伊藤明美氏ら「杉並区立公民館を存続させる会」が、「安井郁・田鶴子資料」をもとに、『歴史の大河は流れ続ける』第1集から第4を1980～84年に発行した。杉並区の公民館活動、原水爆禁止運動に関する重要な資料がまとめられている。編集に関わった平井（旧姓園田）教子氏がまとめた修士論文「都市公民館研究――東京都杉並区立公民館『安井構想』の展開過程」は杉並公民館に関する先駆的研究である。

（9）宇吹暁「日本における原水爆禁止運動の出発―1954年の署名運動を中心にして」『広島平和科学』5号、広島大学平和科学研究センター、1982年)、199頁～。多くの資料を実証的に分析した優れた論文で、多くの示唆を受けた。

（10）杉並の署名運動での「杉並の主婦」の活躍は、熊倉啓安『戦後平和運動史』（大月書店、1959年)、大江志乃夫他『日本現代史』（合同出版、1961年)、岩垂弘編『日本原爆論大系4巻』（日本図書センター、1999年)、佐野真一『巨怪伝――正力松太郎と影武者たちの一世紀』（文藝春秋社、2000年)、岩垂弘『核なき世界へ』（同時代社、2010）他、数多く記述されている。

（11）原水禁（安井家）資料研究会は、小林文人東京学芸大学名誉教授が2005年3月に立ち上げ、毎月一回のペースで資料整理と研究を行ってきた。

（12）武藤一羊――1931年東京生まれ。初期の原水禁運動の専従を勤め、『ノーモア・ヒロ

あとがき

筆者は杉並に住んで二〇年あまりとなるが、杉並区民であることを意識したのは、皮肉にも杉並の教科書問題がおこってからだった。中学校の教員を退職し、専業主婦になった年に教科書採択に関する市民運動に参加し、その体験が本研究に取り組む一つの原点となった。市民運動に関わる中で、「杉並区」と「人々のつながり方」に関心を持った筆者は、「なぜ杉並で原水爆禁止署名運動が広がったのだろう？」の答えを求めて、現在の杉並の原型が出来た一九二〇年代までさかのぼってみた。戦前、戦中の杉並の人々の暮らしやつながりをたどると、署名運動の水脈と思えるつながりがあり、戦後の運動を読み解くヒントとなった。戦後の平和運動である原水爆禁止署名運動も戦前・戦中・戦後というつながりの中で見ていく大切さを感じた。

一九五一年に生まれた筆者は、同年に調印されたサンフランシスコ条約・日米安全保障条約にこだわりを感じ続けてきた。沖縄を切り離し、米軍基地を受け入れた条約であり、それ以後の日米関係に疑問を感じるからである。取りかかった当初は、本研究と筆者のその問題意識とのつながりをうかつにも全く意識していなかったが、取り組むにつれ、本研究が米国の核戦略、日米関係、さらに日本の原子力導入にも関わるテーマであることに気づいた。第五福竜丸の帰港は米核戦略の根幹を突いたが、核問題は今も現代日本の、日米関係の根幹であり続けている。

一九五四年三月一日から米国がマーシャル諸島で実施した、史上最大・最悪の原水爆実験（キャッスル作戦）は全世界を汚染した。第五福竜丸の帰港が伝えた放射能汚染は最初は魚から、さらに野菜、牛乳、卵、肉、水など全ての食料に広がっていった。パニックが広がる中で、水爆禁止署名運動杉並協議会が立ち上がり、全国的な署名運動となり、その年のうちに二〇〇〇万筆という未曾有の署名運動に発展した。

しかし、一九五五年一月四日に取り交わしたビキニ水爆実験に関する日米交換公文は、慰謝料二〇〇万ドル（七億二〇〇〇万円）を米国が日本に支払うかわりに、日本は米国に対し、今後一切の補償要求・責任追及をしないという、国民の思いを踏みにじる植民地的政治決着だった。その一週間後の一月一一日、米国は濃縮ウランの貸与を申し出、日本は受け入れた。その後、同年五月一三日に開かれた「原子力平和利用大講演会」を皮切りに大キャンペーンが始まり、二年間にわたり、「原子力平和利用博覧会」が全国巡回で開かれた。米国大使館は主催者に入るだけでなく、イベントの費用を全て持った（井川充雄「原子力平和利用博覧会と新聞社」『戦後日本のメディア・イベント〔一九四五―一九六〇年〕』世界思想社、二〇〇二年）。原水爆反対の声を潰すには原子力の平和利用を大々的に謳いあげることだ、「毒をもって毒を制す」といったのは日本側の中心人物正力松太郎の懐刀といわれた柴田秀利（佐野眞一『巨怪伝』、文春文庫、二〇〇〇年）だが、膨大な資金をかけたこのイベントに約二六三万七〇〇〇人の観客が集まったという。

敏感だった放射能への感性は、莫大な費用をかけ、念入りに仕組まれた「原子力の安全性」を訴えるキャンペーンにだまされ鈍ったのか、地震の巣のような日本に、五四基もの米国仕様の原子力発電所が造られた。「いくら反対しても、無駄」といつの間にかあきらめて結局、許容し、その電気を享受してきたことは悔やんでも悔やみきれない。

東日本大震災と原子力発電所の大事故は、「原子力の安全性」が幻想であり、毒はやはり毒でしかないことを、甚大な被害とともに私たちに伝えた。原因は対米従属を国是として、米国の核戦略に従い、核の傘に入り、原子力を導入し、沖縄に米軍基地を押しつけてきた政治を戦後六〇年以上も続けてきたことにある。その路線を民衆が転換することしかこの危機を乗り切る道はない。それを先送りすることはもうできない。そのために私たちはどうしたらよいのか、何から取り組めばよいのかを真剣に考えなくてはならない。

吹く風に、降る雨に放射能を心配した当時の人々の思いを今、実感しながら、多様な人々が力を合わせ原水爆禁止の声をあげてきた人々のまっとうさを思う。超党派・統一的な運動を広げた、杉並の原水禁署名運動、その多様性、間口の広さ、そして緻密な戦略と周到さから知恵を汲み取りたいと思う。

広島・長崎で原爆を落とされ、第五福竜丸の英雄的な帰港があったが故に世界に先駆けて原水爆禁止運動を立ち上げてきた日本。この日本で、巨大地震と津波を引き金にした、福島原子力発電所の未曾有の事故がおこった。いつ、どういう形で終息するか、誰もがはかり知れない事態に直面してしまった。〝無限地獄〟ともいうべき〝悲劇〟を決して繰り返さないために、私たちはこの人災を決して忘れずに、「核の平和利用」という言葉に秘められたウソにもう再びだまされないよう、力を合わせて乗り切る知恵を見つけ出していきたいと思う。

本研究は明治大学大学院文学研究科史学専攻の修士論文をもとにまとめたものである。指導教授の山田朗教授、戦後思想史ゼミナールを担当されている安田常雄教授をはじめ、明治大学の諸先生方、ゼミナールのみなさまに深い感謝を申し上げたい。

筆者が本テーマに出合うきっかけとなった原水禁（安井家）資料研究会、初期原水禁運動の聞き取りを企画した初期原水爆禁止運動記録プロジェクト、橋本良一手記を貸してくださった橋本哲哉金沢大学名誉教授、修士論文を読み、貴重なアドバイスをくださった藤原修東京経済大学教授、城西消費組合関係資料をご教示くださり、お譲りくださった河田禎之氏、第五福竜丸展示館・第五福竜丸平和協会のみなさま、貴重な証言をしてくださったみなさまに深くお礼を申し上げたい。

さらに、グローバルヒバクシャ研究会、占領・戦後史研究会、東京工業大学火曜日ゼミ、日本平和学会、未来をひらく歴史教材委員会、歴史教育者協議会など筆者が学ぶ研究会のみなさまにお礼を申し上げたい。本書刊行までにお世話になった多くの方々に深く感謝を申し上げたい。本書の出版を引き受けていただいた凱風社にも大変お世話をおかけした。

本研究は第一回平塚らいてう賞奨励賞、高木仁三郎市民科学基金の援助を受けている。尊敬するお二人の名前を冠した光栄ある励ましに力づけられ、本研究に最後まで取り組むことができた。深い感謝を捧げたい。

最後に、いつ終わるともしれない妻の研究をやさしく見守り支えてくれた夫の丸浜昭と、髪をふり乱して取り組む母に呆れながらも励まし続けてくれた娘の千紘と息子の耕史に、深い感謝を伝えたい。

二〇一一年四月

丸浜江里子

ら

り

る

れ

ろ

わ

む

め

も

や

ゆ

よ

ほ

ま

み

ひ

ふ

へ

に

ね

の

は

ち

つ

て

と

な

せ

そ

た

す

さ

し

く

け

こ

か

き

う

え

お

索引

＊ページは網羅的ではない。
＊（　）内は複合語など。

アルファベット

あ

い

著者紹介

丸浜江里子（まるはま　えりこ）

1951年、千葉県生まれ。横浜市立大学文理学部文科（日本史専攻）卒業後、東京の公立中学校社会科教員を勤める。退職後、杉並区の中学校社会科教科書採択問題に直面し、教科書をめぐる住民運動に参加した。

2004年に明治大学大学院文学研究科に進学し、杉並でおこった最大の住民運動である、原水爆禁止署名運動をテーマに研究を始めた。2006年、この研究の継続を期した「第1回平塚らいてう賞奨励賞」を受賞。『〈日本・中国・韓国共同編集〉未来をひらく歴史』（高文研、2005年）の教材委員を務めた。歴史教育者協議会会員。

2017年、逝去。

※『原水禁署名運動の誕生―東京・杉並の住民パワーと水脈―』（凱風社、2011年5月20日発行）は、版元の凱風社が2017年に廃業して以降、絶版となっておりました。そこで、本書は著作権継承者の同意のもと、同書第3刷（2012年3月5日発行）を底本とし、内容はそのままに、カバー・著者紹介・奥付などを変更して「新装版」として復刊したものです。
※また、本書掲載の資料などは旧版の時より、竹内しげ子様はじめ、たくさんの関係者の方々のご協力によって蒐集・掲載させていただく事ができたものです。著者にかわり、厚く御礼申し上げます。
※著者が2017年に逝去し、資料が一部見つからなかった事もあり、本書中の掲載写真ご提供者の方で、改めて掲載のお願いのご連絡をできなかった方がいらっしゃいます。誠に恐れ入りますが、ご理解を賜れば幸いです。

【新装版】原水禁署名運動の誕生
——東京・杉並の住民パワーと水脈——

2021年4月30日　第1刷発行

著　者　丸浜江里子
発行者　永滝　稔
発行所　有限会社　有　志　舎
〒166-0003　東京都杉並区高円寺南4-19-2
クラブハウスビル1階
電話　03(5929)7350　FAX　03(5929)7352
http://yushisha.webnode.jp

装　幀　折原カズヒロ
印　刷　株式会社シナノ
製　本　株式会社シナノ

ISBN978-4-908672-48-4